서경석
한국사능력검정시험
심화
기출문제집

1·2·3급 대비

서경석 한국사능력검정시험
심화 기출문제집(1·2·3급 대비)

지은이 서경석
감수 김유선
펴낸이 정규도
펴낸곳 (주)다락원

1판 1쇄 발행 2026년 1월 23일
2판 1쇄 발행 2026년 4월 20일

기획 권혁주, 배상혁
편집장 이후춘
편집 배상혁

디자인 김희림

영상기획 홍범석, 오아렴
영상촬영·편집 전광욱, 이채연, 김은지

일러스트 박대진

다락원 경기도 파주시 문발로 211
내용문의: (02)736-2031 내선 291~296
구입문의: (02)736-2031 내선 250~252
Fax: (02)732-2037
출판등록 1977년 9월 16일 제406-2008-000007호

ISBN 978-89-277-7585-0 13910

● 다락원 원큐패스 카페(http://cafe.naver.com/1qpass)를 방문하시면 각종 시험에 관한 최신 정보와 자료를 얻을 수 있습니다.

서경석
한국사능력검정시험
심화
기출문제집

1·2·3급 대비

서경석 지음 | 김유선 감수

다락원

머리말

안녕하세요~ 여러분!

한국사능력검정시험 준비, 정말 쉽지 않으시죠? 개념서를 몇 번이나 읽고, 여러 강의를 듣고, 노트 정리까지 했는데도 막상 문제 앞에 서면 막막해지는 경험, 저도 너무나 잘 압니다.

저 역시 네 번의 시험을 치러보았습니다. 첫 번째 시험 후에 느꼈던 충격이 지금도 생생합니다. "이렇게 열심히 했는데 왜 안 되지?" 하는 자괴감마저 들었었죠. 하지만 시험을 거듭할수록 확실히 깨달은 것이 있었죠. 개념서를 백 번 읽는 것만큼이나 실제로 어떤 방식으로 묻는지를 아는 것도 중요하다는 사실입니다.

문제는 기출문제가 너무 많다는 것이었습니다.
"1회부터 풀어봐야 하나?" "최근 것만 풀면 될까?"
어디서부터 어떻게 시작해야 할지 막막했죠.
"누군가 꼭 필요한 것만 골라서 정리해 주면 얼마나 좋을까?"

여러분이 겪고 계실 답답함을 누구보다 잘 알기에, 제가 그때 필요했던 바로 그 책을 만들고 싶었습니다. 한두 번 나오고 다시 나올 가능성 적은 것은 과감히 뺐습니다. 언제든 출제될 수 있는 것만 담고자 했습니다. 300문제면 충분할 것입니다. 많은 것보다 제대로 된 것이 중요하니까요.

이 책을 만들면서 가장 신경 쓴 부분은 해설입니다. 단순히 답만 알려주는 게 아니라, 왜 그게 답인지, 왜 다른 건 답이 아닌지를 명확하게 설명하려 했습니다. 혼자 공부하시는 분들도 충분히 이해할 수 있도록 최선을 다했습니다.

한국사를 공부한다는 것은 단순히 시험 점수를 얻는 것 이상의 의미가 있습니다. 우리가 어디서 왔고, 어떤 과정을 거쳐 지금에 이르렀는지를 아는 것. 그것은 현재를 이해하고 미래를 준비하는 힘이 됩니다. 시험이라는 형식이 부담스럽고 때로는 지치시겠지만, 그 과정 자체가 여러분을 성장시킬 것입니다.

여러분의 도전을 진심으로 응원합니다. 이 책이 여러분의 합격 여정에 든든한 동반자가 되기를 바랍니다.

사랑합니다, 여러분! 응원합니다, 여러분!

서경석 드림

☆ 실전 경험에서 우러난 최적의 학습 전략

한국사능력검정시험을 네 번 연속으로 치르며 깨달은 가장 중요한 것이 있습니다. 바로 세상에서 가장 효과적인 공부 재료는 기출문제라는 것입니다. 하지만 수많은 회차의 기출문제를 모두 살펴보는 것은 현실적으로 불가능합니다. 이 책은 바로 그 고민에서 출발했습니다. 수험생 여러분을 대신하여 최근 실시된 문제를 중심으로, 조금 지난 회차 중에서도 출제 가능성이 높은 문제들을 엄선하여 총 6회 분량 300문제로 정리했습니다.

☆ 실전과 동일한 구성의 완벽한 모의고사

각 회차는 실제 한국사능력검정시험과 동일한 문항 배치로 구성되어 있습니다. 1점 문항 10개, 2점 문항 30개, 3점 문항 10개로 총 100점 만점 체제를 그대로 따르고 있어, 실전 모의고사로 활용하기에 최적화되어 있습니다. 실제 시험처럼 시간을 재고 문제를 풀어보신 후, 상세한 해설과 함께 복습하시면 시험 대비를 위한 가장 강력한 무기가 될 것입니다.

☆ 모든 선지를 아우르는 친절하고 상세한 해설

이 책의 가장 큰 강점은 바로 해설입니다. 정답 선지는 물론이고 모든 오답 선지에 대한 설명이 빠짐없이 수록되어 있습니다. 개념 공부가 완벽하지 않은 수험생들도 충분히 이해할 수 있도록 최대한 자세하고 친절하게 작성했습니다. 단순히 정답을 확인하는 것을 넘어서, 왜 그것이 정답이고 왜 다른 선지들이 오답인지를 명확하게 파악할 수 있습니다. 또한 많은 수험생이 선호하는 암기 코드들을 곳곳에 배치하여 효율적인 학습이 가능하도록 했습니다.

☆ 단계별 학습을 위한 체계적 활용법

이 책은 학습 단계에 따라 전략적으로 활용할 수 있도록 설계되었습니다. 1회는 본격적인 공부를 시작하기 전에 풀어보시기를 권장합니다. 현재 자신의 수준을 객관적으로 파악하고 시험의 출제 경향을 미리 파악하는 것이 효율적인 학습 계획 수립에 큰 도움이 되기 때문입니다. 이후 개념 학습을 진행하시면서 중간 과정에 2, 3회를, 후반부에 4, 5회를 풀어보시면 가장 이상적입니다. 특히 틀린 문제와 낯선 선지들은 반드시 표시해 두고, 시험 전까지 집중적으로 복습하시는 것이 합격의 핵심입니다. 또한 최근 시행된 기출문제를 수록하였으니 마지막 실력 확인용으로 활용하시기 바랍니다.

☆ 기출문제로 완성하는 합격 전략

한국사 개념 공부가 어느 정도 진행된 수험생이라면, 이 책만으로도 충분히 원하는 결과를 얻을 수 있습니다. 기출문제와 선지야말로 가장 확실한 학습 자료이며, 이 책에는 그 모든 것이 체계적으로 정리되어 있습니다. 300개의 엄선된 문제와 모든 선지에 대한 완벽한 해설은 여러분의 합격을 위한 가장 든든한 동반자가 될 것입니다.

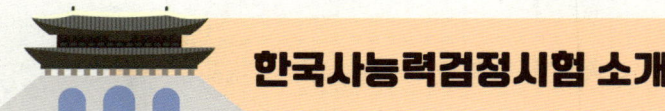

한국사능력검정시험 소개

한국사능력검정시험이란?

한국사능력검정시험은 국사편찬위원회에서 개발한 다양한 유형의 문항을 통해 우리 역사에 대한 관심을 제고하고, 한국사 전반에 역사적 사고력을 평가할 수 있는 시험입니다. 이를 통해 한국사 교육의 올바른 방향을 제시하고 자발적 역사 학습을 통한 고차원적 사고력과 문제해결능력 배양을 목적으로 하고 있습니다.

시험 출제 유형과 문항은?

시험 종류	심화	기본
인증등급	1급(80점 이상)	4급(80점 이상)
	2급(70~79점)	5급(70~79점)
	3급(60~69점)	6급(60~69점)
문항 수	50문항(5지 택1형)	50문항(4지 택1형)

배점

100점 만점(문항별 1점~3점 차등배점)

시험일정

구분	원서접수	취소 좌석접수	시험 일시	합격자 발표
제77회	2026년 1월 6일(화) 10:00~ 2026년 1월 13일(화) 17:00	2026년 1월 20일(화) 10:00~ 2026년 1월 23일(금) 17:00	2026년 2월 7일(토)	2026년 2월 20일(금)
제78회	2026년 4월 21일(화) 10:00~ 2026년 4월 28일(화) 17:00	2026년 5월 5일(화) 10:00~ 2026년 5월 8일(금) 17:00	2026년 5월 23일(토)	2026년 6월 5일(금)
제79회	2026년 7월 7일(화) 10:00~ 2026년 7월 14일(화) 17:00	2026년 7월 21일(화) 10:00~ 2026년 7월 24일(금) 17:00	2026년 8월 9일(일)	2026년 8월 21일(금)
제80회	2026년 9월 15일(화) 10:00~ 2026년 9월 22일(화) 17:00	2026년 9월 29일(화) 10:00~ 2026년 10월 2일(금) 17:00	2026년 10월 17일(토)	2026년 10월 30일(금)
제81회	2026년 11월 3일(화) 10:00~ 2026년 11월 10일(화) 17:00	2026년 11월 11일(수) 13:00~ 2026년 11월 13일(금) 17:00	2026년 11월 28일(토)	2026년 12월 11일(금)

- 제79회 시험은 토요근무자 등의 편의를 위해 일요일(8월 9일)에 실시
- '2027년 9급 공무원 공채 시험 한국사 과목의 한국사능력검정시험 대체 예정에 따른 응시자 수 증가 대응을 위해' 2026년에 한하여 1회 증회 편성/운영

- 2026년 제78회(5.23 토), 제80회(10.17 토), 제81회(11.28 토) 시험은 심화만 시행
▸ 취소 좌석접수는 접수 잔여석에 한함
▸ 합격자 발표방법: 응시자가 홈페이지에 직접 접속하여 성적 조회 및 인증서 출력(정부 24가능)

시험시간

시험 종류	시간	내용	소요시간
심화	10:00~10:10	오리엔테이션(시험시 주의사항)	10분
	10:10~10:20	신분증 및 수험표 확인(감독관)	10분
	10:20~10:30	답안지 및 문제지 배부	10분
	10:30~11:50	시험실시 50문항	80분
기본	10:00~10:10	오리엔테이션(시험시 주의사항)	10분
	10:10~10:20	신분증 및 수험표 확인(감독관)	10분
	10:20~10:30	답안지 및 문제지 배부	10분
	10:30~11:40	시험실시 50문항	70분

응시수수료

시험 종류	심화	기본
인증등급	1, 2, 3급	4, 5, 6급
응시료	27,000원	22,000원

시험 준비물

- 수험표, 신분증, 컴퓨터용 수성사인펜, 수정테이프(수정액) 등
- 한국사능력검정시험 홈페이지(www.historyexam.go.kr)에서 수험표를 출력하면 됩니다.
- 수험표에는 본인 여부를 명확히 판단할 수 있는 증명사진이 있어야 하며, 본인 식별이 불가능할 경우 응시가 불가합니다.

시험결과 발표

- 성적통지방법: 응시자가 인터넷 성적조회, 인증서 출력(홈페이지, 정부 24)
- 별도의 성적통지서, 인증서를 발급하지 않음
- 이전에 희망자에 한해 발급하던 인증카드는 제8회 한국사능력검정시험부터는 발급하지 않습니다.
- 변동사항 여부는 한국사능력검정 홈페이지(www.historyexam.go.kr)를 참고하세요.

분석 기준 및 활용법

본 자료는 최근 3개년 시행된 총 12회 분량의 600문제를 바탕으로 키워드별 출제 빈도를 산출한 것입니다. 효율적인 우선순위 학습에 참고하시기 바랍니다.

출제강도 등급 기준	시대별 출제 비중 현황
1. ★★★S급(필수): 3개년 10회 이상 2. ★★A급(중요): 3개년 8~9회 3. ★B급(보통): 3개년 5~7회	1. 조선(11문항) 22% 2. 선사·고대(10문항) 20% 3. 고려(8문항) 16% 4. 개항기(8문항) 16% 5. 일제강점기(8문항) 16% 6. 현대(5문항) 10%

선사와 고대 (평균 10문항)

학습 포인트		생활사(주거·도구) + 정치사(지배구조) + 발해 특징을 세트로 학습
핵심 출제 영역	S급	동굴 및 막집 거주 (12회)–선사 시대 사회 모습
	A급	• 고인돌 (8회)–계급 발생과 국가의 출현 • 22담로에 왕족 파견 (8회)–중앙집권적 통치 체제의 정비 • 이사부 (8회)–삼국의 경쟁과 발전 • 진대법 (8회)–고대의 사회 제도
	B급	가락바퀴 (7회), 솔빈부의 말 (7회), 주자감 (6회)

고려시대 (평균 8문항)

학습 포인트		경제사(화폐–상업–교역) 연계 학습 + 무신 정권에 대한 사회적 저항 정리
핵심 출제 영역	S급	활구 (12회)–고려의 상업 발달
	A급	• 벽란도 (8회)–고려의 대외 무역 • 해동통보 (8회)–고려의 상업 발달 • 과거제 (8회)–고려의 통치 체제 정비
	B급	시무 28조 (6회), 흑창 (6회), 망이·망소이의 난 (7회), 만적의 난 (6회)

조선시대 (평균 11문항)

학습 포인트		전기 제도사 + 후기 사회경제사 + 문화사를 시대순으로 정리
핵심 출제 영역	S급	• 상품작물 (11회)–조선 후기 농업의 발달 • 덕대 (10회)–조선 후기 광업의 활성화
	A급	• 경국대전 (8회)–유교적 통치 질서의 확립 • 직전법 (9회)–조선 시대 토지 제도의 변화 • 계해약조 (8회)–사대교린의 외교 정책
	B급	훈련도감 (7회), 탈춤과 판소리 (5회), 신립 (5회)

개항기 (평균 8문항)

학습 포인트		외세의 침략 → 개항 → 근대 국가 수립을 위한 노력의 흐름으로 연표 정리
핵심 출제 영역	S급	• 지계발급 (10회)–대한 제국과 광무개혁 • 제너럴셔먼호 사건 (10회)–서구 제국주의의 침략적 접근
	A급	• 건양과 태양력 (9회)–을미사변과 을미개혁 • 운요호사건 (8회)–개항과 불평등 조약의 체결 • 한성 사범학교 (8회)–갑오개혁
	B급	우금치 전투 (5회), 외규장각과 의궤약탈 (5회), 남접과 북접연합 (5회)

일제강점기 (평균 8문항)

학습 포인트		식민 통치 정책의 변화(무단 통치 → 문화 정치 → 민족 말살 통치)와 다양한 민족 운동의 전개
핵심 출제 영역	S급	태형 (10회)–무단 통치
	A급	• 영릉가 및 흥경성 전투 (8회)–무장독립투쟁 • 헌병 경찰제 (9회)–무단 통치 • 광주 학생 항일운동 진상조사단 파견 (8회)–학생 항일 운동 • 국내진공작전 (8회)–독립을 위한 노력
	B급	황국신민서사 (6회), 대전자령 전투 (6회), 순종의 인산일 (5회)

현대사 (평균 5문항)

학습 포인트		정부수립 → 권위주의 통치 → 민주화 운동을 정부별로 정리
핵심 출제 영역	S급	• 7·4 남북 공동성명 및 남북 조절위원회 (11회)–평화와 통일을 위한 노력 • 호헌철폐 및 독재타도 (10회)–6월 민주항쟁과 민주주의의 발전
	A급	좌우 합작위원회 및 좌우 합작 7원칙 (9회)–통일정부 수립 운동
	B급	6·3 시위 (6회), 신군부의 비상계엄 (6회), 신한공사 (5회)

목차

[핵심 기출문제]

[정답 및 해설] 책 속의 책

핵심
기출문제

01 _____ 75회 01번

(가) 시대의 생활 모습으로 가장 적절한 것은? [1점]

초대의 글

사유 재산과 계급이 발생한 (가) 시대의 생활 모습을 잘 보여주는 부여 송국리 유적이 발굴 50주년을 맞이하였습니다. 우리 동아리에서는 이를 기념하여 사진전을 개최합니다. 송국리형 토기, 비파형 동검 등 이 유적에서 출토된 대표적인 유물들을 사진으로 만나 보세요!

· 기간: 2025년 00월 00일~00월 00일
· 장소: 본관 2층 동아리실

① 주먹도끼 등 뗀석기를 처음 제작하였다.
② 소를 이용한 깊이갈이가 널리 보급되었다.
③ 주로 강가의 동굴이나 막집에 거주하였다.
④ 많은 인력을 동원하여 고인돌을 축조하였다.
⑤ 가락바퀴를 이용하여 실을 뽑기 시작하였다.

02 _____ 71회 02번

다음 검색창에 들어갈 나라에 대한 설명으로 옳은 것은?
[2점]

사료로 보는 한국사

🔍 검색

검색 결과 | 000건

1. 위치
　장성의 북쪽에 있는데 현도군에서 천 리 떨어져 있다. 남쪽은 고구려와, 동쪽은 읍루와, 서쪽은 선비와 접해 있고, 북쪽에는 약수가 있다.

2. 형벌
　형벌은 엄하고 각박하여 사람을 죽인 자는 사형에 처하고 그 집안사람은 적몰(籍沒)하여 노비로 삼았다. 도둑질을 하면 [도둑질한 물건의] 12배를 변상케 했다.

3. 풍습
　전쟁을 하게 되면 그때도 하늘에 제사를 지내고, 소를 잡아서 그 발굽을 보아 길흉을 점치는데, 발굽이 갈라지면 흉하고 발굽이 붙으면 길하다고 생각했다.

① 신성 지역인 소도가 있었다.
② 혼인 풍습으로 민며느리제가 있었다.
③ 읍락 간의 경계를 중시하는 책화가 있었다.
④ 여러 가(加)들이 각각 사출도를 주관하였다.
⑤ 사회 질서를 유지하기 위해 범금 8조를 만들었다.

03 _____ 70회 03번

다음 자료에 나타난 사건의 영향으로 가장 적절한 것은?
[3점]

　왕이 문주에게 일러 말하기를, "내가 어리석고 밝지 못하여 간사한 사람[도림]의 말을 믿어 이 지경이 되었다. … 나는 마땅히 사직에서 죽겠지만, 네가 이곳에서 함께 죽는 것은 이로울 게 없다. 어찌 난을 피하여 나라의 계통을 잇지 않겠는가?"라고 하였다. … 고구려의 대로 제우·재증걸루·고이만년 등이 북성을 공격하여 7일 만에 빼앗았다. 이동하여 남성을 공격하니 성 안 사람들이 두려워하였다. 왕이 성을 나와 도망하자, 고구려 장수 재증걸루 등이 왕을 보고 말에서 내려 절한 다음에 그 얼굴을 향해 세 번 침을 뱉고는 죄를 나열한 다음 포박하여 아차성 아래로 보내 죽였다.

① 고구려가 평양으로 천도하였다.
② 동성왕이 나제 동맹을 강화하였다.
③ 고국원왕이 근초고왕의 공격을 받아 전사하였다.
④ 백제가 고구려를 견제하고자 북위에 국서를 보냈다.
⑤ 신라가 왜를 격퇴하기 위해 고구려에 군사를 청하였다.

04 _____ 74회 04번

(가), (나) 사이의 시기에 있었던 사실로 옳은 것은? [3점]

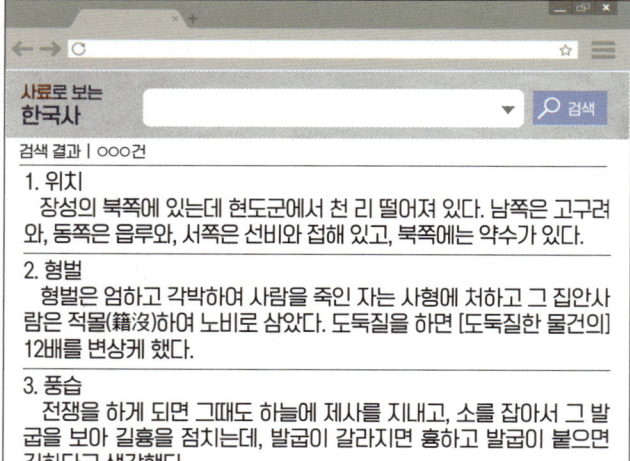

(가) 백제왕 명농이 가야와 함께 와서 관산성을 공격하였다. [신라의] 군주(軍主)인 각간 우덕과 이찬 탐지 등이 맞서 싸웠으나 불리하였다. …고간 도도가 급히 쳐서 백제왕을 죽였다.

(나) 8월에 [백제왕이] 장군 윤충을 보내 군사 1만을 거느리고 신라 대야성을 공격하였다. 성주 품석이 처자와 함께 나와 항복하자 윤충이 모두 죽이고 그 머리를 베어 왕도로 보냈다.

① 백제가 국호를 남부여로 고쳤다.
② 진흥왕이 대가야를 공격하여 복속시켰다.
③ 계백이 이끈 결사대가 황산벌에서 패배하였다.
④ 김춘추가 당으로 건너가 군사 동맹을 체결하였다.
⑤ 신라가 한강 하류를 차지하여 신주를 설치하였다.

05

밑줄 그은 '왕'에 대한 설명으로 옳은 것은? [2점]

여러 신하들이 국호를 신라로 확정하고 임금의 호칭을 신라 국왕으로 하자고 건의하니, 왕께서 이를 따르셨다고 하네.

나도 들었네. 작년에는 순장을 금지한다는 명을 내리셨지. 앞으로 우리나라의 발전이 기대되는구먼.

① 병부와 상대등을 설치하였다.
② 백제 비유왕과 동맹을 체결하였다.
③ 이사부를 보내 우산국을 복속시켰다.
④ 매소성 전투에서 당의 군대를 격파하였다.
⑤ 김흠돌의 난을 진압하고 귀족들을 숙청하였다.

06

(가)에 들어갈 내용으로 가장 적절한 것은? [2점]

혜공왕이 피살되어 무열왕계 직계 자손의 왕위 계승이 끊긴 이후, 진골 귀족들의 왕위 다툼이 치열하게 전개되던 시기에 일어났던 일을 말해 볼까요?

양길 등 스스로 성주 또는 장군이라 칭하는 호족 세력이 성장하였어요.

(가)

① 김흠돌의 난이 진압되었어요.
② 만적이 개경에서 봉기를 도모하였어요.
③ 관료전이 지급되고 녹읍이 폐지되었어요.
④ 김헌창이 웅천주에서 반란을 일으켰어요.
⑤ 이차돈의 순교를 계기로 불교가 공인되었어요.

07

(가) 인물에 대한 설명으로 옳은 것은? [2점]

[역사 다큐멘터리 기획안]

도당 유학생, 서로 다른 길을 걷다

■기획 의도
당에 건너가 유학했던 6두품들이 신라로 돌아온 이후의 행보를 알아본다.

■구성 내용
1. ___(가)___, 진성여왕에게 시무책 10여 조를 올리다.
2. 최승우, 견훤의 신하로 왕건에게 보내는 격문을 짓다.
3. 최언위, 고려에 투항하여 문한관으로 문명을 떨치다.

① 향가 모음집인 삼대목을 편찬하였다.
② 외교 문서인 청방인문표를 작성하였다.
③ 격황소서를 지어 문장가로서 이름을 떨쳤다.
④ 유식의 교의를 담은 해심밀경소를 저술하였다.
⑤ 국왕에게 조언하는 내용의 화왕계를 저술하였다.

08

(가)에 들어갈 내용으로 가장 적절한 것은? [3점]

한국사 동영상 제작 기획안

삼국이 하나 되다
○학년 ○반 ○모둠

■제작의도
삼국 통일 과정을 사건의 발생 순서대로 구성하여 그 의의와 한계를 살펴본다.

■장면별 구성 내용
#1. 김춘추가 당과의 군사 동맹을 성사시키다
#2. 백제의 결사대 5천 명이 황산벌에서 패하다
#3. 연개소문이 죽고 내분이 일어나다
#4. ___(가)___
#5. 신라 수군이 기벌포에서 승리하다

① 흑치상지가 당의 유인궤에게 항복하다
② 문무왕이 안승을 보덕국왕으로 책봉하다
③ 을지문덕이 살수에서 수의 군대를 물리치다
④ 부여풍이 백강에서 왜군과 함께 당군에 맞서 싸우다
⑤ 개로왕이 북위에 사신을 보내 고구려 공격을 요청하다

09

다음 사건이 일어난 시기를 연표에서 옳게 고른 것은?
[2점]

개원(開元) 20년에 발해가 천자의 조정을 원망하여 군사를 거느리고 등주(登州)를 습격하여 자사 위준을 살해하였습니다. 이에 황제께서 크게 노하여 하행성 등에게 군사를 징발하여 바다를 건너 공격해 토벌하도록 명하였습니다. 아울러 당에 숙위하고 있던 신라인 김사란을 귀국시켜 신라로 하여금 발해를 공격하도록 하였습니다. … 겨울은 깊어가고 눈이 많이 내려 신라와 당의 군대가 추위에 고생하므로 회군을 명령하였습니다.

	(가)		(나)		(다)		(라)		(마)	
발해 건국		무왕 즉위		문왕 상경천도		선왕 즉위		고려 건국		발해 멸망

① (가)　② (나)　③ (다)　④ (라)　⑤ (마)

10

다음 자료에 나타난 시기의 경제 상황으로 옳은 것은?
[1점]

왕이 제서(制書)를 내리기를, "백성을 부유하게 하고 국가를 이롭게 하는 것으로 전화(錢貨)만큼 중요한 것이 없다. 서북의 양조(兩朝)에서는 이를 행한 지 이미 오래되었으나 우리나라는 홀로 아직 행하지 않고 있다. 이제 처음으로 화폐를 주조하는 법을 제정하고, 이에 따라 주조한 동전 15,000관(貫)을 재추(宰樞)와 문무양반 및 군인에게 나누어 하사하여 화폐 사용의 시작점으로 삼고자 한다. 전문(錢文)은 해동통보라고 한다."라고 하였다.

① 송상이 전국 각지에 송방을 두었다.
② 감자, 고구마 등의 구황 작물이 재배되었다.
③ 시장을 감독하는 관청인 동시전이 설치되었다.
④ 예성강 하구의 벽란도가 국제 무역항으로 번성하였다.
⑤ 설점수세제의 시행으로 민간의 광산 개발이 허용되었다.

11

다음 가상 대화 이후에 있었던 사실로 옳은 것은?　[2점]

① 안승이 보덕국왕으로 임명되었다.
② 신숭겸이 공산 전투에서 전사하였다.
③ 원종과 애노가 사벌주에서 반란을 일으켰다.
④ 왕건이 일리천에서 신검의 군대를 물리쳤다.
⑤ 견훤이 고창 전투에서 고려군에게 패배하였다.

12

(가) 왕에 대한 설명으로 옳은 것은?　[2점]

사료로 만나는 한국사

교서를 내려 말하기를, "태학조교 송승연과 나주목(羅州牧)의 경학박사 전보인이 [학생들을] 이끌어 잘도와서, 학문을 널리 닦으라는 공자의 뜻에 합치된다. 가르침에 게으르지 않아서 내가 학문을 권장하는 뜻에 들어맞으니 마땅히 그들을 발탁하여 특별하고 두러운 총애를 보이도록 하라."라고 하였다.

[해설] 위 사료는 (가) 이/가 유학 교육에 공이 있는 태학조교와 나주목의 경학박사를 치하하는 『고려사』의 기록이다. 중앙뿐 아니라 지방의 교육도 장려했던 (가) 은/는 처음으로 12목을 설치하고 지방관에 이어 경학박사와 의학박사를 파견하였다.

① 광덕, 준풍 등의 독자적 연호를 사용하였다.
② 신돈을 중심으로 전민변정 사업을 추진하였다.
③ 청연각과 보문각을 두어 학문 연구를 장려하였다.
④ 정계와 계백료서를 지어 관리의 규범을 제시하였다.
⑤ 최승로의 시무 28조를 받아들여 통치 체제를 정비하였다.

(가)에 들어갈 내용으로 가장 적절한 것은? [2점]

이 초상화 속 인물은 고려의 학자인 문헌공 최충으로, 해동공자라고 불리기도 하였습니다. 거란의 침입으로 개경이 함락되어 서적들이 소실되자 역사서 편찬을 위한 수찬관에 임명되었습니다. 유학을 보급하고 인재 양성에 힘쓴 그는 (가)

① 불씨잡변을 지어 불교를 비판하였습니다.
② 만권당에서 원의 학자들과 교유하였습니다.
③ 지공거 출신으로 9재 학당을 설립하였습니다.
④ 입학도설을 저술하여 성리학의 기본 원리를 해설하였습니다.
⑤ 성균관의 대사성이 되어 정몽주 등을 학관으로 천거하였습니다.

(가)에 대한 고려의 대응으로 옳은 것은? [2점]

○ 박서는 김중온의 군사로 성의 동서쪽을, 김경손의 군사로는 성의 남쪽을, 별초 250여 인은 나누어 3면을 지키게 하였다. (가) 의 군사들이 성을 여러 겹으로 포위하고 공격하자 성안의 군사들이 갑자기 나가 싸워 그들을 패주시켰다.

○ 송문주는 귀주에서 종군하였던 사람인데 그 공으로 낭장(郞將)으로 초수(超授)되었다. 이후 죽주 방호별감이 되었을 때, (가) 이/가 죽주성에 이르러 보름 동안이나 다방면으로 공격하였으나 성을 빼앗지 못하고 물러갔다.

① 강화도로 도읍을 옮겨 항전하였다.
② 광군을 창설하여 침입에 대비하였다.
③ 화통도감을 설치하여 군사력을 증강하였다.
④ 철령위 설치에 반발하여 요동 정벌을 추진하였다.
⑤ 신기군, 신보군, 항마군으로 구성된 별무반을 창설하였다.

교사의 질문에 대한 학생의 답변으로 가장 적절한 것은? [2점]

자료는 '이생규장전'의 일부입니다. 이 작품은 홍건적의 침입으로 왕이 피란하고 백성이 고통을 겪는 등 전란의 참혹했던 상황을 역사적 배경으로 하고 있습니다. 이 상황 이후에 전개된 역사적 사실에 대해 말해 볼까요?

[문학으로 만나는 한국사]
　신축년에 홍건적이 개경을 점거하자 임금은 복주(福州)로 피란하였다. 적들은 집을 불태워 없애버렸으며, 사람을 죽이고 가축을 잡아먹었다. 부부와 친척끼리도 서로 보호하지 못했고 동서로 달아나 숨어서 제각기 살길을 찾았다. 이생은 가족들을 데리고 외진 산골로 숨었는데, 한 도적이 칼을 빼어 들고 뒤를 쫓아왔다. 이생은 달아나 목숨을 건졌지만, 그의 아내 최랑은 도적에게 사로잡혔다.

① 김사미가 운문을 거점으로 봉기하였어요.
② 강감찬이 흥화진 전투에서 승리하였어요.
③ 후주 출신 쌍기가 과거제 도입을 건의하였어요.
④ 최충헌이 교정도감을 두어 국정을 총괄하였어요.
⑤ 이성계가 위화도에서 회군하여 정권을 장악하였어요.

(가) 인물에 대한 설명으로 옳은 것은? [2점]

이것은 '불일보조국사'라는 시호를 받은 (가) 의 행적을 담고 있는 송광사 보조 국사비입니다. 비문에는 그가 정혜결사를 조직하고, 「권수정혜결사문」을 지었다는 내용이 들어있습니다. 또한 당시 국왕이 그의 뜻을 흠모하여 그가 머물렀던 송광산 길상사(吉祥寺)를 조계산 수선사(修禪寺)로 이름을 바꿔주며 직접 글씨를 써서 보냈다는 등의 내용이 기록되어 있습니다.

① 법화 신앙에 중점을 둔 백련 결사를 이끌었다.
② 돈오점수를 바탕으로 꾸준한 수행을 강조하였다.
③ 승려들의 전기를 기록한 해동고승전을 저술하였다.
④ 선문염송집을 편찬하고 유불 일치설을 주장하였다.
⑤ 성상융회를 제창하여 교종 내 대립을 해소하고자 하였다.

(가), (나) 사이의 시기에 있었던 사실로 옳은 것은? [3점]

(가) 살리타가 이첩(移牒)하기를, "황제께서 고려가 사신 저고여를 죽인 이유 등 몇 가지 일을 묻게 하셨다."라고 하면서 말 2만 필, 어린 남녀 수천 명, 자주색 비단 1만 필, 수달피 1만 장과 군사의 의복을 요구하였다.

(나) 첨의부에서 아뢰기를, "제국 대장 공주의 겁령구*와 내료(內僚)들이 좋은 땅을 많이 차지하여 산천으로 경계를 정하고 사패(賜牌)**를 받아 조세를 납입하지 않으니, 청컨대 사패를 도로 거두소서."라고 하였다.

*겁령구: 시종인
**사패: 토지 등에 대한 권리를 인정해 주는 증서

① 신숭겸이 공산 전투에서 전사하였다.
② 최승로가 왕에게 시무 28조를 올렸다.
③ 김방경의 군대가 탐라에서 삼별초를 진압하였다.
④ 강감찬이 개경에 나성을 축조할 것을 건의하였다.
⑤ 경대승이 정중부 등을 제거하고 권력을 장악하였다.

(가) 인물에 대한 설명으로 옳은 것은? [2점]

이것은 (가) 이/가 함길도에 있을 때 화살이 날아왔는데도 놀라지 않고 태연히 연회를 계속 즐겼다는 고사를 담은 야연사준도입니다. 세종 대 함길도 병마도절제사로 활약했던 그는 문종 대 고려사절요 편찬을 총괄하였고, 단종 대 좌의정의 자리에 올랐으나 계유정난 때 살해되었습니다.

북관유적도첩 특별전
야연사준도

① 두만강 일대에 6진을 개척하였다.
② 탄금대에서 배수의 진을 치고 싸웠다.
③ 조총 부대를 이끌고 나선 정벌에 나섰다.
④ 왜구의 근거지인 쓰시마섬을 정벌하였다.
⑤ 외교 담판을 통해 강동 6주를 획득하였다.

밑줄 그은 '전하'의 재위 시기에 있었던 사실로 옳은 것은? [2점]

며칠 전 전하께서 예문관에서 옛 집현전의 직제를 분리하여 홍문관으로 이관하는 것을 명하셨다고 하네. 이제 홍문관이 옛 집현전의 기능을 대신한다는 것이지.

홍문관원들이 경연관을 겸한다고 하니 앞으로 경연이 더욱 활성화되겠군.

① 국왕의 친위 부대인 장용영이 설치되었다.
② 백운동 서원이 사액을 받아 소수 서원이 되었다.
③ 국가의 의례를 정비한 국조오례의가 완성되었다.
④ 통치 체제를 정비하기 위해 속대전이 편찬되었다.
⑤ 수조권이 세습되던 수신전과 휼양전이 폐지되었다.

(가) 기구에 대한 설명으로 옳은 것은? [2점]

이것은 비국 또는 주사라고 불린 (가) 관원들의 모임을 그린 계회도입니다. 이 그림은 (가) 이/가 상설기관으로 자리잡기 이전, 변방의 국방 문제에 대해 논의하고 대비하기 위한 임시 기구이던 시기에 그려졌습니다. 그림의 오른쪽에는 관원들의 결의와 충절이 담긴 시가 쓰여 있습니다.

① 수도의 행정과 치안을 담당하였다.
② 흥선 대원군이 집권한 시기에 혁파되었다.
③ 국왕 직속 사법 기구로 반역죄 등을 다루었다.
④ 5품 이하의 관리 임명에 대한 서경권을 행사하였다.
⑤ 도승지를 수장으로 좌승지, 우승지 등의 관직을 두었다.

밑줄 그은 '이 사건'에 대한 설명으로 옳은 것은? [2점]

> 이곳은 이언적의 위패를 모신 경주 옥산서원입니다. 이언적은 이른바 대윤과 소윤이라는 정치 세력 간의 갈등으로 윤임 등 대윤 세력이 탄압받은 이 사건 당시 관련자들의 처리를 두고 갈등이 생기자 스스로 관직에서 물러났습니다. 이후 양재역 벽서 사건에 연루되어 유배되었습니다.

① 김종직의 조의제문이 발단이 되었다.
② 폐비 윤씨 사사 사건이 원인이 되었다.
③ 왕실 외척 간의 권력 다툼으로 일어났다.
④ 진성 대군이 왕으로 즉위하는 결과를 가져왔다.
⑤ 조광조 등이 반정 공신의 위훈 삭제를 주장하였다.

(가) 인물에 대한 설명으로 옳은 것은? [2점]

> 이 그림은 강세황이 그린 도산서원도입니다. 여기에는 서원의 배치와 건물크기, 방향 등이 실제와 부합하게 묘사되어 있으며 건물 이름도 표기되어 있어 당시의 모습을 잘 보여줍니다. 도산서원은 성학십도를 지어 군주의 수양을 강조하고, 기대승과 사단칠정 논쟁을 전개한 (가) 의 학문과 덕을 기리는 곳입니다.

① 최초의 서원인 백운동 서원을 건립하였다.
② 명에 대한 의리를 내세운 기축봉사를 올렸다.
③ 동호문답을 통해 다양한 개혁 방안을 제시하였다.
④ 예안 향약을 시행하여 향촌의 교화를 위해 노력하였다.
⑤ 예학을 조선의 현실에 맞게 정리한 가례집람을 저술하였다.

(가)에 대한 탐구 활동으로 가장 적절한 것은? [1점]

> 서울에 있는 간사한 무리가 경주인(京主人)이라고 하며 각 도의 공물을 방납하면서 그 값을 두 배에서 수십 배까지 징수하였다. …… 영의정 김육이 (가) 을/를 충청도에서 먼저 시험할 것을 청하였다. 왕이 여러 차례 신하들에게 의견을 물었으나 서로 엇갈렸다. 이때에 왕이 다시 김육 등 여러 신하들을 불러 그것이 편리한지 여부에 대한 의견들을 듣고 비로소 호서(湖西)에 먼저 행하기로 정하였다.

① 전시과에서 전지 지급 기준의 변화를 찾아본다.
② 일부 상류층에게 선무군관포를 거둔 목적을 알아본다.
③ 과전 지급 대상을 현직 관리로 제한한 까닭을 검색한다.
④ 풍흉에 관계없이 전세 부담액을 고정한 이유를 분석한다.
⑤ 관청에 물품을 조달하는 공인이 등장한 배경을 조사한다.

밑줄 그은 '이 왕'의 재위 시기에 있었던 사실로 옳은 것은? [2점]

> 이것은 조선과 청 사이의 경계를 나타내고자 세운 비석의 탁본입니다. 비석에 대해 자세히 설명해 주시겠어요?

> 이 비석은 국경을 분명히 하기 위해 청에서 파견한 오라총관 목극등과 이 왕이 보낸 조선의 관리들이 현지를 답사하고 세웠습니다. 비석에는 서쪽은 압록강, 동쪽은 토문강을 경계로 한다는 내용이 새겨져 있습니다.

① 최제우가 혹세무민의 죄로 처형되었다.
② 변급, 신류 등이 나선 정벌에 참여하였다.
③ 국왕의 친위 부대인 장용영이 창설되었다.
④ 경신환국 등 여러 차례 환국이 발생하였다.
⑤ 정여립 모반 사건을 빌미로 기축옥사가 일어났다.

25

(가) 기구에 대한 설명으로 옳은 것은? [3점]

> ○ 지방 고을에는 그곳의 유력한 집안이 있습니다. 그 가운데 서울에 살면서 벼슬하는 자들의 모임을 [(가)] (이)라고 합니다. … 간사한 향리의 범법 행위를 살펴서 지방의 풍속을 유지했는데, 그 유래가 오래되었습니다.
> － 『성종실록』 －
>
> ○ 평소에 각 고을을 담당하는 [(가)] (이)라고 부르는 곳도 원래는 지방의 풍속이 법에 어긋나는지 살피기 위하여 설치한 것입니다. 그런데 지금은 향리를 침학하여 사람들이 대부분 괴롭게 여기고 있습니다.
> － 『선조실록』 －

① 사헌부, 사간원과 함께 3사로 불렸다.
② 소속 관원을 은대 학사라고도 칭하였다.
③ 서얼 출신 학자들이 검서관에 등용되었다.
④ 관할 유향소 임원의 임명권을 행사하였다.
⑤ 대사성 이하 좨주, 직강 등의 관직을 두었다.

26

(가) 인물에 대한 설명으로 옳은 것은? [2점]

① 북한산비가 진흥왕 순수비임을 고증하였다.
② 청으로부터 시헌력을 도입하자고 건의하였다.
③ 우서에서 사농공상의 직업적 평등을 주장하였다.
④ 양반전을 지어 양반의 허례와 무능을 풍자하였다.
⑤ 10리마다 눈금을 표시한 대동여지도를 완성하였다.

27

밑줄 그은 '이 시기'의 경제 상황으로 옳은 것은? [1점]

① 백성에게 정전이 지급되었다.
② 초량 왜관을 통해 일본과 교역하였다.
③ 주전도감에서 해동통보가 발행되었다.
④ 벽란도가 국제 무역항으로 번성하였다.
⑤ 시장을 관리하기 위한 동시전이 설치되었다.

28

다음 가상 대화가 이루어진 시기에 볼 수 있는 모습으로 적절하지 않은 것은? [2점]

① 담배 농사를 짓는 농민
② 염포 왜관에서 교역하는 상인
③ 세책가에서 춘향전을 빌리는 부녀자
④ 관청에 필요한 물품을 납품하는 공인
⑤ 송파장에서 산대놀이 공연을 벌이는 광대

(가) 조약에 대한 설명으로 옳은 것은? [2점]

설명	미국에서 발행된 'Frank Leslies Illustrated Newspaper' 1883년 9월 29일자에 실린 보빙사의 사진이다. 전권 대신 민영익과 부대신 홍영식 등으로 구성된 보빙사는 (가) 체결로 미국 공사가 부임하자 그에 대한 답례로 파견되었다. 미국에서 아서 대통령을 만나고 우체국, 신문사, 병원 등 각종 근대 시설을 시찰하고 돌아왔다.

① 최혜국 대우를 최초로 규정하였다.

② 통감부가 설치되는 계기가 되었다.

③ 천주교 포교 허용의 근거가 되었다.

④ 재정 고문을 두도록 하는 조항을 담고 있다.

⑤ 부산, 원산, 인천이 개항되는 결과를 가져왔다.

(가)에 대한 탐구 활동으로 가장 적절한 것은? [1점]

① 삼국 간섭의 결과를 알아본다.

② 척화비가 건립된 계기를 조사한다.

③ 전주 화약이 체결되는 과정을 살펴본다.

④ 영국이 거문도를 점령한 목적을 분석한다.

⑤ 외규장각 도서가 약탈된 배경을 찾아본다.

밑줄 그은 '개혁'의 내용으로 옳은 것은? [2점]

어제 발행된 관보를 보았는가? 지난 8월 국모 시해 사건 이후 김홍집 내각에서 추진한 개혁의 일환으로 태양력을 시행한다더니, 그에 맞추어 연호를 새로 정하라는 조칙이 내려졌군.

그래서 내일부터 양력 1월 1일이 시작되고, 새로운 연호는 건양으로 정해졌다고 하네.

① 양전 사업을 실시하여 지계를 발급하였다.

② 지방 행정 구역을 8도에서 23부로 개편하였다.

③ 군제를 개편하여 친위대와 진위대를 설치하였다.

④ 공사 노비법을 혁파하고 과부의 재가를 허용하였다.

⑤ 교육의 기본 방향을 제시한 교육 입국 조서를 반포하였다.

밑줄 그은 '전쟁' 기간에 있었던 사실로 옳은 것은? [3점]

미국 잡지 '포퓰러 매거진'의 1912년 마지막 호에는 한반도를 둘러싼 대한 제국과 일본, 러시아 간의 암투를 다룬 첩보 소설(The cat and the king)이 실렸습니다. 베델, 민영환 등 당대 인물들이 등장하는 이 소설은 일제가 포츠머스 조약을 체결하여 전쟁을 끝내고 대한 제국의 외교권을 박탈하려 하는 등 긴박하게 전개되었던 당시 상황을 배경으로 하고 있습니다.

① 고종이 아관 파천을 단행하였다.

② 일본이 독도를 불법 편입하였다.

③ 러시아가 절영도 조차를 요구하였다.

④ 조청 상민 수륙 무역 장정을 체결하였다.

⑤ 평양 관민이 대동강에 침입한 제너럴 셔먼호를 불태웠다.

(가) 신문에 대한 설명으로 옳은 것은? [1점]

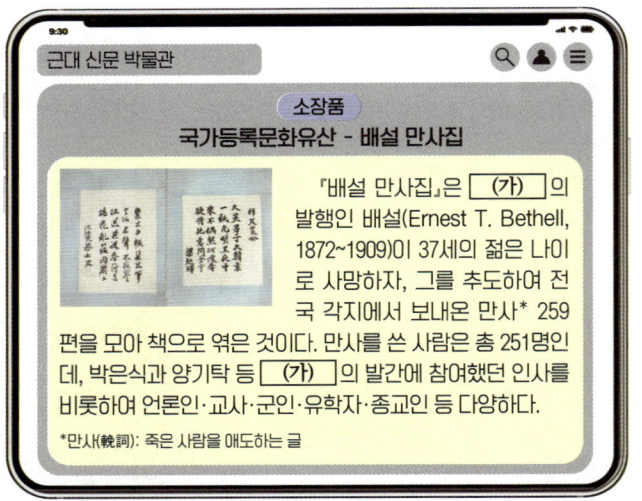

① 박문국에서 발행하였다.
② 브나로드 운동을 주도하였다.
③ 여권통문을 처음 게재하였다.
④ 국채 보상 운동을 지원하였다.
⑤ 순한글판으로 발행된 최초의 신문이었다.

(가)에 들어갈 내용으로 가장 적절한 것은? [2점]

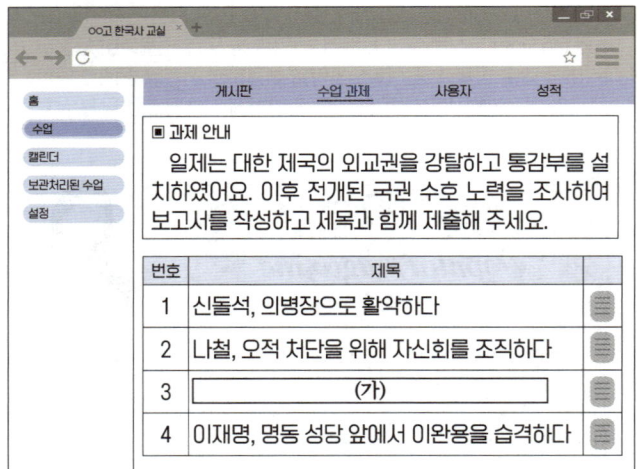

① 김홍집, 조선책략을 가져오다
② 김옥균, 개화당 정부를 수립하다
③ 김윤식, 영선사로 청에 다녀오다
④ 유길준, 조선 중립화론을 건의하다
⑤ 이상설, 고종의 특사로 헤이그에 가다

밑줄 그은 '이 지역'에서 있었던 민족 운동으로 옳은 것은? [3점]

□□ 신문

제△△호　　　　　　　　　○○○○년 ○○월 ○○일

「원병상 회고록」으로 본 국외 민족 운동

한국 독립운동사의 일면을 살펴볼 수 있는 책이 발간되었다. 이 책은 신흥 무관 학교 졸업생이자 교관으로 독립군 양성에 헌신한 원병상의 회고록이다. 책에는 이 지역에 세워진 신흥 무관 학교의 변화 과정과 학생들의 생활상이 구체적으로 담겨 있을 뿐만 아니라, 국권 피탈 이후 망명해 온 독립지사들이 힘겹게 정착해 나가는 과정이 생생하게 기록되어 있어 독립운동사와 생활사 자료로서 가치가 크다.

① 한인 자치 기구인 경학사가 설립되었다.
② 권업회가 조직되어 기관지를 발행하였다.
③ 유학생들을 중심으로 2·8 독립 선언서가 발표되었다.
④ 대조선 국민 군단이 결성되어 군사 훈련을 실시하였다.
⑤ 흥사단이 창립되어 교민들에게 민족의식을 심어주고자 하였다.

밑줄 그은 '시기'의 사회 모습으로 가장 적절한 것은? [2점]

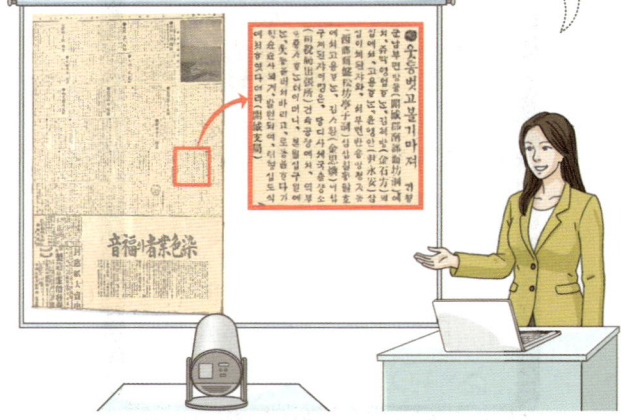

개성에서 청년 두 명이 웃통을 벗고 일하다가 순사에게 발견되어 태형에 처해졌다는 신문 기사입니다. 일제가 조선 태형령을 시행한 시기에는 기사의 내용처럼 사소한 사안에도 태형이라는 가혹한 형벌이 집행되었습니다.

① 육영 공원에서 외국인 교사를 초빙하였다.
② 애국반이 편성되어 일상생활이 통제되었다.
③ 조선 형평사가 창립되어 형평 운동을 전개하였다.
④ 나운규가 제작한 아리랑이 단성사에서 개봉되었다.
⑤ 경복궁에서 조선 물산 공진회가 최초로 개최되었다.

37

밑줄 그은 '운동'에 대한 설명으로 옳은 것은?　[1점]

이 자료는 고종의 인산일을 계기로 시작된 만세 운동에서 불렀던 독립가 전단입니다. 당시에 우리 민족은 독립 선언서를 발표하고 대한 독립 만세를 외치며 전국 각지와 해외 곳곳에서 시위를 이어 나갔습니다.

터졌구나 터졌구나
조선 독립성
십 년을 참고참아
이제 터졌네
삼천리의 금수강산
이천만 민족
살았구나 살았구나
이 한 소리에

① 통감부의 방해와 탄압으로 중단되었다.

② 천도교 소년회가 창립된 후 본격화되었다.

③ 일제가 이른바 문화 통치를 실시하는 배경이 되었다.

④ 성진회와 각 학교 독서회에 의해 전국으로 확산되었다.

⑤ 시위를 준비하는 과정에서 사회주의자들이 대거 검거되었다.

38

(가)에 대한 설명으로 옳은 것은?　[1점]

저희 모둠에서는 이번 체험 학습 답사지로 백산 상회 설립자 안희제를 기념하는 백산기념관을 선정하였습니다. 백산 상회는 백산 무역 주식회사로 개편된 이후 (가) 의 연통제 조직을 통해 독립운동 자금을 조달하였으며, 독립신문 보급 등의 역할도 담당하였습니다.

체험 학습 답사지 발표회

백산 기념관

① 고종 강제 퇴위 반대 운동을 전개하였다.

② 일제의 황무지 개간권 요구를 저지하였다.

③ 영은문이 있던 자리 부근에 독립문을 건립하였다.

④ 독립운동 자금 마련을 위해 독립 공채를 발행하였다.

⑤ 조선 총독부에 국권 반환 요구서를 제출하려 하였다.

39

밑줄 그은 '운동'에 대한 설명으로 옳은 것은?　[2점]

선생님께서 참여하신 운동은 '조선 사람 조선 것'이라는 구호를 내세웠다는 점에서 사실상 독립 운동이 아니냐고 일제 경찰이 심문 할 때 어떻게 대응하셨나요?

조선 물산의 생산과 소비를 장려하는 운동에 조선인이 참여하는 것은 당연한 일이 아닌가. 오사카 사람이 오사카의 물산을 장려하는 것도 문제 삼을 것이냐고 반문하니 주의만 주고 가더군요.

① 조선 노동 총동맹을 중심으로 전개되었다.

② 보국안민, 제폭구민 등이 구호로 사용되었다.

③ 조선 관세령 폐지 등을 배경으로 확산하였다.

④ 황국 중앙 총상회가 설립되는 결과를 가져왔다.

⑤ 일본 제일은행권 화폐가 유통되는 계기가 되었다.

40

밑줄 그은 '시기'에 볼 수 있는 모습으로 가장 적절한 것은?　[3점]

아리랑 아리랑 아라리오 ~~ 아리랑 고개로 넘어간다 ~~ 나를 버리고 가시는 님은 십 리도 못가서 발병 난다 ~~ ♩

이 노래가 영화 음악으로도 쓰였다는 것을 알고 있었어?

나운규가 감독과 주연을 모두 맡았네.

이 영화가 처음 제작 발표된 시기의 민족적 애환을 잘 표현하였다는 평가를 받고 있어.

① 관민 공동회에서 연설하는 백정

② 교육 입국 조서를 발표하는 관리

③ 원각사에서 은세계 공연을 보는 관객

④ 전차 개통식에 참여하는 한성 전기 회사 직원

⑤ 카프(KAPF)를 형성하여 활동하는 신경향파 작가

41

(가)에 들어갈 내용으로 가장 적절한 것은? [1점]

이것은 잡지 '별건곤'에 실린 삽화로, 서양식 복장을 한 '모던 걸', '모던 보이'를 풍자한 것입니다. 일제 강점기에는 잡지, 라디오 등의 매체를 통해 새로운 근대 문화가 소개되었습니다. 당시 나타난 문화적 현상에 대해 검색한 것을 말해볼까요?

자본주의적 소비 문화의 상징인 백화점이 도심에 들어섰습니다.

(가)

① 나운규의 영화 아리랑이 상영되었습니다.
② 한글 신문인 제국신문이 간행되었습니다.
③ 정비석의 소설 자유부인이 출판되었습니다.
④ 잡지 사상계가 높은 판매 부수를 기록하였습니다.
⑤ 아침 이슬 등의 곡이 금지곡으로 지정되었습니다.

42

다음 가상 인터뷰의 주인공에 대한 설명으로 옳은 것은? [2점]

며칠 전 경성에서 조선사회경제사 출판 축하회가 있었습니다. 저자로서 책에 대한 소개를 부탁드립니다.

저는 우리 역사의 전개 과정을 세계사의 보편적인 발전 법칙에 따라 네 단계로 나누어 파악하였습니다. 이 책에서는 그 중 원시 씨족 사회와 삼국 정립기의 노예제 사회에 대해 서술하였습니다.

① 진단 학회를 조직하였다.
② 한국독립운동지혈사를 저술하였다.
③ 식민 사학의 정체성론을 반박하였다.
④ 우리말 큰 사전 편찬 사업을 추진하였다.
⑤ 민족의 얼을 강조하고 조선학 운동을 주도하였다.

43

(가) 부대에 대한 설명으로 옳은 것은? [2점]

한국 독립운동을 촉진하고 한국 혁명 역량을 집중하기 위해 이번 달 15일 중국 국민당 군사 위원회는 조선 의용대를 개편하여 (가) 에 편입할 것을 특별히 명령하였다. 제1지대는 총사령관에게 직속되어 이(지)청천 장군이 통할한다. … (가) 의 총사령부는 충칭에 설치하기로 결정하였다.

① 자유시 참변으로 세력이 약화되었다.
② 영릉가 전투에서 일본군에 승리하였다.
③ 쌍성보 전투에서 한중 연합 작전을 전개하였다.
④ 국내 정진군을 편성하여 국내 진공 작전을 추진하였다.
⑤ 홍범도 부대와 연합하여 청산리에서 일본군을 격퇴하였다.

44

(가)에 대한 설명으로 옳지 않은 것은? [2점]

【이달의 독립운동가】

하늘에서 땅에서 독립운동을 펼쳐나간
이상정·권기옥 부부

▲ 권기옥과 이상정

이상정과 권기옥은 중국에서 독립 운동을 하던 중 부부의 연을 맺고, 함께 독립운동에 헌신하였다. 중국군에서 활동하던 이상정은 (가) 의 한국광복군 창설에 기여하였고, 외무부 외교 연구 위원으로도 활동하였다.

한국 최초의 여성 비행사였던 권기옥은 대한민국 애국 부인회를 재조직하였고, 다른 한국인 비행사들과 함께 충칭에서 한국광복군 비행대 설립을 계획하던 중 해방을 맞았다. 이러한 공적을 인정하여 1977년 건국훈장 독립장을 각각 추서 및 수여하였다.

① 한인 자치 기관인 경학사를 조직하였다.
② 자금 마련을 위해 독립 공채를 발행하였다.
③ 삼균주의를 기초로 하는 건국 강령을 발표하였다.
④ 육군 주만 참의부를 편성하여 무장 투쟁을 펼쳤다.
⑤ 임시 사료 편찬회를 두어 한일 관계 사료집을 간행하였다.

45 _____ 73회 47번

(가)에 들어갈 주제로 가장 적절한 것은?　[2점]

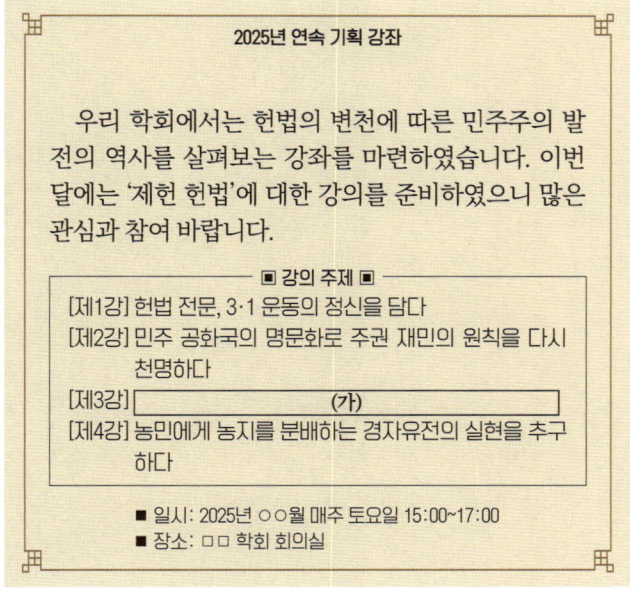

2025년 연속 기획 강좌

　우리 학회에서는 헌법의 변천에 따른 민주주의 발전의 역사를 살펴보는 강좌를 마련하였습니다. 이번 달에는 '제헌 헌법'에 대한 강의를 준비하였으니 많은 관심과 참여 바랍니다.

■ 강의 주제 ■
[제1강] 헌법 전문, 3·1 운동의 정신을 담다
[제2강] 민주 공화국의 명문화로 주권 재민의 원칙을 다시 천명하다
[제3강] (가)
[제4강] 농민에게 농지를 분배하는 경자유전의 실현을 추구하다

■ 일시: 2025년 ○○월 매주 토요일 15:00~17:00
■ 장소: □□ 학회 회의실

① 양원제 국회와 내각 책임제 정부를 구성하다
② 반민족 행위자를 처벌할 수 있는 근거를 마련하다
③ 국민의 직접 선거로 5년 단임제 대통령을 선출하다
④ 초대 대통령의 중임 제한 철폐, 장기 집권 체제를 강화하다
⑤ 긴급 조치, 대통령이 국민의 기본권을 제한할 수 있게 하다

46 _____ 75회 46번

밑줄 그은 '정부' 시기에 있었던 사실로 옳은 것은?　[2점]

　이 사진은 6·25 전쟁 중 부산 임시 국회에서 개헌안을 표결하는 장면입니다. 정부는 부산 일대에 계엄을 선포하고 야당 의원들이 탄 통근 버스를 강제로 연행하는 등 공포 분위기를 조성하였습니다. 개헌안은 군인과 경찰이 국회 의사당을 완전히 포위한 상태에서 토론 없이 기립 표결로 통과되었습니다.

① 경부 고속 도로가 개통되었다.
② 한미 상호 방위 조약이 체결되었다.
③ 함평 고구마 피해 보상 운동이 전개되었다.
④ 대통령 긴급 명령으로 금융 실명제가 실시되었다.
⑤ 사회 정화를 명분으로 삼청 교육대가 설치되었다.

47 _____ 75회 48번

밑줄 그은 '민주화 운동'에 대한 설명으로 옳은 것은?　[1점]

① 유신 체제 붕괴의 배경이 되었다.
② 당시 대통령이 하야하는 결과를 가져왔다.
③ 5년 단임의 대통령 직선제 개헌을 이끌어냈다.
④ 시위 과정에서 시민군이 자발적으로 조직되었다.
⑤ 굴욕적인 한일 국교 정상화에 반대하여 일어났다.

48 _____ 69회 50번

다음 뉴스가 보도된 정부 시기에 있었던 사실로 옳은 것은?　[3점]

① 굴욕적인 대일 외교에 반대하는 6·3 시위가 일어났다.
② 북방 외교를 추진하여 사회주의 국가인 소련과 수교하였다.
③ 통일 방안을 논의하기 위해 남북 조절 위원회를 설치하였다.
④ 경제적 취약 계층을 위한 국민 기초 생활 보장법을 시행하였다.
⑤ 역사 바로 세우기를 내세우며 옛 조선 총독부 건물을 철거하였다.

다음 기사가 보도된 정부 시기의 경제 상황으로 적절한 것은? [2점]

제△△호 　　**□□ 신문** 　　○○○○년 ○○월 ○○일

IMF 구제 금융 조기 상환

　오늘 정부는 외환 위기 당시 국제 통화 기금(IMF)으로부터 빌린 돈을 모두 갚았다고 밝혔다. 구제 금융을 신청한 지 3년 8개월 만에 전액 조기 상환하게 된 것이다. 이에 따라 우리나라는 앞으로 정책 수립 과정에서 IMF의 간섭을 받지 않아도 되며, 회원국이면 누구나 해마다 진행하는 연례 협의만 하면 된다.

---

① 경제기획원이 발족하였다.

② 제4차 경제 개발 5개년 계획이 추진되었다.

③ 미국과 자유 무역 협정(FTA)을 체결하였다.

④ 저유가·저금리·저달러의 3저 호황이 있었다.

⑤ 대통령 직속 자문 기구로 노사정 위원회가 출범하였다.

(가), (나) 사이의 시기에 있었던 사실로 옳은 것은? [3점]

(가) 1. 남과 북은 6·15 공동 선언을 고수하고 적극 구현해 나간다.
　　　⋮
　　3. 남과 북은 군사적 적대 관계를 종식하고 한반도에서 긴장 완화와 평화를 보장하기 위해 긴밀히 협력하기로 하였다.
　　　　　　　　　　　　 - 「10·4 남북 정상 선언」 -

(나) 1. 남과 북은 남북 관계의 전면적이며 획기적인 개선과 발전을 이룩하여 공동 번영과 자주 통일의 미래를 앞당겨 나갈 것이다.
　　　⋮
　　3. 남과 북은 항구적이며 공고한 평화 체제를 구축하기 위해 적극 협력해 나갈 것이다.
　　　　　- 「한반도의 평화와 번영, 통일을 위한 판문점 선언」 -

---

① 7·4 남북 공동 성명이 발표되었다.

② 개성 공업 지구 조성이 합의되었다.

③ 남북한이 국제 연합(UN)에 동시 가입하였다.

④ 남북 이산가족 고향 방문단의 교환이 최초로 실현되었다.

⑤ 평창 동계 올림픽 개막식에서 남북 선수단이 공동 입장하였다.

01 ——————— 74회 01번

(가) 시대의 생활 모습으로 가장 적절한 것은? [1점]

올해는 서울 암사동 유적 발견 100주년입니다. 1925년 을축년 대홍수로 우연히 모습이 드러난 이 유적은 수차례 발굴 과정에서 [(가)] 시대의 대표적 유물인 빗살무늬 토기와 갈돌, 갈판이 출토되고, 유구인 집터가 발견되었습니다.

서울 암사동 유적 발견 100주년 맞아

① 목책과 환호 등 방어 시설을 갖추었다.

② 소를 이용한 깊이갈이가 일반화되었다.

③ 농경과 목축을 통해 식량을 생산하였다.

④ 지배층의 무덤으로 고인돌을 축조하였다.

⑤ 거푸집을 이용하여 세형 동검을 제작하였다.

02 ——————— 65회 02번

(가) 국가에 대한 설명으로 옳은 것은? [2점]

니계상 참이 사람을 시켜 [(가)] 의 왕 우거를 죽이고 와서 항복하였다. 그러나 왕검성은 끝내 함락되지 않았기에 우거왕의 대신(大臣) 성기가 한(漢)에 반기를 들고 공격하였다. 좌장군은 우거왕의 아들 장과 항복한 상 노인의 아들 최로 하여금 그 백성을 달래고 성기를 주살하도록 하였다. 드디어 [(가)] 을/를 평정하고 진번·임둔·낙랑·현도군을 설치하였다.

－『한서』－

① 동맹이라는 제천 행사를 열었다.

② 신성 지역인 소도가 존재하였다.

③ 읍락 간의 경계를 중시하는 책화가 있었다.

④ 여러 가(加)들이 별도로 사출도를 다스렸다.

⑤ 사회 질서를 유지하기 위해 범금 8조를 두었다.

03 ——————— 74회 03번

(가) 국가에서 볼 수 있는 모습으로 가장 적절한 것은? [2점]

이번에 촉각 전시물로 새롭게 제작된 장군총은 [(가)] 의 대표적인 무덤입니다. 반듯하게 다듬은 돌을 계단처럼 쌓아 만든 이 무덤의 높이는 약 13미터이고, 한 변의 최대 길이는 약 31미터에 달합니다. 거대한 크기를 고려할 때 왕의 무덤일 가능성이 높습니다. 이 무덤의 주인이 누구였을지 상상하며 만져 보면 어떨까요?

① 녹과전을 지급받는 관리

② 경당에서 수련하는 청년

③ 팔만대장경판을 만드는 장인

④ 지방의 22담로에 파견되는 왕족

⑤ 황룡사 구층 목탑의 축조를 건의하는 승려

04 ——————— 67회 04번

(가)에 해당하는 문화유산으로 옳은 것은? [3점]

국보로 지정된 [(가)] 은 현존하는 신라 탑 중에 가장 오래된 것으로 평가받습니다. 이 탑은 돌을 벽돌 모양으로 다듬어 쌓았다는 특징이 있으며, 선덕여왕 3년에 건립된 것으로 추정됩니다.

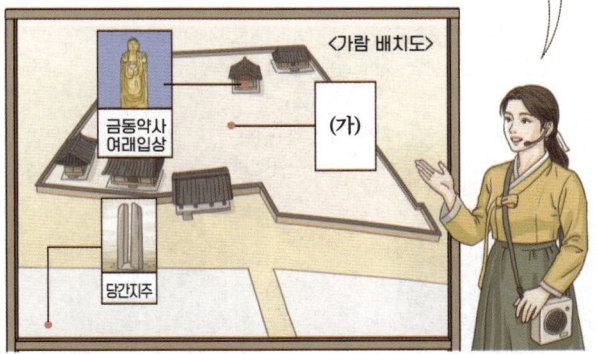

①  ②  ③

④  ⑤

(가), (나) 사이의 시기에 있었던 사실로 옳은 것은? [3점]

> (가) 연개소문은 왕의 조카인 장을 왕으로 세우고 스스로 막리지가 되었다. 그 관직은 당의 병부상서 겸 중서령 의 직임과 같다.
>
> (나) 검모잠은 남은 백성을 모아 궁모성에서 패강 남쪽으 로 내려와 당나라 관인 및 승려 법안 등을 죽이고 신 라로 향하였다. 사야도에 이르러 고구려 대신 연정토 의 아들 안승을 알현하고, 한성으로 모셔와 임금으로 받들었다.

① 을지문덕이 살수에서 대승을 거두었다.
② 사찬 시득이 기벌포에서 당군을 격파하였다.
③ 관구검이 이끄는 군대가 환도성을 함락하였다.
④ 김춘추가 당으로 건너가 군사 동맹을 체결하였다.
⑤ 장문휴가 자사 위준이 관할하는 당의 등주를 공격하였다.

(가) 국가에 대한 설명으로 옳은 것은? [2점]

> 여러분이 계신 곳은 [(가)]의 능산리 고분군 중 동하총 증강 현실 전시실입니다. 동하총 무덤방의 벽에는 사신도가, 천장에는 연꽃과 구 름무늬가 그려져 있습니다. 이는 송산리 6호분과 함께 [(가)]의 고 분 벽화 연구에 중요한 자료로 평가됩니다.

① 일길찬, 사찬 등의 관등이 있었다.
② 지방 장관으로 욕살, 처려근지 등이 있었다.
③ 특산물로 단궁, 과하마, 반어피가 유명하였다.
④ 사회 질서를 유지하기 위해 범금 8조를 두었다.
⑤ 왕족인 부여씨와 8성 귀족이 지배층을 이루었다.

밑줄 그은 '시기'에 있었던 사실로 옳은 것은? [3점]

> 이것은 보령 성주사지 대낭혜화상탑비로, 진성여왕의 명을 받아 최 치원이 비문을 작성했습니다. 혜공왕 피살 이후 왕위 쟁탈전이 치열 했던 시기에 당에서 수행하고 돌아와 9산 선문 중 하나인 성주산문을 개창한 낭혜화상의 행적이 기록되어 있습니다.

① 김흠돌 등 진골 세력이 숙청되었다.
② 김헌창이 웅천주에서 반란을 일으켰다.
③ 거칠부가 왕명에 의해 국사를 편찬하였다.
④ 복신과 도침이 부여풍을 왕으로 추대하였다.
⑤ 자장의 건의로 황룡사 구층 목탑이 건립되었다.

(가)에 들어갈 내용으로 가장 적절한 것은? [1점]

> 한국사 동영상 제작 기획안
>
> ○○○, 동아시아를 무대로 활약하다
> △학년 △반 △△모둠
>
> ■ 기획 의도
> 신라인으로서 동아시아를 무대로 활약한 ○○○의 생애를 다룬 동영상을 제작하여, 당시의 상황과 그의 활동을 살펴본다.
>
> ■ 장면별 구성 내용
> #1. 당으로 건너가 무령군 소장이 되다
> #2. [(가)]
> #3. 청해진을 설치하고 동아시아 무역을 주도하다
> #4. 왕위 쟁탈전에 휘말려 암살당하다

① 화왕계를 지어 국왕에게 바치다
② 산둥반도에 적산 법화원을 창건하다
③ 외교 문서인 청방인문표를 작성하다
④ 격황소서를 지어 세상에 이름을 떨치다
⑤ 구법순례기인 왕오천축국전을 저술하다

밑줄 그은 '교서'를 내린 왕의 재위 기간에 볼 수 있는 모습으로 가장 적절한 것은? [3점]

> 상평창을 양경(兩京)과 12목에 설치하고 교서를 내렸다. 『한서』 식화지에 '그 해가 풍년인지 흉년인지에 따라 곡식을 풀거나 거두어들이는 것을 행한다.'라고 하였다. … 경시서에 맡겨 곡식을 풀거나 거두어들이도록 하라."

① 서적포에서 책을 인쇄하는 관리
② 국자감 학생들을 가르치는 박사
③ 양현고의 재정을 관리하는 관원
④ 9재 학당에서 유교 경전을 읽는 학생
⑤ 청연각의 소장 도서를 분류하는 학사

밑줄 그은 '이 왕'이 추진한 정책으로 옳은 것은? [1점]

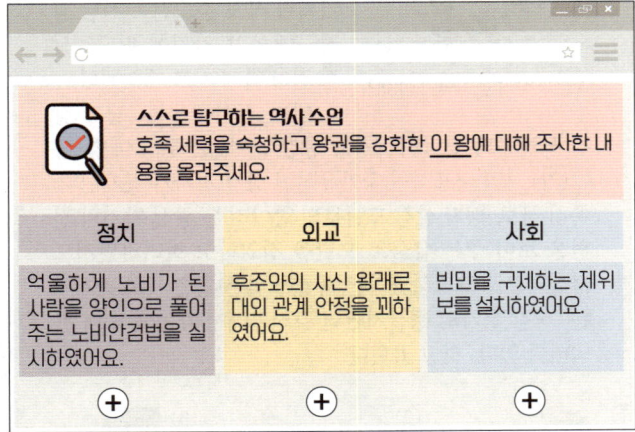

스스로 탐구하는 역사 수업
호족 세력을 숙청하고 왕권을 강화한 이 왕에 대해 조사한 내용을 올려주세요.

정치	외교	사회
억울하게 노비가 된 사람을 양인으로 풀어 주는 노비안검법을 실시하였어요.	후주와의 사신 왕래로 대외 관계 안정을 꾀하였어요.	빈민을 구제하는 제위보를 설치하였어요.
⊕	⊕	⊕

① 폐정 개혁을 목표로 정치도감을 설치하였다.
② 광덕, 준풍이라는 독자적 연호를 사용하였다.
③ 예의상정소에서 상정고금예문을 편찬하였다.
④ 전국에 12목을 설치하고 지방관을 파견하였다.
⑤ 관리에게 등급에 따라 전지와 시지를 지급하였다.

(가), (나) 사이의 시기에 있었던 사실로 옳은 것은? [3점]

> (가) 처음으로 역분전을 정하였다. 통일할 때 조정의 관리들과 군사들에게 관계(官階)는 논하지 않고, 그 사람의 성품과 행동이 착하고 악함과 공로가 크고 작음을 참작하여 차등 있게 주었다.
>
> (나) 12월에 문무 양반 및 군인들의 전시과를 개정하였다. 제1과는 전지 100결, 시지 70결을 지급한다. … 제18과는 전지 20결을 지급한다. 이 한(限)에 들지 못한 자에게는 모두 전지 17결을 주기로 하고 이것은 통상의 법식으로 한다.

① 경기에 한하여 과전법이 실시되었다.
② 쌍기의 건의로 과거제가 시행되었다.
③ 신돈이 전민변정도감의 책임자가 되었다.
④ 만적이 개경에서 노비를 모아 반란을 모의하였다.
⑤ 최충헌이 봉사 10조를 올려 시정 개혁을 건의하였다.

다음 자료에 나타난 국가의 경제 상황으로 옳은 것은? [2점]

> ○ 이때에 은병을 화폐로 쓰기 시작하였다. 그 제도는 은 한 근으로 만들며 본국의 지형을 본뜨도록 하였다. 속칭 활구라 하였다.
> ○ 도평의사사에서 방을 붙여 알리기를, "지금부터 은병 하나를 쌀로 환산하여 개경에서는 15~16석, 지방에서는 18~19석의 비율로 하되, 경시서에서 그 해의 풍흉을 살펴 그 값을 정할 것이다."라고 하였다.

① 솔빈부의 말을 특산물로 수출하였다.
② 서적점, 다점 등의 관영 상점을 운영하였다.
③ 청해진을 중심으로 해상 무역을 전개하였다.
④ 광산을 전문적으로 경영하는 덕대가 활동하였다.
⑤ 기유약조를 체결하여 일본과의 교역을 재개하였다.

13

(가) 국가의 경제 상황으로 가장 적절한 것은? [2점]

> 황비창천 명 거울은 <u>(가)</u> 에서 사용했던 것으로 풍랑이 몰아치는 바다 위에 배 한 척이 돛을 펴고 나아가는 모습이 표현되어 있습니다. 이 거울에 묘사된 배를 토대로 오른쪽 사진과 같이 당시 무역선의 모습을 유추하였습니다. <u>(가)</u> 시대 사람들은 송, 일본뿐만 아니라 동남아시아, 아라비아 상인들과도 교역을 하였습니다.

황비창천* 명(銘) 거울

무역선

*황비창천: 밝게 빛나는 창성한 하늘

① 초량 왜관을 통해 일본과 무역하였다.
② 덕대가 광산을 전문적으로 경영하였다.
③ 당항성, 영암이 국제 무역항으로 번성하였다.
④ 거란도, 영주도를 통해 주변국과 교역하였다.
⑤ 주전도감을 설치하여 해동통보를 발행하였다.

14

(가)~(다)를 일어난 순서대로 옳게 나열한 것은? [3점]

> (가) 김보당이 정중부·이의방을 토벌하고 의종을 다시 세우고자 … 동북면지병마사 한언국과 군사를 일으켜 함께 하도록 했다. … 정중부·이의방이 이 소식을 듣고 장군 이의민, 산원(散員) 박존위로 하여금 군사를 거느리고 남로로 가도록 했고, 또 군사를 서해도로 파견하여 대응하도록 했다.
>
> (나) 최충헌은 최충수와 함께 봉사를 올렸다. "… 낡은 제도를 타파하고 새로운 정치를 도모하심에 오로지 태조의 올바른 법을 따르시어 중흥의 길을 환히 여시길 바랍니다. 삼가 열 가지 사항을 아뢰옵니다."
>
> (다) 왕과 세자가 몽골에서 개경으로 돌아온 이후, 삼별초가 반란을 일으켜 승화후 왕온을 [왕으로] 세우고 진도에 웅거하였다.

① (가) – (나) – (다)
② (가) – (다) – (나)
③ (나) – (가) – (다)
④ (나) – (다) – (가)
⑤ (다) – (가) – (나)

15

(가) 시대의 지방 통치 체제에 대한 설명으로 옳은 것은? [2점]

> 개경으로 가는 주요 길목인 혜음령에 세워졌던 혜음원에는 행인의 안전한 통행을 위한 숙소와 사원이 있었습니다. 혜음원지를 통해 개경 외에 남경, 동경 등이 설치되었던 <u>(가)</u> 시대 원(院)의 모습을 유추할 수 있습니다.

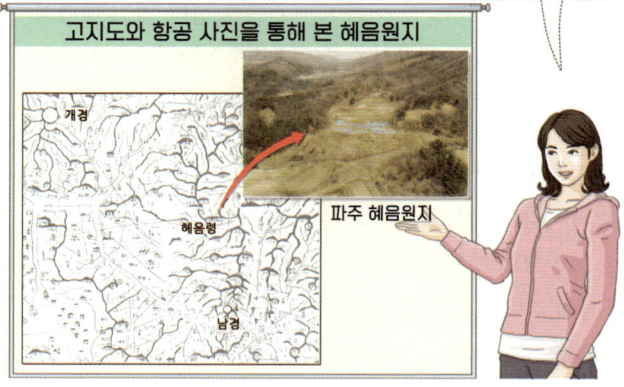

고지도와 항공 사진을 통해 본 혜음원지

개경 / 혜음령 / 남경 / 파주 혜음원지

① 22담로에 왕족을 파견하였다.
② 전국에 9주 5소경을 설치하였다.
③ 특수 행정 구역으로 향, 부곡, 소가 있었다.
④ 지방관을 감찰하기 위하여 외사정을 두었다.
⑤ 지방 행정 구역을 8도에서 23부로 개편하였다.

16

(가) 국가의 국가유산으로 옳지 않은 것은? [1점]

> **□□ 신문**
>
> 제△△호　　2024년 ○○월 ○○일
>
> **'국보 순회전: 모두의 곁으로', 강진군에서 열려**
>
>
>
> ▲청자 상감 모란무늬 항아리
>
> 국립중앙박물관이 지역 간의 문화 격차를 해소하기 위해 기획한 국보 순회전이 전남 강진군에서 '도자기에 핀 꽃, 상감 청자'를 주제로 개최된다.
> 이번 전시에서는 '청자 상감 모란무늬 항아리', '청자 상감 물가풍경무늬 매병' 등 <u>(가)</u> 의 대표적인 국가유산인 상감 청자가 공개된다. 특히 국보 '청자 상감 모란무늬 항아리'는 왕실 자기의 전형을 보여 주는 유물로 모란을 정교하고 화려하면서도 사실적으로 묘사하였다는 평가를 받는다. 전시회 관계자는 "상감 청자의 생산지였던 강진군에서 개최되어 더 큰 의미가 있다."라고 밝혔다.

①
②
③
④
⑤

17 _____

(가) 교육 기관에 대한 설명으로 옳은 것은? [2점]

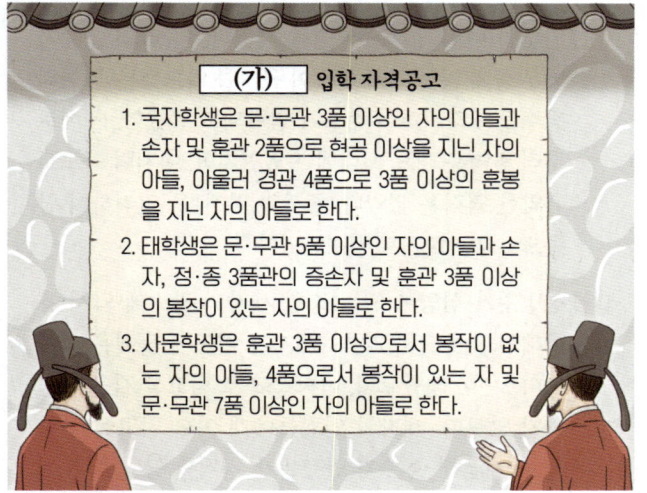

① 문헌공도로 불리기도 하였다.
② 중앙에서 교수나 훈도가 파견되었다.
③ 전국의 부·목·군·현에 하나씩 설치되었다.
④ 장학 기금 마련을 위해 양현고가 설립되었다.
⑤ 사가독서제를 시행하여 학문에 전념하게 하였다.

19 _____

㉠~㉣에 대한 설명으로 옳은 것을 〈보기〉에서 고른 것은? [2점]

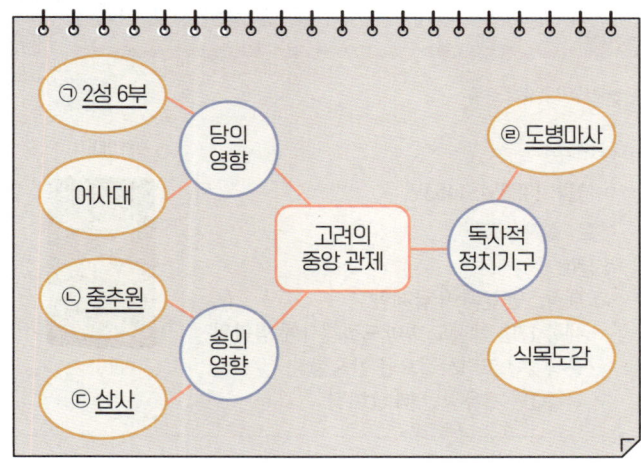

─────────〈보기〉─────────
ㄱ. ㉠ – 좌·우사정이 6부를 나누어 관할하였다.
ㄴ. ㉡ – 군사 기밀과 왕명 출납을 담당하였다.
ㄷ. ㉢ – 5품 이하의 관원에 대한 서경권을 행사하였다.
ㄹ. ㉣ – 재추를 중심으로 국방, 군사 문제를 논의하였다.

① ㄱ, ㄴ   ② ㄱ, ㄷ   ③ ㄴ, ㄷ   ④ ㄴ, ㄹ   ⑤ ㄷ, ㄹ

18 _____

다음 자료에 나타난 시기의 사회 모습으로 적절한 것은? [2점]

○ 7재를 설치하였다. 주역을 [공부하는 곳은] 이택재, 상
서는 대빙재, 모시(毛詩)는 경덕재, 주례는 구인재, 대례
는 복응재, 춘추는 양정재, 무학은 강예재라고 하였다.

○ 왕이 결정하시기를 "… 무학이 점차 번성하여 장차 문학
하는 사람들과 각을 세워 불화하게 되면 매우 편치 못하
게 될 것이다. … 무학으로 무사를 선발하는 일과 무학
재의 호칭은 모두 혁파하겠다."라고 하였다.

① 서얼이 통청 운동을 전개하였다.
② 사창절목에 따라 사창제가 시행되었다.
③ 왕조 교체를 예언하는 정감록이 유포되었다.
④ 병자에게 약을 지급하는 혜민국이 설치되었다.
⑤ 국산 약재와 치료 방법을 정리한 향약집성방이 간행되었다.

20 _____

밑줄 그은 '이 역사서'에 대한 설명으로 옳은 것은? [3점]

대개 이미 지나간 나라의 흥망은 장래의 교훈이 되기
때문에 이 역사서를 편찬하여 올리는 바입니다. … 범례
는 사마천의 『사기』를 따르고, 대의(大義)는 모두 왕께
아뢰어 재가만 얻었습니다. 본기(本紀)라는 이름을 피하
고 세가(世家)라고 한 것은 명분의 중요성을 나타내기
위함이며, 가짜 왕인 신씨들[신우, 신창]은 세가에 넣지
않고 열전으로 내린 것은 그들이 왕위를 도둑질한 사실
을 엄히 논죄하려는 것입니다.

① 발해사를 우리 역사로 체계화하였다.
② 고구려 시조의 일대기를 서사시로 표현하였다.
③ 불교사를 중심으로 고대의 민간 설화를 수록하였다.
④ 고조선부터 고려 말까지의 역사를 연대순으로 기록하였다.
⑤ 조선 건국을 정당화하는 입장에서 고려의 역사를 정리하
였다.

21

다음 검색창에 들어갈 인물의 활동으로 옳은 것은? [2점]

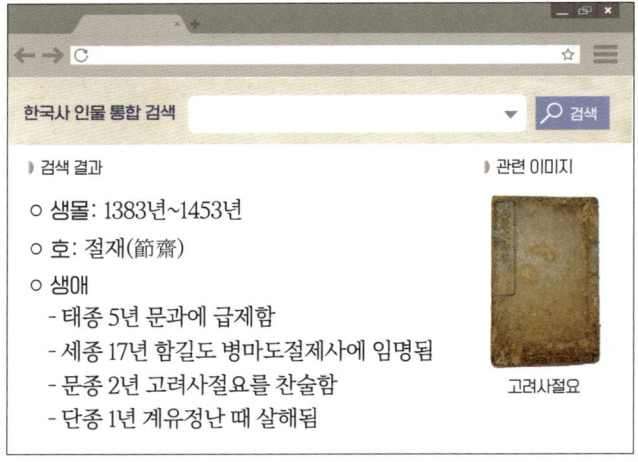

한국사 인물 통합 검색 [🔍 검색]

▶ 검색 결과
▶ 관련 이미지

○ 생몰: 1383년~1453년
○ 호: 절재(節齋)
○ 생애
 - 태종 5년 문과에 급제함
 - 세종 17년 함길도 병마도절제사에 임명됨
 - 문종 2년 고려사절요를 찬술함
 - 단종 1년 계유정난 때 살해됨

고려사절요

① 여진을 정벌하고 6진을 개척하였다.
② 불씨잡변을 지어 불교를 비판하였다.
③ 반정 공신의 위훈 삭제를 주장하였다.
④ 왜구의 근거지인 쓰시마섬을 정벌하였다.
⑤ 충청도 지역까지 대동법의 확대 실시를 건의하였다.

22

밑줄 그은 '이 전란' 이후에 있었던 사실로 옳은 것은?
[2점]

이것은 강화 교섭 결렬 이후 일본의 재침으로 시작된 이 전란 당시 흥양(현재 고흥군) 현감 최희량이 작성한 전과 보고서의 일부입니다. 여기에는 흥양에 침입한 일본군을 격퇴한 사실과 새로 제작한 전선(戰船)에 대한 내용 등이 자세히 기록되어 있으며, 삼도수군통제사 이순신의 서명도 있습니다.

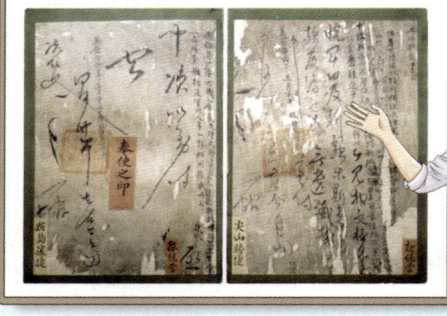

① 신숙주가 일본에 다녀와 해동제국기를 저술하였다.
② 나세 등이 화포를 사용하여 진포에서 왜구를 격퇴하였다.
③ 포로 송환을 목적으로 회답겸쇄환사가 일본에 파견되었다.
④ 조선 정부의 교역 제한에 반발하여 사량진 왜변이 일어났다.
⑤ 국방 문제를 논의하기 위한 임시 기구로 비변사가 설치되었다.

23

(가), (나) 사이의 시기에 있었던 사실로 옳은 것은? [2점]

(가) 임금이 여러 도(道)에 명을 내렸다. "나라의 운세가 매우 좋지 않아 역적 이괄이 군사를 일으켰는데, 여러 장수들이 좌시하여 수도가 함락되고 말았다. … 예로 부터 반역은 어느 시대에나 있었지만, 이처럼 극도로 흉악한 역적은 없었다. 종사와 자전*을 염려하여 남 쪽으로 피란하기로 결정하였다."

(나) 정명수가 심양에 있는 소현 세자의 관소에 와서 용 골대의 뜻을 전하기를, "세자가 이곳에 들어온 지가 이미 5년이 되었으니, 어찌 스스로 먹고살 길을 마련 하지 않는가. 세자와 인질들에게 어찌 먹고살 식량 을 늘 지급해 줄 수가 있겠는가. 경작할 땅을 주어 내 년부터 각자 농사를 지어 먹도록 함이 마땅하다."라 고 하였다.

* 자전(慈殿): 임금의 어머니

① 정문부가 길주에서 의병을 이끌었다.
② 삼수병으로 구성된 훈련도감이 설치되었다.
③ 영창 대군이 사사되고 인목 대비가 유폐되었다.
④ 이덕형이 구원병 요청을 위해 명에 청원사로 파견되었다.
⑤ 김상헌 등이 남한산성에서 화의에 반대하여 항전을 주장 하였다.

24

(가) 전쟁 중에 있었던 사실로 옳은 것은?
[2점]

문학으로 보는 한국사 [해설]

남한산성 무너진 날 죽었어야 할 몸인데
초수(楚囚)*되어 아직도 못 돌아간 신하라네
서쪽으로 오며 형 생각에 몇 번이나 눈물 뿌렸던고
동녘을 바라보니 아우 그린 형이 가련하네
…
부부 은정(恩情) 중하기도 한데
만난지 두 돌도 못 되었네그려
이제는 만 리 밖에 이별하여
백년 가약이 헛되구나
길이 멀어 편지도 못 부치고
산이 높아 꿈조차 더디 넘네
나의 살 길 기약할 수 없으니
뱃속의 아이나 잘 보살펴주오

* 초수: 포로를 뜻함

이 작품은 송시열이 펴낸 『삼학사 전』에 수록된 시로, 오달제가 형과 아내에게 보낸 것입니다. 삼학사 는 (가) 때 척화론을 주장하다가 이듬해 심양으로 잡혀가 순절한 홍 익한, 윤집, 오달제를 말합니다. 『삼학사전』에는 삼학사의 전개와 비극적 최후가 묘사되어 있습니다. 인조의 뒤를 이어 즉위한 효종은 (가) 의 치욕을 씻기 위해 북 벌을 추진하는 한편 순절한 인물을 기리고 그 후손을 등용하는 정책을 펼쳤습니다.

① 송상현이 동래성에서 항전하였다.
② 김준룡이 광교산 전투에서 승리하였다.
③ 이괄의 반란 세력이 도성을 장악하였다.
④ 강홍립 부대가 사르후 전투에 참전하였다.
⑤ 신류가 조총 부대를 이끌고 흑룡강에서 전투를 벌였다.

25

(가) 사건에 대한 설명으로 옳은 것은? [3점]

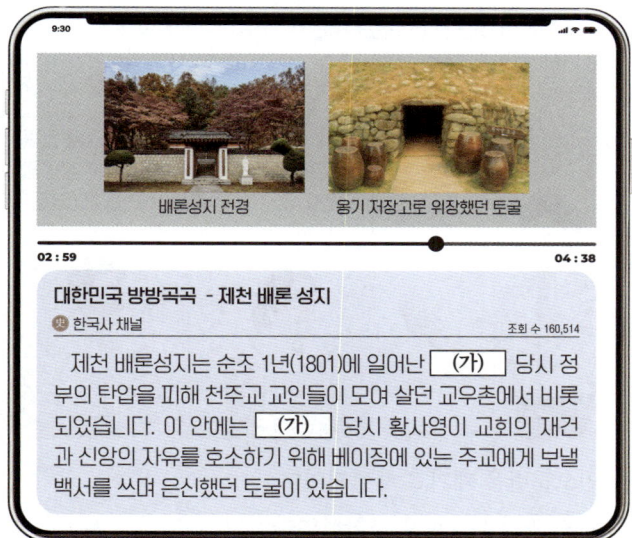

대한민국 방방곡곡 - 제천 배론 성지
한국사 채널
조회 수 160,514

제천 배론성지는 순조 1년(1801)에 일어난 [(가)] 당시 정부의 탄압을 피해 천주교 교인들이 모여 살던 교우촌에서 비롯되었습니다. 이 안에는 [(가)] 당시 황사영이 교회의 재건과 신앙의 자유를 호소하기 위해 베이징에 있는 주교에게 보낼 백서를 쓰며 은신했던 토굴이 있습니다.

① 한성 조약이 체결되는 결과를 가져왔다.
② 정부의 요청으로 출병한 청군이 진압하였다.
③ 사태의 수습을 위해 박규수가 안핵사로 파견되었다.
④ 이필제가 영해 지역에서 난을 일으키는 계기가 되었다.
⑤ 전개 과정에서 이승훈, 정약용 등이 연루되어 처벌되었다.

26

다음 상황이 나타난 시기의 경제 모습으로 옳지 않은 것은? [2점]

비가 내리자 왕이 특별히 화성부에 이르기를, "흉년이 들었을 때 기근을 구제하는 데 서쪽 지방의 토란이나 남쪽 지방의 고구마보다 월등히 나은 것은 메밀이다. 내가 이 때문에 모내기의 시기를 놓치게 되면 반드시 메밀을 대신 파종하도록 권장하는 것이다."라고 하였다.

① 염포의 왜관을 통해 일본과 교역하였다.
② 상평통보를 발행하여 화폐로 사용하였다.
③ 관청에 물품을 조달하는 공인이 활동하였다.
④ 송상, 만상이 대청 무역으로 부를 축적하였다.
⑤ 덕대가 물주에게 자금을 받아 광산을 경영하였다.

27

(가) 왕의 재위 기간에 있었던 사실로 옳은 것은? [1점]

이 그림은 화성능행도 8폭 중 일부로, [(가)] 이/가 혜경궁 홍씨를 모시고 현륭원에 다녀오는 모습을 그린 것입니다. 위엄을 갖춘 행렬의 장대함과 구경꾼들의 생동감 넘치는 표정이 잘 드러나 있습니다.

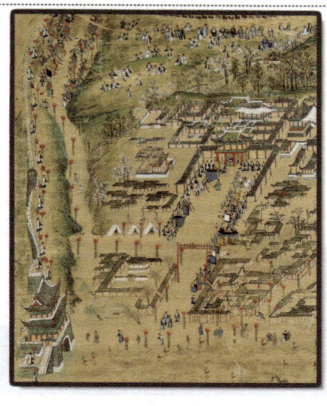

① 자의 대비의 복상 문제로 예송이 전개되었다.
② 명의 신종을 제사 지내는 만동묘가 설치되었다.
③ 문신을 재교육하기 위한 초계문신제가 실시되었다.
④ 붕당의 폐해를 경계하는 탕평비가 성균관에 건립되었다.
⑤ 비변사의 혁파로 의정부와 삼군부의 기능이 정상화되었다.

28

(가) 왕의 재위 시기에 있었던 사실로 옳은 것은? [2점]

(가) 어진

이 그림은 [(가)]의 초상화로 조선 시대에 그려진 현존하는 어진 가운데 군복을 입고 있는 유일한 사례이다. 강화도령으로 불렸던 그는 안동 김씨인 순원왕후의 명으로 왕위에 올랐지만, 임술 농민 봉기가 일어나는 등 혼란한 상황 속에서 승하하였다. 6·25 전쟁 때 화재로 어진의 일부가 소실되었다.

① 윤지충 등이 처형된 신해박해가 일어났다.
② 오페르트가 남연군 묘 도굴을 시도하였다.
③ 국왕의 친위 부대인 장용영이 창설되었다.
④ 경신환국 등 여러 차례 환국이 발생하였다.
⑤ 박규수의 건의로 삼정이정청이 설치되었다.

(가)~(마)에 들어갈 내용으로 적절하지 않은 것은? [2점]

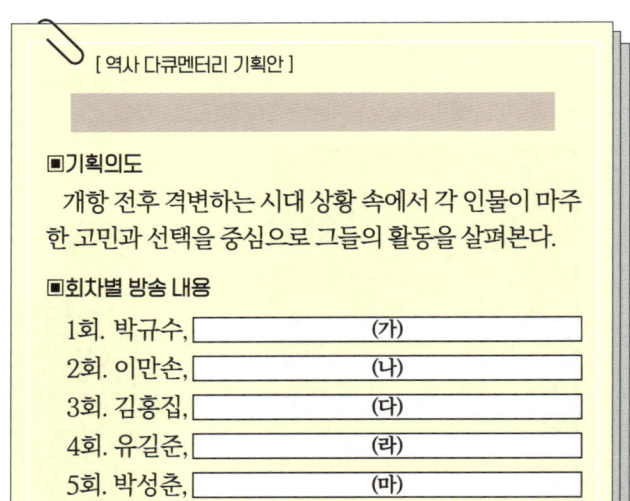

[역사 다큐멘터리 기획안]

■기획의도
　개항 전후 격변하는 시대 상황 속에서 각 인물이 마주한 고민과 선택을 중심으로 그들의 활동을 살펴본다.

■회차별 방송 내용

1회. 박규수,	(가)
2회. 이만손,	(나)
3회. 김홍집,	(다)
4회. 유길준,	(라)
5회. 박성춘,	(마)

① (가) – 북학 사상을 바탕으로 통상 개화론을 주장하다
② (나) – 영남 만인소를 주도해 개항과 통상에 반대하다
③ (다) – 보빙사로 미국에 다녀와 개화 정책을 추진하다
④ (라) – 서유견문을 집필하여 서양 근대 문명을 소개하다
⑤ (마) – 백정 출신으로 관민 공동회에서 연설하다

(가) 사건에 대한 설명으로 옳은 것은? [1점]

　이 척화비는 자연석에 비문을 새긴 것이 특징입니다. 척화비는 제너럴 셔먼호 사건을 구실로 일어난 ▢(가)▢ 이후 전국 각지에 세워졌습니다. 이를 통해 서양 세력과의 통상 수교를 거부한 역사의 한 장면을 엿볼 수 있습니다.

① 청군의 개입으로 종결되었다.
② 외규장각 도서가 약탈되는 결과를 가져왔다.
③ 에도 막부에 통신사가 파견되는 계기가 되었다.
④ 사태 수습을 위해 박규수가 안핵사로 파견되었다.
⑤ 전개 과정에서 어재연 부대가 광성보에서 항전하였다.

밑줄 그은 '이 장정'에 대한 설명으로 옳은 것은? [2점]

이 장정이 맺어진 이후 나타난 변화에 대해 말해보자.

청 상인이 양화진과 한성에 점포를 열 수 있게 되었어요.

조선의 상권을 둘러싸고 청과 일본 상인의 경쟁이 치열해졌어요.

① 임오군란을 계기로 체결되었다.
② 거중 조정의 조항을 포함하였다.
③ 방곡령을 선포할 수 있는 조건을 명시하였다.
④ 부산항과 원산항이 개항되는 결과를 가져왔다.
⑤ 외국인을 재정 고문으로 두도록 하는 조항을 담고 있다.

다음 가상 뉴스에서 보도하는 사건 이후에 전개된 사실로 옳은 것은? [1점]

지난달 전주성을 점령한 동학 농민군이 마침내 정부와 화약을 체결하였습니다. 농민군은 곧 집강소를 중심으로 폐정 개혁에 착수할 것으로 예상됩니다.

속보　　　전주 화약 체결

① 남접과 북접이 논산에서 연합하였다.
② 농민군이 황룡촌 전투에서 관군에 승리하였다.
③ 교조 신원을 요구하는 보은 집회가 개최되었다.
④ 사태 수습을 위해 안핵사 이용태가 파견되었다.
⑤ 전봉준이 농민을 이끌고 고부 관아를 습격하였다.

33

다음 대화에 해당하는 교육 기관에 대한 설명으로 옳은 것은? [2점]

① 7재라는 전문 강좌가 개설되었다.
② 조선 총독부의 탄압으로 폐교되었다.
③ 교육 입국 조서에 근거하여 세워졌다.
④ 주요 건물로 대성전과 명륜당을 두었다.
⑤ 헐버트, 길모어 등이 교사로 초빙되었다.

34

(가) 운동에 대한 설명으로 옳은 것은? [2점]

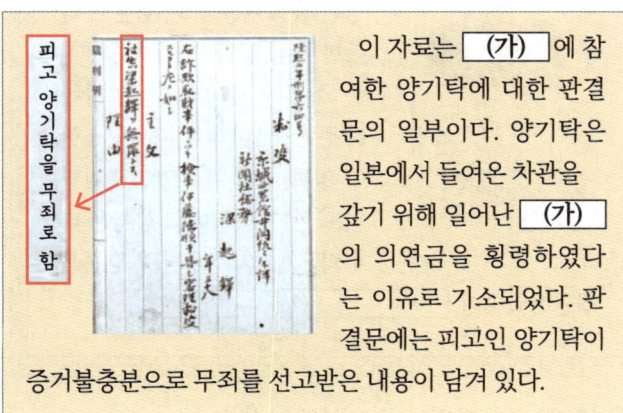

이 자료는 (가) 에 참여한 양기탁에 대한 판결문의 일부이다. 양기탁은 일본에서 들여온 차관을 갚기 위해 일어난 (가) 의 의연금을 횡령하였다는 이유로 기소되었다. 판결문에는 피고인 양기탁이 증거불충분으로 무죄를 선고받은 내용이 담겨 있다.

① 대한매일신보의 지원을 받아 확산되었다.
② 조선 총독부의 탄압과 방해로 실패하였다.
③ 백정에 대한 사회적 차별 철폐를 요구하였다.
④ 조선 민립 대학 기성회에서 모금 활동을 주도하였다.
⑤ 일본, 프랑스 등의 노동 단체로부터 격려 전문을 받았다.

35

다음 자료를 작성한 인물에 대한 설명으로 옳은 것은? [1점]

'동양 평화'와 '한국 독립'에 대한 문제는 이미 세계 모든 나라 사람들이 다 아는 사실이며 당연한 일로 굳게 믿었고, 한국과 청국 사람들의 마음에 깊게 새겨졌다. … 만일 일본이 지금의 정책을 바꾸지 않고 이웃 나라들을 나날이 억누른다면, 차라리 다른 인종에게 망할지언정 같은 인종에게 욕을 당하지는 않겠다는 생각이 한국과 청국 사람들의 마음에서 용솟음칠 것이다. … 동양 평화를 위한 의로운 싸움을 하얼빈에서 시작하고, 옳고 그름을 가리는 자리는 뤼순으로 정하였다.

① 샌프란시스코에서 흥사단을 창립하였다.
② 황준헌이 쓴 조선책략을 국내에 들여왔다.
③ 초대 통감이었던 이토 히로부미를 사살하였다.
④ 유만수 등과 함께 부민관 폭파 의거를 일으켰다.
⑤ 국권 피탈 과정을 정리한 한국통사를 저술하였다.

36

밑줄 그은 '시기'에 있었던 사실로 옳은 것은? [2점]

헌병이 일반 경찰 업무를 담당하던 시기에 일제는 범죄 즉결례를 제정하여 재판 없이 체포 또는 구금하고 벌금을 물리거나 태형에 처할 수 있게 하였습니다. 시행 이듬해 일제는 범죄 즉결례에 있는 태형 규정을 삭제하고, 조선 태형령을 제정하여 태형은 오직 조선인에게만 적용하였습니다.

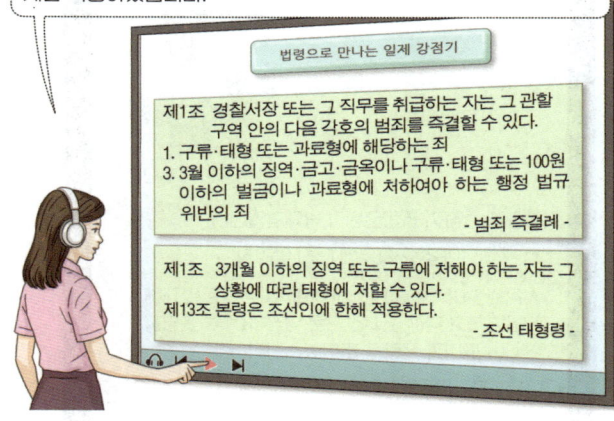

① 미쓰야 협정이 체결되었다.
② 조선 사상범 예방 구금령이 제정되었다.
③ 박문국이 설치되어 한성순보를 발행하였다.
④ 황국 중앙 총상회가 상권 수호 운동을 주도하였다.
⑤ 회사 설립 시 총독의 허가를 받도록 하는 회사령이 시행되었다.

(가) 운동에 대한 설명으로 옳은 것은? [2점]

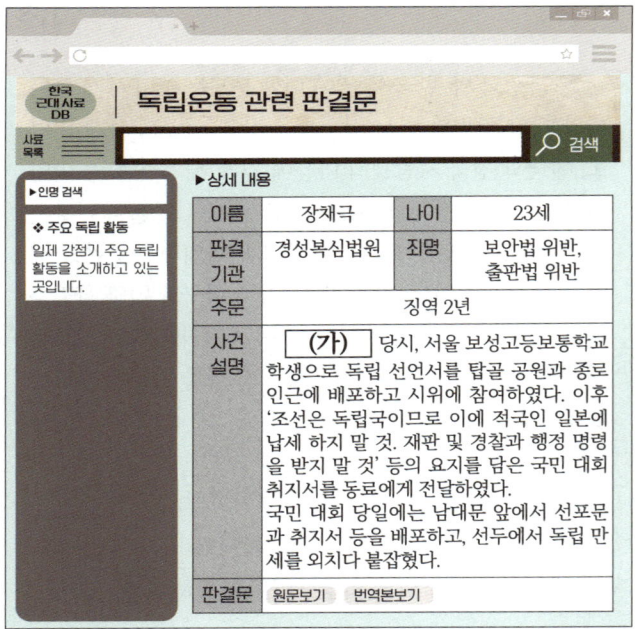

① 정우회 선언의 영향을 받았다.

② 통감부의 탄압과 방해로 중단되었다.

③ 순종의 인산일을 기회로 삼아 추진되었다.

④ 전개 과정에서 일제가 제암리 학살 등을 자행하였다.

⑤ 성진회와 각 학교 독서회에 의해 전국적으로 확산되었다.

밑줄 그은 '이 단체'에 대한 설명으로 옳은 것은? [2점]

① 원산 노동자 총파업을 지원하였다.

② 신흥 강습소를 세워 독립군을 양성하였다.

③ 김익상, 김상옥 등이 단원으로 활동하였다.

④ 상덕태상회를 통하여 군자금을 모집하였다.

⑤ 도쿄에서 일어난 이봉창 의거를 계획하였다.

(가) 지역에서 있었던 민족 운동으로 옳은 것은? [2점]

① 한인 자치 기구인 경학사를 조직하였다.

② 권업회를 조직하고 권업신문을 발간하였다.

③ 중광단을 결성하여 항일 투쟁을 전개하였다.

④ 숭무 학교를 설립하여 독립군을 양성하였다.

⑤ 유학생들이 중심이 되어 2·8 독립 선언서를 발표하였다.

(가)에 들어갈 내용으로 적절한 것은? [2점]

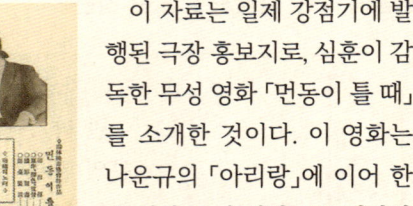

자료로 보는 한국영화

이 자료는 일제 강점기에 발행된 극장 홍보지로, 심훈이 감독한 무성 영화 「먼동이 틀 때」를 소개한 것이다. 이 영화는 나운규의 「아리랑」에 이어 한국 영화 초기 명작으로 평가받기도 한다. 이외에도 심훈은 다수의 시나리오와 영화 평론을 집필하였으며, (가)

① 별 헤는 밤, 참회록 등의 시를 남겼다.

② 국문 연구소의 연구위원으로 활동하였다.

③ 근대극 형식을 도입한 토월회를 조직하였다.

④ 실천적인 유교 정신을 강조하는 유교구신론을 저술하였다.

⑤ 브나로드 운동을 소재로 한 소설 상록수를 신문에 연재하였다.

41

(가) 단체에 대한 설명으로 옳은 것은? [3점]

자네 (가) 에서 발행한 잡지 '한글' 이번 호 보았는가? '한글 맞춤법 통일안' 개정 신판이 발매되었다는 소식이 실렸더군.

읽었네. 최근 훈민정음 해례본의 발견으로 한글 창제일이 명확해졌다는군. 이제 (가) 에서는 한글날을 창제일에 맞춰 10월 9일로 시정한다고 하네.

① 최초로 한글에 띄어쓰기를 도입하였다.
② 국어 문법서인 대한문전을 편찬하였다.
③ 태극 서관을 설립하여 서적을 보급하였다.
④ 조선말(우리말) 큰 사전 편찬을 추진하였다.
⑤ 국문 연구소를 두어 한글을 체계적으로 연구하였다.

42

㉠~㉤에 대한 설명으로 옳지 않은 것은? [2점]

단재 신채호 연보

1880년	충청도 회덕에서 출생
1898년	성균관에 입학
1907년	㉠ 신민회 활동에 참여하고 대한매일신보 필진으로 근무
1919년	상하이로 가서 ㉡ 대한민국 임시 정부 수립에 참여
1923년	㉢ 「조선 혁명 선언」 작성
1927년	무정부주의 동방 연맹 창립 대회에 참가
1928년	타이완 지룽에서 체포됨
1931년	㉣ 「조선상고사」가 조선일보에 연재됨
1936년	㉤ 뤼순 감옥에서 사망

① ㉠ – 광주 학생 항일 운동에 진상 조사단을 파견하였다.
② ㉡ – 이륭양행에 교통국을 설치하여 국내와 연락을 취하였다.
③ ㉢ – 의열단이 활동 지침으로 삼았다.
④ ㉣ – 역사를 아와 비아의 투쟁으로 정의하였다.
⑤ ㉤ – 안중근 의사가 순국한 곳이다.

43

교사의 질문에 대한 학생의 대답으로 적절하지 않은 것은? [2점]

이것은 그의 84세 생일을 위해 기획된 LP 음반의 재킷으로, '제84회 탄신기념'이라고 적혀 있습니다. 음반에는 '애국가', '만수무강하시리', '우남 행진곡' 등이 수록되어 있습니다. 그러나 그는 다음 해에 일어난 4·19 혁명으로 하야했습니다. 그가 대통령으로 재임하던 시기에 있었던 사실을 말해볼까요?

① 경부 고속 도로가 개통되었어요.
② 한미 상호 방위 조약이 체결되었어요.
③ 진보당의 당수였던 조봉암이 처형되었어요.
④ 반민족 행위 특별 조사 위원회가 해체되었어요.
⑤ 유상 매수, 유상 분배 원칙의 농지 개혁법이 제정되었어요.

44

밑줄 그은 '이 사건'에 대한 설명으로 옳은 것은? [1점]

이 비석에는 이 사건을 소재로 한 현기영의 소설 순이삼촌의 주요 내용이 새겨져 있습니다. 이곳 제주에서는 남한만의 단독 선거에 반대하는 세력을 진압한다는 명분으로 토벌대에 의해 수많은 주민들이 희생당했습니다. 비석을 세우지 않고 눕혀놓은 것은 이 비극을 표현하기 위함입니다.

① 향토 예비군 창설의 계기가 되었다.
② 조봉암이 간첩 혐의를 받아 사형되었다.
③ 유엔군이 한반도에 파병되는 원인이 되었다.
④ 허정 과도 정부가 구성되는 결과를 가져왔다.
⑤ 진상 규명과 희생자 명예 회복을 위한 특별법이 제정되었다.

45 67회 45번

밑줄 그은 '개헌안'의 시행 결과로 옳은 것은? [2점]

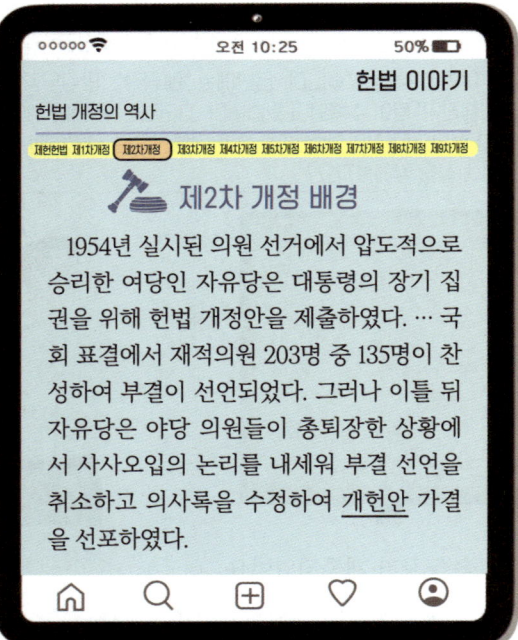

① 통일 주체 국민 회의에서 대통령이 선출되었다.
② 5년 단임의 대통령이 직선제에 의해 선출되었다.
③ 대통령이 국회의원의 3분의 1을 추천하게 되었다.
④ 국회에서 간접 선거 방식으로 대통령이 선출되었다.
⑤ 개헌 당시의 대통령에 한하여 중임 제한이 철폐되었다.

46 73회 49번

(가) 정부 시기에 볼 수 있는 모습으로 가장 적절한 것은? [2점]

이것은 통일 주체 국민 회의에서 대통령을 선출하도록 헌법을 개정한 (가) 정부의 홍보물입니다. "우리 모두 불굴의 투지와 굳은 단결로써 조국의 안정과 번영, 그리고 평화 통일을 위해 전진합시다."라는 문구 등으로 헌법을 미화하였습니다.

① 거리에서 장발과 미니스커트를 단속하는 경찰
② 교복 자율화 조치로 사복을 입고 등교하는 학생
③ 금융 실명제에 따라 신분증 제시를 요구하는 은행원
④ 칠레와의 자유 무역 협정(FTA) 비준을 보도하는 기자
⑤ 전국 민주 노동조합 총연맹 창립 대회에 참가하는 노동자

47 72회 49번

다음 뉴스가 보도된 정부 시기의 사실로 옳은 것은? [2점]

문교부가 중고등학생의 교복과 두발을 자율화하겠다고 발표한 데 이어, 오늘부터 야간 통행 금지 해제가 본격 적용되었습니다. 시민들은 새벽 거리를 활보하며 37년 만에 되찾은 24시간의 자유를 만끽하게 되었습니다.

① 서울 올림픽 대회가 개최되었다.
② 보도 지침으로 언론이 통제되었다.
③ 삼풍 백화점 붕괴 사고가 일어났다.
④ 양성 평등의 실현을 위해 호주제가 폐지되었다.
⑤ 사회 통합을 위한 다문화 가족 지원법이 시행되었다.

48 74회 49번

다음 연설문을 발표한 정부 시기의 통일 노력으로 옳은 것은? [2점]

6·15 공동 선언은 한반도의 운명을 바꾸어 놓은 역사적 전환점이었습니다. … 남북 당국 간 회담이 100여 차례 이상 열리고, 인적·물적 교류도 크게 늘어났습니다. … 참여정부는 햇볕 정책과 6·15 정신을 계승, 발전시킨 '평화번영 정책'을 추진해 나가고 있습니다. 이대로 가면 한반도에 화해와 협력의 질서가 구축되고, 평화와 번영의 새로운 동북아 시대가 열리게 될 것입니다. 무엇보다 중요한 것은 남북 간 신뢰 구축입니다. 각 분야의 교류와 협력을 활성화시키고, 북핵 문제를 평화적으로 해결해 나가야 합니다.

① 판문점에서 남북 정상 회담을 개최하였다.
② 남북한이 국제 연합(UN)에 동시 가입하였다.
③ 남북 이산가족의 고향 방문을 최초로 성사시켰다.
④ 평화 통일 외교 정책에 관한 6·23 특별 성명을 발표하였다.
⑤ 남북 간 경제 교류 활성화를 위한 개성 공단 착공식을 열었다.

(가)~(마)에 들어갈 내용으로 적절하지 않은 것은? [1점]

스스로 탐구하는 역사 수업
우리 역사에서 사용된 화폐를 주제로 보고서를 작성한 후 제목과 함께 올려주세요.
※과제 마감일은 10월 21일입니다.

번호	제목	
1	1모둠 - 명도전,	(가)
2	2모둠 - 해동통보,	(나)
3	3모둠 - 은병,	(다)
4	4모둠 - 상평통보,	(라)
5	5모둠 - 백동화,	(마)

① (가) – 중국 연과의 교류 관계를 보여주다
② (나) – 의천의 건의로 화폐가 주조되다
③ (다) – 경복궁 중건을 위해 제작되다
④ (라) – 법화로 발행되어 전국적으로 유통되다
⑤ (마) – 전환국에서 화폐가 발행되다

㉠~㉤에 대한 설명으로 적절하지 않은 것은? [3점]

史 한국사 톺아보기　**역사 속 관리 선발 방식**

신라는 국학 학생 등을 대상으로 유교 경전에 대한 이해 정도를 평가하여 관리로 선발하는 ㉠ 독서삼품과를 마련하였다. 하지만 골품제 때문에 관료제 운영에 큰 기능을 발휘하지 못하였다.

고려 시대에는 시험을 통해 인재를 등용하는 ㉡ 과거가 도입되어 운영되면서 제술과, 명경과, 잡과가 승과와 함께 시행되었다. 그러나 반드시 과거로만 관직에 진출하는 것이 아니라, 음서 등으로 관직에 진출하기도 하였다.

조선 시대의 관리는 과거, 취재, 음서, 천거 등을 통해 선발되었다. 과거는 ㉢ 문과, 무과, 잡과로 구성되었는데 문과와 무과를 중심으로 하여 양반 관료 체제가 갖추어졌다.

한편 조선 중기에는 ㉣ 현량과를 통해서 조정에 진출한 신진 세력들이 훈구 세력의 부정과 비리를 비판하기도 하였다.

개항기에는 군국기무처의 주도로 과거를 폐지하고 별도의 ㉤ 선거조례를 제정하여 과거 시험에서 평가하였던 유교 경전에 대한 지식이나 문장력보다는 실무에 적합한 재능과 능력을 갖춘 인재를 관리로 등용하고자 하였다.

① ㉠ – 원성왕 재위 시기에 시행되었다.
② ㉡ – 쌍기의 건의를 수용하여 실시하였다.
③ ㉢ – 식년시, 알성시, 증광시 등으로 운영되었다.
④ ㉣ – 중종 때 조광조를 비롯한 사림들이 실시를 주장하였다.
⑤ ㉤ – 대한 제국 수립 이후 개혁의 일환으로 처음 단행되었다.

01 _____ 76회 01번

밑줄 그은 '이 시대'의 생활 모습으로 옳은 것은? [1점]

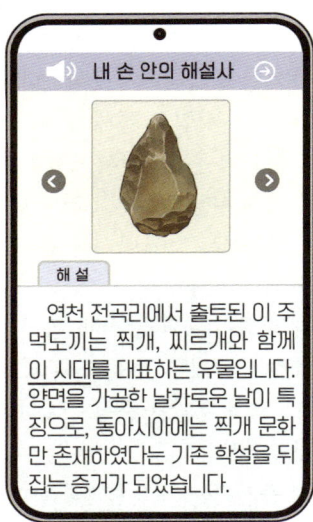

내 손 안의 해설사

해설

연천 전곡리에서 출토된 이 주 먹도끼는 찍개, 찌르개와 함께 이 시대를 대표하는 유물입니다. 양면을 가공한 날카로운 날이 특 징으로, 동아시아에는 찍개 문화 만 존재하였다는 기존 학설을 뒤 집는 증거가 되었습니다.

① 민무늬 토기에 식량을 저장하였다.

② 가락바퀴를 이용하여 실을 만들었다.

③ 명도전, 반량전 등 화폐를 사용하였다.

④ 철제 농기구를 사용하여 농사를 지었다.

⑤ 주로 동굴이나 강가의 막집에 거주하였다.

02 _____ 75회 02번

(가), (나) 사이의 시기에 있었던 사실로 옳은 것은? [2점]

(가) 진승과 항우가 군사를 일으켜 천하가 혼란해지자, 연 (燕)·제(齊)·조(趙)의 백성이 괴로움을 견디다 못해 점 차 준왕에게 망명해 왔다. 준왕은 이들을 서쪽 지역에 거주하게 하였다.

(나) 좌장군이 패수상군을 격파하고 왕검성에 이르러 그 성 의 서북방면을 포위하였다. 누선장군도 좌장군과 합세 하여 성의 남쪽에 주둔하였다. 우거왕이 끝까지 성을 굳게 지키니, 수개월이 지나도 함락시킬 수 없었다.

① 위만이 왕위를 찬탈하였다.

② 이사부가 우산국을 복속시켰다.

③ 온조가 위례성에 도읍을 정하였다.

④ 관구검이 환도성을 침략하여 함락하였다.

⑤ 미천왕이 서안평을 공격하여 영토를 넓혔다.

03 _____ 75회 03번

(가) 국가의 문화유산으로 옳은 것은? [2점]

□□ 신문

제△△호   2025년 ○○월 ○○일

금관 특별전 개최

올해 가을 아시아 태평양 경제 협력체 (APEC) 정상 회의를 맞이하여 특별한 문화 행사가 경주에서 열린다. 금관총 금관, 황남대총 금관 등 현재까지 발견 된 (가) 의 금관 6점이 최초로 한자 리에 모이는 '금관 특별전'은 세계 각국 에 우리 문화의 우수성을 알리는 계기 가 될 것으로 기대된다.

▲금관총 금관

① ② ③

④ ⑤

04 _____ 72회 04번

(가)~(다) 지역에 대한 설명으로 옳지 않은 것은? [3점]

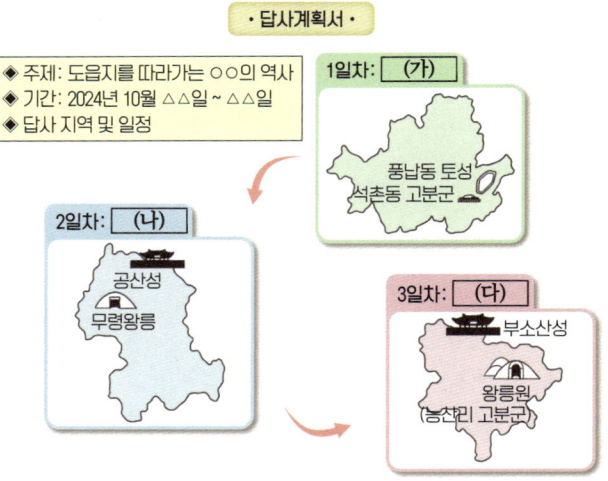

· 답사계획서 ·

◆ 주제: 도읍지를 따라가는 ○○의 역사
◆ 기간: 2024년 10월 △△일 ~ △△일
◆ 답사 지역 및 일정

1일차: (가)
풍납동 토성
석촌동 고분군

2일차: (나)
공산성
무령왕릉

3일차: (다)
부소산성
왕릉원
능산리 고분군

① (가) - 고구려에서 남하한 온조가 도읍으로 삼았다.

② (나) - 문주왕 때 천도한 곳이다.

③ (나) - 중국 남조의 영향을 받은 벽돌 무덤이 있다.

④ (다) - 왕궁리 오층 석탑이 있다.

⑤ (다) - 백제 금동 대향로가 출토되었다.

05
75회 05번

밑줄 그은 '그 나라'의 경제 상황으로 가장 적절한 것은?
[2점]

> 그 나라는 관(官)을 세움에 9등이 있다. 첫 번째는 토졸이라 하며, 1품에 비견된다. 옛 이름은 대대로이며, 국정을 모두 맡는다. 3년마다 교대하는데, 직에 걸맞은 자가 있으면 연한에 구애받지 않는다. … 또 여러 큰 성에는 녹살(욕살)을 두는데, 도독에 비견된다. 여러 성에는 처려근지를 두는데, 자사에 비견된다. 또한 도사라 이르기도 한다.
>
> - 『한원』 -

① 수도에 동시전이 설치되었다.
② 집집마다 부경이라는 창고가 있었다.
③ 금속 화폐인 건원중보가 주조되었다.
④ 솔빈부의 말이 특산품으로 수출되었다.
⑤ 곡물을 대여하고 이자를 받은 내용을 좌관대식기에 남겼다.

06
72회 06번

(가)에 들어갈 내용으로 가장 적절한 것은?
[1점]

> **통일 신라의 경제**
> 한국사 교양 강좌
>
> ◆ 강좌 주제 ◆
> 제1강: 촌락 문서에 나타난 수취 체제의 특징
> 제2강: 서시와 남시 설치를 통해 본 상업 발달
> 제3강: _____(가)_____
>
> ■ 일시: 2024년 10월 △△일 △△시 ~ △△시
> ■ 장소: ○○대학교 대강당

① 상평창과 물가 조절
② 은병이 화폐 유통에 미친 영향
③ 진대법으로 알아보는 빈민 구제
④ 덩이쇠 수출을 통해 본 낙랑과의 교역
⑤ 울산항을 통한 아라비아 상인들과의 교류

07
75회 07번

다음 자료에 나타난 상황 이후에 있었던 사실로 옳은 것은?
[3점]

> 당(唐)이 광주사마 장손사를 보내 수(隋) 병사의 해골을 묻은 곳에 와서 제사를 지내고, 당시에 [고구려가] 세운 경관(京觀)*을 허물었다.
> 봄 2월에 왕이 많은 사람을 동원하여 동북의 부여성에서 동남의 바다에 이르기까지 천 리 남짓에 걸쳐 장성을 쌓았다.
>
> - 『삼국사기』 -
>
> *경관: 승전을 기념하기 위해 적의 유해를 한곳에 모아 만든 무덤

① 을지문덕이 살수에서 대승을 거두었다.
② 고구려가 신라에 침입한 왜를 물리쳤다.
③ 김무력이 관산성에서 백제군을 격파하였다.
④ 연개소문이 정변을 일으켜 권력을 장악하였다.
⑤ 백제가 평양성을 공격하여 고구려 왕이 전사하였다.

08
74회 07번

(가) 국가에 대한 설명으로 옳은 것은?
[2점]

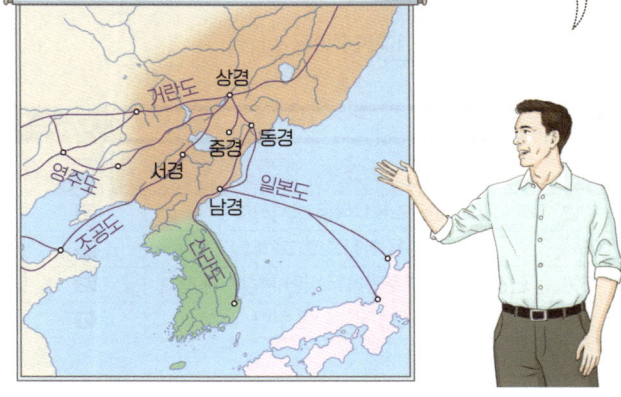

> 이 지도는 __(가)__ 이/가 주변 국가들과 교역하는 데 이용한 교통로를 나타낸 것입니다 이 국가는 교통로를 통해 담비·호랑이·표범·곰 등의 가죽과 인삼·우황 등의 약재를 주요 품목으로 주변 국가들과 교역하였습니다. 또한 소그드 은화, 청동 낙타상 등 출토 유물을 통해 서역과의 교류 사실도 확인할 수 있습니다.

① 왜에 칠지도를 만들어 보냈다.
② 9서당 10정의 군사 조직을 운영하였다.
③ 광평성을 비롯한 각종 정치 기구를 마련하였다.
④ 제사장인 천군과 신성 지역인 소도가 존재하였다.
⑤ 서적 관리, 주요 문서 작성 등을 위해 문적원을 두었다.

(가) 인물에 대한 설명으로 옳은 것은? [2점]

나는 지금 경주 포석정지에 와 있어. 삼국사기에 의하면 경애왕이 연회를 벌이다가 (가) 의 습격을 받은 곳이야.

(가) 에 대해 더 알려 줄래?

그는 공산 전투에서 고려군에 대승을 거두기도 했어.

① 훈요 10조를 남겼다.
② 경주의 사심관으로 임명되었다.
③ 금마저에 미륵사를 창건하였다.
④ 완산주를 도읍으로 삼아 나라를 세웠다.
⑤ 광평성을 비롯한 정치 기구를 마련하였다.

다음 검색창에 들어갈 왕의 재위 기간에 있었던 사실로 옳은 것은? [2점]

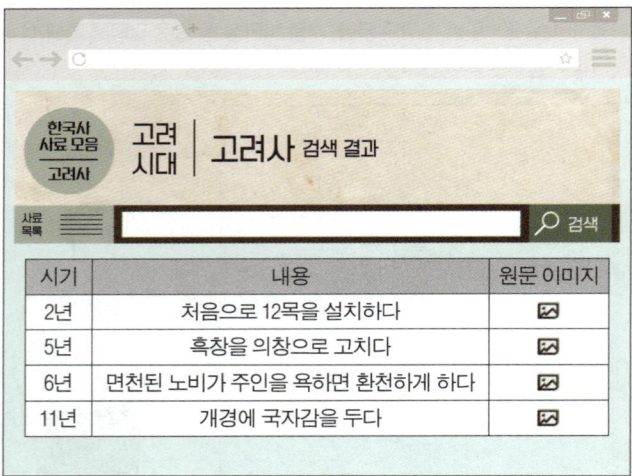

시기	내용	원문 이미지
2년	처음으로 12목을 설치하다	🖼
5년	흑창을 의창으로 고치다	🖼
6년	면천된 노비가 주인을 욕하면 환천하게 하다	🖼
11년	개경에 국자감을 두다	🖼

① 관학을 진흥하고자 양현고를 설치하였다.
② 광덕, 준풍 등의 독자적 연호를 사용하였다.
③ 주전도감을 설치하여 해동통보를 발행하였다.
④ 정계와 계백료서를 지어 관리의 규범을 제시하였다.
⑤ 최승로의 시무 28조를 받아들여 통치 체제를 정비하였다.

(가)에 대한 고려의 대응으로 옳은 것은? [2점]

이 자료는 초조대장경의 일부입니다. (가) 의 침입으로 현종이 피란을 가고 개경이 함락되자 부처의 힘으로 나라를 지키려는 마음을 담아 조판하기 시작하였습니다.

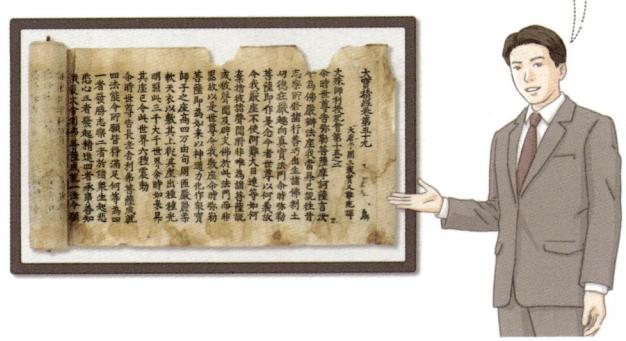

① 윤관을 보내 동북 9성을 개척하였다.
② 화통도감을 두어 화포를 제작하였다.
③ 광군을 조직하여 침입에 대비하였다.
④ 박위를 파견하여 근거지를 토벌하였다.
⑤ 철령위 설치에 반발해 요동 정벌을 추진하였다.

(가)의 침입에 대한 고려의 대응으로 옳은 것은? [1점]

이곳은 전라남도 진도의 용장성 유적으로 삼별초가 조성한 궁궐의 터가 남아있습니다. 고려 정부가 (가) 와/과 강화를 맺자, 이에 반발한 삼별초는 왕족인 승화후 온을 왕으로 삼고 이곳으로 내려와 궁궐과 성을 쌓아 항쟁을 계속하였습니다. 단기간 사용되었음에도 왕궁과 외성이 있고, 여러 개의 성문과 치(雉) 등 다양한 시설이 확인된다고 합니다.

① 윤관을 보내 동북 9성을 개척하였다.
② 상비군으로 구성된 훈련도감을 설치하였다.
③ 박위로 하여금 쓰시마섬을 정벌하게 하였다.
④ 서희를 파견하여 소손녕과 외교 담판을 벌였다.
⑤ 대장도감을 설치하여 팔만대장경을 간행하였다.

13

(가) 왕의 재위 기간에 있었던 사실로 옳은 것은? [3점]

<역사 연극 시나리오 구상>

제목: (가) 의 험난한 피란길

○학년 ○반 ○모둠

장면1: 강조의 정변을 구실로 침입한 거란군이 서경까지 이르자 강감찬이 왕에게 남쪽으로 피란할 것을 권유한다.

장면2: 왕이 개경을 떠나 전라도 삼례에 이르는 동안 호위군이 도망가는 등의 어려움을 겪는다.

장면3: 나주에 도착한 왕은 강화가 성립되어 거란군이 물러간다는 소식을 듣고 안도한다.

① 만부교 사건이 일어났다.

② 초조대장경 조판이 시작되었다.

③ 사신 저고여가 귀국 길에 피살되었다.

④ 공주 명학소에서 망이·망소이가 봉기하였다.

⑤ 신돈을 중심으로 전민변정 사업이 추진되었다.

14

(가) 군사 조직에 대한 설명으로 옳은 것은? [2점]

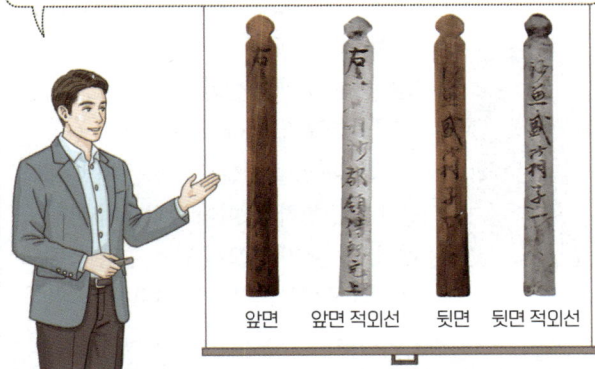

이것은 태안 마도 3호선에서 발굴된 죽찰입니다. 적외선 촬영 기법을 통해 상어를 담은 상자를 우□□별초도령시랑 집에 보낸다는 문장이 확인되었습니다. 우□□별초는 우별초로 해석되는데, 우별초는 최씨 무신 정권이 조직한 (가) 의 하나로 시랑은 장군 격인 정 4품이었습니다.

① 후금의 침입에 대비하고자 창설되었다.

② 원의 요청으로 일본 원정에 참여하였다.

③ 신기군, 신보군, 항마군으로 편성되었다.

④ 진도에서 용장성을 쌓고 몽골에 대항하였다.

⑤ 응양군과 용호군으로 구성된 국왕의 친위 부대였다.

15

(가)~(다)를 일어난 순서대로 옳게 나열한 것은? [3점]

(가) 금의 군주 아구다가 국서를 보내 이르기를 "형인 금황제가 아우인 고려 국왕에게 문서를 보낸다. … 이제는 거란을 섬멸하였으니, 고려는 우리와 형제의 관계를 맺어 대대로 무궁한 우호 관계를 이루기 바란다." 라고 하였다.

(나) 윤관이 여진인 포로 346명과 말, 소 등을 조정에 바치고 영주·복주·웅주·길주·함주 및 공험진에 성을 쌓았다. 공험진에 비(碑)를 세워 경계로 삼고 변경 남쪽의 백성을 옮겨와 살게하였다.

(다) 정지상 등이 왕에게 아뢰기를, "대동강에 상서로운 기운이 있으니 신령스러운 용이 침을 토하는 형국으로, 천 년에 한 번 만나기 어려운 일입니다. 천심에 응답하고 백성들의 뜻에 따르시어 금을 제압하소서."라고 하였다.

① (가) - (나) - (다)

② (가) - (다) - (나)

③ (나) - (가) - (다)

④ (나) - (다) - (가)

⑤ (다) - (나) - (가)

16

(가) 국가의 문화유산으로 옳은 것은? [2점]

메타버스 전시관

은진미륵이라고도 불리는 거대한 이 불상은 (가) 시대 초기에 만들어진 것으로, 논산 관촉사에 가면 볼 수 있어. 역사적, 예술적 가치가 재평가되어 보물에서 국보로 변경되었다고 해. 이번에는 탑을 만나러 가볼까?

①  ②  ③

④  ⑤

다음 가상 인터뷰의 주인공에 대한 설명으로 옳은 것은?
[3점]

최근에 역옹패설을 저술하셨는데 독자들이 관심 가질 만한 내용을 소개해 주세요.

고위 관리 유청신이 원의 사신과 몽골말로 직접 대화하자 홍자번이 역관을 심하게 꾸짖었고, 이에 유청신이 부끄러워 한 일화가 실려 있습니다.

① 불씨잡변을 지어 불교를 비판하였다.
② 정혜결사를 통해 불교 개혁에 앞장섰다.
③ 청방인문표를 지어 인질의 석방을 요구하였다.
④ 고구려 계승 의식을 강조한 동명왕편을 지었다.
⑤ 만권당에서 조맹부, 요수 등의 문인들과 교유하였다.

다음 서술형 평가의 답안에 들어갈 내용으로 가장 적절한 것은?
[2점]

서술형 평가 ○학년 ○○반 이름: ○○○

◎ 아래의 인물들이 활동한 시기에 볼 수 있는 사회 모습에 대해 서술하시오.

○ 윤수는 응방을 관리하였는데 권력을 믿고 악행을 행하여 사람들로부터 비난받았다.
○ 유청신은 몽골어를 익혀 여러 차례 원에 사신으로 가서 공을 세우고 충렬왕의 총애를 받아 장군이 되었다.
○ 기철과 형제들은 누이동생이 원 순제의 황후가 된 후 국법을 무시하고 횡포를 부렸다.

답안 [   ]

---

① 왕조 교체를 예언하는 정감록이 유포되었습니다.
② 대각국사 의천이 해동 천태종을 개창하였습니다.
③ 지배층을 중심으로 변발과 호복이 유행하였습니다.
④ 가혹한 수탈에 저항하여 망이·망소이가 봉기하였습니다.
⑤ 상민층이 납속과 공명첩을 활용하여 신분 상승을 꾀하였습니다.

(가)에 해당하는 문화유산으로 옳은 것은?
[2점]

□□ 신문

제△△호   2025년 ○○월 ○○일

조선 왕실의 신위 제자리로, 155년 만에 재현된 환안제

[(가)]의 보수 공사가 완료됨에 따라, 창덕궁 옛 선원전에 임시 봉안되었던 조선 왕과 왕비, 대한 제국 황제와 황후의 신위 49위를 [(가)](으)로 다시 모셔오는 환안제가 155년 만에 재현되었다. 이번 의례에는 내외국인으로 구성된 시민 행렬단도 함께 참여하여 그 의미를 더했다. 환안제와 더불어 앞으로 전시와 체험 프로그램을 비롯해 다채로운 행사가 이어질 예정이다.

---

①    ②

③    ④

⑤

(가) 왕의 재위 시기에 있었던 사실로 옳은 것은?
[2점]

이 그림은 무관 오자치를 그린 것으로, 현존하는 무관 초상화 중에서 가장 이른 시기의 작품입니다. 오자치는 [(가)]이/가 호패법을 재실시하는 등 지방 세력 통제를 강화하자, 이에 반발하며 함길도에서 이시애가 일으킨 난을 평정한 공으로 적개공신에 책봉되었습니다.

① 간경도감이 설치되었다.
② 조선경국전이 편찬되었다.
③ 국조오례의가 완성되었다.
④ 부민고소금지법이 제정되었다.
⑤ 혼일강리역대국도지도가 제작되었다.

(가)에 대한 조선의 대응으로 옳은 것은? [2점]

이 그림에는 1588년 북병사 장양공 이일이 변경을 침범하던 (가) 을/를 정벌하는 장면이 그려져 있습니다. 조선 초에는 (가) 을/를 회유하기 위해 경성과 경원에 무역소를 설치하기도 하였으나, 이들은 수시로 변경을 침범하였고 조선 정부의 토벌도 이어졌습니다.

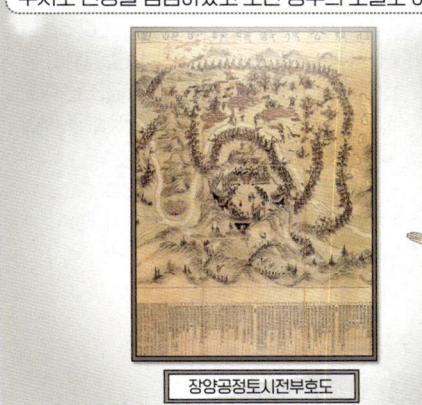

장양공정토시전부호도

① 사신 접대를 위해 한성에 동평관을 두었다.

② 두만강 일대를 개척하여 6진을 설치하였다.

③ 강화도로 도읍을 옮겨 장기 항전을 준비하였다.

④ 철령위 설치에 반발하여 요동 정벌을 추진하였다.

⑤ 신기군, 신보군, 항마군 등으로 구성된 별무반을 조직하였다.

(가) 시기에 있었던 사실로 옳은 것은? [3점]

부왕께서 승하하신 기해년에는 고대 중국의 예가 아닌 경국대전에 따라 기년복으로 정했다고 기억한다. 오늘의 대공복 또한 경국대전에 따라 정한 것인가?

성상을 시해하려는 자가 있다는 목호룡의 고변으로 조정이 큰 혼란에 휩싸였다는군.

연잉군과 노론이 곤경에 처하게 될 것 같군.

(가)

① 인조반정으로 북인 세력이 몰락하였다.

② 기축옥사로 이발 등 동인 세력이 축출되었다.

③ 양재역 벽서 사건으로 이언적 등이 화를 입었다.

④ 인현 왕후가 폐위되고 남인이 권력을 차지하였다.

⑤ 붕당의 폐해를 경계하기 위해 탕평비가 건립되었다.

(가)에 들어갈 작품으로 옳은 것은? [1점]

기획 전시
인재(仁齋) 강희안 특별전
■ 기간: 2024년 ○○월 ○○일~○○월 ○○일
■ 장소: △△ 박물관 특별 전시실

■ 대표 전시 작품 ■

(가)

조선 전기 시·그림·글씨에 모두 뛰어난 것으로 유명했던 강희안의 대표작으로 간결하고 과감한 필치가 돋보인다.

①  ②

③  ④

⑤

(가)~(마)에서 있었던 사실로 옳은 것은? [1점]

답사 계획서
■ 주제: 우리나라의 성곽의 역사를 찾아서(서울·경기·인천 편)
■ 기간: 2025년 ○○월 ○○일~○○월 ○○일(4박 5일)
■ 경로: 강화산성 → 북한산성 → 서울 한양도성 → 남한산성 → 수원화성

(가) 강화산성 → (나) 북한산성 → (다) 서울 한양도성

(라) 남한산성 → (마) 수원화성

① (가) - 정봉수가 후금의 침입에 맞서 싸웠다.

② (나) - 김준룡이 근왕병을 이끌고 적장을 사살하였다.

③ (다) - 신립이 배수의 진을 치고 전투를 벌였다.

④ (라) - 병자호란 때 인조가 피란하여 항전하였다.

⑤ (마) - 임진왜란 때 권율이 일본군을 크게 물리쳤다.

다음 자료를 활용한 탐구 활동으로 가장 적절한 것은?
[2점]

좌의정 채제공이 왕에게 아뢰었다. "빈둥거리는 무뢰배가 삼삼오오 떼를 지어 스스로 상점을 개설하고 일용품을 거래하는 일이 많아졌습니다. 그들은 큰 물건에서 작은 물건까지 싼값에 억지로 사들이기 일쑤입니다. 혹 물건 주인이 말을 듣지 않으면 난전(亂廛)으로 몰아서 결박하여 형조와 한성부로 끌고 가 혹독한 형벌을 당하도록 합니다. 이 때문에 물건 주인은 본전에서 밑지더라도 어쩔 수 없이 팔고 갑니다. 그리고 무뢰배들은 제각기 가게를 벌여놓고 배나 되는 값을 받습니다. 어쩔 수 없이 사야 하는 사람은 그 가게 외에서는 물건을 구할 수 없기 때문에, 물건값이 날마다 치솟고 있습니다."

① 계해약조의 체결 과정을 확인한다.
② 오가작통법의 실시 목적을 파악한다.
③ 신해통공을 단행하게 된 배경을 조사한다.
④ 토지 소유자에게 결작을 부과한 이유를 살펴본다.
⑤ 풍흉에 따라 전세를 차등 부과하는 기준을 알아본다.

밑줄 그은 '이 인물'에 대한 설명으로 옳은 것은? [2점]

이것은 <u>이 인물</u>이 제주도 유배지에서 부인에게 보낸 한글 편지입니다. 편지에는 유배 생활의 곤궁함과 함께 위독한 부인에 대한 걱정과 그리움이 담겨 있습니다. 독창적인 서체로 유명한 <u>이 인물</u>은 유배지에서 세한도를 그리기도 하였습니다.

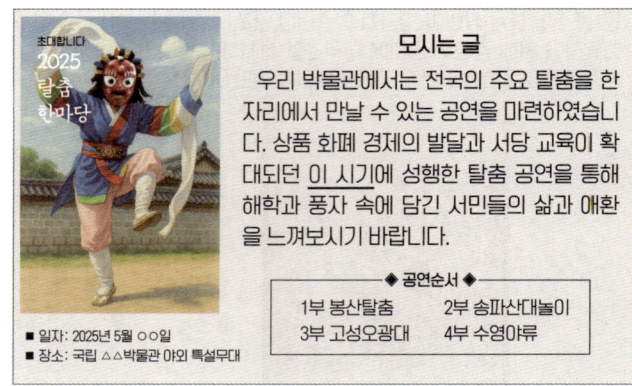

① 기대승과 사단칠정 논쟁을 전개하였다.
② 북한산비가 진흥왕 순수비임을 고증하였다.
③ 양명학을 연구하여 강화학파를 형성하였다.
④ 청으로부터 시헌력을 도입하자고 건의하였다.
⑤ 열하일기에서 수레와 선박의 사용을 강조하였다.

밑줄 그은 '이 시기'에 볼 수 있는 모습으로 적절하지 않은 것은?
[1점]

모시는 글

우리 박물관에서는 전국의 주요 탈춤을 한 자리에서 만날 수 있는 공연을 마련하였습니다. 상품 화폐 경제의 발달과 서당 교육이 확대되던 <u>이 시기</u>에 성행한 탈춤 공연을 통해 해학과 풍자 속에 담긴 서민들의 삶과 애환을 느껴보시기 바랍니다.

◆ 공연순서 ◆
1부 봉산탈춤   2부 송파산대놀이
3부 고성오광대   4부 수영야류

■ 일자: 2025년 5월 ○○일
■ 장소: 국립 △△박물관 야외 특설무대

① 판소리 흥보가를 구경하는 농민
② 주자소에서 계미자를 만드는 장인
③ 옥계 시사에서 시를 낭송하는 중인
④ 세책가에서 춘향전을 빌리는 부녀자
⑤ 호랑이를 소재로 민화를 그리는 화가

(가) 왕의 재위 시기에 있었던 사실로 옳은 것은? [2점]

이 그림은 세도 정치의 주요 인물이자 (가) 의 장인인 김조순의 별저 옥호정과 그 일대를 그린 옥호정도입니다. 삼청동 북악산 백련봉 일대에 위치한 별저의 모습을 통해 당시 세도가였던 안동 김씨의 위세를 짐작할 수 있습니다.

① 오페르트가 남연군 묘 도굴을 시도하였다.
② 이만손이 주도하여 영남 만인소를 올렸다.
③ 이시애가 길주를 근거지로 난을 일으켰다.
④ 홍경래 등이 봉기하여 정주성을 점령하였다.
⑤ 곽재우, 고경명 등이 의병장으로 활약하였다.

29 _____ 72회 31번

밑줄 그은 '사건' 이후에 전개된 사실로 옳은 것은? [2점]

조선왕 전하께

······ 9월 말에 평양의 대동강에서 좌초한 미국 상선에 승선한 사람들이 살해당했고 배가 불살라졌다는 고통스럽고 놀랄 만한 <u>사건</u>이 있었다고 들었습니다. 본 총병은 본국 수사제독의 위임으로 파견되어 상세히 조사하라는 명을 받았습니다. 과연 이러한 일이 있었는지, 사실인지 아닌지, 생존자가 몇 사람인지 등을 귀국에서 신속히 조사해 분명히 답해주시길 부탁드립니다.

- 미국 군함 와추세트(Wachusett) 수사총병 슈펠트(Shufeldt) -

① 홍경래가 난을 일으켰다.
② 임술 농민 봉기가 일어났다.
③ 황사영 백서 사건이 발생하였다.
④ 어재연이 광성보 전투에서 전사하였다.
⑤ 청의 요청으로 나선 정벌에 조총 부대를 파견하였다.

30 _____ 72회 29번

(가)~(라)에 들어갈 내용으로 옳은 것을 〈보기〉에서 고른 것은? [2점]

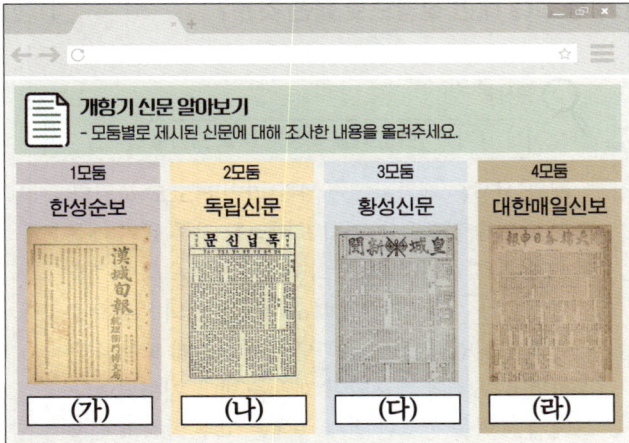

개항기 신문 알아보기
- 모둠별로 제시된 신문에 대해 조사한 내용을 올려주세요.

1모둠	2모둠	3모둠	4모둠
한성순보	독립신문	황성신문	대한매일신보
(가)	(나)	(다)	(라)

〈보기〉

ㄱ. (가) – 정부에서 발행한 순 한문 신문이었어요.
ㄴ. (나) – 서재필의 주도로 창간되었어요.
ㄷ. (다) – 일장기를 삭제한 손기정의 사진이 실렸어요.
ㄹ. (라) – 상업 광고가 처음으로 게재되었어요.

① ㄱ, ㄴ ② ㄱ, ㄷ ③ ㄴ, ㄷ ④ ㄴ, ㄹ ⑤ ㄷ, ㄹ

31 _____ 75회 31번

(가) 인물에 대한 설명으로 옳은 것은? [3점]

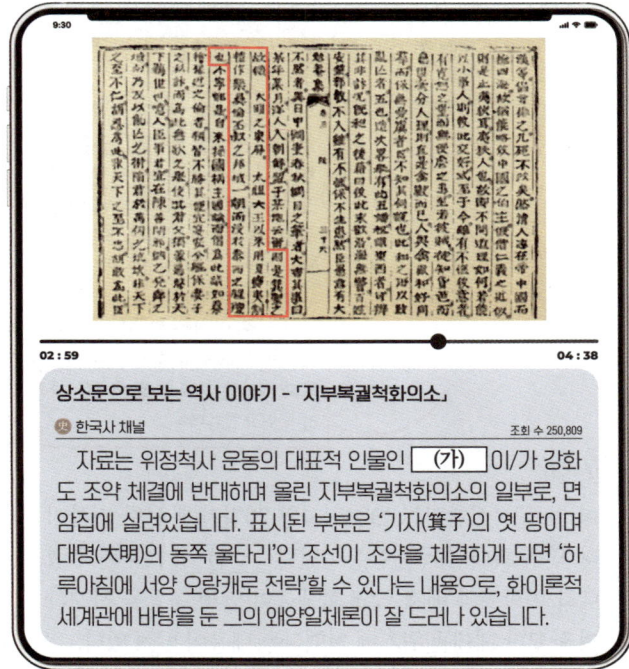

상소문으로 보는 역사 이야기 - 「지부복궐척화의소」
한국사 채널 | 조회 수 250,809

자료는 위정척사 운동의 대표적 인물인 [(가)] 이/가 강화도 조약 체결에 반대하며 올린 지부복궐척화의소의 일부로, 면암집에 실려있습니다. 표시된 부분은 '기자(箕子)의 옛 땅이며 대명(大明)의 동쪽 울타리'인 조선이 조약을 체결하게 되면 '하루아침에 서양 오랑캐로 전락'할 수 있다는 내용으로, 화이론적 세계관에 바탕을 둔 그의 왜양일체론이 잘 드러나 있습니다.

① 고종의 밀지를 받아 독립 의군부를 조직하였다.
② 도쿄에서 일왕이 탄 마차를 향해 폭탄을 던졌다.
③ 을사늑약이 체결되자 태인에서 의병을 일으켰다.
④ 명동 성당 앞에서 이완용을 습격하여 중상을 입혔다.
⑤ 13도 창의군을 지휘하여 서울 진공 작전을 전개하였다.

32 _____ 74회 32번

다음 가상 대화 이후에 전개된 사실로 옳은 것은? [2점]

몇 달 전 한성에서 시위대 부대원들과 일본군 사이에 시가전이 있었습니다. 애비슨 선생님께서는 이때 다친 부대원들을 치료해 주셨는데요. 기억에 남는 일이 있다면 말씀해 주세요.

군대 해산 명령에 맞서 시위대 대대장 박승환이 자결한 후 전개된 시가전에서 부상 입은 부대원들이 실려 왔습니다. 여자 간호사들은 그동안 남자 환자들의 치료를 꺼리던 관습과 달리 헌신적으로 치료에 나섰습니다. 오래된 관습이 한순간에 깨지는 놀라운 순간이었습니다.

① 최익현이 태인에서 의병을 일으켰다.
② 일본이 독도를 불법적으로 편입하였다.
③ 스티븐스가 외교 고문으로 부임하였다.
④ 13도 창의군이 서울 진공 작전을 전개하였다.
⑤ 유인석이 이끄는 부대가 충주성을 점령하였다.

(가) 운동에 대한 설명으로 옳은 것은? [1점]

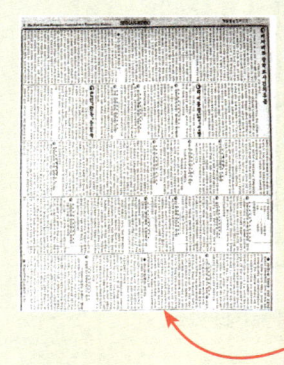

언론 보도로 본 만세 기념일

3월 1일에 배화 여학교 학생 일동은 학교 동산에 올라가서 우리 독립 선언 기념을 경축하기 위하여 만세를 부르고, 배재 학교 생도 일동은 3월 1일에 일제히 결석하고 3월 2일에 등교하여 갑자기 그 학교 마당에서 만세를 불렀으니 … 저와 같은 불미한 행동을 허락한 까닭으로 그 학교 교장들은 파직하고 심하면 그 학교를 폐쇄할 지경에 이르겠다더라.

[해설]

이 자료는 신한민보 1920년 4월 20일자에 실린 기사이다. 민족 최대의 독립 운동이었던 (가) 의 1주년 무렵 배화 여학교와 배재 학교 학생들이 만세 운동을 전개하여 학교가 폐쇄될 위기에 처했다는 내용이 담겨 있다.

① 통감부의 방해와 탄압으로 중단되었다.
② 러시아의 절영도 조차 요구를 저지하였다.
③ 순종의 인산일을 기회로 삼아 추진되었다.
④ 대한민국 임시 정부 수립의 계기가 되었다.
⑤ 성진회와 각 학교 독서회에 의해 전국적으로 확산되었다.

밑줄 그은 '개혁'의 내용으로 옳은 것은? [2점]

덕수궁 내에 있는 정관헌은 전통 건축 양식에 근대적 요소를 결합한 것으로 평가받고 있습니다. 고종이 황제로 즉위한 후 구본신참을 바탕으로 개혁을 추진할 때 건립되었습니다.

① 홍범 14조를 반포하였다.
② 공사 노비법을 혁파하였다.
③ 신식 군대인 별기군을 창설하였다.
④ 근대 교육기관인 육영 공원을 설립하였다.
⑤ 지계아문을 설치하여 토지 소유자에게 지계를 발급하였다.

다음 기사가 보도된 시기에 볼 수 있는 모습으로 가장 적절한 것은? [3점]

제△△호　□□ 신문　○○○○년 ○○월 ○○일

정기 연락선 부산 입항, 경부선과 이어지다

시모노세키를 출발한 연락선 '잇키마루'가 어제 부산항에 도착하며 정기 운항을 시작했다. 승객 317명, 화물 300톤을 실을 수 있는 이 배를 통해 일본에서 들어온 여객과 물자는 곧바로 경부선을 이용해 내륙으로 향하게 된다. 올해 1월 경부선이 개통된 이후 8개월 만에 해로까지 연결되면서, 한성-부산-도쿄로 연결되는 교통망이 구축되었다. 두 달 뒤 '쓰시마마루'도 추가 투입될 예정이라, 머지않아 이 노선은 매일 운항될 것이다.

① 대한매일신보를 읽고 있는 청년
② 경성 제국 대학에 입학하는 학생
③ 원각사에서 은세계 공연을 보는 여성
④ 통리기무아문에서 개화 정책을 논의하는 관리
⑤ 어린이날 기념 행사에 참여하는 천도교 소년회 회원

(가) 종교에 대한 설명으로 옳은 것은? [1점]

 역사 돋보기

(가) 의 교세를 확장한 해월 최시형

해월 선생은 제자들에게 '최보따리'라고도 불렸다. 포교를 위해 잠행을 하면서 보따리를 자주 쌌기 때문에 붙여진 별명이다. 교조 최제우의 처형으로 위축되었던 (가) 의 교세는 2대 교주였던 그의 노력으로 크게 확장되었다. 그는 1897년 손병희에게 도통을 전수하였고 1898년 체포되어 재판을 받고 처형되었다. 그에게 사형을 선고한 판사 중에는 고부 학정의 원흉 조병갑이 있었다.

① 동경대전을 경전으로 삼았다.
② 항일 무장 단체인 중광단을 결성하였다.
③ 박중빈을 중심으로 새 생활 운동을 펼쳤다.
④ 배재 학당을 세워 신학문 보급에 앞장섰다.
⑤ 프랑스와의 조약을 통해 포교가 허용되었다.

37

밑줄 그은 '이 시기'에 볼 수 있는 모습으로 가장 적절한 것은? [1점]

신문 기사로 보는 일제의 식민 통치 정책

볼기 대섯 개
마차를 타고 가면서 고삐를 잡지 않아 볼기 다섯 대를 때리고 풀어줌.

솔닙 한 줌에 태 십오
경복궁 신무문 밖 보안림 안에 들어가서 솔잎 한움큼을 절취하다가 발견되어 열다섯 대에 처함.

조선 태형령이 시행된 이 시기에는 헌병 경찰이 재판 없이 조선인에게만 태형을 가할 수 있었다. 이를 통해 사회 전반에 공포심을 조성하고 식민 지배 질서를 강제하려 하였다.

① 암태도 소작 쟁의에 참여하는 농민
② 제복을 입고 칼을 찬 채 수업하는 교사
③ 잡지 어린이에 실을 원고를 구성하는 작가
④ 토월회에서 연극 공연을 준비하고 있는 배우
⑤ 경성 고무 여자 직공 조합의 파업을 취재하는 기자

38

(가) 단체에 대한 설명으로 옳은 것은? [3점]

판결문

피고인: 박상진, 김한종

주 문: 피고 박상진, 김한종을 사형에 처한다.

이유

피고 박상진, 김한종은 한일 병합에 불평을 가지고 구한국의 국권 회복을 명분으로 (가) 을/를 조직하고 국권 회복을 위한 자금 조달을 위해 조선 각도의 자산가에게 공갈로 돈을 받아내기로 하고 … 채기중 등을 교사하여 장승원의 집에 침입하여 자금을 강취하고 살해하도록 한 죄가 인정되므로 위와 같이 판결한다.

① 중일 전쟁 발발 직후에 결성되었다.
② 군대식 조직을 갖춘 비밀 결사였다.
③ 파리 강화 회의에 대표를 파견하였다.
④ 일제가 꾸며낸 105인 사건으로 와해되었다.
⑤ 만민 공동회를 열어 열강의 이권 침탈을 비판하였다.

39

밑줄 그은 '이 지역'을 지도에서 옳게 찾은 것은? [1점]

여기 눈에 띄는 주소 표지판이 하나 있습니다. '세울스카야 2A'. 그 뜻은 '서울거리 2A번지'입니다. 왜 이런 주소가 있을까요?
1/3

사실 이 지역에는 신한촌 등 한인 집단 거주지가 있었습니다. 그러나 이곳에 살던 한인들은 1937년에 중앙아시아로 강제 이주를 당하였습니다.
2/3

세월이 흘러 현재는 신한촌의 역사를 기억하기 위한 조형물이 세워져 있습니다. 점차 잊히는 이들의 역사, 우리의 관심이 필요할 때입니다.
3/3

(가) 남만주
(나) 연해주
(다) 일본
(라) 하와이
(마) 멕시코

① (가) ② (나) ③ (다) ④ (라) ⑤ (마)

40

(가) 인물에 대한 설명으로 옳은 것은? [2점]

사료로 보는 한국사

조선사 연구는 과거 역사적, 사회적 발전의 변동 과정을 구체적이고 현실적으로 구명함과 동시에 실천적 동향을 이론화하는 것을 임무로 삼아야 한다. 그것을 위해서는 인류 사회의 일반적 운동 법칙인 사적 변증법으로 그 민족 생활의 계급적 제관계와 더불어 사회 체제의 역사적 변동을 구체적으로 분석하고 다시 그 법칙성을 일반적으로 추상화하는 것에 의해서만 가능하다.

[해설] 이 사료는 (가) 이/가 저술한 조선사회경제사의 일부입니다. 그는 이 책에서 한국사가 세계사의 보편적인 발전 법칙에 따라 발전하였다는 주장을 펼치며 한국 고대 경제사를 원시 씨족 사회, 원시 부족 국가의 제형태, 노예 국가 시대로 체계화하여 서술하였습니다.

① 조선불교유신론을 주장하였다.
② 식민 사학의 정체성론을 반박하였다.
③ 조선사 편수회에 들어가 조선사 편찬에 참여하였다.
④ 진단 학회를 설립하여 실증주의 사학을 발전시켰다.
⑤ 민족을 역사 서술의 중심에 둔 독사신론을 집필하였다.

41

밑줄 그은 '시기'에 볼 수 있는 사회 모습으로 가장 적절한 것은? [2점]

이것은 한 제과업체의 캐러멜 광고로 탱크와 전투기 그림을 활용하여 "캐러멜도 싸우고 있다!"라는 문구를 담고 있습니다. 중일 전쟁 이후 일제가 국가 총동원법을 시행한 시기에 제작된 이 광고는 당시 군국주의 문화가 일상에까지 스며들어 있었음을 잘 보여 줍니다.

① 몸뻬 착용을 권장하는 애국반 반장
② 경성 제국 대학 설립을 추진하는 관리
③ 헌병 경찰에게 끌려가 태형을 당하는 농민
④ 원산 총파업에 연대 지원금을 보내는 외국 노동자
⑤ 안창남의 고국 방문 비행을 환영하기 위해 상경하는 청년

42

(가) 부대에 대한 설명으로 옳은 것은? [2점]

[우리 고장의 독립운동가]
이름에 조국의 광복을 담다
오광선
(1896~1967)

경기도 용인특례시 처인구 원삼면 출생으로 본명은 성묵이다. 1915년 중국으로 망명한 후 '조선의 광복'이라는 뜻의 광선(光鮮)으로 개명하였다. 1920년 대한독립군단 중대장으로 독립군을 지휘하였다. 만주사변이 일어나자 (가) 의 총사령관 지청천 등과 함께 중국군과 연합하여 1933년 대전자령에서 일본군을 상대로 대승을 거두는 데 중요한 역할을 하였다. 1962년 건국훈장 독립장을 받았다.

① 봉오동 전투에서 일본군을 크게 격파하였다.
② 미국과 연계하여 국내 진공 작전을 계획하였다.
③ 중국 의용군과 연합하여 영릉가 전투에서 승리하였다.
④ 조선 민족 전선 연맹 산하의 군사 조직으로 결성되었다.
⑤ 한국 독립당의 군사 조직으로 북만주 지역에서 활약하였다.

43

(가) 인물에 대한 설명으로 옳은 것은? [2점]

항복 전에 정무총감 엔도 등이 법과 질서를 유지하고 일본인들의 생명과 재산을 지키기 위하여 (가) 와/과 논의하였다. … 일본인들은 그가 유혈 사태를 막아줄 수 있다고 믿었던 것 같다. … 그런데 (가) 은/는 조선 총독부가 생각했던 바를 따르지 않았다. 일본이 원했던 것은 연합군이 올 때까지 질서를 유지하기 위한 평화 유지 위원회 정도였다. 그러나 그는 실질적인 정부로 여겨질 수 있는 조선 건국 준비 위원회를 만들었다.

① 샌프란시스코에서 흥사단을 결성하였다.
② 조선어 학회 사건으로 구속되어 옥고를 치렀다.
③ 김규식과 함께 좌우 합작 위원회를 조직하였다.
④ 반민족 행위 특별 조사 위원회에서 활동하였다.
⑤ 미국에서 귀국하여 독립 촉성 중앙 협의회를 이끌었다.

44

(가) 전쟁 중에 있었던 사실로 옳은 것을 <보기>에서 고른 것은? [2점]

사진으로 보는 (가)

이 사진은 (가) 당시 끊어진 대동강 철교를 찍은 거란다. 유엔군은 중국군의 남하를 지연시키기 위해 철교를 파괴했다는구나.

한파가 몰아치는 한겨울에 끊어진 다리를 건너는 피난민의 모습을 보니 전쟁의 참혹함이 생생하게 느껴지는 것 같아요.

─〈보기〉─
ㄱ. 애치슨 라인이 발표되었다.
ㄴ. 인천 상륙 작전이 전개되었다.
ㄷ. 부산에서 발췌 개헌안이 통과되었다.
ㄹ. 모스크바 3국 외상 회의가 개최되었다.

① ㄱ, ㄴ ② ㄱ, ㄷ ③ ㄴ, ㄷ ④ ㄴ, ㄹ ⑤ ㄷ, ㄹ

45

밑줄 그은 '당시 헌법'이 시행된 시기에 볼 수 있는 모습으로 가장 적절한 것은? [2점]

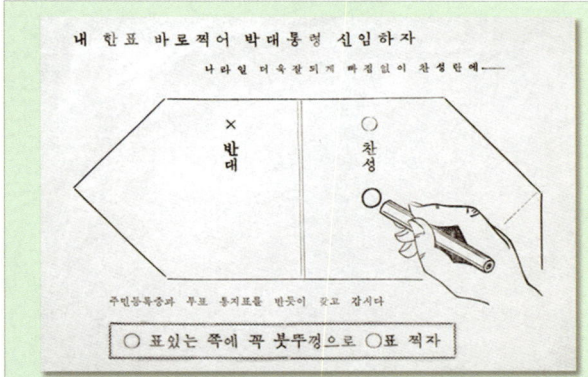

자료는 당시 헌법의 유지 여부를 묻는 국민 투표를 앞두고 찬성을 독려하는 홍보문의 일부이다. 이 투표의 실시 결과 당시 헌법을 유지하는 것으로 결정되었다. 3개월 뒤 이 헌법을 부정, 반대하는 주장이나 보도를 일체 금지하고 위반자는 영장 없이 체포한다는 내용을 핵심으로 한 대통령 긴급 조치 제9호가 선포되었다.

① 국민 방위군에 소집되는 청년
② 개성 공단 착공식에 참석하는 기업인
③ 미소 공동 위원회의 재개를 요구하는 시민
④ 남북 기본 합의서 채택 소식을 보도하는 기자
⑤ 통일 주체 국민 회의 대의원 명단을 점검하는 공무원

46

(가) 민주화 운동에 대한 설명으로 적절한 것은? [2점]

> 그때 고등학생이었던 저는 호헌철폐가 무슨 뜻인지 잘 몰랐어요. 다만 1980년 5월의 경험과 전두환이라는 인물을 통해 당시 우리나라가 독재 국가라고 인식하고 있었습니다. 그래서 시위에 참여했어요.

> 당시 민주 헌법 쟁취 국민 운동 본부가 지정했던 국민 평화 대행진 구호가 '동장에서 대통령까지 내 손으로'였어요. 이 구호가 담긴 현수막을 만들면 감옥에 갈 수도 있었지만, 스프레이와 천을 사다가 밤에 건물 옥상에서 이 글귀를 현수막에다가 적었어요.

참여자의 구술로 살펴보는 지역별 (가)

① 굴욕적인 한일 국교 정상화에 반대하였다.
② 5년 단임의 대통령 직선제 개헌을 이끌어냈다.
③ 시위 과정에서 시민군이 자발적으로 조직되었다.
④ 3선 개헌 반대 범국민 투쟁 위원회를 결성하였다.
⑤ 대통령 중심제에서 의원 내각제로 바뀌는 계기가 되었다.

47

(가) 정부 시기에 있었던 사실로 옳은 것은? [2점]

[(가)] 정부 시기의 여성 노동 운동

노동조합 대의원 선거를 방해하는 어용 조합원들에 의해 인분을 뒤집어 쓴 동일방직의 여성 노동자들

임금 체불과 직장 폐쇄에 항의하여 신민당사에서 농성하다 끌려가는 YH 무역의 여성 노동자들

① 부천 경찰서 성 고문 사건이 발생하였다.
② 정부에 비판적인 경향신문이 폐간되었다.
③ 최저 임금 결정을 위한 최저 임금 위원회가 설치되었다.
④ 자치 단체장까지 선출하는 지방 자치제가 전면 시행되었다.
⑤ 긴급 조치 철폐 등을 요구하는 3·1 민주 구국 선언이 발표되었다.

48

다음 발표가 있었던 시기를 연표에서 옳게 고른 것은? [2점]

> 정부는 최근 겪고 있는 금융·외환 시장의 어려움을 극복하기 위해 국제 통화 기금(IMF)에 유동성 조절 자금을 지원해 줄 것을 요청하기로 결정하였습니다. … 유동성 부족 상태가 조속한 시일 안에 해결될 것으로 기대합니다. 정부는 국제 통화 기금과 참여국의 지원과 함께 우리 스스로도 원활한 외화 조달을 위한 다각적인 대책을 함께 적극 추진해 나갈 계획입니다.

1949		1965		1977		1988		1998		2007
	(가)		(나)		(다)		(라)		(마)	
농지 개혁법 제정		한일 기본 조약 체결		100억 달러 수출 달성		서울 올림픽 개최		노사정 위원회 구성		한미 자유 무역 협정 (FTA) 체결

① (가) ② (나) ③ (다) ④ (라) ⑤ (마)

다음 기사 내용이 보도된 정부 시기에 있었던 사실로 옳은 것은? [3점]

□□ 신문

제△△호   ○○○○년 ○○월 ○○일

군대 내 사조직 '하나회' 청산 매듭

어제 단행된 군 장성 정기 인사를 통해 하나회 회원으로 알려진 중장급 이상 장성 전원이 보직 해임되었다. 이번 인사는 문민정부 출범 직후인 지난해 3월 8일 육군 참모총장과 기무사령관을 전격적으로 예편 조치함으로써 시작된 군대 내 사조직 청산 작업을 마무리한 것이다. 군 내부에서도 이번 하나회 완전 제거가 군이 정치적 중립을 확보하고 안정과 결속을 다지는 계기가 될 것으로 기대하고 있다.

---

① 칠레와의 자유 무역 협정(FTA)이 체결되었다.

② 처음으로 연간 수출액 100억 달러가 달성되었다.

③ 서울과 평양에서 7·4 남북 공동 성명이 발표되었다.

④ 북방 외교를 추진하여 사회주의 국가인 소련과 수교하였다.

⑤ 거창 사건 등 관련자의 명예 회복에 관한 특별 조치법이 제정되었다.

(가)에 들어갈 내용으로 가장 적절한 것은? [2점]

> 저는 지금 ○○시에 있는 경포대에 와 있습니다. 관동 팔경 중 하나인 경포대 안에는 숙종이 직접 지은 시를 비롯하여 많은 명사의 글이 걸려있습니다. 이 지역에서 가 볼 만한 곳을 대화창에 올려 주세요.

> 양반의 주거 생활을 볼 수 있는 선교장을 추천해요.

> 보물로 지정된 승탑과 당간지주가 있는 굴산사지는 어때요?

> (가)

① 율곡 이이가 태어난 오죽헌을 추천해요.

② 무령왕릉이 있는 송산리 고분군을 추천해요.

③ 어재연 부대가 항전했던 광성보에 가 보세요.

④ 팔만대장경판이 보관된 해인사를 방문해 보세요.

⑤ 삼별초가 활동한 항파두리 항몽 유적에 가 보세요.

01 _____ 70회 01번

(가) 시대의 생활 모습으로 가장 적절한 것은? [1점]

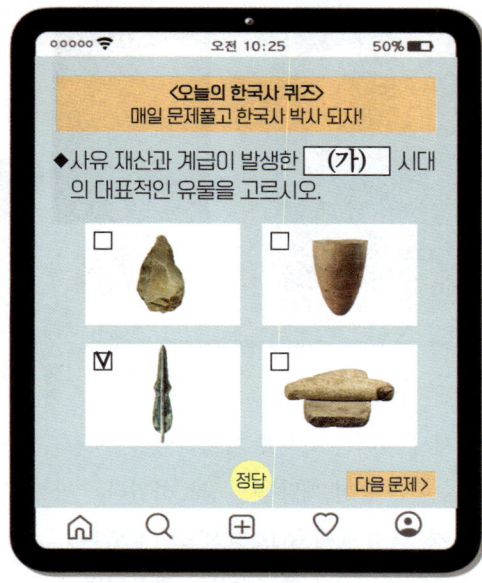

① 철제 무기로 정복 활동을 벌였다.
② 오수전, 화천 등의 중국 화폐로 교역하였다.
③ 많은 인력을 동원하여 고인돌을 축조하였다.
④ 주로 동굴이나 강가에 막집을 짓고 거주하였다.
⑤ 가락바퀴와 뼈바늘을 사용하여 옷을 만들기 시작하였다.

02 _____ 74회 02번

밑줄 그은 '이 나라'에 대한 설명으로 옳은 것은? [2점]

이곳 강화의 참성단은 단군왕검이 하늘에 제사를 올리던 제단이라고 전합니다. 우리 역사상 최초의 국가인 이 나라를 세운 것을 기념하는 개천절 행사가 매년 열리며, 전국체육대회 성화 채화식도 이곳에서 거행됩니다.

① 여러 가(加)들이 사출도를 다스렸다.
② 동맹이라는 제천 행사를 개최하였다.
③ 민며느리제라는 혼인 풍습이 있었다.
④ 읍락 간의 경계를 중시하는 책화가 있었다.
⑤ 왕 아래 상, 대부, 장군 등의 관직을 두었다.

03 _____ 65회 03번

(가) 지역에 대한 탐구 활동으로 가장 적절한 것은? [2점]

이달의 역사 인물

(가)에 백제의 새로운 터전을 잡다

문주왕 미상~477

고구려 장수왕의 공격으로 백제의 수도 한성이 파괴되고 개로왕이 전사하였다. 그에 이어 즉위한 문주왕은 위기를 수습하고자 (가) (으)로 도읍을 옮겼다.

① 무왕이 미륵사를 창건한 곳을 살펴본다.
② 무령왕과 왕비의 무덤이 발굴된 곳을 답사한다.
③ 성왕이 신라와의 전투에서 전사한 곳을 검색한다.
④ 윤충이 의자왕의 명을 받아 함락시킨 곳을 지도에 표시한다.
⑤ 계백이 이끄는 결사대가 신라군에 맞서 싸운 곳을 조사한다.

04 _____ 65회 04번

(가)에 해당하는 문화유산으로 옳은 것은? [2점]

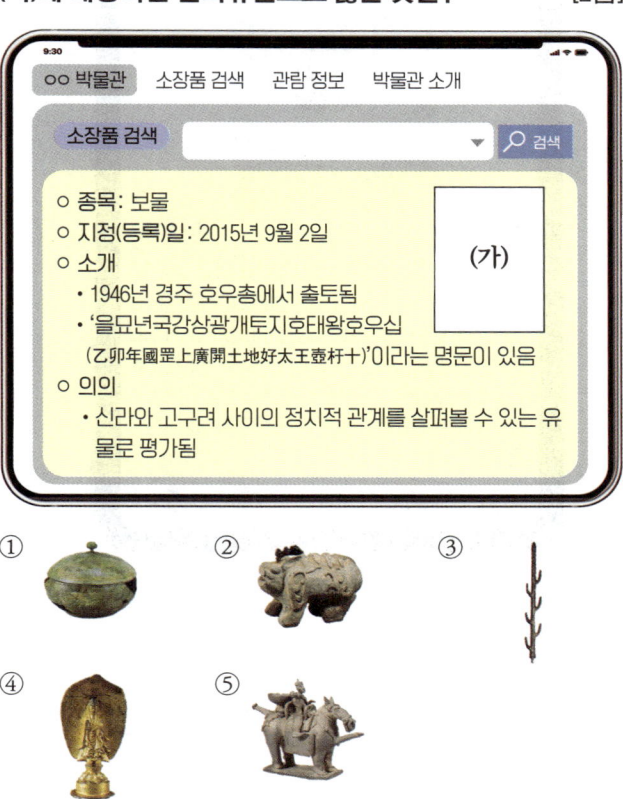

○○ 박물관   소장품 검색   관람 정보   박물관 소개

소장품 검색 [▼] 🔍 검색

○ 종목: 보물
○ 지정(등록)일: 2015년 9월 2일
○ 소개
  • 1946년 경주 호우총에서 출토됨
  • '을묘년국강상광개토지호태왕호우십
   (乙卯年國罡上廣開土地好太王壺杅十)'이라는 명문이 있음
○ 의의
  • 신라와 고구려 사이의 정치적 관계를 살펴볼 수 있는 유물로 평가됨

(가)

① ② ③

④ ⑤

다음 상황이 나타난 시기를 연표에서 옳게 고른 것은?

[3점]

각간 김경신이 해몽을 청하자 아찬 여삼은 "복두를 벗은 것은 위에 다른 사람이 없다는 뜻이요, 소립을 쓴 것은 면류관을 쓸 징조이며, 12현금(鉉琴)을 든 것은 12대손까지 왕위를 전한다는 조짐이며, 천관사 우물로 들어간 것은 궁궐로 들어갈 상서로운 조짐입니다."라고 하였다. "위에 주원이 있는데 어찌 내가 왕위에 오를 수 있겠소?"라고 경신이 묻자, 아찬이 대답하기를 "청컨대 은밀히 북천신에게 제사 지내면 될 것입니다."라고 하여 이에 따랐다. 얼마 지나지 않아 선덕왕이 죽자, 나라 사람들이 김주원을 왕으로 받들어 궁중으로 맞아들이려 했다. 주원의 집은 북천 북쪽에 있었는데 홀연히 냇물이 불어나 건널 수가 없었다. 이에 경신이 먼저 궁궐로 들어가 왕위에 올랐다.

654		681		722		780		828		889
	(가)		(나)		(다)		(라)		(마)	
무열왕 즉위		김흠돌의 난		정전 지급		혜공왕 피살		청해진 설치		원종과 애노의 난

① (가) ② (나) ③ (다) ④ (라) ⑤ (마)

밑줄 그은 '이 왕'에 대한 설명으로 옳은 것은?

[3점]

오전 10:25 50%

♥ 좋아요 74개   1시간 전

history_♡ 감은사지, 나홀로 역사 답사 #감은사는 삼국 통일의 위업을 달성한 <u>이 왕</u>이 부처의 힘을 빌어 왜구의 침입을 막고자 짓기 시작한 절이야. 그 뜻을 이어받은 아들 신문왕이 완공했고, 절의 이름을 #감은사라고 지었다고 해. 나는 이제 <u>이 왕</u>의 수중릉인 #대왕암으로 이동!

① 이사부를 보내 우산국을 복속하였다.
② 건원이라는 독자적 연호를 사용하였다.
③ 관료전을 지급하고 녹읍을 폐지하였다.
④ 거칠부에게 명하여 국사를 편찬하였다.
⑤ 지방관을 감찰하고자 외사정을 파견하였다.

(가) 종파에 대한 설명으로 가장 적절한 것은?

[2점]

이것은 (가) 의 9산문 중 가지산문의 대표 사찰인 보림사에 있는 철조비로자나불좌상입니다. 이 불상의 왼팔 뒤편에 헌안왕 2년 무주 장사현의 부관인 김수종이 아뢰어 만들었다는 새김글이 양각되어 있어 정확한 조성 연대를 알 수 있습니다. 이와 같은 철불은 승탑과 더불어 9세기부터 크게 유행하였습니다.

① 하늘에 제사 지내는 초제를 거행하였다.
② 참선과 수행을 통한 깨달음을 강조하였다.
③ 시경, 서경, 역경 등을 주요 경전으로 삼았다.
④ 신선 사상을 기반으로 불로장생을 추구하였다.
⑤ 인내천 사상을 내세워 인간 평등을 주장하였다.

다음 자료에 나타난 국가에 대한 설명으로 옳은 것은?

[2점]

○ 조영이 죽으니, 시호를 고왕이라 하였다. 아들 무예가 왕위에 올라 영토를 크게 개척하니, 동북의 모든 오랑캐들이 두려워하여 신하가 되었다. 또 연호를 인안(仁安)으로 고쳤다.

○ 무예가 죽자, 시호를 무왕이라 하였다. 아들 흠무가 왕위에 올라 연호를 대흥(大興)으로 고쳤다.

○ 인수가 왕위에 올라 연호를 건흥(建興)으로 고치니, 그의 4대조 야발은 조영의 아우이다. 인수는 바다 북쪽의 여러 부(部)를 토벌하고 영역을 크게 넓힌 공이 있다.

① 골품에 따라 관등 승진을 제한하였다.
② 주자감을 설치하여 인재를 양성하였다.
③ 내신좌평 등 6좌평의 관제를 정비하였다.
④ 국경 지역인 양계에 병마사를 파견하였다.
⑤ 상수리 제도를 통해 지방 세력을 견제하였다.

09

(가) 국가에 대한 설명으로 옳은 것은? [2점]

이 글은 양태사가 지은 '밤에 다듬이 소리를 듣고'라는 한시로, 정효공주 묘지(墓誌) 등과 함께 (가) 의 한문학 수준을 보여주는 대표적인 사례입니다. 이 시에는 문왕 때 일본에 사신으로 파견된 그가 다듬이 소리를 듣고 고국을 그리워하는 마음이 잘 표현되어 있습니다.

서리 기운 가득한 하늘에 달빛 비치니
은하수도 밝은데
나그네 돌아갈 길 생각하니 감회가 새롭네
홀로 앉아 지새는 긴긴 밤 근심에 젖어 마음
아픈데
홀연히 들리누나 이웃집 아낙네 다듬이질 소리
바람결에 그 소리 끊기는 듯 이어지는 듯
밤 깊어 별빛 기우는데 잠시도 쉬지 않네
나라 떠나온 뒤로 아무 소리 듣지 못하더니
이제 타향에서 고향 소리 듣는구나

① 교육기관으로 주자감을 설립하였다.
② 골품제라는 엄격한 신분제를 마련하였다.
③ 정사암에 모여 국가 중대사를 논의하였다.
④ 관리 선발을 위해 독서삼품과를 시행하였다.
⑤ 청연각과 보문각을 설치하여 학문 연구를 장려하였다.

10

(가), (나) 사이의 시기에 있었던 사실로 옳은 것은? [3점]

(가) 견훤이 신라의 수도로 들어갔다. 포석정에서 연회를 벌이고 있던 신라 왕은 적의 병사들이 이르렀다는 말을 듣고 부인과 함께 달아나 성의 남쪽에 있는 별궁에 숨었다. 견훤은 신라 왕을 찾아내고 핍박하여 자결하게 하였다.

(나) 견훤이 고창군을 포위하자 유금필이 왕에게 아뢰기를, "싸워 보지도 않고 먼저 패배를 걱정하는 것은 어째서입니까? 신은 군대를 진격해 서둘러 공격하기를 바랍니다."라고 하니 왕이 허락하였다.

① 신숭겸이 공산 전투에서 전사하였다.
② 안승이 보덕국의 왕으로 책봉되었다.
③ 흑치상지가 임존성에서 군사를 일으켰다.
④ 최치원이 왕에게 시무 10여 조를 건의하였다.
⑤ 왕건이 일리천 전투에서 신검에게 승리하였다.

11

(가) 왕이 추진한 정책으로 옳은 것은? [1점]

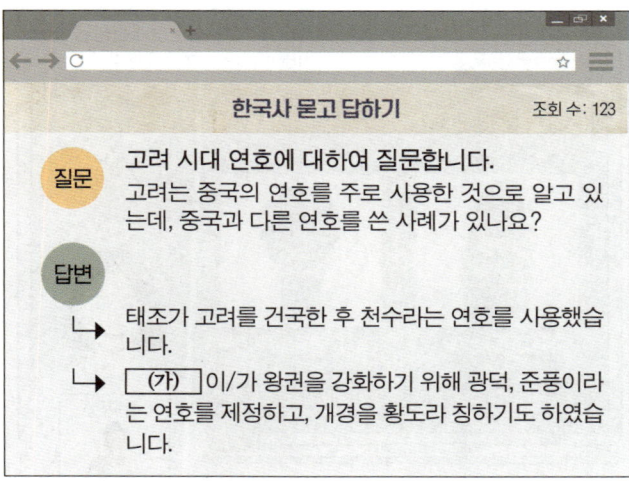

한국사 묻고 답하기   조회 수: 123

질문 고려 시대 연호에 대하여 질문합니다.
고려는 중국의 연호를 주로 사용한 것으로 알고 있는데, 중국과 다른 연호를 쓴 사례가 있나요?

답변
↳ 태조가 고려를 건국한 후 천수라는 연호를 사용했습니다.
↳ (가) 이/가 왕권을 강화하기 위해 광덕, 준풍이라는 연호를 제정하고, 개경을 황도라 칭하기도 하였습니다.

① 과거제를 도입하였다.
② 흑창을 처음 설치하였다.
③ 전시과 제도를 시행하였다.
④ 삼국사기 편찬을 명령하였다.
⑤ 12목에 지방관을 파견하였다.

12

(가), (나) 사이의 시기에 있었던 사실로 옳은 것은? [2점]

(가) 거란에서 사신을 파견하며 낙타 50필을 보냈다. 왕은 거란이 일찍이 발해와 지속적으로 화목하다가 갑자기 의심을 일으켜 맹약을 어기고 멸망시켰으니, 이는 매우 무도하여 친선 관계를 맺을 이웃으로 삼을 수는 없다고 생각하였다. 드디어 교빙을 끊고 사신 30인을 섬으로 유배 보냈으며, 낙타는 만부교 아래에 매어두니 모두 굶어 죽었다.

(나) 왕이 나주로 들어갔는데, 밤에 척후병이 잘못 보고하기를 "거란 군사들이 이르렀습니다."라고 하였다. 왕이 크게 놀라서 밖으로 달려 나오자 지채문이 아뢰어 이르기를, "주상께서 밤중에 행차하시면 백성들이 놀라 혼란하게 되니, 바라옵건대 행궁으로 돌아가십시오. 제가 염탐하여 알아보고 나서, 그 후에 움직이셔도 됩니다."라고 하였다.

① 묘청이 칭제 건원을 주장하였다.
② 강감찬이 흥화진 전투에서 승리하였다.
③ 서희의 활약으로 강동 6주를 획득하였다.
④ 최우가 강화도로 도읍을 옮겨 항전하였다.
⑤ 윤관이 별무반을 이끌고 동북 9성을 개척하였다.

13

(가) 국가의 문화유산으로 적절하지 않은 것은? [3점]

우리 모둠은 영주 부석사 소조여래좌상을 소재로 하여 열쇠고리를 제작하고자 합니다.

〈한국사 모둠 활동〉

(가) 시대 문화유산 기념품 디자인 제작 발표회

〈1모둠〉 청자 모자 원숭이 모양 연적으로 석고 방향제 만들기

〈2모둠〉 청자 상감운학문 매병으로 조명등 만들기

〈3모둠〉

① ② ③
④ ⑤

14

(가)~(다)를 일어난 순서대로 옳게 나열한 것은? [2점]

(가) 이자겸과 척준경이 군사를 동원하여 궁궐을 침범하고 불태웠다. 왕을 위협하여 남궁(南宮)으로 거처를 옮기게 하고, 안보린·최탁 등 17인을 죽였다. 이외에도 죽인 군사가 헤아릴 수 없을 정도였다.

(나) 왕규가 광주원군을 [왕으로] 세우고자 하였는데, 일찍이 밤에 왕이 깊이 잠든 것을 엿보고 자신의 일당을 침소에 잠입시켜 대역죄를 행하려고 하였다. 왕이 그것을 알아차리고 한주먹으로 쳐 죽인 후 좌우 시종들에게 끌어내게 하였다.

(다) 강조의 군사들이 들어오자, 왕이 어쩔 수 없음을 깨닫고 태후와 함께 목 놓아 울며 법왕사로 갔다. 잠시 후 황보유의 등이 대량원군을 왕위에 올렸다. 강조는 왕을 폐위시켜 양국공으로 삼고, 군사를 보내 김치양 부자와 유행간 등 7인을 죽였다.

① (가) – (나) – (다)
② (가) – (다) – (나)
③ (나) – (가) – (다)
④ (나) – (다) – (가)
⑤ (다) – (가) – (나)

15

다음 상황이 나타난 시기를 연표에서 옳게 고른 것은? [2점]

서경 반란군이 검교첨사 최경을 개경으로 보내 표문을 올려 이르기를, "폐하께서 음양의 지극한 말을 믿으시고 도참의 비설을 고찰하시어 대화궁을 창건하시니 천제(天帝)의 도읍을 본떠 만드신 것입니다. … 인심은 두려운 것이며 군중의 분노는 막기 어려우니 만약 폐하께서 수레를 타고 임하신다면 병란은 그칠 것입니다."라고 하였다. 표문이 도착하니 모두 말하기를, "신하가 감히 군주를 부르다니 그 사자(使者)를 베는 것이 옳습니다."라고 하였다.

918		1009		1126		1170		1356		1392
	(가)		(나)		(다)		(라)		(마)	
고려 건국		강조의 정변		이자겸의 난		무신 정변		쌍성 총관부 탈환		고려 멸망

① (가) ② (나) ③ (다) ④ (라) ⑤ (마)

16

다음 상황이 나타난 국가의 경제 모습으로 옳은 것은? [2점]

○ 동소(銅所)·철소(鐵所)·자기소(瓷器所)·지소(紙所)·묵소(墨所) 등 여러 소에서 별공으로 바치는 물건들을 너무 과중하게 징수하여 장인들이 고통스러워 도망하고 있다.

○ 왕이 명령하기를, "이제 처음으로 화폐를 주조하는 법을 제정하였으니, 주조한 돈 1만 5천 관(貫)을 여러 관리와 군인들에게 나누어 주어 이를 통용의 시초로 삼고 전문(錢文)은 해동통보라 하여라."라고 하였다.

① 청해진을 설치하여 해상 무역을 전개하였다.
② 재정 문제를 해결하기 위한 당백전이 발행되었다.
③ 계해약조가 체결되어 세견선의 입항이 허가되었다.
④ 육의전을 제외한 시전 상인의 금난전권이 폐지되었다.
⑤ 예성강 하구의 벽란도가 국제 무역항으로 번성하였다.

17

74회 17번

밑줄 그은 '이 시기'에 볼 수 있는 모습으로 적절한 것은?

[2점]

권문세족이 도평의사사를 장악하고 대농장을 경영한 이 시기에 대해 말해볼까?

많은 여성이 공녀로 끌려갔어.

지배층을 중심으로 변발과 호복이 유행하였어.

① 농상집요를 소개하는 관리
② 흑창에서 곡식을 빌리는 농민
③ 사섬서에서 저화를 발행하는 장인
④ 선혜청에서 공가(貢價)를 받는 상인
⑤ 상평통보로 물건을 거래하는 보부상

18

68회 17번

(가) 문화유산에 대한 설명으로 옳은 것은?

[2점]

2023년 프랑스 국립 도서관에서 열린 '인쇄하다! 구텐베르크의 유럽' 전에서 (가) 이/가 공개되었습니다.

1/3

1973년 '동양의 보물'전 이후 50년 만에 대중에게 전시되었다는 점에서 의미가 있습니다.

2/3

승려 백운이 편찬한 불서로 제자들이 1377년 청주 흥덕사에서 인쇄하였습니다. 현재 하권만 프랑스에 남아 있습니다.

3/3

① 신미양요 때 미군이 탈취하였다.
② 현존하는 최고(最古)의 금속 활자본이다.
③ 거란의 침입을 물리치기 위해 제작하였다.
④ 장영실, 이천 등이 제작한 활자로 인쇄하였다.
⑤ 불국사 삼층 석탑을 보수하는 과정에서 발견되었다.

19

71회 18번

(가) 지역에서 있었던 사실로 옳은 것은?

[3점]

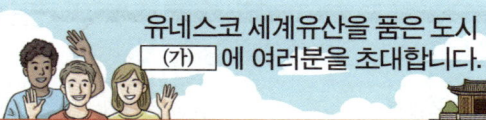

유네스코 세계유산을 품은 도시 (가) 에 여러분을 초대합니다.

(가) 은/는 유네스코 세계유산, 무형문화유산, 세계기록유산 등을 보유한 유서 깊은 고장입니다. 홍건적의 침입 당시 공민왕과 노국 공주가 피란했던 역사가 있는 곳이기도 합니다. 이곳에 오셔서 다양한 전통문화를 느껴 보시기 바랍니다.

추천 방문 장소

🎭 하회마을에서 하회별신굿탈놀이 관람하기

🏯 봉정사에서 우리나라에서 가장 오래된 목조 건물인 극락전 둘러보기

🏛 도산서원에서 퇴계 이황의 학문과 일생 생각해 보기

도산서원 / 봉정사 / 하회마을

① 왕건이 고창 전투에서 견훤에게 승리하였다.
② 묘청이 반란을 일으키고 국호를 대위라 하였다.
③ 흥덕사에서 금속 활자본인 직지심체요절이 간행되었다.
④ 정중부를 비롯한 무신들이 보현원에서 정변을 일으켰다.
⑤ 이성계를 중심으로 한 고려군이 황산에서 왜구를 격퇴하였다.

20

75회 22번

(가), (나) 사이의 시기에 있었던 사실로 옳은 것은? [3점]

(가) 대신 등에게 전교하기를, "조광조 등의 일은 내가 늘 마음속에서 잊지 않았으나 선왕(先王)께서 전에 허락하지 않으셨으므로 감히 가벼이 고치지 못하였다. 이제는 내 병이 위독하여 비로소 유언하니 조광조 등의 벼슬을 모두 회복할 수 있으면 다행이겠다. 현량과도 회복하여 거두어 등용하도록 하라."라고 하였다.

(나) 부제학 정언각이 아뢰기를, "소신이 양재역에 이르러서 벽에 써 붙인 주서(朱書)를 보았는데 국가에 관계된 내용이었으므로 지극히 놀랐습니다. …… 또 반역의 잔당들은 이미 죄를 물었습니다만, 심영은 대왕대비를 가리켜 신하로서 할 수 없는 말을 하였습니다. 신하가 그와 같은 말을 하고서 어떻게 천지 사이에 용납될 수 있겠습니까."라고 하였다.

① 자의 대비의 복상 문제로 예송이 일어났다.
② 외척 간의 권력 다툼으로 윤임이 제거되었다.
③ 세자 책봉 문제를 계기로 정철이 유배되었다.
④ 희빈 장씨 소생의 원자 책봉 문제로 환국이 발생하였다.
⑤ 폐비 윤씨 사사 사건의 전말이 알려져 김굉필 등이 처형되었다.

21

(가) 전쟁에 대한 탐구 활동으로 가장 적절한 것은? [1점]

① 나선 정벌의 전적지를 검색한다.
② 북학론이 끼친 영향을 파악한다.
③ 명량 해전의 승리 요인을 분석한다.
④ 삼정이정청의 활동 내용을 찾아본다.
⑤ 4군과 6진을 개척한 과정을 알아본다.

22

밑줄 그은 '제도'에 대한 설명으로 옳은 것을 〈보기〉에서 고른 것은? [2점]

〈보기〉
ㄱ. 선혜청에서 관련 업무를 담당하였다.
ㄴ. 재정을 보충하기 위해 지주에게 결작을 부과하였다.
ㄷ. 관청에 물품을 조달하는 공인이 등장하는 배경이 되었다.
ㄹ. 어장세, 선박세 등이 국가 재정으로 귀속되는 결과를 가져왔다.

① ㄱ, ㄴ ② ㄱ, ㄷ ③ ㄴ, ㄷ ④ ㄴ, ㄹ ⑤ ㄷ, ㄹ

23

다음 왕에 대한 설명으로 옳은 것은? [2점]

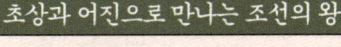

왼편은 연잉군 시절인 20대의 초상이며 오른편은 50대의 어진이다. 그는 즉위 후 탕평 교서를 반포하고 탕평비를 건립하였다. 준천사를 신설하여 홍수에 대비하였으며, 신문고를 다시 설치하여 백성들의 억울함을 듣고자 하였다.

① 통치 체제를 정비하기 위해 대전회통을 편찬하였다.
② 왕권 강화를 위해 친위 부대인 장용영을 설치하였다.
③ 각 궁방과 중앙 관서의 공노비 6만여 명을 해방하였다.
④ 어영청을 중심으로 국방력을 강화하고 북벌을 추진하였다.
⑤ 균역법을 시행하여 백성들의 군역 부담을 줄여주고자 하였다.

24

다음 가상 대화가 이루어진 시기에 볼 수 있는 모습으로 적절하지 않은 것은? [1점]

① 담배 농사를 짓고 있는 농민
② 관청에 종이를 납품하는 공인
③ 시사(詩社)에서 시를 낭송하는 중인
④ 장시에서 판소리 공연을 하는 소리꾼
⑤ 솔빈부의 특산품인 말을 수입하는 상인

25

밑줄 그은 '시기'에 볼 수 있는 모습으로 가장 적절한 것은? [1점]

이것은 장용영이 존재하던 시기 한양 도성 일대를 그린 도성도입니다. 종묘 부근에 장용영의 위치가 표시되어 있습니다. 이 지도에는 또 어떤 특징이 있을까요?

두드러진 특징은 남쪽을 바라보며 정사를 보는 왕의 시각에 맞춰 그려, 지도의 상단이 남쪽으로 되어있다는 점입니다. 또한 산수화풍의 산세 표현은 겸재 정선의 화풍을 따른 것으로 보입니다.

① 세책가에서 춘향전을 빌리는 부녀자
② 동국정운을 편찬하는 집현전의 학자
③ 주자소에서 계미자를 제작하는 장인
④ 형평사 창립 대회 개최를 취재하는 기자
⑤ 시전의 상행위를 감독하는 경시서의 관리

26

(가) 인물에 대한 설명으로 옳은 것은? [2점]

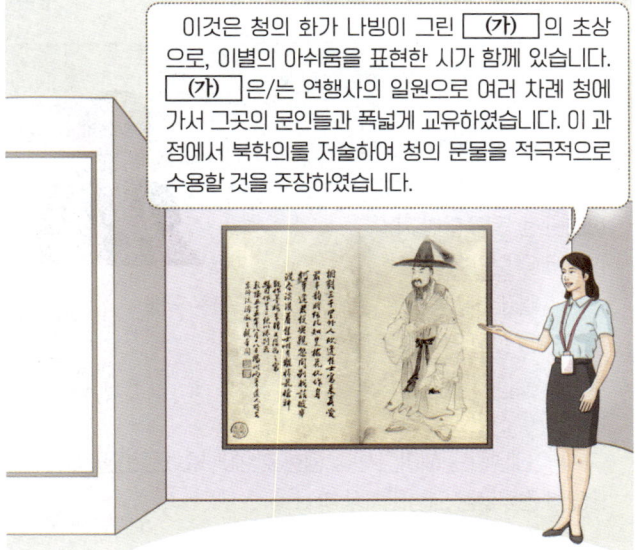

이것은 청의 화가 나빙이 그린 (가) 의 초상으로, 이별의 아쉬움을 표현한 시가 함께 있습니다. (가) 은/는 연행사의 일원으로 여러 차례 청에 가서 그곳의 문인들과 폭넓게 교유하였습니다. 이 과정에서 북학의를 저술하여 청의 문물을 적극적으로 수용할 것을 주장하였습니다.

① 세계 지리서인 지구전요를 저술하였다.
② 의산문답에서 무한 우주론을 주장하였다.
③ 기기도설을 참고하여 거중기를 설계하였다.
④ 서자 출신으로 규장각 검서관에 기용되었다.
⑤ 양반전을 지어 양반의 허례와 무능을 풍자하였다.

27

밑줄 그은 '이 시기'에 있었던 사실로 옳은 것은? [2점]

이 우표 속 그림은 국왕의 혼인을 축하하기 위해 거행된 진하례 모습을 그린 궁중 행사도입니다. 그림에 보이는 왕실 행사의 화려함과는 달리 안동 김씨 등 외척 세력이 세 왕에 걸쳐 60여 년 동안 권력을 잡은 이 시기에는 국왕의 실권이 많이 위축되었습니다.

① 어영청을 중심으로 북벌이 추진되었다.
② 윤지충 등이 처형된 신해박해가 일어났다.
③ 이필제가 영해 지역을 중심으로 난을 일으켰다.
④ 경복궁 중건 비용 마련을 위해 당백전이 발행되었다.
⑤ 삼정의 문란을 해결하기 위해 삼정이정청이 설치되었다.

28

다음 상황이 나타난 시기를 연표에서 옳게 고른 것은? [3점]

사학(邪學) 죄인 황사영은 사족으로서 사술(邪術)에 미혹됨이 가장 심한 자였다. [그는] 의금부에서 체포하려는 것을 미리 알고 피신하였는데, 상복을 입고 성명을 바꾸거나 토굴에 숨어서 종적을 감춘지 반년이 지났다. 포청에서 은밀히 염탐하여 지금에야 제천 땅에서 붙잡았다. 그의 문서를 수색하던 중 백서를 찾았는데, 장차 북경의 천주당에 전하려고 한 것이었다.

1728		1746		1791		1811		1834		1862
	(가)		(나)		(다)		(라)		(마)	
이인좌의 난		속대전 편찬		신해 박해		홍경래의 난		헌종 즉위		임술 농민 봉기

① (가) ② (나) ③ (다) ④ (라) ⑤ (마)

29 _____ 71회 28번

(가) 사건 이후에 일어난 사실로 옳은 것은? [1점]

> 3년 전 우리나라에서 전시한 어재연 장군의 수자기를 찍은 사진이야. 어재연 장군은 미군이 강화도를 침략한 **(가)** 당시 광성보에서 항전하였어.

> 맞아. 이 수자기는 그때 빼앗겼다가 많은 노력 끝에 대여 형식으로 들어와 실물을 볼 수 있었지. 안타깝게도 지금은 미국으로 다시 돌아가 언제 돌아올 수 있을지 모른다고 해.

① 의궤를 비롯한 외규장각 도서가 약탈당하였다.
② 홍경래 등이 난을 일으켜 정주성을 점령하였다.
③ 종로를 비롯한 전국 각지에 척화비가 건립되었다.
④ 제너럴 셔먼호가 대동강 유역에서 통상을 요구하였다.
⑤ 황사영이 외국 군대의 출병을 요청하는 백서를 작성하였다.

30 _____ 75회 29번

(가) 종교에 대한 설명으로 옳은 것은? [1점]

재판 기록으로 보는 한국사

[해설] 자료는 **(가)** 의 제2대 교주 최시형에 대한 판결 선고서이다. 교조 신원 운동을 주도했던 그는 1894년 전봉준, 김개남 등이 이끈 농민군과 합세한 일로 도망자 신세가 되었고, 결국 1898년 원주에서 체포되어 고등 재판소에서 재판을 받았다. 당시 재판에는 농민 수탈로 고부 봉기를 촉발시켰던 조병갑이 판사로 참여하였고, 법부 대신 조병직이 재판장으로서 최시형에게 사형을 선고하였다.

① 포접제를 활용하여 교세를 확장하였다.
② 배재 학당을 세워 신학문 보급에 앞장섰다.
③ 박중빈을 중심으로 새생활 운동을 추진하였다.
④ 일제의 통제에 맞서 사찰령 폐지 운동을 벌였다.
⑤ 의민단을 조직하여 항일 무장 투쟁을 전개하였다.

31 _____ 74회 30번

밑줄 그은 '개혁'의 내용으로 옳은 것은? [2점]

이 자료는 파리 만국 박람회 당시 한국관의 모습을 담은 채색광고 엽서이다. 고종은 황제 즉위 후 구본신참을 내세운 개혁을 추진하면서, 박람회를 서구 문물을 받아들이고 우리나라를 세계에 소개하는 기회로 활용하고자 했다. 이후 1902년 고종은 박람회 관련 업무를 담당할 정부 기관으로 농상공부 산하에 임시 박람회 사무소를 개설하였다.

① 지계아문을 설치하여 지계를 발급하였다.
② 건양이라는 독자적인 연호를 채택하였다.
③ 박문국을 설치하고 한성순보를 발행하였다.
④ 근대식 무기 제조 공장인 기기창을 설립하였다.
⑤ 개혁의 방향을 제시한 홍범 14조를 반포하였다.

32 _____ 75회 32번

㉠~㉤에 대한 설명으로 옳은 것은? [2점]

이준 연보

1859년 함경도 북청에서 출생
1895년 법관 양성소 졸업
1898년 ㉠ 독립 협회 가입
1904년 ㉡ 보안회 조직
　　　　일제의 압력으로 황해도 철도(鐵島)로 유배
1905년 ㉢ 헌정 연구회 조직
1906년 ㉣ 대한 자강회 조직
1907년 ㉤ 신민회 가입
　　　　네덜란드 헤이그 만국 평화 회의에 특사로 파견, 사망
1962년 건국훈장 대한민국장 추서

① ㉠ – 고종 강제 퇴위 반대 운동을 전개하였다.
② ㉡ – 일제의 황무지 개간권 요구를 저지시켰다.
③ ㉢ – 일제가 조작한 105인 사건으로 와해되었다.
④ ㉣ – 대성 학교를 설립하여 민족 교육을 실시하였다.
⑤ ㉤ – 조소앙의 삼균주의를 기초로 건국 강령을 발표하였다.

밑줄 그은 '이곳'에서 있었던 민족 운동으로 옳은 것은?

[2점]

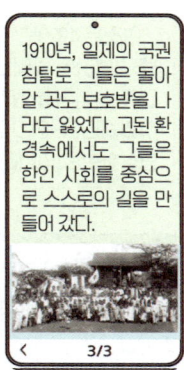

첫 공식 이민. 백여 명의 이민자들이 대한 제국이 발행한 여행권을 가슴에 품고 낯선 땅에 1903년 도착했다. 두려움과 희망이 함께했다.	그들을 기다린 건 사탕수수 농장의 고된 노동이었다. 열악한 환경에서도 1905년까지 노동 이민으로 약 7,000명이 이곳에 이주해 묵묵히 뿌리를 내렸다.	1910년, 일제의 국권 침탈로 그들은 돌아갈 곳도 보호받을 나라도 잃었다. 고된 환경 속에서도 그들은 한인 사회를 중심으로 스스로의 길을 만들어 갔다.
1/3	2/3	3/3

① 한인 자치 기구인 경학사를 설립하였다.

② 권업신문을 발간하여 민족 의식을 고취하였다.

③ 유학생을 중심으로 2·8 독립 선언을 발표하였다.

④ 신한 청년당이 파리 강화 회의에 대표를 파견하였다.

⑤ 대조선 국민군단을 결성하고 군사 훈련을 실시하였다.

밑줄 그은 '이 시기'의 의병 활동에 대한 설명으로 옳은 것은?

[2점]

이곳 지리산 연곡사에는 의병장 고광순의 순절비가 있습니다. 그는 지리산을 중심으로 장기 항전을 계획하다가 일본군의 토벌 작전으로 순국하였습니다. 고종의 강제 퇴위와 군대의 강제 해산으로 의병 활동이 고조된 이 시기에는 고광순을 비롯하여 각계각층의 사람들이 국권 회복을 위해 활동했습니다.

① 13도 창의군을 결성하였다.

② 한중 연합 전선을 형성하였다.

③ 최익현이 태인에서 궐기하였다.

④ 고경명 등이 의병장으로 활약하였다.

⑤ 봉오동 전투에서 일본군을 격퇴하였다.

(가) 단체에 대한 설명으로 옳은 것은?

[2점]

기억해야 할 대한외국인

| 마자르 | 매켄지 | 베델 | 스코필드 | 헐버트 |

↳ 행적

제1차 세계 대전에 참전했던 헝가리인 마자르는 러시아군 포로가 되었다가 몽골까지 흘러들어왔다. 그곳에서 알게 된 독립운동가 이태준의 부탁으로 베이징에서 김원봉을 만났다.

김원봉은 1919년 지린성에서 일제 식민 통치 기관 파괴와 요인 처단 등을 목표로 윤세주 등과 (가) 을/를 조직하였으나 당시 화약 무기 제조에 어려움을 겪고 있었다.

마자르는 성능 좋은 폭탄을 다수 제조하여 (가) 의 활동에 도움을 주었다.

① 신흥 강습소를 세워 독립군을 양성하였다.

② 구미 위원부를 설치하여 외교 활동을 전개하였다.

③ 단원인 이봉창이 일왕 행렬에 폭탄을 투척하였다.

④ 조선 혁명 선언을 통해 이념과 활동 방침을 밝혔다.

⑤ 조선 총독부에 국권 반환 요구서를 제출하고자 하였다.

(가) 부대에 대한 설명으로 옳은 것은?

[2점]

남대관, 권수정 등은 전 한족총연합회 간부였던 지청천, 신숙 등과 함께 아성현(阿城縣)에서 한국대독립당을 조직하고 지청천을 총사령, 남대관을 부사령으로 하는 (가) 을/를 편성하였다. … (가) 은/는 딩차오(丁超)의 군으로부터 무기를 지급받고 대원을 모집하여 일본 측 기관의 파괴, 일본 요인의 암살 등을 기도하였다.

① 청산리에서 일본군을 크게 격파하였다.

② 미군과 연계하여 국내 진공 작전을 준비하였다.

③ 대전자령 전투에서 일본군을 상대로 승리를 거두었다.

④ 중국 관내(關內)에서 결성된 최초의 한인 무장 부대였다.

⑤ 대한 국민회군 등과 연합하여 봉오동 전투에서 승리하였다.

37

(가) 단체에 대한 설명으로 옳은 것은? [2점]

[우리 고장의 독립운동가]

일우(一宇) 김한종 (1883~1921)

충청남도 예산군 광시면 출생이다. 1915년 대구에서 박상진 등이 국권 회복을 위해 조직한 (가) 의 충청도 지부장으로, 군자금 모금과 친일 관리 처단을 주도하였다. 이후 일제에 체포되어 총사령 박상진과 함께 사형을 선고받고 대구 형무소에서 생을 마감하였다. 1963년에 건국훈장 독립장이 추서되었다.

① 군대식 조직을 갖춘 비밀 결사였다.
② 정우회 선언의 영향으로 결성되었다.
③ 조선 혁명 선언을 활동 지침으로 삼았다.
④ 중국군과 함께 영릉가 전투에서 큰 전과를 올렸다.
⑤ 만민 공동회를 열어 열강의 이권 침탈을 비판하였다.

38

다음 상황이 나타난 시기를 연표에서 옳게 고른 것은? [3점]

○ 어제 러시아 공사 파블로프씨가 용천군 용암포 삼림회사의 편의를 위하여 전화와 전선을 추가로 가설할 뜻으로 외부(外部)에 조회하였으니, 외부에서 답 조회하기를 "해당 사안은 결코 인준하기 어려우니 귀 공사도 해당 회사에 훈칙하여 전신주 가설 사항은 절대 마음먹지 못하게 하라" 하였다더라.
                                                    - 황성신문 -

○ 일본, 영국, 미국의 각 공사가 우리 정부에 의주의 개방을 권고하더니, 영국 공사가 다시 조회하기를 "의주는 육지로 연결되어 화물을 운반하기가 매우 어렵고, … 용암포는 크고 작은 선박들이 지장 없이 왕래할 수 있으니 용암포를 개항하라"고 하였고, 일본 공사가 또 조회하기를 "용암포 개항이 합당하니 속히 타결하라"하였다더라.
                                                    - 황성신문 -

	(가)	(나)	(다)	(라)	(마)	
신미양요		갑신정변	청일 전쟁 발발	아관파천	러일 전쟁 발발	국권 피탈

① (가) ② (나) ③ (다) ④ (라) ⑤ (마)

39

밑줄 그은 '이 운동'에 대한 설명으로 옳은 것을 〈보기〉에서 고른 것은? [1점]

이것은 1929년 11월 한일 학생 간의 충돌을 계기로 시작된 이 운동을 기념하는 탑입니다. 당시 민족 차별에 분노한 광주 지역 학생들이 대규모 시위를 전개하였고, 전국의 많은 학교가 동맹 휴학으로 동참하였습니다. 이 기념탑은 학생들의 단결된 의지를 타오르는 횃불로 형상화한 것입니다.

〈보기〉
ㄱ. 조선인 본위의 교육 제도 확립 등을 요구하였다.
ㄴ. 대한매일신보의 후원 속에 전국으로 확산하였다.
ㄷ. 신간회에서 진상 조사단을 파견하여 지원하였다.
ㄹ. 일제가 이른바 문화 통치를 실시하는 배경이 되었다.

① ㄱ, ㄴ ② ㄱ, ㄷ ③ ㄴ, ㄷ ④ ㄴ, ㄹ ⑤ ㄷ, ㄹ

40

교사의 질문에 대한 학생의 답변으로 가장 적절한 것은? [3점]

이 자료는 전라남도 신안군(당시 무안군)의 한 섬에서 발생한 사건의 결과로, 소작인회 대표와 지주 문재철 사이에 맺어진 화해 조건입니다. 소작인들은 고율의 소작료를 징수하는 지주에게 1년여에 걸쳐 저항하여 소작료를 낮추는 성과를 거두었습니다. 이 사건 이후의 사실에 대해 말해 볼까요?

1. 소작료를 4할로 하고, 1할은 농업 장려금으로 할 것
2. 농업 장려금은 소작인회에서 관리할 것
3. 소작인회에 지주도 참여할 것
4. 미납한 소작료는 3개년을 기한으로 분납할 것
5. 파괴하여 철거한 문태현의 비석을 복구할 것
6. 현재 조사 중인 형사 피고 사건은 양방에서 취하할 것
7. 지주가 소작인회에 기본금 2천 원을 기증할 것

① 양전 사업이 실시되어 지계가 발급되었어요.
② 함경도와 황해도에서 방곡령이 선포되었어요.
③ 전국 단위 조직인 조선 농민 총동맹이 결성되었어요.
④ 일본의 토지 침탈에 맞서 농광 회사가 설립되었어요.
⑤ 기한 내에 소유지를 신고하게 하는 토지 조사령을 제정하였어요.

41

76회 42번

다음 일기가 작성된 이후의 사실로 옳은 것은? [1점]

> ○ 7월 13일(화)
> 경성은 뉴스를 듣기에는 참으로 빠르다. …… 중·일은 전쟁을 하게되었다. …… 아아, 슬프다. 조선에서도 만약 이러한 때 영웅 한 사람이 있었더라면 회복할 가망이 많은데, 나는 아직 지위가 그렇지 않아 가슴만 태운다. 피만 끓는다. 영웅이여 일어서라 일어서라. 우리 조선은 영원히 죽었는가.
>
> ○ 10월 8일(금)
> 조회할 때 일본인들이 조선인의 심장을 자기들의 심장으로 하려는 일본의 계략에서, 총독 미나미 지로가 소위 황국신민의 서사인지 뭔지를 만들어서 각 학생에게 암송하도록 하였다. 그래서 나도 그것을 읽었다. 그러나 우리 조선 혼은 영원히 변하지 않을 것이다.

① 미쓰야 협정이 체결되었다.
② 치안 유지법이 제정되었다.
③ 조선사 편수회가 조직되었다.
④ 여자 정신 근로령이 공표되었다.
⑤ 동양 척식 주식회사가 설립되었다.

42

73회 37번

밑줄 그은 '시기'에 시행된 일제의 정책으로 옳은 것은? [1점]

> 이것은 어느 공립 보통학교의 졸업식 사진으로, 교원이 제복을 입고 칼을 차고 수업하던 당시 일제의 식민지 정책을 잘 보여주고 있어.

> 맞아. 헌병이 일반 경찰 업무를 맡아 재판없이 체포 또는 구금하고, 벌금을 물리거나 태형에 처하기도 했던 <u>시기</u>였지.

① 국가 총동원법을 공포하였다.
② 산미 증식 계획을 시행하였다.
③ 토지 조사 사업을 실시하였다.
④ 황국 신민 서사의 암송을 강요하였다.
⑤ 조선 사상범 예방 구금령을 제정하였다.

43

73회 42번

(가) 단체의 활동으로 옳은 것은? [2점]

> 【우리 고장의 독립운동가】
> 조선 총독 암살을 시도했던 청년
> **유진만**
> (1912~1966)
>
>
>
> 세종특별자치시 연서면 출생으로 김구가 일제의 요인 제거 및 주요 기관 파괴를 목적으로 상하이에서 조직한 (가) 의 단원이다. 조선 총독 우가키 가즈시게를 암살하라는 지령을 받고 국내에 잠입하였으나 거사 전 검거되었다. 치안 유지법 등 위반 혐의로 징역 6년의 형을 선고받았다. 1990년 건국 훈장 애국장이 추서되었다.

① 일제가 조작한 105인 사건으로 와해되었다.
② 파리 강화 회의에 독립 청원서를 제출하였다.
③ 단원인 윤봉길이 훙커우 공원 의거를 실행하였다.
④ 신채호가 작성한 조선 혁명 선언을 지침으로 삼았다.
⑤ 군사 훈련을 위해 조선 혁명 간부 학교를 설립하였다.

44

74회 44번

(가) 사건에 대한 설명으로 가장 적절한 것은? [2점]

> (가) 사건에 대한 기록물이 마침내 유네스코 세계 기록 유산으로 등재되었습니다. 이 사건은 당시 남한만의 단독 선거에 반대하는 무장대와 이를 진압하는 토벌대 간의 무력 충돌, 그 뒤 토벌대의 진압 과정에서 수많은 제주도민이 희생된 비극이었습니다. 기록물에는 수형인 명부와 희생자 유족 증언 등이 포함되어 있는데, 이번 등재로 국가 폭력에 맞서 진실을 밝히려는 노력과 함께 화해와 상생, 평화와 인권의 가치가 세계의 기억으로 인정받게 되었습니다.

> 14,673건의 (가) 기록물, 세계 기록 유산 등재

① 대통령이 하야하는 결과를 이끌어냈다.
② 호헌 철폐와 독재 타도 등의 구호를 내세웠다.
③ 통일 주체 국민 회의가 구성되는 배경이 되었다.
④ 6·3 시위의 전개와 비상계엄이 선포되는 계기가 되었다.
⑤ 진상 규명 및 희생자 명예 회복에 관한 특별법이 제정되었다.

45 _____ 74회 45번

밑줄 그은 '이 전쟁' 중에 있었던 사실로 옳은 것은? [2점]

> 사진은 이 전쟁 당시 부산의 천막 교실 중 하나입니다. 임시 수도였던 부산에는 서울을 비롯한 각지의 학교가 피란해 와 천막 교실에서 수업이 진행되었습니다. 힘든 생활 중에서도 배움이 멈추지 않았다는 사실을 기억해 주세요.

① 발췌 개헌안이 통과되었다.
② 삼청교육대가 설치되었다.
③ 한미 상호 방위 조약이 체결되었다.
④ 여수·순천 10·19 사건이 일어났다.
⑤ 국가 보위 비상 대책 위원회가 구성되었다.

46 _____ 74회 46번

(가)에 들어갈 민주화 운동에 대한 설명으로 옳은 것은?
[2점]

> 이것은 2·28 민주 운동을 기념하는 탑입니다. 이 운동은 이승만 독재 정권이 선거를 앞두고 야당 부통령 후보 연설에 참석하는 것을 막기 위해 일요일 등교 조치를 내리자, 이에 반발한 대구 지역의 고등학생이 시위에 나서며 시작되었습니다. 2·28 민주 운동은 이후 대전의 3·8 민주의거, 마산의 3·15 의거와 함께 (가) 의 도화선이 되었습니다.

① 시위 도중 대학생 이한열이 희생되었다.
② 시민군이 조직되어 계엄군에 저항하였다.
③ 허정 과도 정부가 출범하는 계기가 되었다.
④ 5년 단임의 대통령 직선제 개헌을 이끌어냈다.
⑤ 야당 총재의 국회의원직 제명으로 촉발되었다.

[47~48] 다음 자료를 읽고 물음에 답하시오.

(가) 만적 등 6명이 북산에서 나무하다가 공사 노비를 불러 모아 모의하기를, "국가에서 경인년·계사년 이후로 높은 벼슬이 천한 노비에게서 많이 나왔으니, 장수와 재상이 어찌 종자가 있으랴. … 그 주인을 죽이고 노비 문서를 불태워 삼한에서 천인을 없애면 모두 공경 장상이 될 수 있을 것이다."라고 하였다.

(나) 왕 7년, 노비를 안검하여 그 시비를 분별하도록 명하자, 노비로 주인을 배반한 자가 매우 많아지고 윗사람을 능멸하는 풍조가 크게 행해졌다. 사람들이 모두 탄식하고 원망하였다. 대목왕후가 이를 간절히 간언하였으나 왕은 받아들이지 않았다.

(다) 1. 문벌, 양반과 상인들의 등급을 없애고 귀천에 관계없이 인재를 선발하여 등용한다.
 1. 과부가 재가하는 것은 귀천을 막론하고 자신의 의사대로 하게 한다.
 1. 공노비와 사노비에 관한 법을 일체 혁파하고 사람을 사고파는 일을 금지한다.

(라) "임금이 백성을 대할 때는 귀천이 없고 내외 없이 고루 균등하게 적자(赤子)로 여겨야 하는데, 노(奴)와 비(婢)라고 하여 구분하는 것이 어찌 똑같이 동포로 여기는 뜻이겠는가. 내노비 36,974명과 시노비 29,093명을 모두 양민으로 삼도록 하라. 그리고 승정원으로 하여금 노비 문서를 거두어 돈화문 밖에서 불태우도록 하라."

47 _____ 67회 47번

(가)~(라)를 일어난 순서대로 옳게 나열한 것은? [3점]

① (가) – (나) – (다) – (라)
② (가) – (나) – (라) – (다)
③ (나) – (가) – (라) – (다)
④ (나) – (다) – (가) – (라)
⑤ (다) – (라) – (나) – (가)

48 _____ 67회 48번

(가)~(라)를 활용한 탐구 활동으로 적절한 것을 <보기>에서 고른 것은?
[2점]

> ──── 〈보기〉 ────
> ㄱ. (가) – 무신 집권기에 발생한 하층민의 봉기에 대해 알아본다.
> ㄴ. (나) – 호족의 경제적 기반을 약화시킨 제도를 살펴본다.
> ㄷ. (다) – 균역법이 시행되는 배경을 파악한다.
> ㄹ. (라) – 삼정이정청이 설치된 계기를 조사한다.

① ㄱ, ㄴ ② ㄱ, ㄷ ③ ㄴ, ㄷ ④ ㄴ, ㄹ ⑤ ㄷ, ㄹ

(가) 정부 시기에 있었던 사실로 옳은 것은? [2점]

> (가) 정부의 민주화 운동 탄압 사례 중의 하나로 알려진 전국 민주 청년 학생 총연맹 사건의 관련 기록이 세상에 나왔습니다. 국가기록원은 사건이 발생한 지 40여 년 만에 관련 인물 180명의 재판 기록과 수사 기록을 공개했습니다.

"민청학련 사건" 기록물, 세상 밖으로

① 정부에 비판적인 경향신문이 폐간되었다.

② 국민의 요구에 굴복하여 대통령이 하야하였다.

③ 민주화 시위 도중 대학생 강경대가 희생되었다.

④ 장기 독재에 저항한 3·1 민주 구국 선언이 발표되었다.

⑤ 기존의 헌법을 유지하는 4·13 호헌 조치가 선언되었다.

(가) 지역에 대한 탐구 활동으로 가장 적절한 것은? [2점]

(가) 여행 정보 안내   로그인 🌐한국어

맞춤 여행 추천   다양한 성향을 기반으로 개인별 최적의 여행지를 추천해 드립니다.

선택해주세요

○ 휴식/힐링
◉ 역사탐방
○ 액티비티

끔찍한 학살의 흔적
너분숭이 4.3 기념관
#역사#4.3#다크투어리즘
♥ 13 ♡ 🔖
조회 11,564

일제 군국주의 흔적
알뜨르 비행장
#역사#태평양전쟁#다크투어리즘
♥ 22 ♡ 🔖
조회 9,277

① 원종과 애노가 봉기한 곳을 검색한다.

② 외규장각 도서의 약탈 과정을 조사한다.

③ 강주룡이 고공 시위를 전개한 장소를 알아본다.

④ 김만덕이 흉년에 굶주린 백성을 구제한 기록을 살펴본다.

⑤ 러시아의 남하를 견제한다는 구실로 영국군이 점령한 지역을 찾아본다.

01

(가) 시대의 생활 모습으로 옳은 것은? [1점]

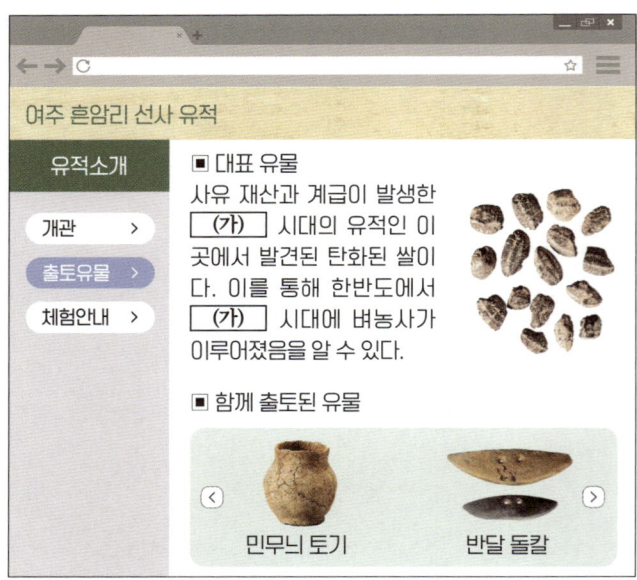

여주 흔암리 선사 유적

유적소개

개관 >
출토유물 >
체험안내 >

■ 대표 유물
사유 재산과 계급이 발생한 (가) 시대의 유적인 이 곳에서 발견된 탄화된 쌀이다. 이를 통해 한반도에서 (가) 시대에 벼농사가 이루어졌음을 알 수 있다.

■ 함께 출토된 유물

민무늬 토기   반달 돌칼

① 주로 동굴이나 강가의 막집에서 살았다.
② 지배층의 무덤으로 고인돌을 축조하였다.
③ 농경과 목축을 시작하여 식량을 생산하였다.
④ 호미, 쇠스랑 등의 철제 농기구를 제작하였다.
⑤ 주먹도끼, 찍개 등의 뗀석기를 처음 제작하였다.

02

(가)~(라)에 들어갈 내용으로 옳은 것을 <보기>에서 고른 것은? [2점]

<여러 나라의 제천 행사>

나라	내용
부여	(가)
고구려	(나)
동예	(다)
삼한	(라)

─── <보기> ───

ㄱ. (가) – 무천이라는 제천 행사에서 밤낮으로 음주가무를 즐겼다.
ㄴ. (나) – 10월에 지내는 제천 행사는 국중대회로 동맹이라 하였다.
ㄷ. (다) – 영고라는 제천 행사를 열고 죄수를 풀어주기도 하였다.
ㄹ. (라) – 씨뿌리기가 끝난 5월과 농사를 마친 10월에 제사를 지냈다.

① ㄱ, ㄴ ② ㄱ, ㄷ ③ ㄴ, ㄷ ④ ㄴ, ㄹ ⑤ ㄷ, ㄹ

03

다음 자료에 해당하는 왕에 대한 설명으로 옳은 것은? [1점]

백제 제26대 왕 명농, 지혜와 식견이 뛰어나고 결단력이 있었다.

1/3

웅진에서 사비로 도읍을 옮기고 백제의 중흥을 꾀했다.

2/3

구천(관산성 부근)에서 신라의 복병에게 목숨을 잃었다.

3/3

① 국호를 남부여로 개칭하였다.
② 금마저에 미륵사를 창건하였다.
③ 고흥에게 서기를 편찬하게 하였다.
④ 윤충을 보내 대야성을 함락하였다.
⑤ 동진에서 온 마라난타를 통해 불교를 수용하였다.

04

(가) 나라에 대한 설명으로 옳은 것은? [2점]

국가유산청은 (가) 의 중심지였던 경상북도 고령군을 한국의 다섯 번째 고도로 지정하였습니다. 고령에는 궁성지, 지산동 고분군, 방어성인 주산성 등 (가) 의 문화유산들이 보존되어 있어 이와 같이 지정되었습니다.

경북 고령군, 다섯 번째 고도(古都)로 지정

① 신라 진흥왕에 의해 복속되었다.
② 광평성 등의 정치 기구를 마련하였다.
③ 화백 회의를 통해 국정을 운영하였다.
④ 대가들이 사자, 조의, 선인을 거느렸다.
⑤ 박, 석, 김의 3성이 교대로 왕위를 계승하였다.

다음 상황 이후에 있었던 사실로 옳은 것은? [2점]

10월에 백제왕이 병력 3만 명을 거느리고 평양성을 공격해 왔다. 왕이 군대를 출정시켜 백제군을 막다가 날아온 화살에 맞아 이달 23일에 세상을 떠났다.

① 유리왕이 졸본에서 국내성으로 천도하였다.
② 미천왕이 낙랑군을 축출하여 영토를 확장하였다.
③ 소수림왕이 불교를 공인하고 율령을 반포하였다.
④ 고국천왕이 을파소를 등용하고 진대법을 실시하였다.
⑤ 유주자사 관구검이 이끄는 군대가 환도성을 함락하였다.

밑줄 그은 '이 승려'에 대한 설명으로 옳은 것은? [2점]

○○에게
나는 지금 영주 부석사에 와 있어. 이곳은 당에 가서 화엄학을 공부한 <u>이 승려</u>가 세운 절이야. 선묘각과 부석을 통해 그가 선묘 낭자의 도움을 받아 사찰을 건립했다는 설화를 떠올릴 수 있었어. 그리고 무량수전 배흘림기둥에 기대어 멀리 풍경을 보니, 너와 함께 다시 와보고 싶다는 생각이 들었어. 그럼 이만 줄일게. 안녕.

△△가

우표

보내는 사람

받는 사람

① 황룡사 구층 목탑의 건립을 건의하였다.
② 무애가를 지어 불교 대중화에 노력하였다.
③ 유식의 교의를 담은 해심밀경소를 저술하였다.
④ 승려들의 전기를 정리한 해동고승전을 편찬하였다.
⑤ 현세의 고난에서 구제받고자 하는 관음 신앙을 강조하였다.

(가) 왕의 업적으로 옳은 것은? [2점]

대왕암이 내려다 보이는 이곳은 경주 이견대입니다. 선왕을 기리며 감은사를 완공한 (가) 은/는 이곳에서 용을 만나는 신묘한 일을 겪었고, 이를 통해 검은 옥대와 만파식적의 재료가 된 대나무를 얻었다고 합니다.

① 향가 모음집인 삼대목을 편찬하였다.
② 관료전을 지급하고 녹읍을 폐지하였다.
③ 인사를 담당하는 위화부를 창설하였다.
④ 건원이라는 독자적인 연호를 사용하였다.
⑤ 시장을 감독하기 위해 동시전을 설치하였다.

다음 상황 이후에 전개된 사실로 옳은 것은? [2점]

이찬 김지정이 반역하여 무리를 모아 궁궐을 에워싸고 침범하였다. 여름 4월에 상대등 김양상이 이찬 경신과 함께 군사를 일으켜 김지정 등을 죽였으나, 왕과 왕비는 반란군에게 살해되었다. 양상 등이 왕의 시호를 혜공왕이라 하였다.

- 『삼국사기』 -

① 김흠돌이 반란을 도모하였다.
② 이사부가 우산국을 복속하였다.
③ 김대성이 불국사 조성을 주도하였다.
④ 장보고가 왕위 쟁탈전에 가담하였다.
⑤ 거칠부가 왕명에 의해 국사를 편찬하였다.

(가) 지역에 대한 탐구 활동으로 가장 적절한 것은? [2점]

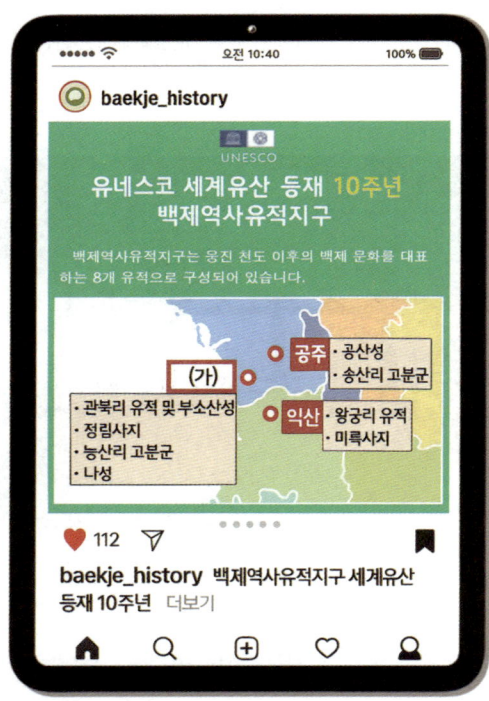

① 정약전이 자산어보를 저술한 곳을 알아본다.
② 비담과 염종이 반란을 일으킨 곳을 찾아본다.
③ 성왕이 새로운 도읍지로 정한 곳을 검색한다.
④ 윤충이 의자왕의 명을 받아 함락시킨 곳을 확인한다.
⑤ 신립이 배수의 진을 치고 왜군과 맞선 곳을 답사한다.

다음 상황 이후에 있었던 사실로 옳은 것은? [3점]

> 파진찬 신덕, 영순 등이 신검에게 견훤을 금산사에 유폐하고 사람을 보내 금강을 죽이도록 권하였다. 신검이 대왕을 자칭하고 국내에 대사면령을 내렸다. 교서에서 이르기를, " … 왕위를 어리석은 아이에게 줄 뻔하였다. 다행스러운 것은 상제께서 진정한 마음을 내리시니 군자들이 허물을 고쳤고 맏아들인 나에게 명하여 이 한 나라를 다스리게 하셨다는 점이다. … "라고 하였다.

① 궁예가 광평성을 설치하였다.
② 장문휴가 당의 등주를 공격하였다.
③ 신숭겸이 공산 전투에서 전사하였다.
④ 왕건이 일리천 전투에서 승리하였다.
⑤ 김헌창이 웅천주에서 반란을 일으켰다.

(가)~(다)에 대한 설명으로 옳은 것은? [3점]

① (가) – 내부에서 무구정광대다라니경이 발견되었다.
② (가) – 1층 탑신에 당의 장수 소정방의 명으로 새긴 글이 있다.
③ (나) – 자장의 건의로 건립되었다.
④ (나) – 돌을 벽돌 모양으로 다듬어 쌓았다.
⑤ (다) – 선종의 영향을 받아 만들어졌다.

(가)에 들어갈 내용으로 적절한 것은? [2점]

한국사 대화형 인공지능

Q 그림 속 인물에 대해 알려줘.
A 숙종 대 과거에 합격하여 의종 대까지 활동한 대표적인 고려 유학자입니다.
Q 그의 대표적인 활동에 대해 알려줘.
A 유교 사관을 바탕으로 삼국의 역사를 기록한 삼국사기의 편찬을 총괄하였습니다.
Q 다른 행적에 대해서도 알려줘.
A (가)

① 봉사 10조를 국왕에게 올렸습니다.
② 관군을 이끌고 묘청의 난을 진압하였습니다.
③ 만권당에서 원의 유학자들과 교유하였습니다.
④ 불씨잡변을 저술하여 불교를 비판하였습니다.
⑤ 9재 학당을 설립하여 유학 교육에 힘썼습니다.

13
72회 14번

(가)~(다)를 일어난 순서대로 옳게 나열한 것은? [3점]

> (가) 왕이 먼저 나라 안의 신하들을 권유하여 개경으로 환도하게 하였다. 여러 신하들이 말하기를 "임금의 명령인데, 감히 따르지 않을 수 있겠는가?"라고 하였으므로, 임유무가 화가 나서 어떻게 해야 할지를 알지 못하였다.
>
> (나) 조위총이 군사를 일으키자, 이의방이 이의민을 정동대장군 지병마사로 임명하였다. 이의민이 군사를 거느리고 전투에 나섰다가 날아오는 화살에 눈을 맞았으나, 철령으로 진군하여 사방에서 북을 치고 고함을 지르면서 급습하여 크게 격파하였다.
>
> (다) 백관이 최우의 집에 나아가 정년도목(政年都目)을 올렸다. 최우가 청사에 앉아 그것을 받았다. 6품 이하는 당하(堂下)에서 두 번 절하고 땅에 엎드려 감히 고개를 들고 보지 못하였다. 이때부터 최우는 정방을 그의 집에 두고 백관의 인사 행정을 처리하였다.

① (가) – (나) – (다)
② (가) – (다) – (나)
③ (나) – (가) – (다)
④ (나) – (다) – (가)
⑤ (다) – (나) – (가)

14
66회 15번

밑줄 그은 '왕'의 재위 기간에 볼 수 있는 모습으로 가장 적절한 것은? [1점]

> 이자춘이 쌍성 등지의 천호들을 거느리고 내조하니 <u>왕</u>이 맞이하며 말하기를 "어리석은 민(民)을 보살펴 편안하게 하느라 얼마나 노고가 많았는가?"라고 하였다. 그때 어떤 사람이 '기철이 쌍성의 반민(叛民)들과 몰래 내통하여 한패로 삼아 역모를 도모하려 한다'고 밀고하였다. 왕이 이자춘에게 이르기를, "경은 마땅히 돌아가서 우리 민을 진정시키고, 만일 변란이 일어나면 마땅히 내 명령대로 하라."라고 하였다. … 이자춘이 명령을 듣고 곧 행군하여 유인우와 합세한 후 쌍성총관부를 공격하여 격파하였다.

① 초량 왜관에서 교역하는 상인
② 내의원에서 동의보감을 읽는 의원
③ 주자감에서 유학을 공부하는 학생
④ 전민변정도감에 억울함을 호소하는 농민
⑤ 황룡사 구층 목탑의 건립에 참여하는 장인

15
72회 15회

밑줄 그은 '시기'의 사실로 옳은 것은? [2점]

> 이 그림은 공민왕과 그의 왕비인 노국 대장 공주의 초상화야. 고려에는 노국 대장 공주 외에도 제국 대장 공주, 계국 대장 공주 등 원 출신의 왕비들이 여럿 있었어.

> 맞아. 충렬왕부터 공민왕에 이르는 시기의 왕들은 원의 공주들과 결혼했어.

① 권문세족이 도평의사사를 장악하였다.
② 왕조 교체를 예언하는 정감록이 유포되었다.
③ 강조가 정변을 일으켜 김치양을 제거하였다.
④ 김보당이 의종 복위를 주장하며 난을 일으켰다.
⑤ 국정을 총괄하는 기구로 교정도감이 설치되었다.

16
67회 18번

㉠~㉣ 기구에 대한 설명으로 옳은 것을 <보기>에서 고른 것은? [2점]

> **역사 돋보기**
>
> **왕실과의 혼인을 통한 이자겸의 출세**
>
> 음서로 관직에 진출한 이자겸은 1108년 둘째 딸이 예종의 비가 되면서 빠른 속도로 출세하였다.
> 1109년 ㉠ <u>추밀원(중추원)</u> 부사, 1111년 ㉡ <u>어사대</u>의 대부가 된다. 1113년에는 ㉢ <u>상서성의 좌복야</u>에 임명되었고, 1118년 재신으로서 판이부사를 맡았으며, 1122년 ㉣ <u>중서문하성</u> 중서령에 오른다.

— 〈보기〉 —

ㄱ. ㉠ – 군사 기밀과 왕명 출납을 담당하였다.
ㄴ. ㉡ – 소속 관원이 낭사와 함께 서경권을 행사하였다.
ㄷ. ㉢ – 화폐·곡식의 출납과 회계를 담당하였다.
ㄹ. ㉣ – 원 간섭기에 도평의사사로 개편되었다.

① ㄱ, ㄴ ② ㄱ, ㄷ ③ ㄴ, ㄷ ④ ㄴ, ㄹ ⑤ ㄷ, ㄹ

17 _____ 75회 17번

(가)에 들어갈 내용으로 가장 적절한 것은? [1점]

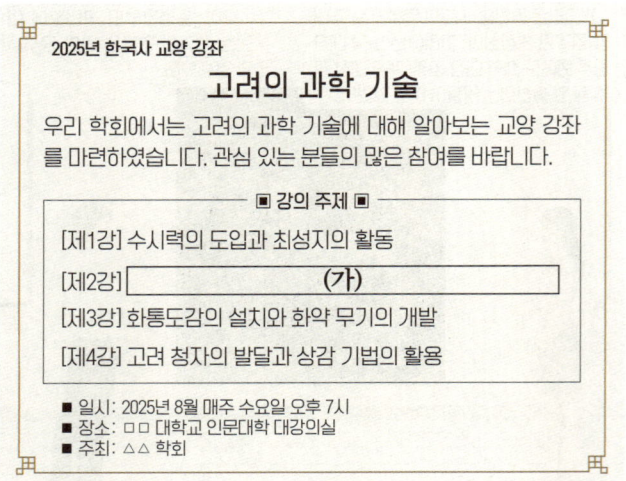

2025년 한국사 교양 강좌

고려의 과학 기술

우리 학회에서는 고려의 과학 기술에 대해 알아보는 교양 강좌를 마련하였습니다. 관심 있는 분들의 많은 참여를 바랍니다.

■ 강의 주제 ■

[제1강] 수시력의 도입과 최성지의 활동

[제2강] **(가)**

[제3강] 화통도감의 설치와 화약 무기의 개발

[제4강] 고려 청자의 발달과 상감 기법의 활용

■ 일시: 2025년 8월 매주 수요일 오후 7시
■ 장소: □□ 대학교 인문대학 대강의실
■ 주최: △△ 학회

① 의약학의 발전과 향약집성방의 편찬

② 100리 척의 사용과 동국지도의 제작

③ 기하학적 원리와 경주 석굴암의 조성

④ 금속활자 기술과 직지심체요절의 간행

⑤ 농업 기술의 발달과 임원경제지의 저술

18 _____ 68회 18번

밑줄 그은 '인물'에 대한 설명으로 옳은 것은? [2점]

불씨잡변을 지어 불교를 비판한 인물에 대해 말해보자.

도성의 축조 계획을 세우고 새 궁궐의 이름을 경복궁이라고 지었어.

제1차 왕자의 난 때 이방원에게 죽임을 당하였지.

① 최초의 서원인 백운동 서원을 건립하였다.

② 일본에 다녀와서 해동제국기를 편찬하였다.

③ 성학십도를 지어 군주의 도를 도식으로 설명하였다.

④ 조선경국전을 저술하여 통치 제도 정비에 기여하였다.

⑤ 경세유표를 집필하여 국가 제도의 개혁 방향을 제시하였다.

19 _____ 72회 17번

(가) 국가의 탑으로 옳은 것은? [1점]

이 탑은 원래 개성에 있었는데 지금은 국립 중앙 박물관에 옮겨져 새로운 영상 기법으로 전시되고 있습니다. **(가)** 시대에 만들어진 이 탑은 이후 원각사지 십층 석탑에 영향을 주기도 하였습니다.

① ② ③ ④ ⑤

20 _____ 68회 19번

(가) 왕에 대한 설명으로 옳은 것은? [3점]

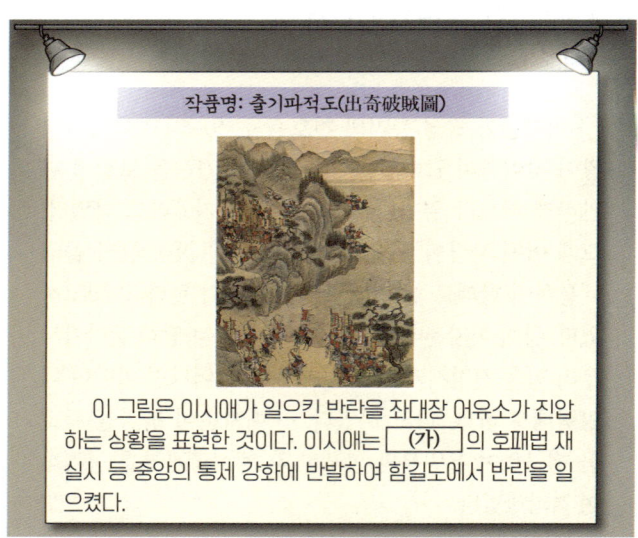

작품명: 출기파적도(出奇破賊圖)

이 그림은 이시애가 일으킨 반란을 좌대장 어유소가 진압하는 상황을 표현한 것이다. 이시애는 **(가)** 의 호패법 재실시 등 중앙의 통제 강화에 반발하여 함길도에서 반란을 일으켰다.

① 주자소를 설치하여 계미자를 주조하였다.

② 현직 관리를 대상으로 직전법을 실시하였다.

③ 조선의 기본 법전인 경국대전을 완성하였다.

④ 기유약조를 체결하여 일본과의 무역을 재개하였다.

⑤ 폐비 윤씨 사사 사건을 빌미로 갑자사화를 일으켰다.

(가) 기구에 대한 설명으로 옳은 것은? [2점]

이 그림은 (가) 의 감찰인 김종한 등 23인의 계회를 기념하여 그린 이십삼상대회도입니다. '상대'는 백관에 대한 규찰과 탄핵 등을 관장하던 (가) 의 별칭입니다. 이 계회도의 하단에는 감찰 23인의 품계와 성명, 그리고 그 부친의 관직과 성명 등이 기재되어 있어 조선 초기 계회도를 이해하는 데 큰 도움이 됩니다.

① 수도의 행정과 치안을 담당하였다.
② 을묘왜변을 계기로 상설 기구화되었다.
③ 서얼 출신 학자들이 검서관에 등용되었다.
④ 역사서를 편찬하고 사고에 보관하는 일을 맡았다.
⑤ 대사헌을 수장으로 집의, 장령 등의 관직을 두었다.

밑줄 그은 '왕'의 재위 기간에 있었던 사실로 옳은 것은?

[2점]

[역사 다큐멘터리 기획안]

조선, 전국적인 규모의 여론 조사를 실시하다!

■ 기획의도
여론 조사를 통해 정책을 추진하려는 <u>왕</u>의 모습에서 '민본'의 의미를 생각해본다.

■ 장면별 주요 내용
#1. 왕은 관리와 백성을 대상으로 공법 시행에 대한 전국적인 찬반 조사를 명하다.
#2. 호조에서 찬성 98,657명, 반대 74,149명이라는 결과를 보고하다.
#3. 여러 차례 보완을 거쳐 토지의 비옥도와 풍흉에 따라 조세를 차등 징수하는 내용의 공법을 확정하다.

① 세계지도인 혼일강리역대국도지도가 제작되었다.
② 각지의 농법을 작물별로 정리한 농사직설이 간행되었다.
③ 유능한 인재를 양성하기 위해 초계문신제가 시행되었다.
④ 우리나라와 중국의 의서를 망라한 동의보감이 완성되었다.
⑤ 전국의 지리, 풍속 등이 수록된 동국여지승람이 편찬되었다.

(가) 왕이 추진한 정책으로 옳은 것은? [1점]

고문헌으로 보는 한국사

[해설] 이것은 장용영 내영에서 수원외사 번암 채제공에게 보낸 전령(傳令)입니다. 새롭게 마련된 장용영 절목의 문제점을 중앙에 아뢰어 고치도록 권한 내용을 담고 있습니다. 장용영은 (가) 이/가 조직한 친위 부대로 서울에 내영, 수원 화성에 외영을 두어 규장각과 함께 왕권 강화를 목적으로 운영되었습니다.

① 나선 정벌에 조총 부대를 파견하였다.
② 호포제를 시행하여 양반에게도 군포를 징수하였다.
③ 문신을 재교육하기 위한 초계문신제를 실시하였다.
④ 삼정의 문란을 시정하고자 삼정이정청을 설치하였다.
⑤ 각 궁방과 중앙 관서의 공노비 6만여 명을 해방하였다.

다음 자료를 활용한 탐구 활동으로 가장 적절한 것은?

[2점]

처음에 공신 배극렴·조준·정도전이 세자를 세울 것을 청하면서, 나이와 공로를 고려하여 정하기를 청하였다. 임금이 강씨를 중히여겨 이방번에게 뜻이 있었으나, 공신들은 방번이 적합하지 않다고 생각하여 사적으로 서로 이야기하기를, "만일 강씨 소생이어야 한다면 막내가 조금 낫겠다."라고 하였다. 이후 임금이 "누가 세자가 될 만한가?"라고 물으니, 맏아들 혹은 공로가 있는 사람을 세워야만 된다고 간절히 말하는 사람이 없었다. 이에 극렴이 말하기를, "막내 아들이 좋습니다."라고 하니, 임금이 마침내 뜻을 결정하여 어린 이방석을 왕세자로 삼았다.

① 제1차 왕자의 난이 일어난 이유를 찾아본다.
② 수양대군이 정권을 장악하는 과정을 조사한다.
③ 사림이 동인과 서인으로 나뉘게 된 계기를 파악한다.
④ 폐모살제 등을 구실로 반정을 일으킨 세력을 검색한다.
⑤ 허적과 윤휴 등 남인이 대거 축출되는 사건을 알아본다.

다음 자료에 등장하는 왕에 대한 설명으로 옳은 것은?
[2점]

> ○ 개천이 점점 막혀 …… 장마 때마다 범람할까 근심하게 되었다. 왕이 이르기를 …… 이에 준천사(濬川司)를 설치하여 병조판서와 한성부 판윤, 삼군문의 대장으로 하여금 준천 당상을 겸하도록 하고 도청, 낭청 각 1인을 두었다. 매년 개천 바닥을 파서 물이 넘치지 않도록 하였다.
>
> ○ 국초에 신문고를 설치하여 억울함을 지닌 백성들로 하여금 북을 쳐서 알리도록 하였는데, 그 법이 폐해진 지 이미 오래되었다. 왕이 …… 마침내 복구하도록 명하였다. 북을 울리는 자가 있으면 …… 해당 관청에서 아뢰도록 하였다.

① 나선 정벌에 조총 부대를 파견하였다.
② 통치 규범을 재정비한 속대전을 편찬하였다.
③ 청과 국경을 정한 백두산정계비를 건립하였다.
④ 문신을 재교육하기 위한 초계문신제를 시행하였다.
⑤ 한성 방어를 위하여 총융청과 수어청을 창설하였다.

다음 기사에 보도된 전투 이후의 사실로 옳은 것은? [2점]

> ### 역사 신문
> 제△△호   ○○○○년 ○○월 ○○일
>
> #### 조·명 연합군, 평양성 탈환
> 평안도 도체찰사 류성룡, 도원수 김명원이 이끄는 관군이 명 제독 이여송 부대에 합세하여 평양성을 되찾았다. 이번 전투에서 아군의 불랑기포를 비롯한 화포가 위력을 발휘하여 일본군은 크게 패하고 남쪽으로 내려갔다. 이 전투의 승리는 향후 전쟁의 판도를 바꿀 것으로 기대된다.

① 송상현이 동래성에서 항전하였다.
② 권율이 행주산성에서 적군을 격퇴하였다.
③ 이순신이 한산도 앞바다에서 대승을 거두었다.
④ 신립이 탄금대 앞에서 배수의 진을 치고 싸웠다.
⑤ 최윤덕이 올라산성에서 이만주 부대를 정벌하였다.

(가), (나) 인물에 대한 설명으로 옳은 것은? [2점]

① (가)-100리 척을 사용하여 동국지도를 제작하였다.
② (가)-곽우록에서 토지 매매를 제한하는 한전론을 제시하였다.
③ (나)-의산문답에서 중국 중심의 세계관을 비판하였다.
④ (나)-여전론을 통해 마을 단위의 공동 경작을 주장하였다.
⑤ (가), (나)-양명학을 연구하여 강화학파를 형성하였다.

(가)~(다)를 일어난 순서대로 옳게 나열한 것은? [2점]

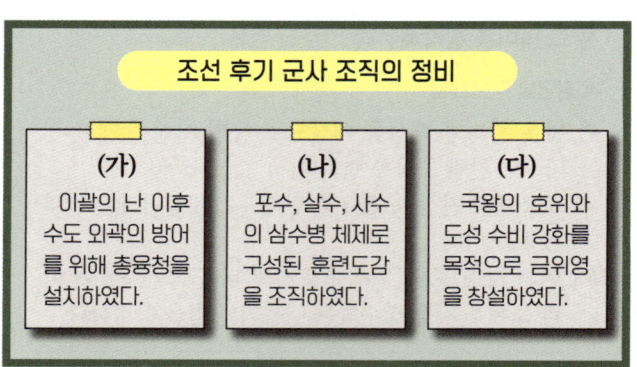

① (가) - (나) - (다)
② (가) - (다) - (나)
③ (나) - (가) - (다)
④ (나) - (다) - (가)
⑤ (다) - (나) - (가)

(가) 궁궐에 대한 설명으로 옳은 것은? [3점]

> (가) 복원 기공식 대통령 연설문
>
> 임진왜란 때 (가) 은/는 불길 속에 휩싸여 흥선대원군이 그 당시의 국력을 기울여 중건할 때까지 270년의 오랜 세월 동안 폐허로 남아 있었습니다. 일제는 1910년 우리나라를 병탄한 뒤 우리 역사의 맥을 끊기 위해 350여 채에 이르던 전각 대부분을 헐어내고 옮겼습니다. 국권의 상징이던 근정전을 가로막아 총독부 건물을 세웠습니다. 이제 우리가 궁을 복원하려는 것은 남에 의해 훼손된 민족사에 대한 긍지를 회복하기 위한 것입니다.

① 일제에 의해 동물원 등이 설치되었다.
② 제1차 미소 공동 위원회가 개최되었다.
③ 도성 내 서쪽에 있어 서궐이라고 불렸다.
④ 조선 물산 공진회 개최 장소로 이용되었다.
⑤ 태종이 도읍을 한양으로 다시 옮기며 건립하였다.

다음 자료에 나타난 시기의 경제 상황으로 옳지 않은 것은? [1점]

> 비변사의 계사에, "현재 시전의 병폐로 서울과 지방의 백성이 원망하는 바는 오로지 도고(都庫)에 있습니다. 시중 시세를 조종하여 홀로 이익을 취하니 그 폐단은 한이 없습니다. 한성부에서 엄히 금하도록 하되 그 가운데 매우 심하게 폐단을 빚는 3강(한강·용산강·서강)의 시목전(柴木廛)·염해전(鹽醢廛)과 같은 무리는 그 주모자를 색출하여 형조로 송치해서 엄한 형벌로 다스려 후일을 징계하도록 분부하는 것이 어떻겠습니까?" 하니 윤허한다고 답하였다.

① 금속 화폐인 건원중보가 주조되었다.
② 담배와 면화 등의 상품 작물이 재배되었다.
③ 보부상이 장시를 돌아다니며 상업활동을 하였다.
④ 모내기법의 확대로 벼와 보리의 이모작이 성행하였다.
⑤ 설점수세제의 시행으로 민간의 광산 개발이 허용되었다.

(가) 사건에 대한 설명으로 옳은 것은? [2점]

> 김옥균 등은 청이 우리 자주권을 침해하는 데 분노하여 일본 공사와 (가) 을/를 일으켜 '일본당'으로 지목되었다. (가) 이/가 실패하자 온 나라가 그를 역적이라 하였다. 나는 조정에 몸을 담고 있어 그를 토벌하여 죽여야 한다는 것 외에 다른 목소리를 낼 수 없었다. 그러나 김옥균과 나의 마음은 그 뜻이 다른 데 있는 것이 아니라 나라를 사랑하는 데서 나온 것이었다.
>
> -『속음청사』-

① 개혁 추진 기구로 교정청이 설치되었다.
② 전개 과정에서 홍범 14조가 반포되었다.
③ 통리기무아문이 신설되는 배경이 되었다.
④ 김기수가 수신사로 파견되는 결과를 가져왔다.
⑤ 청일 간에 톈진 조약이 체결되는 계기가 되었다.

(가), (나) 조약 사이의 시기에 볼 수 있는 모습으로 가장 적절한 것은? [3점]

> (가) 부산항에서 일본국 인민이 통행할 수 있는 도로 이정(里程)은 부두로부터 기산하여 조선 이법(里法)으로 동서남북 직경 10리로 정한다. 동래부는 이정 밖에 있지만 특별히 왕래할 수 있다. 일본국 인민은 마음대로 통행하며 조선 토산물과 일본국 물품을 사고팔 수 있다.
>
> (나) 통상 지역에서 조선 이법 100리 이내, 혹은 장래 양국 관원이 서로 의논하여 정하는 경계 안에서 영국 인민은 여행증명서 없이 마음대로 돌아다닐 수 있다. 여행증명서를 지닌 영국 인민은 조선 각지를 돌아다니며 통상하거나, 각종 화물을 들여와 팔거나(단, 조선 정부가 불허한 서적·인쇄물 등은 제외), 일체 토산물을 구매할 수 있다.

① 거문도를 불법으로 점거하는 영국 군인
② 남연군 묘의 도굴을 시도하는 독일 상인
③ 부산 절영도의 조차를 요구하는 러시아 공사
④ 조청 상민 수륙 무역 장정을 체결하는 청 관리
⑤ 톈진 조약에 따라 조선에서 철수하는 일본 군인

(가) 운동에 대한 설명으로 옳은 것은? [1점]

[특별 전시]

(가), 기록으로 되살아나다

부패한 지배층과 외세의 침략에 맞서 새로운 세상을 꿈꾸며 봉기했던 **(가)** 관련 기록물이 세계 기록 유산으로 등재된 것을 기념하여 특별전을 개최합니다. 많은 관람 부탁드립니다.

- 기간: 2025.○○.○○~○○.○○
- 장소: △△ 박물관 특별전시실
- 주요 전시 자료

▲전봉준 공초 ▲갑오군정실기 ▲사발통문

① 일본의 황무지 개간권 요구를 저지하였다.
② 조선 총독부의 방해와 탄압으로 중단되었다.
③ 집강소를 중심으로 폐정 개혁안을 실천하였다.
④ 이른바 남한 대토벌 작전으로 큰 피해를 입었다.
⑤ 상황 수습을 위해 박규수가 안핵사로 파견되었다.

(가), (나) 사이의 시기에 있었던 사실로 옳은 것은? [2점]

(가) 통문으로 장터에 모이라는 기별이 왔다. 저녁 먹은 후 여러 마을에서 징 소리며 나팔 소리, 고함소리가 천지에 뒤끓더니 수천 명 군중들이 우리 마을 앞길로 몰려와 군수 조병갑을 죽인다며 소요를 일으켰다. 군중이 사방으로 포위하고 몰아갈 때 조병갑은 서울로 도망갔다.

(나) 우두머리는 선화당을 점거하고 다른 동학 도당들은 나누어 사대문을 막으니 성 안의 백성과 아전, 군교 등이 미처 나오지 못하고 화염 속에 빠진 자가 많아 그 수를 알지 못하였습니다. 전주성이 삽시간에 함락된 것은 감영이나 전주부의 관속 무리 중 내응하는 자가 많았기 때문입니다.

① 남접과 북접이 논산에서 연합하였다.
② 최제우가 혹세무민의 죄로 처형되었다.
③ 일본이 군대를 동원하여 경복궁을 점령하였다.
④ 농민군이 황룡촌 전투에서 관군에 승리하였다.
⑤ 우금치에서 농민군이 관군과 일본군에 맞서 싸웠다.

(가)~(다)를 작성한 인물에 대해 탐구한 내용으로 가장 적절한 것은? [3점]

(가) 고대 여러 나라들도 역시 각각 사관(史官)을 두어 일을 기록하였습니다. 그러므로 맹자께서 이르시기를, 진(晉)의 승(乘)과 초(楚)의 도올(檮杌)과 노(魯)의 춘추(春秋)는 모두 한가지다."라고 하셨습니다. 생각건대 우리 해동(海東) 삼국도 역사가 길고 오래되어 마땅히 그 사실이 책으로 기록되어야 하므로 폐하께서 이 늙은 신하에게 명하시어 편집하도록 하셨습니다. … 신의 학술이 이처럼 부족하고 얕으며, 옛말과 지나간 일은 그처럼 아득하고 희미합니다. 그러므로 온 정신과 힘을 다 쏟아 부어 겨우 책을 만들었습니다. 그러나 보잘것 없기에 스스로 부끄러울 따름입니다.

(나) 고려가 끝내 발해사를 편찬하지 않아 토문강 북쪽과 압록강 서쪽이 누구의 땅인지 알 수 없게 되었다. 여진을 책망하려 하여도 할 말이 없고, 거란을 책망하려 하여도 할 말이 없다.
고려가 약한 나라가 된 것은 발해의 땅을 차지하지 못하였기 때문이니, 탄식할 수밖에 없다. … 내가 내규장각 관리로 있으면서 비밀스런 책[密書]을 꽤 많이 읽었으므로 발해에 관한 일을 차례로 편찬하여, 군고(君考)·신고(臣考)·지리고(地理考)·직관고(職官考)·의장고(儀章考)·물산고(物産考)·국어고(國語考)·국서고(國書考)·속국고(屬國考) 등 9편으로 구성된 책을 만들었다.

(다) 역사란 무엇인가? 인류 사회의 아(我)와 비아(非我)의 투쟁이 시간부터 발전하며 공간부터 확대하는 정신적 활동 상태의 기록이니, 세계사라 하면 세계 인류가 그리되어 온 상태의 기록이며, 조선 역사라 하면 조선 민족이 그리되어 온 상태의 기록인 것이다. 무엇을 '아'라 하며 무엇을 '비아'라 하는가? … 무릇 주체적 위치에 선 자를 '아'라 하고, 그 외에는 '비아'라 하는데, 이를테면 조선 사람은 조선을 '아'라 하고, 영국·미국·프랑스·러시아 등을 '비아'라 하지만, 그들은 각기 제 나라를 '아'라 하고 조선은 '비아'라 하며, … 그러므로 역사는 '아'와 '비아'의 투쟁의 기록인 것이다.

① (가) – 만권당에서 원의 학자들과 교유하였으며, 성리학의 보급에 기여하였다.
② (가) – 칠대실록의 편찬에 참여하였으며, 문헌공도를 만들어 사학을 진흥시켰다.
③ (나) – 금석학을 연구하여 북한산비가 진흥왕 순수비임을 고증하였다.
④ (다) – 한국통사를 저술하였고, 대한민국 임시 정부의 제2대 대통령을 역임하였다.
⑤ (다) – 대한매일신보의 주필로 활동하였으며, 폭력을 통한 민중의 직접 혁명을 주장하였다.

36

(가) 의병에 대한 설명으로 옳은 것은? [2점]

이달의 독립운동가

최초의 여성 의병 지도자 윤희순(尹熙順)
· 생몰년: 1860~1935
· 생애 및 활동

경기도 구리 출신으로 명성 황후 시해 사건이 일어나자 '안사람 의병가'를 창작하여 여성의 의병 참여를 독려하는 데 앞장섰다. 고종의 강제 퇴위와 군대 해산에 반발하여 일어난 (가) 당시 30여 명의 여성으로 의병대를 조직하여 최초의 여성 의병장으로 활약하였다.

일제에 나라를 뺏긴 이후에는 만주로 망명하여 항일 인재 양성과 무장 투쟁을 이어 나갔다. 1990년 건국훈장 애족장이 추서되었다.

① 최익현이 태인에서 궐기하였다.
② 고종의 해산 권고 조칙에 따라 해산하였다.
③ 민종식이 이끄는 부대가 홍주성을 점령하였다.
④ 일본에 국권 반환 요구서를 제출하고자 하였다.
⑤ 의병 부대가 연합하여 서울 진공 작전을 전개하였다.

37

다음 기사가 보도된 시기에 볼 수 있는 모습으로 가장 적절한 것은? [2점]

□□ **신문**

제△△호 ○○○○년 ○○월 ○○일

[사설] 대홍수의 재난에서 조선의 형제들을 구하라

▲침수된 용산 일대

대홍수로 중부 지방에 엄청난 피해가 발생하였다. 7월 18일에는 용산과 뚝섬 일대가 완전 침수되었고 이튿날은 광주군 선리 주민 292명이 물에 빠져 죽었다. 경부선은 10일간 불통이었다. 그럼에도 총독부는 이와 같은 홍수 피해에 무성의하게 대처하고 있다. 재작년 일본에서 관동 대지진이 일어났을 때 조선인들이 박해를 받았음에도 불구하고 우리 조선의 형제들은 능력껏 구제의 손길을 뻗쳤었다. 그러나 지금 조선에서 홍수 피해로 각지에서 재난이 일어나고 있는데도 총독부와 일본인 거류민들은 모른 척하고 있다. 조선인이여! 조선인을 구하라. 재난을 당한 형제와 같이 울며 아프게 살길을 구하라.

① 영선사 일행으로 청에 가는 생도
② 경성 제국 대학에서 공부하는 학생
③ 국채 보상 운동의 모금에 참여하는 상인
④ 육영 공원에서 영어를 가르치는 미국인 교사
⑤ 전차 개통식에 참여하는 한성 전기 회사 직원

38

밑줄 그은 '사업'에 대한 탐구 활동으로 가장 적절한 것은? [2점]

화폐로 보는 한국사

백동화(白銅貨)는 전환국에서 발행한 액면가 2전 5푼의 동전이다. 당시 재정 궁핍으로 본위 화폐인 은화는 거의 주조되지 않았고, 보조 화폐인 백동화가 주로 제조되어 사용되었다. 러일 전쟁 중에 재정 고문으로 임명된 메가타 다네타로의 주도하에 전환국을 폐지하고 백동화와 엽전을 일본 제일은행권으로 교환하는 사업을 추진하면서, 백동화의 발행이 중단되었다.

① 군국기무처의 활동을 조사한다.
② 당오전이 발행된 배경을 파악한다.
③ 삼국 간섭이 발생한 원인을 분석한다.
④ 대한 광복회가 결성된 목적을 살펴본다.
⑤ 제1차 한일 협약 체결의 영향을 알아본다.

39

(가) 운동의 배경으로 가장 적절한 것은? [1점]

파리 강화 회의가 진행되던 프랑스에서는 일제 강점기 최대 규모의 독립운동이었던 (가) 와/과 관련된 내용이 보도된 바 있습니다. 이와 관련하여 "일본 당국이 가혹한 탄압을 하고 있으며 혁명의 희생자 수가 이미 상당하다."라고 보도하며, (가) 에 대해 '혁명'이라는 표현을 사용한 기사가 주목됩니다.

CORÉE
혁명

Intensité du mouvement national!

Shanghaï, 13 avril. — Le mouvement en faveur de l'indépendance coréenne se poursuit avec la même intensité. Les autorités japonaises ont adopté des mesures de répression très sévères et le nombre des victimes de la révolution est déjà considérable. Les Coréens ont adressé un appel aux Croix-Rouges étrangères pour leur demander de venir à leur secours. — (Radio.)

① 간도 참변으로 민간인이 학살되었다.
② 민영익을 대표로 한 보빙사가 파견되었다.
③ 대한 제국의 마지막 황제 순종이 서거하였다.
④ 언론사의 주도로 브나로드 운동이 전개되었다.
⑤ 미국 대통령 윌슨이 민족 자결주의를 제창하였다.

40 _____ 66회 37번

밑줄 그은 '법령'이 시행된 시기 일제의 정책으로 옳은 것은? [1점]

□□ 신문
제△△호　　　　　　　　○○○○년 ○○월 ○○일

어려움에 빠진 한인 회사

회사를 설립할 때 조선 총독의 허가를 받도록 하는 법령이 제정되었다. 이후 한인의 회사는 큰 영향을 받아 손해가 적지 않기에 실업계의 원성이 자자하다. 전국에 있는 회사를 헤아려보니 한국에 본점을 두고 설립한 회사가 171개인데 자본 총액이 5,021만여 원이요, 외국에 본점을 두고 지점을 한국에 설립한 회사가 52개인데 자본 총액이 1억 1,230만여 원이다. 그중에 일본인의 회사가 3분의 2 이상이고, 몇 개 되지 않는 한인의 회사는 상업 경쟁에 밀리고 회사 세납에 몰려 도무지 유지하기가 어렵다고 한다.

① 신문지법을 제정하였다.
② 미쓰야 협정을 체결하였다.
③ 토지 조사 사업을 실시하였다.
④ 경성 제국 대학을 설립하였다.
⑤ 조선 사상범 예방 구금령을 시행하였다.

41 _____ 71회 39번

(가), (나)가 공포된 시기의 사이에 있었던 사실로 옳은 것은? [2점]

(가) 회사령 폐지에 관한 건
　　회사령은 폐지한다.
　　- 부칙
　　1. 이 영은 공포일로부터 시행한다.
　　2. 구령에 의하여 설립한 회사로 이 영 시행 당시 존재하는 것은 조선 민사령에 의하여 설립한 것으로 본다.

(나) 조선 총독부 농촌 진흥 위원회 규정
　　제1조 조선의 농산어촌 진흥에 관한 방침, 시설 및 통제에 관한 중요 사항을 심의하기 위하여 조선 총독부에 조선 총독부 농촌 진흥 위원회를 둔다.
　　제3조 위원장은 조선 총독부 정무총감으로 한다.

① 함경도에서 방곡령이 선포되었다.
② 조선 물산 장려회가 평양에서 창립되었다.
③ 황국 중앙 총상회의 상권 수호 운동이 전개되었다.
④ 유상 매수, 유상 분배를 규정한 농지개혁법이 제정되었다.
⑤ 국가총동원법을 제정하여 인력과 물자를 강제 동원하였다.

42 _____ 71회 41번

(가) 사건 이후에 전개된 사실로 옳은 것은? [3점]

〈탐구활동보고서〉
○학년 ○○반 이름 : ○○○

● 주제: (가) 에 대한 국외 반응
● 탐구 목적
　- 라이징 선 석유 주식회사의 문평 공장에서 일본인 감독이 조선인 노동자를 구타한 일이 발단이 되어 일어난 일제 강점기 최대 규모의 노동 운동에 대한 국외 반응을 당시 자료를 통해 살펴본다.
● 자료 및 해설

在日本労働總に
爭議調査員特派
辯護士, 弁護士を多数加えるも
失敗되면 各方面 視察

이것은 재일본노총에서 (가) 을/를 조사하기 위해 변호사를 파견한다는 당시 신문 기사이다. 기사에 보도된 일본의 조선인 노동 단체뿐 아니라 중국 지역의 여러 노동 단체도 격려와 후원을 하였다.

① 동양 척식 주식회사가 설립되었다.
② 강주룡이 을밀대 지붕에서 고공 농성을 벌였다.
③ 황실의 지원을 받아 대한 천일 은행이 창립되었다.
④ 전국 단위의 조직인 조선 노농 총동맹이 조직되었다.
⑤ 고율의 소작료에 반발하여 암태도 소작 쟁의가 발생하였다.

43 _____ 74회 41번

(가)~(마)에 들어갈 내용으로 적절하지 않은 것은? [2점]

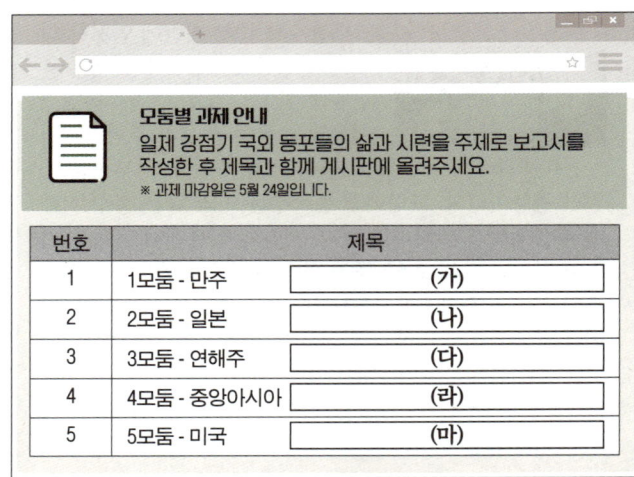

모둠별 과제 안내
일제 강점기 국외 동포들의 삶과 시련을 주제로 보고서를 작성한 후 제목과 함께 게시판에 올려주세요.
※ 과제 마감일은 5월 24일입니다.

번호		제목
1	1모둠 - 만주	(가)
2	2모둠 - 일본	(나)
3	3모둠 - 연해주	(다)
4	4모둠 - 중앙아시아	(라)
5	5모둠 - 미국	(마)

① (가) – 일본군의 보복으로 간도 참변이 일어나다
② (나) – 관동 대지진 당시 자경단에게 학살당하다
③ (다) – 에네켄 농장에서 고된 노동에 시달리다
④ (라) – 소련 당국에 의해 강제로 이주되어 오다
⑤ (마) – 교민들을 중심으로 흥사단이 창립되다

44

다음 자료에 나타난 민족 운동에 대한 설명으로 옳은 것은? [2점]

> **2천만 피압박 민중 제군이여!**
>
> 우리 2천만 생령(生靈)을 사랑하고 조국을 사랑하는 광주 학생 남녀 수십 명이 빈사(瀕死)의 중상을 입었다. 고뇌하는 청년 학생 2백 명이 불법으로 철창 속에 갇혀 있다. 그들은 정의를 위하여 거리로 나가 시위를 했다. 그러나 지배 계급의 미친개의 이빨에 물리고 말았다. 우리들은 광주 학생의 석방을 요구하는 동시에 참을 수 없는 피눈물로 시위 대열에 나가는 것이다.
>
> - 감금된 학생을 탈환하자
> - 총독 폭압 정치 절대 반대
> - 교육에 경찰 간섭 반대
> - 치안 유지법을 철폐하라

① 순종의 장례일을 맞아 가두시위를 벌였다.

② 대한민국 임시 정부 수립에 영향을 주었다.

③ 조선 사람 조선 것이라는 구호를 내세웠다.

④ 신간회의 지원을 받으며 전국적으로 확산되었다.

⑤ 일본, 프랑스 등의 노동 단체로부터 격려 전문을 받았다.

45

(가)~(다) 학생이 발표한 내용을 일어난 순서대로 옳게 나열한 것은? [2점]

주제 : 우리나라 헌법 개정의 역사

- (가) 대통령과 부통령의 임기는 4년으로 하며, 1회로 규정한 중임 횟수를 개헌 당시 대통령에게만 적용하지 않는다는 부칙을 달았어요.
- (나) 대통령이 통일 주체 국민 회의의 의장이 되고, 국회의원 정수의 3분의 1을 추천하도록 개정된 헌법이 만들어졌어요.
- (다) 대통령은 국민의 보통·평등·직접·비밀 선거에 의하여 선출하고 대통령의 임기는 5년으로 하며, 중임할 수 없도록 했어요.

① (가) – (나) – (다)

② (가) – (다) – (나)

③ (나) – (가) – (다)

④ (나) – (다) – (가)

⑤ (다) – (가) – (나)

46

다음 뉴스가 보도된 정부 시기의 경제 상황으로 옳은 것은? [2점]

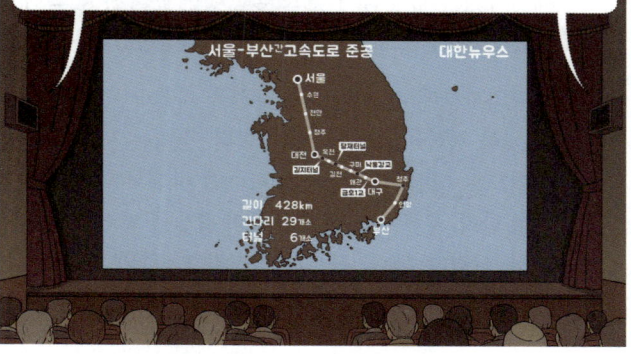

> 서울-부산 간 고속도로 준공식이 대구에서 열렸습니다. 대전-대구 구간을 마지막으로 경부 고속 도로가 완공되면서 서울에서 부산까지의 이동 시간이 4시간 30분 정도로 줄어들게 되었습니다. 하지만 2년 5개월여의 단기간에 고속도로를 완공하면서 다수의 사상자가 발생하는 등 안타까운 일도 있었습니다.

① 제2차 경제 개발 5개년 계획이 추진되었다.

② 미국의 경제 원조로 삼백산업이 발달하였다.

③ 귀속 재산 처리를 위해 신한 공사가 설립되었다.

④ 대통령 긴급 명령으로 금융실명제가 실시되었다.

⑤ 최저 임금 결정을 위한 최저 임금 위원회가 설치되었다.

47

교사의 질문에 대한 학생의 답변으로 가장 적절한 것은? [3점]

> 이 자료는 종교계와 재야 인사들이 명동 성당에서 독재 정권을 비판하며 발표한 3·1 민주 구국 선언의 일부입니다. 이 선언이 발표된 이후에 있었던 사실에 대해 말해 볼까요?

> **민주 구국 선언**
>
> 1. 이 나라는 민주주의 기반 위에 서야 한다.
>   …
>   첫째로 우리는 국민의 자유를 억압하는 긴급 조치를 곧 철폐하고 민주주의를 요구하다가 투옥된 민주 인사들과 학생들을 석방하라고 요구한다. 국민의 의사가 자유로이 표명될 수 있도록 언론, 집회, 출판의 자유를 국민에게 돌리라고 요구한다.
>   둘째로 우리는 유신 헌법으로 허울만 남은 의회 정치가 회복되어야 한다고 주장한다. 자유로이 표현되는 민의를 국회는 입법에 반영해야 하고 정부는 이를 행정에 반영시켜야 한다. 이것을 꺼리고 막는 정권은 국민을 위한다면서 실은 국민을 위하려는 뜻이 없는 정권이다.
>   …

① 국회 별관에서 3선 개헌안이 통과되었습니다.

② 정부에 비판적인 경향신문이 폐간되었습니다.

③ YH 무역 노동자들이 야당 당사에서 농성하였습니다.

④ 최고 통치 기구인 국가 재건 최고 회의가 구성되었습니다.

⑤ 평화 통일론을 주장한 진보당의 조봉암이 처형되었습니다.

[48~49] 다음을 읽고 물음에 답하시오.

> (가) ⓘ왕은 5월에 교서를 내려 문무 관료들에게 토지를 차등 있게 주었다. … 봄 정월에 중앙과 지방 관리들의 녹읍을 폐지하고 해마다 조를 차등 있게 주고 이를 일정한 법으로 삼았다.
>
> (나) 처음으로 직관(職官)·산관(散官)의 각 품의 전시과를 제정하였는데, 관품의 높고 낮은 것은 논하지 않고 다만 인품만 가지고 전시과의 등급을 결정하였다.
>
> (다) 도평의사사에서 글을 올려 과전을 지급하는 법을 정할 것을 청하니, 그 의견을 따랐다. 경기는 사방의 근본이므로 마땅히 과전을 설치하여 사대부를 우대하여야 한다. 무릇 수도에 거주하며 왕실을 지키는 자는 현직, 산직(散職)을 불문하고 각각 과(科)에 따라 받게 한다.
>
> (라) 만약 그 자신이 죽고 그 아내에게 미치게 되면 수신전이라 일컬었고, 부부가 다 죽고 그 아들에게 전해지면 휼양전이라 일컬었으며, 만약 그 아들이 관직에 제수되더라도 그대로 그 전지를 주고는 과전이라 일컬었는데, … ⓛ왕께서 이를 없애고, 현직 관리에게 주어 직전(職田)이라 하였던 것입니다.

48 _____ 72회 48번

(가)~(라)를 일어난 순서대로 옳게 나열한 것은? [3점]

① (가) – (나) – (다) – (라)
② (가) – (나) – (라) – (다)
③ (나) – (가) – (라) – (다)
④ (나) – (다) – (가) – (라)
⑤ (다) – (라) – (나) – (가)

49 _____ 72회 49번

ⓘ, ⓛ 왕에 대한 설명으로 옳은 것을 〈보기〉에서 고른 것은? [2점]

> ─── 〈보기〉 ───
> ㄱ. ⓘ – 병부를 처음으로 설치하였다.
> ㄴ. ⓘ – 전국에 9주 5소경을 설치하였다.
> ㄷ. ⓛ – 6조 직계제를 시행하였다.
> ㄹ. ⓛ – 초계문신제를 실시하였다.

① ㄱ, ㄴ ② ㄱ, ㄷ ③ ㄴ, ㄷ ④ ㄴ, ㄹ ⑤ ㄷ, ㄹ

50 _____ 67회 50번

다음 연설이 있었던 정부의 통일 노력으로 옳은 것은? [2점]

> 진작부터 꼭 한 번 와 보고 싶었습니다. 참여 정부 와서 첫 삽을 떴기 때문에 지금 개성 공단이 매출액의 증가 속도, 그리고 근로자의 증가 속도 같은 것이 눈부시지요. … 경제적으로 공단이 성공하고, 그것이 남북관계에서 평화에 대한 믿음을 우리가 가질 수 있게 만드는 것이거든요. 또 함께 번영해 갈 수 있는 가능성에 대해서 우리가 믿음을 갖게 되는 것이기 때문에, 이것이 선순환 되면 앞으로 정말 좋은 결과가 있을 것입니다.

① 남북한이 국제 연합(UN)에 동시 가입하였다.
② 민족 자존과 통일 번영을 위한 7·7 선언을 발표하였다.
③ 남북 이산가족 고향 방문단의 교환 방문을 최초로 성사시켰다.
④ 7·4 남북 공동 성명 실천을 위해 남북 조절 위원회를 구성하였다.
⑤ 남북 관계 발전과 평화 번영을 위한 10·4 남북 정상 선언을 발표하였다.

제77회
기출문제

한국사능력검정시험 최근 경향과 앞으로의 대책

77회에서도 전통적으로 자주 출제되는 문제들이 여전히 주류를 이루고 있음에는 변화가 없습니다. 이 흐름은 앞으로도 변함없을 듯합니다. 따라서, 객관적으로 중요하게 여겨지는 내용들을 흔들림 없이 풀어낼 수 있도록, 주요 역사적 흐름과 내용에 대한 정확한 이해와 암기에 최선을 다해야 할 것입니다.

다만, 회를 거듭할수록 낯선 사료와 선지들이 적잖이 등장하여 수험생들로 하여금 혼란과 착각을 불러일으키게 합니다. 낯선 선지들은 대부분 오답인 경우가 많아 정답을 고르는 데 있어 큰 지장은 없지만, 다음 시험에 출제되었을 때 확실히 오답임을 가려낼 수 있도록 기억해 놓는 것은 필요합니다.

그리고 77회 40번과 같은 일제 강점기의 대중가요 관련 문제는, 요즘 들어 꽤 나오고 있는 신유형입니다. 이런 경우에는 오히려 역사적 지식이 아닌, 문제 자체(노래 제목과 가사)를 잘 읽어보고 상식적인 수준에서의 고민과 접근으로 문제를 풀면 쉬워질 수 있습니다. 앞으로도 새로운 유형이 출제될 때는 당황하지 마시고 오히려 쉽게 접근하여 풀어보는 것도 나름의 방법이 될 것입니다.

한국사를 사랑하는 전국의 수험생 여러분의 빠른 합격을 기원합니다.

01

밑줄 그은 '이 시대'의 생활 모습으로 가장 적절한 것은?

[1점]

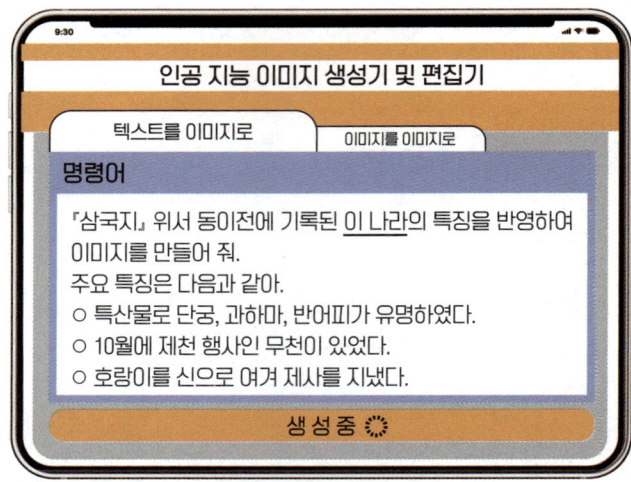

여주 흔암리 유적 체험 프로그램 안내

우리 박물관에서는 사유 재산과 계급이 발생한 이 시대의 대표적 유적지인 여주 흔암리 유적을 주제로 체험 프로그램을 마련하였습니다. 다양한 행사를 통해 당시 사람들의 생활 모습을 알아보는 시간을 가져 보시기 바랍니다.

[주요 프로그램]
○ 민무늬 토기 조각 맞추기
○ 반달 돌칼로 벼 이삭 수확하기
○ 흙 속에 섞여 있는 탄화미 찾아보기

● 신청 기간: 2026년 ○○월 ○○일 ~ ○○월 ○○일
● 신청 방법: △△ 박물관 홈페이지 공지 사항 참고

① 철제 무기로 정복 활동을 벌였다.
② 소를 이용한 깊이갈이가 일반화되었다.
③ 많은 인력을 동원하여 고인돌을 축조하였다.
④ 주먹도끼, 찍개 등의 뗀석기를 처음 제작하였다.
⑤ 가락바퀴와 뼈바늘을 이용하여 옷을 만들기 시작하였다.

02

(가) 나라에 대한 설명으로 옳은 것은?

[2점]

역사 신문

제△△호 　　　　　　　　○○○○년 ○○월 ○○일

양국 간 외교 갈등, 전쟁으로 이어지다

한의 사신 섭하가 자신을 송별하던 (가) 의 비왕(裨王) 장(長)을 살해하는 외교적 사건이 발생하였다. 그런데 한 무제는 오히려 섭하에게 벼슬을 내렸고 우거왕은 이에 분노하여 군대를 보내 섭하를 죽였다. 그러자 한 무제가 병력을 모아 (가) 을/를 침공하였고, 우거왕은 이에 맞서기로 결심한 것으로 보인다.

① 민며느리제라는 혼인 풍습이 있었다.
② 국가 중대사를 정사암에서 논의하였다.
③ 여러 가(加)들이 별도로 사출도를 주관하였다.
④ 지방의 여러 성에 욕살, 처려근지 등을 두었다.
⑤ 사회 질서를 유지하기 위해 범금 8조를 만들었다.

03

밑줄 그은 '이 나라'에 대한 탐구 활동으로 가장 적절한 것은?

[2점]

인공 지능 이미지 생성기 및 편집기

텍스트를 이미지로 　　　이미지를 이미지로

명령어

『삼국지』 위서 동이전에 기록된 이 나라의 특징을 반영하여 이미지를 만들어 줘.
주요 특징은 다음과 같아.
○ 특산물로 단궁, 과하마, 반어피가 유명하였다.
○ 10월에 제천 행사인 무천이 있었다.
○ 호랑이를 신으로 여겨 제사를 지냈다.

생성 중 ◌

① 진대법의 시행 목적을 파악한다.
② 책화의 사회적 의미를 조사한다.
③ 신성 구역인 소도의 기능을 알아본다.
④ 화백 회의의 의사 결정 방식을 살펴본다.
⑤ 포상 8국 전쟁이 전개되는 과정을 찾아본다.

04

(가) 국가의 문화유산으로 옳은 것은?

[2점]

이 전시실에서는 (가) 의 수도에서 발굴된 경주 천마총 장니 천마도와 금령총 천마무늬 말다래 등을 통해 다양한 천마의 모습을 볼 수 있습니다. 장니는 말의 안장 양쪽에 늘어뜨려 놓은 것으로 말다래라고도 불립니다.

천마총 천마그림 말다래
금령총 천마무늬 말다래
천마총 천마무늬 말다래
경주 천마총 장니 천마도

①　　②　　③
④　　⑤

05 _____

다음 대화에 나타난 왕에 대한 설명으로 옳은 것은? [2점]

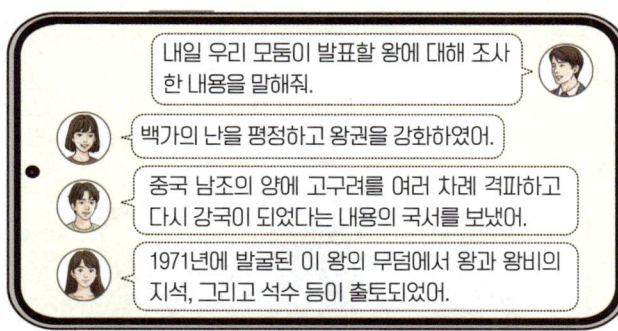

내일 우리 모둠이 발표할 왕에 대해 조사한 내용을 말해줘.

백가의 난을 평정하고 왕권을 강화하였어.

중국 남조의 양에 고구려를 여러 차례 격파하고 다시 강국이 되었다는 내용의 국서를 보냈어.

1971년에 발굴된 이 왕의 무덤에서 왕과 왕비의 지석, 그리고 석수 등이 출토되었어.

① 금마저에 미륵사를 창건하였다.

② 고흥에게 서기를 편찬하게 하였다.

③ 지방의 22담로에 왕족을 파견하였다.

④ 동진에서 온 마라난타를 통해 불교를 수용하였다.

⑤ 장군 달기를 보내 고구려의 도살성을 점령하였다.

06 _____

(가), (나) 사이의 시기에 있었던 사실로 옳은 것은? [3점]

> (가) 왕이 태자 김법민을 보내 병선 100척을 거느리고 덕물도에서 소정방을 맞이하게 하였다. 소정방이 김법민에게 말하기를, "나는 7월 10일에 백제의 남쪽에 이르러 대왕의 군대와 만나서 의자(義慈)의 도성을 무찔러 깨뜨리고자 한다."라고 하였다.
>
> (나) 사찬 시득이 수군을 거느리고 소부리주 기벌포에서 설인귀와 싸웠는데 연이어 패배하였다. 다시 나아가 크고 작게 22번 싸워 이기고, 4천여 명의 목을 베었다.

① 을지문덕이 살수에서 대승을 거두었다.

② 복신과 도침이 부여풍을 왕으로 추대하였다.

③ 윤충이 군사를 이끌고 대야성을 함락시켰다.

④ 연개소문이 정변을 일으켜 영류왕을 시해하였다.

⑤ 김춘추가 당으로 건너가 군사 연합을 성사시켰다.

07 _____

다음 자료에 해당하는 국가에 대한 설명으로 옳은 것은? [1점]

> 영역은 사방 5천 리이며, 5경과 15부를 두었다. 서쪽으로는 중국과 통하고 남쪽으로는 신라와 교빙하고 북쪽으로는 거란에 맞서고 동쪽으로는 일본에 사신을 보내어, 동북의 안쪽 지역을 압도하며 거의 3백 년 동안이나 존속하였다.
>
> - 『해동역사』 -

① 12월에 영고라는 제천 행사를 열었다.

② 주자감을 설치하여 인재를 양성하였다.

③ 군사 조직으로 9서당 10정을 편성하였다.

④ 기인 제도를 실시하여 지방 세력을 견제하였다.

⑤ 왕족인 부여씨와 8성 귀족이 지배층을 이루었다.

08 _____

(가) 국가의 경제 상황으로 가장 적절한 것은? [2점]

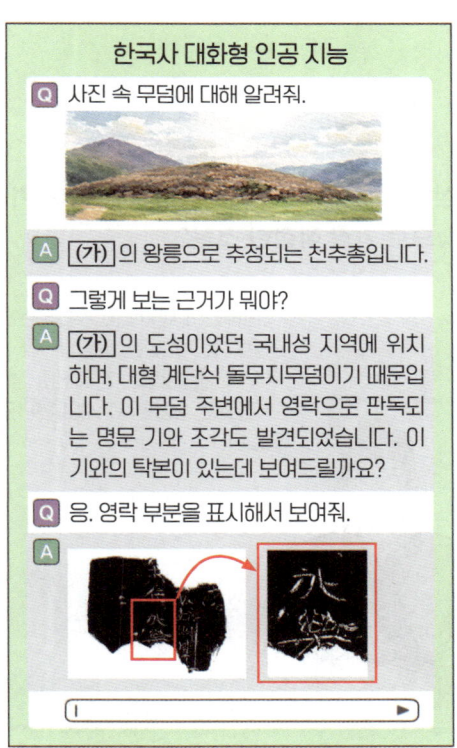

한국사 대화형 인공 지능

Q 사진 속 무덤에 대해 알려줘.

A (가)의 왕릉으로 추정되는 천추총입니다.

Q 그렇게 보는 근거가 뭐야?

A (가)의 도성이었던 국내성 지역에 위치하며, 대형 계단식 돌무지무덤이기 때문입니다. 이 무덤 주변에서 영락으로 판독되는 명문 기와 조각도 발견되었습니다. 이 기와의 탁본이 있는데 보여드릴까요?

Q 응. 영락 부분을 표시해서 보여줘.

A

① 수도에 서시와 남시를 설치하였다.

② 활구라고 불리는 은병을 주조하였다.

③ 집집마다 부경이라는 창고가 있었다.

④ 관료전을 지급하고 녹읍을 폐지하였다.

⑤ 풍흉에 따라 9등급으로 전세를 거두었다.

09

(가) 인물에 대한 설명으로 옳은 것은?　　　[2점]

○ 　(가)　 이/가 나주의 상황을 근심하여 드디어 왕건에게 가서 지키도록 명령하였다. 품계는 한찬(韓粲)으로 올리고 해군 대장군으로 삼았다.

○ 　(가)　 은/는 백성을 한낱 지푸라기처럼 여기고 오직 자기의 욕심만을 따랐다. 그리고 참위설을 믿어 갑자기 송악을 버리고 부양(斧壤)*으로 돌아가 궁궐을 세우니, 백성은 공사에 시달려 농사철을 빼앗겼다.

* 부양(斧壤): 현재 철원의 북부

① 안승을 보덕왕으로 봉하였다.
② 광평성 등의 정치 기구를 마련하였다.
③ 외교 담판으로 강동 6주를 확보하였다.
④ 김부를 경주의 사심관으로 임명하였다.
⑤ 신라를 공격하여 경애왕을 죽게 하였다.

10

다음 가상 뉴스에서 보도한 내용이 있었던 시기에 볼 수 있는 모습으로 가장 적절한 것은?　　　[2점]

청해진이 폐지되고 주민들은 벽골군으로 옮겨진다는 소식입니다. 해상 무역의 거점이었던 청해진이 장보고의 건의로 설치된 지 20여 년만의 일입니다.

속보 　청해진, 역사 속으로 사라지다

① 계백료서를 읽고 있는 관리
② 담배를 밭에 심고 있는 농민
③ 조위총의 난을 진압하는 군인
④ 진전사에서 참선하는 선종 승려
⑤ 낙랑군과 교역할 덩이쇠를 주조하는 장인

11

(가) 국가에 대한 고려의 대응으로 옳은 것은?　　　[2점]

이것은 현화사비의 탁본입니다. 이 비석의 흥미로운 점은 앞면에는 송의 연호인 천희가, 뒷면에는 　(가)　 의 연호인 태평이 새겨져 있다는 것입니다. 고려는 귀주 대첩에서 　(가)　 을/를 격퇴하였지만, 오히려 조공 책봉 관계를 수용하여 다원적인 국제 질서 속에서 실리와 안정을 추구하였습니다.

天禧　　太平
앞면　　뒷면

① 별무반을 편성하였다.
② 화통도감을 설치하였다.
③ 진관 체제를 실시하였다.
④ 초조대장경을 조판하였다.
⑤ 동녕부의 반환을 요청하였다.

12

(가)에 들어갈 내용으로 가장 적절한 것은?　　　[3점]

[다큐멘터리 기획안]

우리 역사 속 생태·환경 이야기

■ 기획의도
인간과 생태·환경의 상호 관계를 시대 순으로 조망하여 한국사에 대한 새로운 시각을 제공한다.

■ 구성
1부. 혜공왕 대 재이(災異) 발생과 백좌법회 개최
2부. 　　(가)
3부. 『승정원일기』를 통해 본 소빙기 농업 생산과 경신대기근 발생
4부. 해수구제(害獸驅除) 사업의 시행과 한반도 호랑이 사냥

① 응방의 설치와 매 서식지의 변화
② 시화호의 조성과 갯벌 생태계 파괴
③ 수의 침략과 요하 일대 감염병의 유행
④ 가죽 제품 수요 증가와 독도 강치의 멸종
⑤ 을축년 대홍수의 피해와 경성부의 대응 양상

13

(가) 국가의 문화유산으로 옳지 <u>않은</u> 것은? [1점]

제가 소개할 문화유산은 청주 명암동에서 출토된 단산오옥명 먹입니다. (가) 의 먹은 주로 묵소(墨所)에서 생산되었으며 중국 사신 서긍도 언급했을 정도로 잘 알려져 있었습니다.

< (가) 의 문화유산 소개하기 >

다인철소 유적 출토 솥단지 / 나전 국화 넝쿨무늬 합

① ② ③ ④ ⑤

14

(가)에 들어갈 내용으로 가장 적절한 것은? [2점]

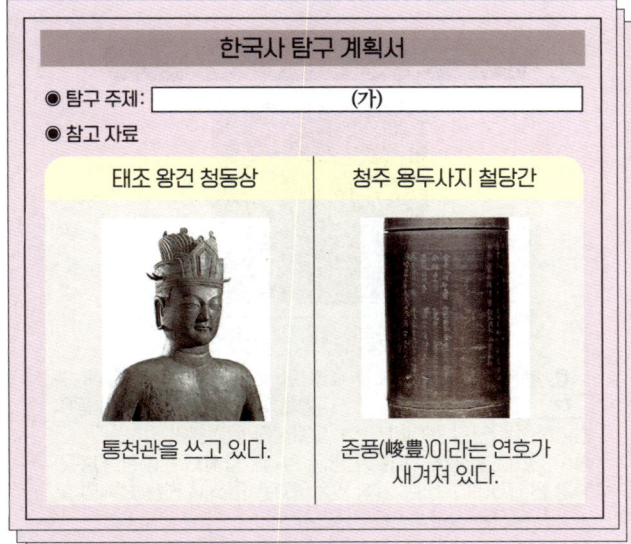

한국사 탐구 계획서

◉ 탐구 주제: (가)
◉ 참고 자료

태조 왕건 청동상	청주 용두사지 철당간
통천관을 쓰고 있다.	준풍(峻豊)이라는 연호가 새겨져 있다.

① 신해통공의 단행 배경
② 명의 멸망과 소중화주의의 대두
③ 골품제가 일상생활에 끼친 영향
④ 울산항을 통한 아라비아 상인들과의 교류
⑤ 황제국 표방 사례를 통해 본 외왕내제 의식

15

밑줄 그은 '인물'이 활동한 시기에 볼 수 있는 모습으로 가장 적절한 것은? [3점]

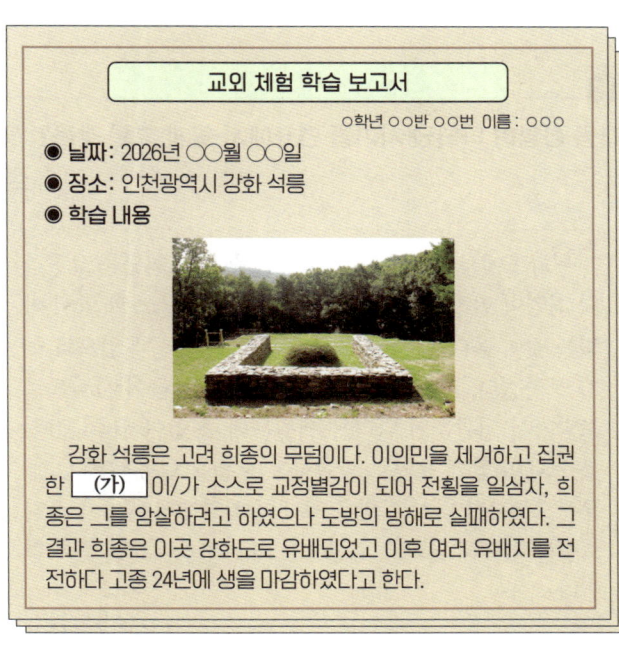

초상화로 보는 한국사

이 그림은 소수 서원에 봉안되어 있는 인물의 초상화이다. 그는 충렬왕 때 원에 갔다가 주희의 저서를 들여오면서 성리학을 본격적으로 소개하였다.
그림의 상단에는 유학 진흥에 힘쓴 공을 인정하여 충숙왕이 그의 초상화를 문묘에 모시게 하였다는 발문이 있다.

① 제왕운기를 읽고 있는 왕
② 만동묘 복구를 건의하는 유생
③ 동몽선습을 공부하는 서당 학동
④ 독서삼품과 시행을 준비하는 관리
⑤ 주자소에서 계미자를 주조하는 장인

16

(가) 인물에 대한 설명으로 옳은 것은? [2점]

교외 체험 학습 보고서

○학년 ○○반 ○○번 이름: ○○○

◉ 날짜: 2026년 ○○월 ○○일
◉ 장소: 인천광역시 강화 석릉
◉ 학습 내용

강화 석릉은 고려 희종의 무덤이다. 이의민을 제거하고 집권한 (가) 이/가 스스로 교정별감이 되어 전횡을 일삼자, 희종은 그를 암살하려고 하였으나 도방의 방해로 실패하였다. 그 결과 희종은 이곳 강화도로 유배되었고 이후 여러 유배지를 전전하다 고종 24년에 생을 마감하였다고 한다.

① 비담과 염종의 반란을 진압하였다.
② 만권당에서 원의 학자들과 교유하였다.
③ 인사 행정을 담당하던 정방을 폐지하였다.
④ 봉사 10조를 올려 시정 개혁을 건의하였다.
⑤ 오월(吳越)에 사신을 보내고 검교태보의 직을 받았다.

17

(가), (나) 인물에 대한 설명으로 옳은 것은? [2점]

> 나는 삼국의 역사를 기전체로 정리한 삼국사기의 편찬을 총괄하였소.

> 오늘은 한국 고대사 연구에 중요한 사료를 남긴 두 분의 이야기를 들어 보겠습니다.

> 나는 불교 중심의 설화와 단군의 건국 이야기 등을 담은 삼국유사를 저술하였소.

홀로그램으로 만나는 역사 인물

(가)　　　　(나)

① (가) – 관군을 이끌고 묘청의 난을 진압하였다.
② (가) – 시무 28조를 올려 국가 운영 방안을 제시하였다.
③ (나) – 법화 신앙을 바탕으로 백련 결사를 이끌었다.
④ (나) – 화폐 발행을 위해 주전도감 설치를 건의하였다.
⑤ (가), (나) – 심성 도야를 강조하고 유불 일치설을 주장하였다.

18

다음 상황이 나타난 시기를 연표에서 옳게 고른 것은? [1점]

> 위화도에서 좌·우군도통사가 글을 올려 회군을 요청하니 최영이 말하기를, "두 도통사가 있으니 스스로 와서 아뢰는 것이 옳다. 군사를 물리자는 말을 감히 내 입으로 하지 못하겠다."라고 하였다. …… 원의 잔당들이 사막으로 도망가서 이름뿐인 나라를 세웠는데, 최영이 배후(裴厚)를 보내어 함께 돕기로 약속하고 요동을 협공하였다. 좌·우군도통사가 다시 사람을 보내어 최영에게 나아가 속히 회군을 허락해 달라고 요청하였으나 최영은 그럴 뜻이 없었다.
>
> - 『고려사』 -

1009	1126	1232	1273	1351	1392
(가)	(나)	(다)	(라)	(마)	
강조의 정변	이자겸의 난	처인성 전투	삼별초 항쟁 진압	공민왕 즉위	고려 멸망

① (가) ② (나) ③ (다) ④ (라) ⑤ (마)

19

(가) 기구에 대한 설명으로 옳은 것은? [1점]

> ○ 문하부 좌우 정승을 고쳐 의정부 좌우 정승으로, 문하시랑 찬성사를 의정부 찬성사로, 참찬 문하부사를 참찬 의정부사로, 정당 문학을 의정부 문학으로 하였다. …… 문하부의 이름을 혁파하고, 낭사(郎舍)를 고쳐 (가) (으)로 하였다.
>
> ○ (가) 의 대사간 성현(成俔) 등이 상소하였다. "신 등이 삼가 생각건대 신하를 다루는 도리는 간사하고 올바른 것을 분별하여 올바른 신하는 마땅히 가까이하고, 간사한 신하는 마땅히 멀리하는 것에 있습니다."

① 사헌부, 홍문관과 함께 3사로 불렸다.
② 국왕 직속 사법 기구로 반역죄 등을 다루었다.
③ 사초와 시정기를 바탕으로 실록을 편찬하였다.
④ 왕의 비서 기관으로 왕명의 출납을 관장하였다.
⑤ 사대교린에 관한 문서를 관장하기 위해 설치되었다.

20

(가) 왕의 재위 시기에 있었던 사실로 옳은 것은? [3점]

> **이달의 책**
>
> 대불정수능엄경(언해)
>
> 이 책은 중국 승려 계환(戒環)의 『대불정수능엄경요해』에 (가) 이/가 훈민정음으로 구결을 달고 한계희, 김수온 등이 번역하여 편찬한 것이다. 현재 활자본과 목판본이 전하는데, 그 중 목판본은 (가) 이/가 만든 간경도감에서 간행한 최초의 불경 언해서이다. 이는 이후 만들어지는 언해서 편찬 체계의 본보기가 된다는 점에서 의미가 있다.

① 조의제문을 빌미로 무오사화가 일어났다.
② 세계 지도인 혼일강리역대국도지도가 제작되었다.
③ 예악 질서의 확립을 위한 악학궤범이 완성되었다.
④ 역대 문물 제도를 정리한 동국문헌비고가 편찬되었다.
⑤ 현직 관리에게만 수조권을 지급하는 직전법이 시행되었다.

21

(가) 인물에 대한 설명으로 옳은 것은?   [2점]

이곳은 안동의 병산 서원으로, (가) 의 위패가 봉안되어 있습니다. (가) 은/는 훈련도감 설치를 건의하고 공납의 폐단을 시정하고자 대공수미법을 제안했습니다.

① 기대승과 사단칠정 논쟁을 전개하였다.

② 소학의 보급과 현량과 실시를 주장하였다.

③ 기축봉사를 올려 명에 대한 의리를 내세웠다.

④ 임진왜란의 상황 등을 담은 징비록을 저술하였다.

⑤ 최초로 100리 척을 사용하여 동국지도를 제작하였다.

22

다음 시나리오의 상황 이후에 전개된 사실로 옳은 것은?   [2점]

#11. 남한산성 안

　임금이 항복하라는 내용이 담긴 칸[汗]의 서신을 읽은 후 대신들에게 말한다.

임금: 앞으로 어떤 계책을 세워야 하겠는가?

김상헌: 지금 항복한다 하더라도 어떻게 그 노여움을 풀겠습니까. 끝내는 반드시 따르기 어려운 요청을 해 올 것입니다. 적의 글을 우리 군사들에게 널리 알려 사기를 높이는 것이 마땅하겠습니다.

최명길: 칸이 직접 출병한 이상 대적하기가 더욱 어려운데, 대적할 경우 반드시 망하고 말 것입니다.

임금: 성문과 성벽을 굳게 지키면서 속히 회답해야 할 것이다.

① 강홍립 부대가 사르후 전투에 참전하였다.

② 김종서가 두만강 일대에 6진을 개척하였다.

③ 김시민이 진주성 전투에서 크게 승리하였다.

④ 이종무가 왜구의 근거지인 쓰시마섬을 정벌하였다.

⑤ 이완이 어영대장으로 임명되어 북벌을 준비하였다.

23

밑줄 그은 '시기'에 볼 수 있는 모습으로 적절하지 않은 것은?   [2점]

이것은 변박이 그린 초량 왜관의 전경입니다. 이 그림에는 관수가(館守家)를 중심으로 서관과 동관 구역이 나뉘어 있고, 50여 개의 건물 명칭이 표기되어 있습니다. 이를 통해 초량 왜관에서 대일 무역이 이루어지던 시기 왜관의 구성과 규모를 확인할 수 있습니다.

변박 특별전

왜관도
화면을 넘기면 다른 작품을 볼 수 있습니다.

① 계해약조의 초안을 작성하는 관리

② 까치를 소재로 민화를 그리는 화원

③ 세책가에서 춘향전을 빌리는 부녀자

④ 시사(詩社)를 조직하여 활동하는 서리

⑤ 송파장에서 산대놀이를 공연하는 광대

24

(가) 왕이 추진한 정책으로 옳은 것은?   [3점]

이 자료는 개국 공신부터 보사 공신까지의 공신과 그 자손들을 모아 결속을 다지는 회맹 행사를 거행한 후 그 명단 등을 담은 문서입니다. 보사 공신이란 경신환국의 공신들을 일컫는 말이지요?

맞습니다. 특히 이 자료에는 그들이 기사환국과 갑술환국을 거치며 공신의 지위를 박탈당했다가 회복하는 정황이 반영되어 있어, (가) 재위 시기의 급변하는 정치적 상황을 파악하는 데 도움을 줍니다.

이십공신회맹축 – 보사공신녹훈후

① 문신을 재교육하기 위한 초계문신제를 실시하였다.

② 각 궁방과 중앙 관서의 공노비 6만여 명을 해방하였다.

③ 국왕의 호위와 수도 방어를 위해 금위영을 창설하였다.

④ 각지의 농법을 작물별로 정리한 농사직설을 편찬하였다.

⑤ 붕당 정치의 폐해를 경계하기 위해 탕평비를 건립하였다.

25

다음 자료에 나타난 시기의 경제 상황으로 옳은 것은? [1점]

> 근래 들건대, 도고라는 방식이 새로 나와 한 사람이 물품을 독차지하면서 다른 사람은 감히 개별적으로 살 수 없게 되었다고 합니다. …… 이른바, 이익은 한 사람에게로 돌아가고 피해는 만민이 받는다는 것입니다. …… 청컨대 한성부와 평시서로 하여금 엄히 금단하게 하여 도고를 없애고 다시 각자가 매매하게 하여 전처럼 생활 할 수 있게 하소서.

① 관리에게 전지와 시지가 지급되었다.
② 솔빈부의 말이 특산품으로 수출되었다.
③ 관청에 물품을 조달하는 공인이 활동하였다.
④ 당항성, 영암이 국제 무역항으로 번성하였다.
⑤ 삼한통보, 해동통보 등의 화폐가 발행되었다.

26

(가) 인물에 대한 설명으로 옳은 것은? [2점]

□□ 신문

제△△호   ○○○○년 ○○ ○○일

「북학의」 친필 고본(稿本), 보물로 지정

수원 화성 박물관에 소장된 (가) 고본 『북학의』가 보물로 지정되었다.
『북학의』는 (가) 이/가 청의 연경에 다녀온 후 국가 제도와 정책 등 여러 분야에 대한 개혁의 필요성과 함께 실천 방안을 제시한 책이다. 이번에 보물로 지정된 『북학의』는 저자가 원고를 직접 쓰고 엮었다는 점, 박지원의 친필 서문이 함께 남아 있다는 점에서 그 가치를 인정받았다.

① 양명학을 연구하여 강화학파를 형성하였다.
② 기기도설을 참고하여 거중기를 설계하였다.
③ 역대 명필을 연구하여 추사체를 창안하였다.
④ 규장각 검서관으로 무예도보통지 편찬에 참여하였다.
⑤ 지부복궐척화의소를 올려 왜양일체론을 주장하였다.

27

(가) 지역에 대한 탐구 활동으로 가장 적절한 것은? [1점]

고구려비를 품은
(가) 의 역사를 걷다

■ 일시: 2026년 ○○월 ○○일 16:00~20:00
■ 답사경로

탑평리 칠층 석탑(중앙탑) — 탄금대 — 임충민공 충렬사 — 미륵 대원지

① 이괄이 반란을 일으킨 근거지를 알아본다.
② 김정희가 세한도를 그린 유배지를 검색한다.
③ 정약전이 자산어보를 저술한 곳을 조사한다.
④ 강주룡이 고공 농성을 벌인 을밀대의 위치를 찾아본다.
⑤ 김윤후가 노비 등을 이끌고 몽골군을 격퇴한 장소를 파악한다.

28

다음 자료에 나타난 상황 이후의 사실로 옳은 것은? [2점]

> 진주 안핵사 박규수가 상소하였는데 대략 이르기를, "난민들이 스스로 죄에 빠진 것은 반드시 이유가 있을 것입니다. …… 살을 베어 내고 뼈를 깎는 것 같은 고통은 환곡과 향곡이 으뜸입니다. 진주에서 허위로 부과한 세금에 대해서는 이미 조사 결과를 임금께 아뢰었습니다. …… 병들어 가는 것은 우리 백성들뿐입니다."라고 하였다.

① 홍경래 등이 봉기하여 정주성을 점령하였다.
② 신돈이 중심이 되어 전민변정 사업을 운영하였다.
③ 삼정의 문란을 시정하고자 삼정이정청이 설치되었다.
④ 기금의 이자로 빈민을 구휼하는 제위보가 만들어졌다.
⑤ 황사영이 외국 군대의 출병을 요청하는 백서를 작성하였다.

29

다음 자료에 나타난 사건의 배경으로 가장 적절한 것은?

[2점]

> 적들이 성벽 아래에 당도하였다. 우리 군사들이 일제히 총을 쏘니, 그 소리가 천지를 진동하고 탄환이 빗발치듯 쏟아졌다. 적들은 우리의 매복을 전혀 예상치 못하다가, 갑자기 쏟아지는 탄환에 맞아 쓰러지는 자가 속출하였다. 적들은 더 이상 버티지 못하고 무너져 흩어졌다. 양헌수는 즉시 순무영에 승전보를 띄워 보냈다. "오늘 적병이 정족산성을 침범하였으나 우리 군사가 일제히 사격하여 물리쳤습니다. 적들은 사상자를 이끌고 도주하였습니다."

① 운요호가 강화도와 영종도를 공격하였다.

② 오페르트가 남연군 묘 도굴을 시도하였다.

③ 교조 신원을 요구하는 보은 집회가 열렸다.

④ 병인박해로 천주교 신부와 신자들이 처형되었다.

⑤ 김홍집이 가지고 온 조선책략이 조선에 유포되었다.

30

밑줄 그은 '이 개혁'의 내용으로 옳은 것은?

[3점]

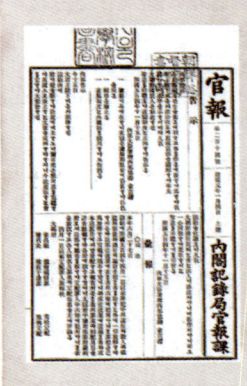 이 자료는 조선 정부에서 발행한 관보 제214호이다. 관보의 내부(內部) 고시는 이 개혁에 따라 시행된 단발령을 알리는 내용으로, 국왕이 먼저 단발을 행하였으니 백성에게 이를 따르라고 하고 있다. 한편, 관보에 사용된 연호인 건양은 국모시해 사건 이후 추진된 이 개혁의 일환으로 태양력이 도입되면서 새로 정한 것이다.

① 박문국을 두어 한성순보를 발행하였다.

② 근대식 무기 제조 시설인 기기창을 설립하였다.

③ 군제를 개편하여 친위대와 진위대를 설치하였다.

④ 공사 노비법을 혁파하고 과부의 재가를 허용하였다.

⑤ 비변사를 혁파하여 의정부와 삼군부의 기능을 회복하였다.

31

(가) 사건에 대한 설명으로 옳은 것은?

[2점]

 이 사진은 퍼시벌 로웰이 찍은 묄렌도르프의 집입니다. 본래 선혜청 당상 민겸호의 집이었으나, 그가 (가) 때 피살되자 고종이 묄렌도르프에게 하사한 것입니다. (가) 을/를 진압한 청의 추천을 받아 조선의 외교고문으로 부임한 묄렌도르프는 이 집을 서양식으로 개축하여 사용하였습니다.

① 김옥균 등 개화파가 주도하였다.

② 제물포 조약이 체결되는 계기가 되었다.

③ 전개 과정에서 홍범 14조가 반포되었다.

④ 통리기무아문이 설치되는 배경이 되었다.

⑤ 외규장각 도서가 약탈되는 결과를 가져왔다.

32

밑줄 그은 '이 지역'에서 전개된 민족 운동에 대한 설명으로 옳은 것은?

[2점]

 포와유람기는 현순이 이 지역의 호놀룰루 등에서 체류한 경험을 바탕으로 쓴 견문록입니다. 이 책에는 20세기 초 사탕수수 농장에 도착한 초기 한인 이민자들의 생활 모습이 잘 나타나 있으며, 포와(布哇)라고 불렸던 이 지역의 지리, 역사, 문화 등이 기록되어 있습니다.

① 한인 자치 기구인 경학사를 조직하였다.

② 한인 교육을 위해 박달 학원을 설립하였다.

③ 무장 투쟁을 위해 대조선 국민 군단을 결성하였다.

④ 유학생을 중심으로 2·8 독립 선언서를 발표하였다.

⑤ 대한 광복군 정부를 중심으로 무장 독립 투쟁을 준비하였다.

33

다음 자료에 나타난 조약에 대한 설명으로 옳은 것은? [1점]

한국사 교실

수행 과제: 오늘 학습한 조약과 관련된 자료를 조사하여 사진과 설명을 올려 주세요.

○○○
중명전
대한 제국 시기 황실 도서관 등으로 이용되었던 곳으로 조약이 강제로 체결된 장소임.

□□□
민영환
일제의 강요로 조약이 체결되자 이에 항거하는 뜻으로 유서를 남기고 자결함.

△△△
자신회
나철, 오기호 등이 조약에 찬성한 다섯 명의 대신들을 처단하기 위해 조직함.

① 청의 알선으로 체결이 추진되었다.
② 통감부가 설치되는 결과를 가져왔다.
③ 천주교 포교를 허용하는 근거가 되었다.
④ 스티븐스가 외교 고문으로 부임하는 계기가 되었다.
⑤ 대한 제국 군대의 해산을 규정하는 내용이 포함되어 있다.

34

(가) 단체에 대한 설명으로 옳은 것은? [2점]

[특별 전시]
국외 독립운동의 숨은 주역, 안태국을 기억하다

우리 기념관에서는 __(가)__ 에서 운영한 태극 서관의 주임 등을 맡았던 안태국의 공훈을 기리는 특별전을 마련하였습니다. 그는 안창호, 양기탁 등을 중심으로 비밀리에 결성된 __(가)__ 에서 국외 독립군 기지 건설을 위해 군자금 모금과 이주민 모집 등에 힘썼습니다. 그의 활동을 알 수 있는 자료들을 준비하였으니 많은 관심 바랍니다.
• 기간: 2026년 ○○월 ○○일 ~ ○○월 ○○일
• 장소: △△ 기념관 특별 전시실
• 전시 자료: 안태국 장례식 사진 등 □□점

① 만세보를 발행하였다.
② 대성 학교를 설립하였다.
③ 만민 공동회를 개최하였다.
④ 부민관 폭파 의거를 계획하였다.
⑤ 일제의 황무지 개간권 요구를 저지하였다.

35

밑줄 그은 '이 학교'에 대한 설명으로 옳은 것은? [3점]

주제: 근대 교육의 도입

사민필지는 미국인 헐버트가 이 학교의 교사 시절 한글로 지은 세계 지리서입니다.

영어, 산학, 지리 등을 주요 과목으로 개설한 이 학교에서 사용했던 교과서입니다.

① 7재라는 전문 강좌가 있었다.
② 덕원부 관민이 합심하여 만들었다.
③ 교육입국 조서에 근거하여 세워졌다.
④ 주요 건물로 대성전과 명륜당을 두었다.
⑤ 좌원과 우원을 구분하여 학생을 선발하였다.

36

밑줄 그은 '이 단체'에 대한 설명으로 옳은 것은? [2점]

이 자료는 나석주 의사가 조선 식산 은행과 동양 척식 주식회사에 폭탄을 던진 사건을 다룬 기사입니다. 이에 대해 설명해 주세요.

나석주 의사는 일제의 기관 파괴와 요인 암살 등을 목적으로 조직된 이 단체의 단원으로 활동했습니다. 그는 경제 수탈의 상징인 두 기관에 폭탄을 투척하여 일제에 큰 충격을 주었습니다. 기사에는 당시 의거의 현장을 보여주는 사진과 사상자 명단 등이 담겨 있습니다.

① 고종의 강제 퇴위에 반대하는 시위를 주도하였다.
② 조선 총독부에 국권 반환 요구서를 제출하려 하였다.
③ 독립운동 자금 마련을 위해 독립 공채를 발행하였다.
④ 신채호가 쓴 조선 혁명 선언을 활동 지침으로 삼았다.
⑤ 신규식을 중심으로 조직되어 교민들의 단결을 도모하였다.

37

밑줄 그은 '이 정책'이 실시된 시기에 볼 수 있는 모습으로 가장 적절한 것은? [1점]

사진과 함께하는 역사 - 임시 토지 조사국
한국사 채널   조회수 150,423

이 사진은 임시 토지 조사국 청사입니다. 임시 토지 조사국은 일제가 식민 지배를 위한 경제적 기반 마련 등을 목적으로 이 정책을 추진하면서 설치한 기구입니다. 이 기구는 토지의 조사 및 측량, 지적도와 토지 대장 작성 등을 수행하였습니다.

① 태형을 집행하는 헌병 경찰
② 원수부에서 업무를 처리하는 관리
③ 몸뻬 착용을 홍보하는 애국반 반장
④ 경인선 개통식에 참석하는 일본인 거류민
⑤ 나운규가 감독한 아리랑의 첫 상영을 준비하는 단성사 직원

38

(가) 단체의 활동으로 옳은 것은? [2점]

조선인 운동은 민족 운동으로 또는 사회 운동으로 표면과 이면에서 그침 없이 계속하여 오다가, 조선 민족의 총역량을 집중하여 민족 단일당 결성을 촉진하며 (가) 이/가 조직되었다. 각도 각지에서는 지회가 속속 설치되었다. …… (가) 은/는 민중 대회를 준비하다가 발각되어 타격을 입은 이후 해소라는 새 기록을 남기고 5년간 걸어 온 자취를 청산하는 동시에 새로운 방향으로 걸음을 전환하였다.

① 개벽, 신여성 등의 잡지를 발행하였다.
② 중추원 개편을 통해 의회 설립을 추진하였다.
③ 군사 조직으로 한인 국방 경위대를 창설하였다.
④ 순종의 인산일을 기회로 만세 운동을 계획하였다.
⑤ 광주 학생 항일 운동에 진상 조사단을 파견하였다.

39

교사의 질문에 대한 학생의 답변으로 가장 적절한 것은? [2점]

이 기사는 일제의 정책으로 인해 피해를 입은 농촌의 모습을 다루고 있습니다. 대공황 이후 일제는 공업 원료 등을 확보하기 위해 한반도 남부 지방에 면화 재배를 확대하는 정책을 추진하였습니다. 이 정책이 시행된 시기에 있었던 사실을 말해볼까요?

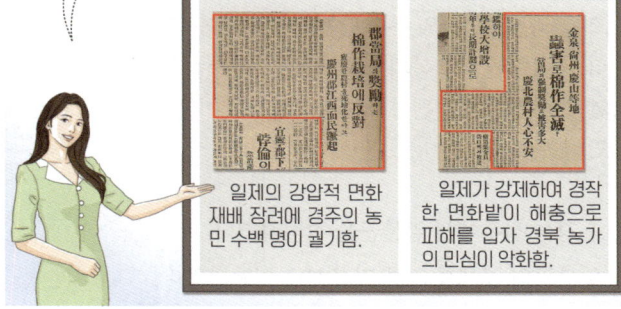

일제의 강압적 면화 재배 장려에 경주의 농민 수백 명이 궐기함.

일제가 강제하여 경작한 면화밭이 해충으로 피해를 입자 경북 농가의 민심이 악화함.

① 조선 민립 대학 기성회가 조직되었어요.
② 메가타의 주도로 화폐 정리 사업이 시행되었어요.
③ 귀속 재산 관리를 위해 신한 공사가 운영되었어요.
④ 회사 설립을 허가제로 하는 회사령이 공포되었어요.
⑤ 농민의 자력갱생을 내세운 농촌 진흥 운동이 추진되었어요.

40

(가)에 들어갈 내용으로 옳은 것은? [3점]

공연초대장

대중가요의 역사를 찾아서

일제 강점기는 라디오와 축음기가 보급되면서 대중가요가 확산된 시기였습니다. 우리 오케스트라에서는 당시 발매되던 대중가요를 관현악으로 편곡한 공연을 준비하였습니다. 식민지 시기를 살아간 우리 민족의 다양한 감정을 느낄 수 있는 자리에 여러분을 초대합니다.

◆ 공연 작품 ◆

가수, 노래 제목	소개
이애리수, 황성옛터	고려의 옛 궁터 만월대의 텅 빈 밤과 서정
(가)	비극적인 삶으로 빚어낸 염세와 허무
고복수, 타향살이	고향을 떠나 살게 된 이들의 짙은 향수
이난영, 목포의 눈물	항구를 배경으로 그리는 이별과 눈물의 정서

■ 일시: 2026년 ○○월 ○○일 19:00
■ 장소: △△ 문화 예술 회관
■ 출연: □□오케스트라

① 김민기, 아침 이슬
② 윤심덕, 사의 찬미
③ 현인, 굳세어라 금순아
④ 코리아나, 손에 손 잡고
⑤ 이해연, 단장의 미아리 고개

41

밑줄 그은 '이 부대'에 대한 설명으로 옳은 것은? [2점]

> 국민부는 중국의 반일 단체와 연락을 취하여 대규모 항일 행동을 계획하였지만, 각지의 일본 경관대에게 단원이 검거되고 무기를 압수당하여 세력이 꺾였다. 그러나 당시 이를 피한 양세봉, 양하산 등 주요 인물이 흩어졌던 단원을 모아 국민부 산하의 무장 단체를 재편하여 행동을 재개하였다. 총사령관 양세봉의 지휘 아래 <u>이 부대</u>는 대도회 등과 함께 한중 연합군을 편성하여 소양구에 이어 영릉가를 점령하였다.

① 홍경성 전투에서 일본군을 격퇴하였다.
② 일본군의 공세를 피해 자유시로 이동하였다.
③ 이른바 남한 대토벌 작전으로 큰 피해를 입었다.
④ 영국군의 요청으로 인도·미얀마 전선에 파견되었다.
⑤ 한국인 유격대를 중심으로 조국 광복회를 조직하였다.

42

(가)에 들어갈 내용으로 옳은 것은? [3점]

① 흥사단을 창립함.
② 이토 히로부미를 사살함.
③ 한국독립운동지혈사를 저술함.
④ 한국 독립군의 총사령관으로 활약함.
⑤ 김원봉 등과 함께 민족 혁명당을 결성함.

43

(가)에 들어갈 내용으로 가장 적절한 것은? [2점]

> **한국사 교양 강좌**
>
> **기념일에 담긴 일제 강점기 사회·문화**
>
> 우리 학회에서는 일제 강점기의 힘든 현실 속에서도 우리 민족이 기리기 시작한 기념일을 중심으로 당시의 사회와 문화를 살펴보는 강연을 마련하였습니다. 많은 관심과 참여 바랍니다.
>
> [제1강] 어린이날 - 어린이에게서 민족의 미래를 보다
> [제2강] 메이데이 - 고등 경찰의 경계 속에 첫 노동절 행사가 열리다
> [제3강] 과학 데이 - 과학의 대중화를 촉진하다
> [제4강] _____(가)_____
>
> ● 일시: 2026년 ○○월 ○○일 10:00~16:00
> ● 장소: □□학회 소회의실

① 제헌절 – 첫 헌법 제정의 의미를 강조하다
② 가갸날 – 우리 말과 글의 소중함을 되새기다
③ 향토 예비군의 날 – 범국민적인 안보의식을 조성하다
④ 은사의 날 – 스승을 향한 감사와 공경의 마음을 전하다
⑤ 이산가족의 날 – 이산가족 문제에 대한 관심을 제고하다

44

밑줄 그은 '시기'에 볼 수 있는 모습으로 가장 적절한 것은? [1점]

이곳은 인천 부평에 위치한 일본 육군 조병창입니다. 일제가 국가 총동원법을 시행한 <u>시기</u>에 전쟁 무기 생산을 목적으로 설치되었습니다. 또한 학도 동원 실시 요강에 따라 학생들이 강제로 동원된 곳이기도 했습니다.

① 원산 총파업에 동참하는 노동자
② 국채 보상 운동에 성금을 내는 상인
③ 원각사에서 연극 은세계를 공연하는 배우
④ 황국 신민 서사를 암송하는 국민학교 학생
⑤ 조선 형평사 창립 대회 현장을 취재하는 기자

45

다음 자료를 활용한 탐구 활동으로 가장 적절한 것은? [2점]

농민이나 지주나 간에 중대한 위기에 봉착하고 있다. 농민은 평년 수확의 절반가량을 세금 등으로 납부하게 됨으로써 자가에서 소비할 식량도 확보할 수 없는 지경으로 우선 굶어 죽을 수는 없으니 상환을 연기하든지 분배를 취소하여 달라고 호소하고 있다.

지주 측에서는 토지 자본을 산업 자본으로 활용하기는 커녕 정조(正租) 1석당 5만 8천여 원이라는 엄청난 헐값으로 환산된 지가 증권마저 액면의 5할 또는 4할이라는 시세로 매각하거나, 전년도에 받아야 할 상환금을 다음 해가 되어도 다 받지 못하고 한 달에 60만 원씩 지불받기로 한 것마저 받지 못하고 있다.

① 농지 개혁의 전개 과정을 알아본다.
② 광주 대단지 사건의 결과를 파악한다.
③ 개발 제한 구역 설정의 목적을 찾아본다.
④ 산미 증식 계획의 추진 배경을 분석한다.
⑤ 지계아문이 추진한 정책의 내용을 조사한다.

46

(가) 인물에 대한 설명으로 옳은 것은? [2점]

이 자료는 미소 공동 위원회 미국 대표단 정치고문단 소속인 L. M. 버치 중위가 좌우 합작을 주도한 (가) 을/를 추모하며 남긴 연설문입니다. 엔도 정무총감과의 회담에서 사회 안정에 관한 요구 사항을 관철하는 등 해방 정국을 주도하던 (가) 이/가 암살되자, 버치 중위는 존경의 의미를 담아 한국어 발음을 알파벳으로 표기한 연설문을 작성하였습니다

① 광복에 대비하여 조선 건국 동맹을 결성하였다.
② 대한민국 임시 정부 초대 국무총리를 역임하였다.
③ 정읍에서 남한만의 단독 정부 수립을 주장하였다.
④ 헤이그에서 열린 만국 평화 회의에 특사로 파견되었다.
⑤ 민족을 역사 서술의 중심에 둔 독사신론을 발표하였다.

47

(가) 정부 시기에 있었던 사실로 옳은 것은? [3점]

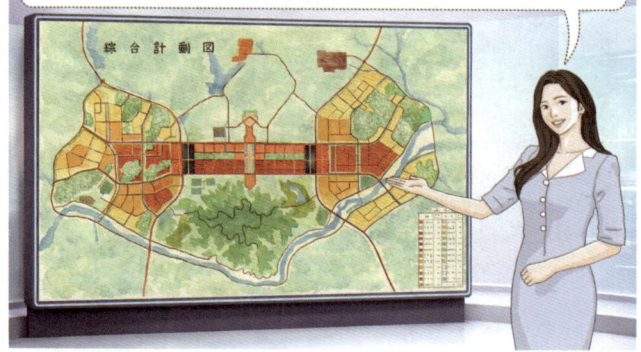

이것은 (가) 정부가 작성한 행정 수도 건설 계획의 일부입니다. 수출 100억 달러를 처음으로 달성하는 등 경제 성장을 이룬 (가) 정부는 수도권 인구 과밀화 억제 등을 내세우며 행정 수도의 건설 계획을 발표했습니다. 당시 충남 공주시 장기면을 중심으로 연기군 일부까지 건설 대상 지역에 포함되어 있는 것을 확인할 수 있습니다.

① 최저 임금 위원회가 설치되었다.
② 포항 제철소 1기 설비가 준공되었다.
③ 전국 민주 노동조합 총연맹이 창립되었다.
④ 칠레와의 자유 무역 협정(FTA)이 체결되었다.
⑤ 경제 협력 개발 기구(OECD) 회원국이 되었다.

48

다음 대화에 나타난 사건 이후에 전개된 사실로 옳은 것은? [2점]

김영삼 신민당 총재가 국회의원 최초로 제명된 사건이 있었네요.

김영삼이 뉴욕 타임스와 인터뷰한 내용이 문제가 되었습니다.

또한 신민당사에서 농성하던 YH 무역 노동자들을 강제로 진압한 정부를 비판한 것도 이유였습니다.

① 애치슨 라인이 발표되었다.
② 부마 민주 항쟁이 일어났다.
③ 사사오입의 논리로 개헌안이 통과되었다.
④ 반민족 행위 특별 조사 위원회가 해체되었다.
⑤ 민의원, 참의원으로 구성된 양원제 국회가 탄생하였다.

49

밑줄 그은 '이 정부' 시기에 있었던 사실로 옳은 것은?

[2점]

오늘도 보도 지침이 내려왔군. 이 정부의 언론 통제는 언제까지 계속되려나.

보도 지침
◎ 대학생들, 주한 미상공회의소 점거. 오후 1시 8분에 경찰에 모두 연행 기사
　① 사회면 톱기사로 쓰지 말 것.
　② 사진 쓰지 않도록.
◎ 기사 제목에 '호헌', '개헌'이란 말은 일체 쓰지 말 것.
◎ NCC 고문대책위 구성, 보도하지 말 것.

① 헝가리에 상주 대표부가 설치되었다.
② 박종철 고문 치사 사건이 발생하였다.
③ 평화 통일을 주장한 조봉암이 처형되었다.
④ 대통령 긴급 명령으로 금융 실명제가 실시되었다.
⑤ 서울역에서 청량리역 간에 서울 지하철 1호선이 개통되었다.

50

(가)~(마)에 해당하는 왕에 대한 설명으로 옳은 것은?

[2점]

> [이달의 역사 용어]
> ### 천도(遷都)
> 　천도란 국가의 '수도'를 다른 지역으로 옮기는 것을 뜻한다. 우리 역사에서 대표적인 천도 사례는 다음과 같다. 고구려는 427년 (가) 이/가 평양으로 수도를 옮겼다.
> 　백제는 475년 한성이 함락되자 같은 해에 (나) 이/가 웅진으로 천도하였고, 538년 (다) 은/는 사비로 천도하였다. 한편, 신라는 통일 후 달구벌로 천도를 계획하였으나 실행하지 못하였다. 발해는 중경 현덕부, 상경 용천부 등지로 여러 차례 천도하였다.
> 　고려는 몽골이 침입하자 1232년 최우의 건의로 (라) 이/가 강화도로 천도하여 대몽 항쟁을 벌이다가 1270년 원종 때 개경으로 환도하였다. 조선은 1394년 (마) 이/가 한양으로 천도를 단행하였다. 한양은 왕자의 난 이후 개성을 수도로 삼았던 수년을 제외하고, 500여 년간 조선 왕조의 수도였다.

① (가) - 서안평을 공격하여 영토를 확대하였다.
② (나) - 소지 마립간과 혼인 동맹을 맺었다.
③ (다) - 국호를 남부여라 칭하였다.
④ (라) - 쌍성총관부를 수복하였다.
⑤ (마) - 경국대전을 완성하였다.

한국사능력검정시험 답안지

시험

결시자 확인(응시자는 표기하지 말 것)
컴퓨터용 사인펜을 사용하여 왼쪽과
성명, 수험번호란을 표기

○

성명

<답안지 작성 시 유의 사항>

1. 수험번호란에는 아라비아숫자를 기재하고 해당란에 "●"의
   같이 완전하게 표기하여야 합니다.
2. 답란에는 반드시 컴퓨터용 사인펜으로 표기하여야 합니다.
3. 답란에는 "●"의 같이 완전하게 표기하여야 하며, 바르지 못
   한 표기를 한 경우에는 불이익을 받을 수 있습니다. (잘못된
   표기(예시 ● ●) 등)
4. 답안지에 낙서를 하거나 불필요한 표기를 하였을 경우 불이
   익을 받을 수 있습니다.

수험번호

⓪	⓪	⓪	⓪	⓪	⓪	⓪	⓪	⓪	⓪
①	①	①	①	①	①	①	①	①	①
②	②	②	②	②	②	②	②	②	②
③	③	③	③	③	③	③	③	③	③
④	④	④	④	④	④	④	④	④	④
⑤	⑤	⑤	⑤	⑤	⑤	⑤	⑤	⑤	⑤
⑥	⑥	⑥	⑥	⑥	⑥	⑥	⑥	⑥	⑥
⑦	⑦	⑦	⑦	⑦	⑦	⑦	⑦	⑦	⑦
⑧	⑧	⑧	⑧	⑧	⑧	⑧	⑧	⑧	⑧
⑨	⑨	⑨	⑨	⑨	⑨	⑨	⑨	⑨	⑨

감독관 확인(응시자는 표기하지 말 것)

응시자의 본인 여부와 수험번호 표기가
정확한지 확인 후 응답란에 서명 또는 날인

(서명 또는 날인)

답 란

문번					
1	①	②	③	④	⑤
2	①	②	③	④	⑤
3	①	②	③	④	⑤
4	①	②	③	④	⑤
5	①	②	③	④	⑤
6	①	②	③	④	⑤
7	①	②	③	④	⑤
8	①	②	③	④	⑤
9	①	②	③	④	⑤
10	①	②	③	④	⑤
11	①	②	③	④	⑤
12	①	②	③	④	⑤
13	①	②	③	④	⑤
14	①	②	③	④	⑤
15	①	②	③	④	⑤
16	①	②	③	④	⑤
17	①	②	③	④	⑤
18	①	②	③	④	⑤
19	①	②	③	④	⑤
20	①	②	③	④	⑤
21	①	②	③	④	⑤
22	①	②	③	④	⑤
23	①	②	③	④	⑤
24	①	②	③	④	⑤
25	①	②	③	④	⑤
26	①	②	③	④	⑤
27	①	②	③	④	⑤
28	①	②	③	④	⑤
29	①	②	③	④	⑤
30	①	②	③	④	⑤
31	①	②	③	④	⑤
32	①	②	③	④	⑤
33	①	②	③	④	⑤
34	①	②	③	④	⑤
35	①	②	③	④	⑤
36	①	②	③	④	⑤
37	①	②	③	④	⑤
38	①	②	③	④	⑤
39	①	②	③	④	⑤
40	①	②	③	④	⑤
41	①	②	③	④	⑤
42	①	②	③	④	⑤
43	①	②	③	④	⑤
44	①	②	③	④	⑤
45	①	②	③	④	⑤
46	①	②	③	④	⑤
47	①	②	③	④	⑤
48	①	②	③	④	⑤
49	①	②	③	④	⑤
50	①	②	③	④	⑤

한국사능력검정시험 답안지

시험

감시자 확인 (응시자는 표기하지 말 것)

○

컴퓨터용 사인펜을 사용하여 열란과
성명, 수험번호란을 표기

〈답안지 작성 시 유의 사항〉

1. 수험번호란에는 아래비어있숫자로 기재하고 해당란에 "●"와 같이 완전하게 표기하여야 합니다.
2. 답란에는 반드시 컴퓨터용 사인펜으로 표기하여야 합니다.
3. 답란에는 "●"와 같이 완전하게 표기하여야 하며, 바르지 못한 표기를 한 경우에는 불이익을 받을 수 있습니다. (잘못된 표기 예시 ① ● 등)
4. 답안지에 낙서를 하거나 불필요한 표기를 하였을 경우 불이익을 받을 수 있습니다.

수험 번호

⓪	①	②	③	④	⑤	⑥	⑦	⑧	⑨
⓪	①	②	③	④	⑤	⑥	⑦	⑧	⑨
⓪	①	②	③	④	⑤	⑥	⑦	⑧	⑨
⓪	①	②	③	④	⑤	⑥	⑦	⑧	⑨
⓪	①	②	③	④	⑤	⑥	⑦	⑧	⑨
⓪	①	②	③	④	⑤	⑥	⑦	⑧	⑨
⓪	①	②	③	④	⑤	⑥	⑦	⑧	⑨
⓪	①	②	③	④	⑤	⑥	⑦	⑧	⑨

성 명

감독관 확인 (응시자는 표기하지 말 것)

응시자의 본인 여부와 수험번호 표기가
정확한지 확인한 후 옆란에 서명 또는 날인

(서명 또는 날인)

답 란

번호	답란	번호	답란	번호	답란	번호	답란	번호	답란
1	① ② ③ ④ ⑤	11	① ② ③ ④ ⑤	21	① ② ③ ④ ⑤	31	① ② ③ ④ ⑤	41	① ② ③ ④ ⑤
2	① ② ③ ④ ⑤	12	① ② ③ ④ ⑤	22	① ② ③ ④ ⑤	32	① ② ③ ④ ⑤	42	① ② ③ ④ ⑤
3	① ② ③ ④ ⑤	13	① ② ③ ④ ⑤	23	① ② ③ ④ ⑤	33	① ② ③ ④ ⑤	43	① ② ③ ④ ⑤
4	① ② ③ ④ ⑤	14	① ② ③ ④ ⑤	24	① ② ③ ④ ⑤	34	① ② ③ ④ ⑤	44	① ② ③ ④ ⑤
5	① ② ③ ④ ⑤	15	① ② ③ ④ ⑤	25	① ② ③ ④ ⑤	35	① ② ③ ④ ⑤	45	① ② ③ ④ ⑤
6	① ② ③ ④ ⑤	16	① ② ③ ④ ⑤	26	① ② ③ ④ ⑤	36	① ② ③ ④ ⑤	46	① ② ③ ④ ⑤
7	① ② ③ ④ ⑤	17	① ② ③ ④ ⑤	27	① ② ③ ④ ⑤	37	① ② ③ ④ ⑤	47	① ② ③ ④ ⑤
8	① ② ③ ④ ⑤	18	① ② ③ ④ ⑤	28	① ② ③ ④ ⑤	38	① ② ③ ④ ⑤	48	① ② ③ ④ ⑤
9	① ② ③ ④ ⑤	19	① ② ③ ④ ⑤	29	① ② ③ ④ ⑤	39	① ② ③ ④ ⑤	49	① ② ③ ④ ⑤
10	① ② ③ ④ ⑤	20	① ② ③ ④ ⑤	30	① ② ③ ④ ⑤	40	① ② ③ ④ ⑤	50	① ② ③ ④ ⑤

한국사능력검정시험 답안지

시험

결시자 확인(응시자는 표기하지 말 것)
컴퓨터용 사인펜을 사용하여 결시과
성명, 수험번호란을 표기

○

성명

수험번호

⑩	⑩		⑩	⑩	⑩	⑩	⑩	⑩
①	①		①	①	①	①	①	①
②	②		②	②	②	②	②	②
③	③		③	③	③	③	③	③
④	④		④	④	④	④	④	④
⑤	⑤		⑤	⑤	⑤	⑤	⑤	⑤
⑥	⑥		⑥	⑥	⑥	⑥	⑥	⑥
⑦	⑦		⑦	⑦	⑦	⑦	⑦	⑦
⑧	⑧		⑧	⑧	⑧	⑧	⑧	⑧
⑨	⑨		⑨	⑨	⑨	⑨	⑨	⑨

<답안지 작성 시 유의 사항>

1. 수험번호란에는 아라비아숫자로 기재하고 해당란에 "●"와 같이 완전하게 표기하여야 합니다.
2. 답란에는 반드시 컴퓨터용 사인펜으로 표기하여야 합니다.
3. 답란에는 "●"와 같이 완전하게 표기하여야 하며, 바르지 못한 표기를 한 경우에는 불이익을 받을 수 있습니다. (경웃된 표기 예시 ◐ ◑ 등)
4. 답안지에 낙서를 하거나 불필요한 표기를 하였을 경우 불이익을 받을 수 있습니다.

감독관 확인(응시자는 표기하지 말 것)

응시자의 본인 여부와 수험번호 표기가 정확한지 확인 후 옆란에 서명 또는 날인

(서명 또는 날인)

답란

1	① ② ③ ④ ⑤
2	① ② ③ ④ ⑤
3	① ② ③ ④ ⑤
4	① ② ③ ④ ⑤
5	① ② ③ ④ ⑤
6	① ② ③ ④ ⑤
7	① ② ③ ④ ⑤
8	① ② ③ ④ ⑤
9	① ② ③ ④ ⑤
10	① ② ③ ④ ⑤
11	① ② ③ ④ ⑤
12	① ② ③ ④ ⑤
13	① ② ③ ④ ⑤
14	① ② ③ ④ ⑤
15	① ② ③ ④ ⑤
16	① ② ③ ④ ⑤
17	① ② ③ ④ ⑤
18	① ② ③ ④ ⑤
19	① ② ③ ④ ⑤
20	① ② ③ ④ ⑤
21	① ② ③ ④ ⑤
22	① ② ③ ④ ⑤
23	① ② ③ ④ ⑤
24	① ② ③ ④ ⑤
25	① ② ③ ④ ⑤
26	① ② ③ ④ ⑤
27	① ② ③ ④ ⑤
28	① ② ③ ④ ⑤
29	① ② ③ ④ ⑤
30	① ② ③ ④ ⑤
31	① ② ③ ④ ⑤
32	① ② ③ ④ ⑤
33	① ② ③ ④ ⑤
34	① ② ③ ④ ⑤
35	① ② ③ ④ ⑤
36	① ② ③ ④ ⑤
37	① ② ③ ④ ⑤
38	① ② ③ ④ ⑤
39	① ② ③ ④ ⑤
40	① ② ③ ④ ⑤
41	① ② ③ ④ ⑤
42	① ② ③ ④ ⑤
43	① ② ③ ④ ⑤
44	① ② ③ ④ ⑤
45	① ② ③ ④ ⑤
46	① ② ③ ④ ⑤
47	① ② ③ ④ ⑤
48	① ② ③ ④ ⑤
49	① ② ③ ④ ⑤
50	① ② ③ ④ ⑤

한국사능력검정시험 답안지

(심화)

답 란

문번	1	2	3	4	5		문번	1	2	3	4	5		문번	1	2	3	4	5		문번	1	2	3	4	5		문번	1	2	3	4	5
1	①	②	③	④	⑤		11	①	②	③	④	⑤		21	①	②	③	④	⑤		31	①	②	③	④	⑤		41	①	②	③	④	⑤
2	①	②	③	④	⑤		12	①	②	③	④	⑤		22	①	②	③	④	⑤		32	①	②	③	④	⑤		42	①	②	③	④	⑤
3	①	②	③	④	⑤		13	①	②	③	④	⑤		23	①	②	③	④	⑤		33	①	②	③	④	⑤		43	①	②	③	④	⑤
4	①	②	③	④	⑤		14	①	②	③	④	⑤		24	①	②	③	④	⑤		34	①	②	③	④	⑤		44	①	②	③	④	⑤
5	①	②	③	④	⑤		15	①	②	③	④	⑤		25	①	②	③	④	⑤		35	①	②	③	④	⑤		45	①	②	③	④	⑤
6	①	②	③	④	⑤		16	①	②	③	④	⑤		26	①	②	③	④	⑤		36	①	②	③	④	⑤		46	①	②	③	④	⑤
7	①	②	③	④	⑤		17	①	②	③	④	⑤		27	①	②	③	④	⑤		37	①	②	③	④	⑤		47	①	②	③	④	⑤
8	①	②	③	④	⑤		18	①	②	③	④	⑤		28	①	②	③	④	⑤		38	①	②	③	④	⑤		48	①	②	③	④	⑤
9	①	②	③	④	⑤		19	①	②	③	④	⑤		29	①	②	③	④	⑤		39	①	②	③	④	⑤		49	①	②	③	④	⑤
10	①	②	③	④	⑤		20	①	②	③	④	⑤		30	①	②	③	④	⑤		40	①	②	③	④	⑤		50	①	②	③	④	⑤

결시자 확인(응시자는 표기하지 말 것)

컴퓨터용 사인펜을 사용하여 옆란과
같이 수험번호란을 표기

○

〈답안지 작성 시 유의 사항〉

1. 수험번호란에는 아래버0숫자로 기재하고 해당란에 "●"와
   같이 완전하게 표기하여야 합니다.
2. 답란에는 반드시 컴퓨터용 사인펜으로 표기하여야 합니다.
3. 답란에는 "●"와 같이 완전하게 표기하여야 하며, 바르지 못
   한 표기를 한 경우에는 불이익을 받을 수 있습니다. (잘못된
   표기 예시 : ● 등)
4. 답안지에 낙서를 하거나 불필요한 표기를 하였을 경우 불이
   익을 받을 수 있습니다.

성명

수험번호

⓪	⓪	⓪	⓪		⓪	⓪	⓪	⓪
①	①	①	①		①	①	①	①
②	②	②	②		②	②	②	②
③	③	③	③		③	③	③	③
④	④	④	④		④	④	④	④
⑤	⑤	⑤	⑤		⑤	⑤	⑤	⑤
⑥	⑥	⑥	⑥		⑥	⑥	⑥	⑥
⑦	⑦	⑦	⑦		⑦	⑦	⑦	⑦
⑧	⑧	⑧	⑧		⑧	⑧	⑧	⑧
⑨	⑨	⑨	⑨		⑨	⑨	⑨	⑨

성명

감독관 확인(응시자는 표기하지 말 것)

응시자의 본인 여부와 수험번호 표기가
정확한지 확인 후 옆란에 서명 또는 날인

(서명 또는 날인)

한국사능력검정시험 답안지

(심화)

컴퓨터용 사인펜을 사용하여 열람과
성명, 수험번호란을 표기

결시자 확인(응시자는 표기하지 말 것)
성명, 수험번호란을 표기

○

성명

수험번호

〈답안지 작성 시 유의 사항〉

1. 수험번호란에는 아라비아숫자로 기재하고 해당란에 "●"의 같이 완전하게 표기하여야 합니다.
2. 답란에는 반드시 컴퓨터용 사인펜으로 표기하여야 합니다.
3. 답란에는 "●"의 같이 완전하게 표기하여야 하며, 바르지 못한 표기를 한 경우에는 불이익을 받을 수 있습니다. (잘못된 표기[시] ◑ ◉ 등)
4. 답안지에 낙서를 하거나 불필요한 표기를 하였을 경우 불이익을 받을 수 있습니다.

감독관 확인(응시자는 표기하지 말 것)

응시자의 본인 여부와 수험번호 표기가
정확한지 확인 후 옆란에 서명 또는 날인

(서명 또는 날인)

답란

1	① ② ③ ④ ⑤	11	① ② ③ ④ ⑤	21	① ② ③ ④ ⑤	31	① ② ③ ④ ⑤	41	① ② ③ ④ ⑤
2	① ② ③ ④ ⑤	12	① ② ③ ④ ⑤	22	① ② ③ ④ ⑤	32	① ② ③ ④ ⑤	42	① ② ③ ④ ⑤
3	① ② ③ ④ ⑤	13	① ② ③ ④ ⑤	23	① ② ③ ④ ⑤	33	① ② ③ ④ ⑤	43	① ② ③ ④ ⑤
4	① ② ③ ④ ⑤	14	① ② ③ ④ ⑤	24	① ② ③ ④ ⑤	34	① ② ③ ④ ⑤	44	① ② ③ ④ ⑤
5	① ② ③ ④ ⑤	15	① ② ③ ④ ⑤	25	① ② ③ ④ ⑤	35	① ② ③ ④ ⑤	45	① ② ③ ④ ⑤
6	① ② ③ ④ ⑤	16	① ② ③ ④ ⑤	26	① ② ③ ④ ⑤	36	① ② ③ ④ ⑤	46	① ② ③ ④ ⑤
7	① ② ③ ④ ⑤	17	① ② ③ ④ ⑤	27	① ② ③ ④ ⑤	37	① ② ③ ④ ⑤	47	① ② ③ ④ ⑤
8	① ② ③ ④ ⑤	18	① ② ③ ④ ⑤	28	① ② ③ ④ ⑤	38	① ② ③ ④ ⑤	48	① ② ③ ④ ⑤
9	① ② ③ ④ ⑤	19	① ② ③ ④ ⑤	29	① ② ③ ④ ⑤	39	① ② ③ ④ ⑤	49	① ② ③ ④ ⑤
10	① ② ③ ④ ⑤	20	① ② ③ ④ ⑤	30	① ② ③ ④ ⑤	40	① ② ③ ④ ⑤	50	① ② ③ ④ ⑤

한국사능력검정시험 답안지

(심화)

답란

	답란				답란				답란				답란	
1	① ② ③ ④ ⑤		11	① ② ③ ④ ⑤		21	① ② ③ ④ ⑤		31	① ② ③ ④ ⑤		41	① ② ③ ④ ⑤
2	① ② ③ ④ ⑤		12	① ② ③ ④ ⑤		22	① ② ③ ④ ⑤		32	① ② ③ ④ ⑤		42	① ② ③ ④ ⑤
3	① ② ③ ④ ⑤		13	① ② ③ ④ ⑤		23	① ② ③ ④ ⑤		33	① ② ③ ④ ⑤		43	① ② ③ ④ ⑤
4	① ② ③ ④ ⑤		14	① ② ③ ④ ⑤		24	① ② ③ ④ ⑤		34	① ② ③ ④ ⑤		44	① ② ③ ④ ⑤
5	① ② ③ ④ ⑤		15	① ② ③ ④ ⑤		25	① ② ③ ④ ⑤		35	① ② ③ ④ ⑤		45	① ② ③ ④ ⑤
6	① ② ③ ④ ⑤		16	① ② ③ ④ ⑤		26	① ② ③ ④ ⑤		36	① ② ③ ④ ⑤		46	① ② ③ ④ ⑤
7	① ② ③ ④ ⑤		17	① ② ③ ④ ⑤		27	① ② ③ ④ ⑤		37	① ② ③ ④ ⑤		47	① ② ③ ④ ⑤
8	① ② ③ ④ ⑤		18	① ② ③ ④ ⑤		28	① ② ③ ④ ⑤		38	① ② ③ ④ ⑤		48	① ② ③ ④ ⑤
9	① ② ③ ④ ⑤		19	① ② ③ ④ ⑤		29	① ② ③ ④ ⑤		39	① ② ③ ④ ⑤		49	① ② ③ ④ ⑤
10	① ② ③ ④ ⑤		20	① ② ③ ④ ⑤		30	① ② ③ ④ ⑤		40	① ② ③ ④ ⑤		50	① ② ③ ④ ⑤

결시자 확인(응시자는 표기하지 말 것)

컴퓨터용 사인펜을 사용하여 열란과
성명, 수험번호란을 표기

○

<답안지 작성 시 유의 사항>

1. 수험번호란에는 아라비아숫자로 기재하고 해당란에 "●"와 같이 완전하게 표기하여야 합니다.
2. 답란에는 반드시 컴퓨터용 사인펜으로 표기하여야 합니다.
3. 답란에는 "●"와 같이 완전하게 표기하여야 하며, 바르지 못한 표기를 한 경우에는 불이익을 받을 수 있습니다. (잘못된 표기 예시 ① ● 등)
4. 답안지에 낙서를 하거나 불필요한 표기를 하였을 경우 불이익을 받을 수 있습니다.

성명

수험번호

| ⓪ ① ② ③ ④ ⑤ ⑥ ⑦ ⑧ ⑨ |
| ⓪ ① ② ③ ④ ⑤ ⑥ ⑦ ⑧ ⑨ |
| ⓪ ① ② ③ ④ ⑤ ⑥ ⑦ ⑧ ⑨ |
| ⓪ ① ② ③ ④ ⑤ ⑥ ⑦ ⑧ ⑨ |
| ⓪ ① ② ③ ④ ⑤ ⑥ ⑦ ⑧ ⑨ |
| ⓪ ① ② ③ ④ ⑤ ⑥ ⑦ ⑧ ⑨ |
| ⓪ ① ② ③ ④ ⑤ ⑥ ⑦ ⑧ ⑨ |
| ⓪ ① ② ③ ④ ⑤ ⑥ ⑦ ⑧ ⑨ |

감독관 확인(응시자는 표기하지 말 것)

(서명 또는 날인)

응시자의 본인 여부와 수험번호 표기가
정확한지 확인 후 옆란에 서명 또는 날인

응시자의 본인 여부와 수험번호 표기가
정확한지 확인 후 옆란에 서명 또는 날인

서경석
한국사능력검정시험
심화
기출문제집

1·2·3급 대비

정답 및 해설

다락원

동영상 바로가기

빠른 정답 찾기

☆ 제1회 핵심 기출문제 ☆

01 ④	02 ④	03 ②	04 ②	05 ③	06 ④	07 ③	08 ②	09 ②	10 ④
11 ④	12 ⑤	13 ③	14 ①	15 ⑤	16 ②	17 ⑤	18 ①	19 ③	20 ②
21 ③	22 ④	23 ⑤	24 ④	25 ④	26 ④	27 ②	28 ②	29 ①	30 ③
31 ③	32 ②	33 ④	34 ⑤	35 ①	36 ⑤	37 ③	38 ④	39 ③	40 ⑤
41 ①	42 ③	43 ④	44 ①	45 ②	46 ②	47 ③	48 ⑤	49 ⑤	50 ⑤

☆ 제2회 핵심 기출문제 ☆

01 ③	02 ⑤	03 ②	04 ④	05 ④	06 ⑤	07 ②	08 ②	09 ②	10 ②
11 ②	12 ②	13 ⑤	14 ①	15 ③	16 ⑤	17 ④	18 ④	19 ④	20 ⑤
21 ①	22 ③	23 ⑤	24 ②	25 ④	26 ①	27 ③	28 ⑤	29 ③	30 ⑤
31 ①	32 ①	33 ⑤	34 ①	35 ③	36 ⑤	37 ④	38 ③	39 ④	40 ⑤
41 ④	42 ①	43 ①	44 ⑤	45 ⑤	46 ①	47 ②	48 ⑤	49 ③	50 ⑤

☆ 제3회 핵심 기출문제 ☆

01 ⑤	02 ①	03 ⑤	04 ④	05 ⑤	06 ⑤	07 ④	08 ⑤	09 ④	10 ⑤
11 ③	12 ⑤	13 ②	14 ④	15 ③	16 ③	17 ⑤	18 ③	19 ①	20 ①
21 ②	22 ④	23 ④	24 ②	25 ③	26 ②	27 ②	28 ④	29 ④	30 ①
31 ③	32 ④	33 ④	34 ⑤	35 ①	36 ①	37 ②	38 ②	39 ②	40 ②
41 ①	42 ⑤	43 ③	44 ③	45 ⑤	46 ②	47 ⑤	48 ④	49 ⑤	50 ①

☆ 제4회 핵심 기출문제 ☆

01 ③	02 ⑤	03 ②	04 ①	05 ④	06 ⑤	07 ②	08 ②	09 ①	10 ①
11 ①	12 ⑤	13 ①	14 ④	15 ②	16 ⑤	17 ①	18 ②	19 ①	20 ②
21 ③	22 ②	23 ⑤	24 ⑤	25 ①	26 ④	27 ⑤	28 ③	29 ③	30 ①
31 ①	32 ②	33 ⑤	34 ①	35 ④	36 ④	37 ①	38 ④	39 ②	40 ③
41 ④	42 ③	43 ③	44 ⑤	45 ①	46 ③	47 ③	48 ①	49 ④	50 ④

☆ 제5회 핵심 기출문제 ☆

01 ②	02 ④	03 ①	04 ①	05 ③	06 ⑤	07 ②	08 ④	09 ③	10 ④
11 ⑤	12 ②	13 ④	14 ④	15 ①	16 ①	17 ④	18 ④	19 ③	20 ②
21 ⑤	22 ②	23 ③	24 ①	25 ④	26 ②	27 ④	28 ③	29 ④	30 ①
31 ⑤	32 ④	33 ③	34 ④	35 ⑤	36 ⑤	37 ②	38 ⑤	39 ⑤	40 ③
41 ②	42 ②	43 ③	44 ④	45 ④	46 ①	47 ③	48 ①	49 ③	50 ⑤

☆ 제77회 기출문제 ☆

01 ③	02 ⑤	03 ②	04 ④	05 ③	06 ②	07 ②	08 ②	09 ②	10 ④
11 ④	12 ①	13 ④	14 ⑤	15 ①	16 ④	17 ①	18 ⑤	19 ①	20 ⑤
21 ④	22 ⑤	23 ①	24 ②	25 ④	26 ④	27 ②	28 ③	29 ④	30 ②
31 ②	32 ③	33 ②	34 ④	35 ①	36 ④	37 ①	38 ②	39 ⑤	40 ①
41 ①	42 ⑤	43 ②	44 ④	45 ①	46 ①	47 ②	48 ②	49 ②	50 ③

정답 및 해설

01

(가) 시대의 생활 모습으로 가장 적절한 것은? [1점]

△△ 역사 동아리 사진전

송국리

• 기간: 2023년 00월 00일~00월 00일
• 장소: 본관2층 동아리실

초대의 글

사유 재산과 계급이 발생한 (가) 시대의 생활 모습을 잘 보여주는 부여 송국리 유적이 발굴 50주년을 맞이하였습니다. 우리 동아리에서는 이를 기념하여 사진전을 개최합니다. 송국리형 토기, 비파형 동검 등 이 유적에서 출토된 대표적인 유물들을 사진으로 만나 보세요!

[출제영역] 청동기 시대 　　　　　정답 ④

[정답 개념정리]

> 사유 재산과 계급 발생, 비파형 동검은 대표적인 청동기 시대의 키워드입니다. 청동기 시대의 암기 코드는 청계산에 가서 비빔밥을 먹자!
> 💡**청계고비벼반**☆ 청동기는 계급 출현, 고인돌, 비파형 동검, 벼농사의 시작, 반달 돌칼 사용

① 주먹도끼 등 뗀석기를 처음 제작하였다.

➡ 주먹도끼와 찍개 등의 뗀석기 사용은 구석기 시대이지요. 💡**웰컴구동막개**☆ 구석기는 이동 생활, 동굴 생활, 막집 거주, '개' 자로 끝나는 도구들

② 소를 이용한 깊이갈이가 널리 보급되었다.

➡ 우경의 시행은 신라 지증왕, 우경의 일반화는 고려 이후로 봅니다.

③ 주로 강가의 동굴이나 막집에 거주하였다.

➡ 동굴, 막집 거주는 구석기 시대죠.

④ 많은 인력을 동원하여 고인돌을 축조하였다.

➡ 고인돌은 청동기 시대의 대표 유물이지요.

⑤ 가락바퀴를 이용하여 실을 뽑기 시작하였다.

➡ 가락바퀴를 이용하여 실을 뽑고, 뼈바늘로 옷이나 그물을 만든 것은 신석기시대이지요. 신석기 암기 코드는 사나이 울리는 농심~신라면을 바꿔봤어요.
💡**농삼신라빗**☆ 농경과 목축의 시작, 〈삼/사〉가 들어가는 유적지(부산 동삼동, 서울 암사동), 신석기시대/신앙생활(애니미즘, 토테미즘, 샤머니즘), 가라악(락)바퀴와 뼈바늘, 빗살무늬 토기

02

다음 검색창에 들어갈 나라에 대한 설명으로 옳은 것은? [2점]

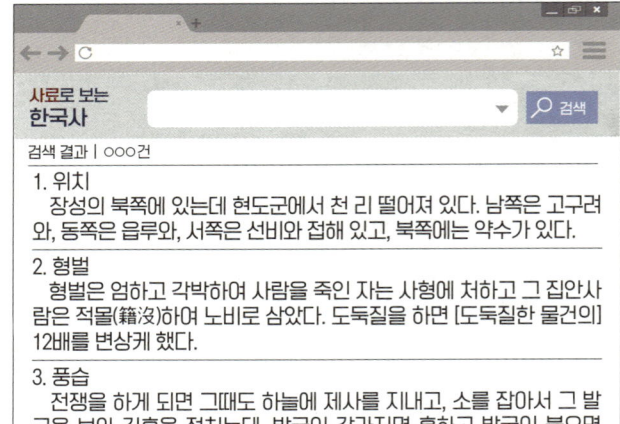

사료로 보는 한국사

검색 결과 | 000건

1. 위치
　장성의 북쪽에 있는데 현도군에서 천 리 떨어져 있다. 남쪽은 고구려와, 동쪽은 읍루와, 서쪽은 선비와 접해 있고, 북쪽에는 약수가 있다.

2. 형벌
　형벌은 엄하고 각박하여 사람을 죽인 자는 사형에 처하고 그 집안사람은 적몰(籍沒)하여 노비로 삼았다. 도둑질을 하면 [도둑질한 물건의] 12배를 변상케 했다.

3. 풍습
　전쟁을 하게 되면 그때도 하늘에 제사를 지내고, 소를 잡아서 그 발굽을 보아 길흉을 점치는데, 발굽이 갈라지면 흉하고 발굽이 붙으면 길하다고 생각했다.

[출제영역] 부여 　　　　　정답 ④

[정답 개념정리]

> 위치상으로 고구려 위에 있고(위에서부터 💡**부-고-옥-동-삼**☆의 순서이지요.), '1책 12법'(도둑질하면 12배로 변상)이라는 형벌과 '우제점법'(소 발굽으로 치는 점)과 같은 풍습이 있었던 나라는 부여이지요. 💡**부영고**☆ (부여는 영고). 12월에 제천 행사가 있는 부여는 12를 좋아해서, '형벌도 1책 12법이다!'로 연결하세요.

① 신성 지역인 소도가 있었다.

➡ 소도는 천군이 다스리는 삼한의 신성 구역이지요. 💡**ㅅㅅ**☆ (소도, 삼한) 삼한은 제사장인 천군과 신지, 읍차와 같은 군장이 따로 존재하는 제정 분리 사회이며, 고조선은 제정일치 사회인 점을 구분해서 알아두세요.

② 혼인 풍습으로 민며느리제가 있었다.

➡ 민며느리제는 옥저죠. 💡**며느리는 옥을 저(좋)아해**☆

③ 읍락 간의 경계를 중시하는 책화가 있었다.

➡ 읍락 간의 경계를 중시하는 '책화'가 있었던 나라는 동예입니다. 💡**동무랑 책 들고 단과반 간다**☆ 동예는 무천(제천 행사), 책화, 단궁/과하마/반어피(특산물)

④ 여러 가(加)들이 각각 사출도를 주관하였다.

➡ 사출도를 주관한 관리들은 동물의 이름을 딴 마가, 우가, 저가, 구가입니다. 💡**부사**☆ (부여는 사출도) 부여는 마가, 우가, 저가, 구가가 다스리는 사출도입니다.

⑤ 사회 질서를 유지하기 위해 범금 8조를 만들었다.

➡ 범금 8조는 '8조법'이라고도 하는 고조선의 법규이지요. 💡**사고팔고**☆ 팔조법, 고조선

다음 자료에 나타난 사건의 영향으로 가장 적절한 것은? [3점]

왕이 문주에게 일러 말하기를, "내가 어리석고 밝지 못하여 간사한 사람[도림]의 말을 믿어 이 지경이 되었다. … 나는 마땅히 사직에서 죽겠지만, 네가 이곳에서 함께 죽는 것은 이로울 게 없다. 어찌 난을 피하여 나라의 계통을 잇지 않겠는가?"라고 하였다. … 고구려의 대로 제우·재증걸루·고이만년 등이 북성을 공격하여 7일 만에 빼앗았다. 이동하여 남성을 공격하니 성 안 사람들이 두려워하였다. 왕이 성을 나와 도망하자, 고구려 장수 재증걸루 등이 왕을 보고 말에서 내려 절한 다음에 그 얼굴을 향해 세 번 침을 뱉고는 죄를 나열한 다음 포박하여 아차성 아래로 보내 죽였다.

[출제영역] 한성함락　　　　　　　　　정답 ②
[정답 개념정리]

5C 장수왕은 남진 정책을 표방하며 평양으로 천도했어요. 같은 시기 백제의 개로왕은 위기를 감지하고 중국 북위에 국서를 보내 고구려를 공격해 줄 것을 요구했지만, 북위는 오히려 그 사실을 고구려에 알렸고, 장수왕은 백제를 공격해 수도 한성을 함락하고 한강을 차지했으며, 그 과정에서 ☀개로왕은 개(괴)롭게 사망☆하고, 아들 문주왕은 남쪽의 웅진으로 천도했어요. 순서를 정리하면, 고구려 장수왕의 평양 천도 → 백제 개로왕이 북위에 국서 보냄 → 장수왕의 백제 공격으로 한성 함락 → 개로왕 사망 → 문주왕의 웅진 천도가 되는 것이지요.

① 고구려가 평양으로 천도하였다.
　➡ 고구려의 평양 천도는 장수왕 때 일이지만 한성함락 전에 일어났지요.
② 동성왕이 나제 동맹을 강화하였다.
　➡ 백제 동성왕과 신라 소지마립간간의 결혼동맹이 위 사건의 영향으로 후에 일어난 일이지요. 장수왕의 남진이 심해지자, 백제와 신라는 결혼을 통해 나제 동맹을 더욱 강화한 것이죠.
③ 고국원왕이 근초고왕의 공격을 받아 전사하였다.
　➡ 백제 근초고왕의 공격으로 고구려 고국원왕이 원통하게 전사한 것은 4C 일로 한성함락보다 훨씬 전의 일이죠.
④ 백제가 고구려를 견제하고자 북위에 국서를 보냈다.
　➡ 고구려 견제를 위해 북위에 국서를 보낸 것도 백제 개로왕이지만, 장수왕이 백제를 공격하여 한성을 함락시키기 전의 일이지요.
⑤ 신라가 왜를 격퇴하기 위해 고구려에 군사를 청하였다.
　➡ 신라에 침입한 왜를 대신 격퇴한 왕은 고구려의 광개토대왕이며, 정확히 400년의 일이니 한성함락보다 전에 일어났어요.

(가), (나) 사이의 시기에 있었던 사실로 옳은 것은? [3점]

(가) 백제왕 명농이 가야와 함께 와서 관산성을 공격하였다. [신라의] 군주(軍主)인 각간 우덕과 이찬 탐지 등이 맞서 싸웠으나 불리하였다. …고간 도도가 급히 쳐서 백제왕을 죽였다.

(나) 8월에 [백제왕이] 장군 윤충을 보내 군사 1만을 거느리고 신라 대야성을 공격하였다. 성주 품석이 처자와 함께 나와 항복하자 윤충이 모두 죽이고 그 머리를 베어 왕도로 보냈다.

[출제영역] 백제 중흥기　　　　　　　　정답 ②
[정답 개념정리]

(가) 6C 백제 성왕은 신라 진흥왕과 함께 연합하여 고구려를 공격하였고, 한강 상류는 신라가 하류는 백제가 차지하기로 하였으나 진흥왕이 배신하였지요. 성왕은 신라를 공격하러 가던 중 관산성 근처 구천에 매복해 있던 신라 군사에 의해 사망하지요.
(나) 백제 의자왕은 재위 초기 윤충 장군을 시켜 신라의 대야성을 함락시킵니다. 그때 대야성의 성주가 김품석이었고, 그의 아내는 김춘추의 딸 고타소였어요. 대야성이 함락되면서 김춘추의 사위가 죽었지요. 642년, 7C 일이에요.

① 백제가 국호를 남부여로 고쳤다.
　➡ 국호를 남부여로 고치고, 수도를 사비(부여)로 옮긴 것은 성왕의 대표 업적이지요.
② 진흥왕이 대가야를 공격하여 복속시켰다.
　➡ 진흥왕은 6C 인물이기에 (가)와 (나) 사이일 수도 있고, (가) 전일 수도 있지요. 다만 관산성 전투는 554년이고, 진흥왕의 대가야 복속은 562년의 일이어서 2번이 정답이긴 합니다.
③ 계백이 이끈 결사대가 황산벌에서 패배하였다.
　➡ 계백의 황산벌 전투 패배는 곧 백제의 멸망을 의미하지요. 660년이니 (나) 이후입니다.
④ 김춘추가 당으로 건너가 군사 동맹을 체결하였다.
　➡ 김춘추의 나당 동맹 체결은 암기 코드가 있지요. 642년에 고구려에 동맹을 제안했지만 거절당했고, 이젠 국내 말고 중국에 얘기하자 해서 ☀이판사판 육사판이다 ☆ (648년에 나당동맹 체결) 나당동맹 체결은 (나) 이후입니다.
⑤ 신라가 한강 하류를 차지하여 신주를 설치하였다.
　➡ 신라가 한강 하류를 차지했다는 얘기가 바로 처음 언급했던 진흥왕이 나제 동맹을 깨고 백제를 배신한 사건이지요. 이것 때문에 화가 나서 성왕이 신라를 치러 가다가 관산성 인근의 구천에서 전사하는 것이니, (가) 전의 사건입니다.

05

밑줄 그은 '왕'에 대한 설명으로 옳은 것은? [2점]

> 여러 신하들이 국호를 신라로 확정하고 임금의 호칭을 신라 국왕으로 하자고 건의하니, 왕께서 이를 따르셨다고 하네.

> 나도 들었네. 작년에는 순장을 금지한다는 명을 내리셨지. 앞으로 우리나라의 발전이 기대되는구먼.

[출제영역] 신라 지증왕   정답 ③
[정답 개념정리]

> 6C 초반에 재위한 지증왕은 신라가 전성기를 맞이할 수 있는 초석을 다진 왕이지요. 암기 코드로 기억하면 편해요. 💡**동순이가 왕이지라 우우**✨ 동시전 설치, 순장 폐지, 이사부 등용, 왕 호칭 사용, 지증왕, 신라 국호 확정, 우산국 복속 by 이사부, 우경 시행

① 병부와 상대등을 설치하였다.
➡ 병부와 상대등 설치, 불교 공인은 법흥왕의 대표 업적이지요. 💡**ㅂㅂㅂ**✨ 법흥왕은 불교, 병부

② 백제 비유왕과 동맹을 체결하였다.
➡ 백제 비유왕과 동맹을 체결한 왕은 신라의 눌지마립간이죠. 고구려 장수왕이 평양 천도를 단행하자 위기를 감지한 백제와 신라가 동맹을 맺지요(433년). 비눌 동맹으로 기억하세요.

③ 이사부를 보내 우산국을 복속시켰다.
➡ 이사부를 보내 우산국을 복속시킨 것이 지증왕의 대표 업적 중 하나이죠.

④ 매소성 전투에서 당의 군대를 격파하였다.
➡ 매소성 전투(675년)는 신라의 삼국통일 과정 중 맨 마지막 부분인 나당 전쟁 중의 하나이지요. 문무왕 때 매소성, 기벌포 전투(676년)에서 당군에게 승리함으로써 삼국통일을 완성하지요.

⑤ 김흠돌의 난을 진압하고 귀족들을 숙청하였다.
➡ 김흠돌의 난은 신라 신문왕 때 일어났지요. 김흠돌은 신문왕의 장인이었고, 반란은 실패했지요.

06

(가)에 들어갈 내용으로 가장 적절한 것은? [2점]

> 혜공왕이 피살되어 무열왕계 직계 자손의 왕위 계승이 끊긴 이후, 진골 귀족들의 왕위 다툼이 치열하게 전개되던 시기에 일어났던 일을 말해 볼까요?

> (가)

> 양길 등 스스로 성주 또는 장군이라 칭하는 호족 세력이 성장하였어요.

[출제영역] 신라 말의 혼란기   정답 ④
[정답 개념정리]

> 혜공왕 피살 이후 본격적으로 시작된 신라 말의 혼란기는 한능검에 거의 매번 출제되는 중요한 내용입니다. 순서는 물론이요, 내용까지 잘 알아두어야 합니다.
> 💡**혜이 창고가 진상이 되었네, 원적외선 나와서**✨ 혜공왕 피살 → 김헌창의 난 → 장보고의 난 → 진성 여왕 집권기(원종/애노의 난, 적고적의 난)

① 김흠돌의 난이 진압되었어요.
➡ 김흠돌은 신문왕 때 난을 일으켰고 실패했지요.
💡**흠~ 감만에 신문을 보니 구구국**✨ 김흠돌의 난, 감은사 건립, 만파식적 설화, 신문왕, 구주 오 소경(지방 행정 구역), 구서당 십 정(군사제도), 국학(국립대학)

② 만적이 개경에서 봉기를 도모하였어요.
➡ 만적이 개경에서 난을 일으킨 것은 고려 시대 무신 집권기 중에서도 최충헌 집권기이죠.

③ 관료전이 지급되고 녹읍이 폐지되었어요.
➡ 관료전이 지급되고 녹읍이 폐지된 것은 왕권 강화 아이콘 신문왕 때의 일이지요. 암기 코드 💡**흠~ 감만에 신문을 보니 구구국**✨ 외에도 관료전 지급과 녹읍 폐지, 설총의 화왕계 등이 신문왕 때의 일이라는 것을 꼭 기억하세요.

④ 김헌창이 웅천주에서 반란을 일으켰어요.
➡ 웅천주 도독이었던 김헌창이 반란을 일으킨 것이 바로 신라 말 혼란기의 대표 사건이지요. 특히 김헌창은 아버지 김주원이 왕이 되지 못하고 김경신(원성왕)이 왕이 된 것에 불만을 품고 봉기했다는 것도 기억하세요.
💡**혜이 창고가 진상이 되었네, 원적외선 나와서**✨

⑤ 이차돈의 순교를 계기로 불교가 공인되었어요.
➡ 이차돈의 순교로 인한 불교 공인은 법흥왕 때의 일이죠.
💡**ㅂㅂㅂ**✨ 법흥왕-불교 공인, 병부와 상대등 설치

07

(가) 인물에 대한 설명으로 옳은 것은? [2점]

[역사 다큐멘터리 기획안]

도당 유학생, 서로 다른 길을 걷다

■ 기획 의도
　당에 건너가 유학했던 6두품들이 신라로 돌아온 이후의 행보를 알아본다.

■ 구성 내용
　1. (가) , 진성여왕에게 시무책 10여 조를 올리다.
　2. 최승우, 견훤의 신하로 왕건에게 보내는 격문을 짓다.
　3. 최언위, 고려에 투항하여 문한관으로 문명을 떨치다.

[출제영역] 최치원 　　　　　　정답 ③
[정답 개념정리]

　6두품 출신의 신라 말 유학자 최치원은 진성여왕에게 시무 10여 조를 건의했지만 받아들여지지 않았지요. 당나라에서 외국인들이 치르는 시험인 빈공과에 합격한 최치원은 황소의 난이 발생했을 때 황소에게 항복을 권유하는 격문을 보냈는데, 그것이 격황소서 혹은 토황소 격문이고 신라에 귀국해서 편찬한 문집인 계원필경에 들어있어요. 그 외에 해인사 묘길상탑기도 최치원이 쓴 것임을 기억하세요.

① 향가 모음집인 삼대목을 편찬하였다.
　➡ 삼대목은 진성여왕 때 각간 위홍과 승려 대구화상이 편찬한 향가집이죠.
② 외교 문서인 청방인문표를 작성하였다.
　➡ 청방인문표는 문무왕 때 문장가 강수가 당에 갇혀 있던 문무왕의 동생 김인문을 석방해 줄 것을 청한 글이죠.
③ 격황소서를 지어 문장가로서 이름을 떨쳤다.
　➡ 최치원의 격황소서 혹은 토황소격문.
④ 유식의 교의를 담은 해심밀경소를 저술하였다.
　➡ 신라의 승려 원측이 쓴 해심밀경소. 자주 나오는 선지는 아닙니다.
⑤ 국왕에게 조언하는 내용의 화왕계를 저술하였다.
　➡ 신문왕 때 설총이 왕에게 바친 글로 꽃의 왕 '모란'에게 간신 '장미'보다 충신 '할미꽃'을 가까이 하라는 조언이 담겼어요.

08

(가)에 들어갈 내용으로 가장 적절한 것은? [3점]

한국사 동영상 제작 기획안

삼국이 하나 되다 ○학년 ○반 ○모둠

■ 제작의도
　삼국 통일 과정을 사건의 발생 순서대로 구성하여 그 의의와 한계를 살펴본다.

■ 장면별 구성 내용
　#1. 김춘추가 당과의 군사 동맹을 성사시키다
　#2. 백제의 결사대 5천 명이 황산벌에서 패하다
　#3. 연개소문이 죽고 내분이 일어나다
　#4. (가)
　#5. 신라 수군이 기벌포에서 승리하다

[출제영역] 삼국 통일 과정 　　　정답 ②
[정답 개념정리]

　642년 백제 의자왕이 윤충을 시켜 신라 대야성을 함락하죠. ☀️**육사위 642년**⭐ 김춘추는 고구려에 동맹을 요청하지만 실패하고, 648년 당나라와 동맹을 체결합니다. ☀️**이판사판 육사판 648년**⭐ 나당연합군은 660년에 황산벌에서 분전한 계백의 백제군을 격파하고 사비성을 함락시켰고, 흑치상지, 도침, 복신, 부여풍 등이 백제 부흥을 시도 했지만, 백강 전투에서 패배하고 주류성·임존성이 차례로 함락되면서 백제 부흥 운동은 663년에 끝납니다. ☀️**흑도복풍**⭐ 흑치상지, 도침, 복신, 부여풍
　한편, 연개소문 사후(665~666) 지배층의 분열로 혼란스러웠던 고구려를 668년에 나당연합군이 격파하며 고구려도 멸망합니다. 고구려 역시 검모잠, 고연무, 안승 등이 부흥 운동을 벌이지만 성공하지 못하지요. ☀️**잠연승**⭐ 검모잠, 고연무, 안승
　백제와 고구려 멸망 후 당의 한반도 지배 야욕으로 나당전쟁이 일어났고, 675년 매소성 전투와 676년 기벌포 전투에서 신라의 문무왕이 승리함으로써 삼국통일이 완성되죠. ☀️**매기전투**⭐ 매소성, 기벌포 전투

① 흑치상지가 당의 유인궤에게 항복하다
　➡ 흑치상지는 백제 멸망 이후 백제 부흥 운동을 이끈 인물입니다.
② 문무왕이 안승을 보덕국왕으로 책봉하다
　➡ 신라가 안승을 보덕국 왕으로 임명하며 고구려 부흥을 도운 것이 고구려 멸망과 나당 전쟁 사이죠.
③ 을지문덕이 살수에서 수의 군대를 물리치다
　➡ 수의 침략을 막아낸 을지문덕의 살수대첩은 영양왕 때 612년이죠. ☀️**살수있니**⭐ 살수대첩, 612년
④ 부여풍이 백강에서 왜군과 함께 당군에 맞서 싸우다
　➡ 백강 전투는 백제 부흥 운동 중에 일어나죠.
⑤ 개로왕이 북위에 사신을 보내 고구려 공격을 요청하다
　➡ 백제 개로왕이 북위에 국서를 보낸 것은, 5C의 일이죠.

다음 사건이 일어난 시기를 연표에서 옳게 고른 것은? [2점]

개원(開元) 20년에 발해가 천자의 조정을 원망하여 군사를 거느리고 등주(登州)를 습격하여 자사 위준을 살해하였습니다. 이에 황제께서 크게 노하여 하행성 등에게 군사를 징발하여 바다를 건너 공격해 토벌하도록 명하였습니다. 아울러 당에 숙위하고 있던 신라인 김사란을 귀국시켜 신라로 하여금 발해를 공격하도록 하였습니다. … 겨울은 깊어가고 눈이 많이 내려 신라와 당의 군대가 추위에 고생하므로 회군을 명령하였습니다.

	(가)	(나)	(다)	(라)	(마)	
발해 건국		무왕 즉위	문왕 상경천도	선왕 즉위	고려 건국	발해 멸망

① (가) ② (나) ③ (다) ④ (라) ⑤ (마)

[출제영역] 발해 정답 ②
[정답 개념정리]

발해의 왕은 4명만 기억하면 됩니다. 건국한 대조영, 싸움을 많이 했던 무왕, 체제를 정비했던 문왕, 선명한 전성기를 구가한 선왕.
무왕 때의 연호는 '인안'이며, 장문휴를 시켜 당나라 산둥성의 등주(덩저우)를 공격하고, 대문예를 시켜 흑수말갈도 공격했죠. 문왕 때의 연호는 '대흥'이며, 3성 6부제를 정비하고, 수도를 중경에서 상경, 또 동경으로 옮겼지요. 전성기 선왕 때의 연호는 '건흥'이며, 지방 행정 구역을 5경 15부 62주로 정비했으며, 이때 당나라에서는 발해를 '해동성국'이라고 불렀답니다. 지문에 발해가 등주를 습격했다는 것은 발해 무왕 때 일어난 일이니, 정답은 (나)입니다.

다음 자료에 나타난 시기의 경제 상황으로 옳은 것은? [1점]

왕이 제서(制書)를 내리기를, "백성을 부유하게 하고 국가를 이롭게 하는 것으로 전화(錢貨)만큼 중요한 것이 없다. 서북의 양조(兩朝)에서는 이를 행한 지 이미 오래되었으나 우리나라는 홀로 아직 행하지 않고 있다. 이제 처음으로 화폐를 주조하는 법을 제정하고, 이에 따라 주조한 동전 15,000관(貫)을 재추(宰樞)와 문무양반 및 군인에게 나누어 하사하여 화폐 사용의 시작점으로 삼고자 한다. 전문(錢文)은 해동통보라고 한다."라고 하였다.

[출제영역] 고려의 경제 정답 ④
[정답 개념정리]

지문은 고려의 경제를 설명하고 있어요. 키워드 두 개를 발견할 수 있는데요, 하나는 '재추', 즉 고려의 중앙 정치 부서인 중서문하성의 재신과 중추원의 추밀을 가리키는 단어이고, 또 다른 하나는 숙종 때 발행한 화폐인 '해동통보'입니다. 특히 고려 숙종 때 화폐인 활구(은병), 해동통보, 삼한통보가 발행되었다는 사실은 꼭 기억해야 하지요. 고려 숙종은 ☀활해삼☀을 좋아하신 것으로 암기하세요.

① 송상이 전국 각지에 송방을 두었다.
➡ 송방을 둔 송상은 조선 후기의 대표적인 사상이죠.
② 감자, 고구마 등의 구황 작물이 재배되었다.
➡ 감자, 고구마 등의 구황 작물이 재배된 것은 조선 후기입니다.
③ 시장을 감독하는 관청인 동시전이 설치되었다.
➡ 동시전은 신라 지증왕 때 설치한 시장 감독기구죠.
☀지동시☀ 지증왕의 동시전 설치
☀동순이가 왕이지라 우우☀ 동시전, 순장 폐지, 이사부 등용, 왕 칭호, 지증왕, 신라 국호, 우경 시행, 우산국 복속
④ 예성강 하구의 벽란도가 국제 무역항으로 번성하였다.
➡ 예성강 하구의 벽란도는 고려의 국제 무역항입니다.
⑤ 설점수세제의 시행으로 민간의 광산 개발이 허용되었다.
➡ 설점수세제는 조선 후기 정부가 광산 채굴을 민간에 허용하고 세금을 걷는 방식으로 운영한 제도죠.

11

다음 가상 대화 이후에 있었던 사실로 옳은 것은? [2점]

며칠 전에 신라 왕 김부가 우리 고려에 항복하였다는군.

전해 들었네. 우리 왕께서 신라국을 없애 경주라 하고, 그에게 식읍으로 하사하셨다더군.

[출제영역] 고려의 후삼국 통일 과정   정답 ④
[정답 개념정리]

가상 대화는 신라의 항복에 대한 것이죠. 후고구려 궁예를 몰아내고 왕건이 세운 고려가 후삼국을 통일한 과정은 꼭 알아두어야 하지요. ☀**공고횐신일**☀

공산(대구) 전투에서 견훤에게 왕건이 대패하고, 부하 신숭겸의 희생으로 왕건이 목숨을 부지하죠. 이후 고창(안동) 전투에서는 반대로 왕건이 대승을 거둡니다.

후백제 견훤의 아들 신검은 왕위 상속 문제로 불만을 품고 아버지 견훤을 금산사에 유폐하고, 금산사를 탈출한 견훤은 왕건에게 투항합니다. 이어 신라 마지막 왕인 경순왕 김부도 고려에 항복하고, 왕건은 김부를 최초의 사심관으로 임명합니다.

왕건은 후백제의 신검과의 일리천 전투를 승리로 이끌며 936년 후삼국을 완전히 통일합니다.

① 안승이 보덕국왕으로 임명되었다.
➡ 안승이 보덕국 왕으로 임명된 것은 고구려 부흥 운동 시기이죠. ☀**잠연승**☀ 검모잠, 고연무, 안승

② 신숭겸이 공산 전투에서 전사하였다.
➡ 공산 전투에서의 신숭겸 전사는 신라의 항복 보다 전의 일입니다.

③ 원종과 애노가 사벌주에서 반란을 일으켰다.
➡ 원종과 애노의 난은 신라 말 혼란기의 일이기에 훨씬 전입니다. ☀**혜이 창고 진상(원적외선)**☀ 혜공왕 피살–김헌창의 난–장보고의 난–진성여왕 집권기(원종/애노의 난, 적고적의 난)

④ 왕건이 일리천에서 신검의 군대를 물리쳤다.
➡ 일리천 전투! 정확히 나왔죠^^

⑤ 견훤이 고창 전투에서 고려군에게 패배하였다.
➡ 견훤이 고창 전투에서 고려군에게 패한 것은 신라의 항복 보다 전이지요. 다시 한번 후삼국 통일 과정, ☀**공고횐신일**☀을 기억해 주세요.

12

(가) 왕에 대한 설명으로 옳은 것은? [2점]

사료로 만나는 한국사

교서를 내려 말하기를, "태학조교 송승연과 나주목(羅州牧)의 경학박사 전보인이 [학생들을] 이끌고 잘도와서, 학문을 널리 닦으라는 공자의 뜻에 합치된다. 가르침에 게으르지 않아서 내가 학문을 권장하는 뜻에 들어맞으니 마땅히 그들을 발탁하여 특별하고 두터운 총애를 보이도록 하라."라고 하였다.

[해설] 위 사료는 ___(가)___ 이/가 유학 교육에 공이 있는 태학조교와 나주목의 경학박사를 치하하는 『고려사』의 기록이다. 중앙뿐 아니라 지방의 교육도 장려했던 ___(가)___ 은/는 처음으로 12목을 설치하고 지방관에 이어 경학박사와 의학박사를 파견하였다.

[출제영역] 고려 성종   정답 ⑤
[정답 개념정리]

12목을 설치하고 지방관, 경학박사, 의학박사를 파견한 왕은 고려 성종이지요.

☀**감목향이 나는 성종의 의상 사이즈는 거2 28이다**☀ 국자감 설치, 12목에 지방관 파견, 향리제 정비, 의창/상평창 설치, 거란 1차 침입, 2성 6부제 확립, 최승로의 시무 28조 수용

① 광덕, 준풍 등의 독자적 연호를 사용하였다.
➡ 광덕, 준풍의 연호를 사용한 것은 광종 때의 일입니다. ☀**광종은 과거에 광풍검 지닌 귀공제**☀ 과거제 실시, 광덕·준풍 연호, 노비안검법 시행, 귀법사 창건, 공복 제정, 제위보 설치

② 신돈을 중심으로 전민변정 사업을 추진하였다.
➡ 신돈의 전민변정사업은 공민왕 때의 일이죠. ☀**공민왕이 신성한 UN에서 반기문 총정에게 감동했다**☀

③ 청연각과 보문각을 두어 학문 연구를 장려하였다.
➡ 청연각과 보문각을 설치한 것은 예종 때의 일입니다. ☀**예종의 관학 진흥책 7현보청**☀ 관학 7재, 양현고, 보문각, 청연각

④ 정계와 계백료서를 지어 관리의 규범을 제시하였다.
➡ 정계와 계백료서로 관리의 규범을 제시한 왕은 태조입니다. ☀**태조 왕건의 흑역사는 정북서만 천십일개, 최고는 사기결훈**☀ 흑창, 역분전, 사심관 제도, 정계와 계백료서, 북진 정책, 서경 중시, 만부교 사건, 천수 연호, 십일조, 개태사 창건, 사성 정책, 기인제도, 결혼정책, 훈요십조

⑤ 최승로의 시무 28조를 받아들여 통치 체제를 정비하였다.
➡ 최승로의 시무 28조를 받아들인 왕은 성종입니다.

(가)에 들어갈 내용으로 가장 적절한 것은? [2점]

이 초상화 속 인물은 고려의 학자인 문헌공 최충으로, 해동공자라고 불리기도 하였습니다. 거란의 침입으로 개경이 함락되어 서적들이 소실되자 역사서 편찬을 위한 수찬관에 임명되었습니다. 유학을 보급하고 인재 양성에 힘쓴 그는 (가)

[출제영역] 최충   정답 ③
[정답 개념정리]

> 고려 문종 때 맹활약한 최충은 9재 학당을 설립하여 수많은 제자를 배출하여 과거에 급제시켰지요. 9재 학당이 인기를 끌자, 사학이 덩달아 발전하여 사학 12도를 형성하였습니다. 최충은 과거 시험의 감독관인 지공거를 가장 많이 한 인물로도 유명하며, 지공거와 합격자는 후에 좌주와 문생의 관계로 이어졌습니다.
> 당대 사람들은 최충을 해동공자라 불렀으며, 그의 시호를 따라 9재 학당을 문헌공도라고도 불렀습니다. 또한 사학의 발전과 비교하여 성종 때 설치한 국자감, 숙종 때 서적포 💡**숙적**✨, 예종 때 관학 7재, 양현고, 보문각, 청연각 등의 관학 진흥책이 있음을 비교해서 알아두어야 합니다. 💡**7현보청**✨

① 불씨잡변을 지어 불교를 비판하였습니다.
➡ 불씨잡변은 조선 초 성리학자 정도전의 저서이지요. 조선경국전, 경제문감도 알아두세요.

② 만권당에서 원의 학자들과 교유하였습니다.
➡ 만권당에서 원의 학자들과 교류한 것은 역옹패설, 사략의 저자 이제현입니다. 💡**이제 만원의 역사**✨ 이제현, 만권당, 원 학자와 교류, 역옹패설, 사략

③ 지공거 출신으로 9재 학당을 설립하였습니다.
➡ 지공거 출신, 9재 학당 설립은 정확히 최충의 이야기입니다.

④ 입학도설을 저술하여 성리학의 기본 원리를 해설하였습니다.
➡ 입학도설은 조선 초 권근이 쓴 성리학 입문서입니다.

⑤ 성균관의 대사성이 되어 정몽주 등을 학관으로 천거하였습니다.
➡ 성균관 대사성으로 정몽주를 천거한 학자는 고려 말의 목은 이색이지요. 💡**성성**✨ 성균관, 대사성

(가)에 대한 고려의 대응으로 옳은 것은? [2점]

> ○ 박서는 김중온의 군사로 성의 동서쪽을, 김경손의 군사로는 성의 남쪽을, 별초 250여 인은 나누어 3면을 지키게 하였다. (가) 의 군사들이 성을 여러 겹으로 포위하고 공격하자 성안의 군사들이 갑자기 나가 싸워 그들을 패주시켰다.
>
> ○ 송문주는 귀주에서 종군하였던 사람인데 그 공으로 낭장(郞將)으로 초수(超授)되었다. 이후 죽주 방호별감이 되었을 때, (가) 이/가 죽주성에 이르러 보름 동안이나 다방면으로 공격하였으나 성을 빼앗지 못하고 물러갔다.

[출제영역] 몽골의 고려 침입   정답 ①
[정답 개념정리]

> 몽골은 고려를 여러 차례 침입하였으며, 침입하였는데, 그중 주요 침입의 전개와 고려의 대응은 반드시 알아두어야 합니다. 지문은 몽골의 1차 침입 때 박서가 귀주성에서 항전한 내용과 3차 침입 때 죽주성에서 송문주가 몽골군을 잘 막아낸 내용입니다.

① 강화도로 도읍을 옮겨 항전하였다.
➡ 강화도로 천도한 것은 몽골 1차 침입 후, 즉 최우 집권기에 있었던 일이지요.

② 광군을 창설하여 침입에 대비하였다.
➡ 광군 창설은 고려 3대 왕 정종 때 거란 침입을 대비하기 위함입니다. 💡**ㄱㄱ**✨ 광군, 거란

③ 화통도감을 설치하여 군사력을 증강하였다.
➡ 화통도감은 고려 우왕 때 왜구 침입에 대비하여 화포를 제조하는 기구이죠. 화포로 최무선이 진포대첩에서 왜구를 크게 무찔렀지요. 💡**이황 최흥 포포**✨ 이성계—황산 대첩, 최영—홍산대첩, 화포 최무선—진포대첩

④ 철령위 설치에 반발하여 요동 정벌을 추진하였다.
➡ 명의 철령위 설치에 반발하여 요동 정벌을 추진한 것은, 고려 우왕 때 최영입니다.

⑤ 신기군, 신보군, 항마군으로 구성된 별무반을 창설하였다.
➡ 별무반은 고려 숙종 때 윤관의 건의로 조직된 여진 대비 특수군이죠. 💡**반숙**✨ 별무반, 숙종

15

교사의 질문에 대한 학생의 답변으로 가장 적절한 것은? [2점]

> 자료는 '이생규장전'의 일부입니다. 이 작품은 홍건적의 침입으로 왕이 피란하고 백성이 고통을 겪는 등 전란의 참혹했던 상황을 역사적 배경으로 하고 있습니다. 이 상황 이후에 전개된 역사적 사실에 대해 말해 볼까요?

[문학으로 만나는 한국사]

신축년에 홍건적이 개경을 점거하자 임금은 복주(福州)로 피란하였다. 적들은 집을 불태워 없애버렸으며, 사람을 죽이고 가축을 잡아먹었다. 부부와 친척끼리도 서로 보호하지 못했고 동서로 달아나 숨어서 제각기 살길을 찾았다. 이생은 가족들을 데리고 외진 산골로 숨었는데, 한 도적이 칼을 빼어 들고 뒤를 쫓아왔다. 이생은 달아나 목숨을 건졌지만, 그의 아내 최랑은 도적에게 사로잡혔다.

[출제영역] 고려 말 홍건적의 침입　　　정답 ⑤

[정답 개념정리]

고려 공민왕은 홍건적의 침입으로 인해 복주(안동)까지 피란을 가게 됩니다. 🔆**공민왕이 신성한 UN에서 반기문 총정에게 감동했다**⭐ 신진 사대부 등용, 성균관 정비, 반원 자주, 기철 등의 권문세족 숙청, 정동행성 이문소 폐지, 쌍성총관부 공격, 정방 폐지, 전민변정도감 재설치와 신돈 등용, 홍건적 침입 때 복주(안동) 피신.

① 김사미가 운문을 거점으로 봉기하였어요.
→ 김사미의 난은 무신 이의민 집권기죠. 🔆**보조망이 미심적연**⭐ 김보당(동북면 병마사)의 난-조위총(서경 유수)의 난-망이 망소이의 난(공주 명학소)-김사미, 효심의 난-만적의 난-이연년 형제의 난

② 강감찬이 흥화진 전투에서 승리하였어요.
→ 강감찬의 흥화진 전투 승리와 귀주대첩은 거란 3차 침입, 현종 때입니다. 🔆**123 성현현 서양강**⭐ 거란 1차 성종 서희, 2차 현종 양규, 3차 현종 강감찬

③ 후주 출신 쌍기가 과거제 도입을 건의하였어요.
→ 쌍기의 건의로 과거제를 도입한 왕은 고려 4대 광종이죠. 🔆**ㄱㄱ**⭐ 과거, 광종

④ 최충헌이 교정도감을 두어 국정을 총괄하였어요.
→ 최충헌의 교정도감 역시 무신 집권기 중 최씨 집권기 때 일이죠. 🔆**방정경이최최**⭐ 이의방-정중부-경대승-이의민-최충헌-최우

⑤ 이성계가 위화도에서 회군하여 정권을 장악하였어요.
→ 이성계의 위화도 회군은 고려 말 우왕 때 요동 정벌 중에 일어난 일이죠. 🔆**태혜정광경성목현(초) 문~숙예인(중) 방정경이최최(무신) 6충(원간섭기) 공우창양(말기)**⭐

16

(가) 인물에 대한 설명으로 옳은 것은? [2점]

> 이것은 '불일보조국사'라는 시호를 받은 (가) 의 행적을 담고 있는 송광사 보조 국사비입니다. 비문에는 그가 정혜결사를 조직하고, 「권수정혜결사문」을 지었다는 내용이 들어있습니다. 또한 당시 국왕이 그의 뜻을 흠모하여 그가 머물렀던 송광산 길상사(吉祥寺)를 조계산 수선사(修禪寺)로 이름을 바꿔주며 직접 글씨를 써서 보냈다는 등의 내용이 기록되어 있습니다.

[출제영역] 지눌　　　정답 ②
[정답 개념정리]

승려 문제는 아주 중요하기에 좀 길게 풀어볼게요. 고려를 대표하는 두 승려 의천과 지눌은 한능검 단골 출제 문제이기에 꼭 비교해서 이해 및 암기해 두어야 합니다. 두 사람의 출신 성분으로 일단 전체적 흐름을 이해하는 게 중요한데요, 의천은 고려 문종의 아들이며, 숙종의 동생입니다. 즉 왕족인 것이죠. 지눌이 아무래도 좀 딸리겠지요^^ 둘 다 국사인데 이름부터 차이가 납니다.

의천은 대각국사, 지눌은 보조국사! 물론 그런 뜻은 아니지만 쉽게 암기하려면 🔆**의천은 대각씩이나 되고 지눌은 보조밖에 못한다**⭐로 알아두세요. 의'천'이니까 (해동)'천'태종을 창시했고 🔆**천천**⭐, 지눌은 조계종의 창시자입니다. 🔆**ㅈㅈ**⭐

의천은 왕족 출신이다 보니 교종(경전) 중심의 선종 통합을 추구했고, 지눌은 선종(참선/수행) 중심의 교종 통합을 이루려 했습니다. 그래서 의천은 '교'가 앞에 나오는 교관겸수를 주창했고, 형 숙종에게 화폐 유통도 건의하고, 교장도감도 만들어 달라고 해서 교장을 간행하고, 신편제종교장총록도 편찬합니다. 반면 지눌은 선교 통합주의자이기에 수행을 중시하지요. 신분이 그리 높지 않아 수수한 지눌은 🔆**수수수**⭐입니다. '수'선사(송광사) 결사, 정혜쌍'수', 돈오점'수'! 그리고 지눌의 제자인 혜심과 요세도 중요한데요,

지눌의 제자인 혜심은 수선사 2대 사주이며, 마음이 지혜롭다(혜심) 보니 유교와 불교가 같다는 '유불일치설'을 주장합니다. 우리는 흔히 오랫동안 유지된 건물을 보고 요새라고 부르지요. 그래서 요세는 백련(사)결사를 주도해요^^ 그리고 법화 신앙도 요세의 중요한 키워드입니다. 고급 소주 일품진로의 경쟁품 중에 화요라는 술이 있는데 전 그걸로 기억해요^^ 🔆**화요**⭐ 법화 신앙-요세

① 법화 신앙에 중점을 둔 백련 결사를 이끌었다.
➡ 법화 신앙, 백련 결사-요세 💡화요☆ 법화 신앙-요세

② 돈오점수를 바탕으로 꾸준한 수행을 강조하였다.
➡ 돈오점수, 수수한 지눌은 💡수수수☆

③ 승려들의 전기를 기록한 해동고승전을 저술하였다.
➡ 해동고승전: 각훈, 무신 집권기 승려, 불교 역사서
💡각고☆ 각훈, 해동고승전

④ 선문염송집을 편찬하고 유불 일치설을 주장하였다.
➡ 유불일치설: 혜심, 유불이 똑같다! 얼마나 지혜로운 마음(혜심)입니까^^

⑤ 성상융회를 제창하여 교종 내 대립을 해소하고자 하였다.
➡ 성상융회는 균여가 제창한 사상으로 잘 나오는 키워드는 아니에요. 균여가 광종 때 귀법사 주지를 지냈고, 보현십원가라는 향가를 지었음을 잘 알아두세요.
💡보균자☆ 보현십원가, 균여
💡ㄱㄱㄱ☆ 광종, 균여, 귀법사

(가), (나) 사이의 시기에 있었던 사실로 옳은 것은? [3점]

(가) 살리타가 이첩(移牒)하기를, "황제께서 고려가 사신 저고여를 죽인 이유 등 몇 가지 일을 묻게 하셨다."라고 하면서 말 2만 필, 어린 남녀 수천 명, 자주색 비단 1만 필, 수달피 1만 장과 군사의 의복을 요구하였다.

(나) 첨의부에서 아뢰기를, "제국 대장 공주의 겁령구*와 내료(內僚)들이 좋은 땅을 많이 차지하여 산천으로 경계를 정하고 사패(射牌)**를 받아 조세를 납입하지 않으니, 청컨대 사패를 도로 거두소서."라고 하였다.
*겁령구: 시종인
**사패: 토지 등에 대한 권리를 인정해 주는 증서

[출제영역] 몽골의 침입과 원의 간섭　　　　　　정답 ③
[정답 개념정리]

(가)에 나오는 저고여의 피살은 몽골의 고려 침입 원인이 되는 사건이고, 살리타는 1, 2차 침입 때 몽골 장수이며, 1차 침입 때 위의 글처럼 여러 가지를 요구했고, 2차 침입 때는 고려 승장 김윤후에 의해 사살되죠.

(나)에 나오는 제국 대장 공주는 원 간섭기 고려 충렬왕의 아내이고, 첨의부는 2성의 관제가 격하된 것이지요. 따라서 (가)와 (나) 사이 시기는 몽골 1차 침입 이후부터 원 간섭기 초기일 것입니다.
💡태혜정광경성목현(초기)-문~숙예인(중기)-방정경이최최(무신)-6충(원 간섭기)-공우창양(말기)☆

① 신숭겸이 공산 전투에서 전사하였다.
➡ 신숭겸은 왕건 대신 공산 전투에서 전사한 충신이죠.
💡공고횐신일☆ 공산 전투-고창 전투-견훤 투항-신라 항복-일리천 전투

② 최승로가 왕에게 시무 28조를 올렸다.
➡ 최승로는 시무 28조를 건의한 고려 성종 때의 학자이죠.
💡ㅅㅅ☆ 성종, 최승로, **감목향이 나는 성종의 의상사이즈는 거2 28이다☆** 국자감, 12목 지방관 파견, 향리제 정비, 성종, 의창, 상평창, 거란 1차 침입, 2성 6부제, 최승로의 시무 28조

③ 김방경의 군대가 탐라에서 삼별초를 진압하였다.
➡ 김방경은 여몽 연합군의 고려 장수이고, 삼별초는 몽골에 항전한 부대죠. 삼별초의 진압은 대몽항쟁의 종결과 원 간섭의 본격화를 의미하죠.

④ 강감찬이 개경에 나성을 축조할 것을 건의하였다.
➡ 강감찬이 개경에 나성 축조를 건의한 것은 거란의 3차 침입 후 현종 때입니다.

⑤ 경대승이 정중부 등을 제거하고 권력을 장악하였다.
➡ 경대승이 정중부를 제거하고 집권한 것은 무신 집권기입니다.
💡방정경이최최☆ 이의방-정중부-경대승-이의민-최충헌-최우

(가) 인물에 대한 설명으로 옳은 것은? [2점]

이것은 (가) 이/가 함길도에 있을 때 화살이 날아왔는데도 놀라지 않고 태연히 연회를 계속 즐겼다는 고사를 담은 야연사준도입니다. 세종 대 함길도 병마도절제사로 활약했던 그는 문종 대 고려사절요 편찬을 총괄하였고, 단종 대 좌의정의 자리에 올랐으나 계유정난 때 살해되었습니다.

북관유적도첩 특별전

야연사준도

[출제영역] 김종서　　　　　　　　　　　　정답 ①
[정답 개념정리]

세종 때 함길도 병마도절제사를 역임했고, 고려사절요 편찬에 참여했으며 계유정난 때 살해당한 인물은 바로 김종서이지요. 김종서는 세종의 4군 6진 개척에서 6진을 개척한 인물로도 유명하지요. 4군은 최윤덕이고요. 둘을 구분하는 문제가 나오진 않지만, 헷갈릴 때는 가수 김종진씨를 생각하세요. ☀**김종진**☀ 김종서는 6진

① **두만강 일대에 6진을 개척**하였다.
➡ 두만강 일대 6진 개척은 김종서, 압록강 일대 4군은 최윤덕이죠. ☀**봄여름가을겨울의 김종진**☀ 김종서는 6진

② **탄금대에서 배수의 진**을 치고 싸웠다.
➡ 임진왜란 초기 충주 탄금대에서 배수의 진은 신립 장군이죠. ☀**일단은 정송신선**☀ 정발(부산진)—송상현(동래성)—신립(충주 탄금대)—선조(의주 피란)

③ 조총 부대를 이끌고 **나선 정벌**에 나섰다.
➡ 효종 때 나선 정벌로 파견한 조총 부대 책임자는 1차 변급, 2차 신류 ☀**변신**☀

④ 왜구의 근거지인 **쓰시마섬을 정벌**하였다.
➡ 세종 때 쓰시마섬을 정벌한 것은 이종무.
☀**세종은 0~10 숫자로! 2는 이종무**☀

⑤ 외교 담판을 통해 **강동 6주**를 획득하였다.
➡ 거란 1차 침입 때 외교 담판으로 강동 6주를 획득한 것은 고려 성종 때 서희입니다.
☀**123 서양강**☀ 1차 서희, 2차 양규, 3차 강감찬

밑줄 그은 '전하'의 재위 시기에 있었던 사실로 옳은 것은? [2점]

며칠 전 전하께서 예문관에서 옛 집현전의 직제를 분리하여 홍문관으로 이관하는 것을 명하셨다고 하네. 이제 홍문관이 옛 집현전의 기능을 대신한다는 것이지.

홍문관원들이 경연관을 겸한다고 하니 앞으로 경연이 더욱 활성화되겠군.

[출제영역] 조선 성종　　　　　　　　　정답 ③
[정답 개념정리]

성종은 세조 때 폐지되었던 집현전을 홍문관으로 부활시켰고, 경국대전을 완성시킨 왕이지요. ☀**완성종**☀ 세종 때만큼이나 책도 많이 편찬되었는데, ☀**국악 4동**☀ (국조오례의, 악학궤범, 동문선, 동국통감, 동국여지승람, 해동제국기!)으로 기억하세요^^

① 국왕의 친위 부대인 장용영이 설치되었다.
➡ 장용영 설치는 정조지요. ☀**정조는 규수탁초장 휘3통**☀ 규장각, 수원화성, 탁지지, 초계문신제, 장용영, 동문휘고, 대전통편, 신해통공, 무예도보통지

② 백운동 서원이 사액을 받아 소수서원이 되었다.
➡ 최초의 서원인 백운동 서원은 중종 때 주세붕의 건의로 설치되고, 명종 때 이황의 건의로 사액을 받아 소수서원이 되지요.

③ 국가의 의례를 정비한 국조오례의가 완성되었다.
➡ 국조오례의는 성종 때 편찬되죠.
☀**조선 성종은 국악4동**☀ 국조오례의, 악학궤범, 동문선, 동국통감, 동국여지승람, 해동제국기

④ 통치 체제를 정비하기 위해 속대전이 편찬되었다.
➡ 속대전 편찬은 영조 때입니다. ☀**영속속**☀ 영조, 속대전, 속오례의

⑤ 수조권이 세습되던 수신전과 휼양전이 폐지되었다.
➡ 세조 때 현직 관리에게만 수조권을 지급하는 직전법이 실시되면서 수신전, 휼양전도 폐지되지요.

20

(가) 기구에 대한 설명으로 옳은 것은? [2점]

이것은 비국 또는 주사라고 불린 (가) 관원들의 모임을 그린 계회도입니다. 이 그림은 (가) 이/가 상설기관으로 자리잡기 이전, 변방의 국방 문제에 대해 논의하고 대비하기 위한 임시 기구이던 시기에 그려졌습니다. 그림의 오른쪽에는 관원들의 결의와 충절이 담긴 시가 쓰여 있습니다.

[출제영역] 비변사　　　　　　　　　　정답 ②
[정답 개념정리]

변방의 국방 문제를 논의하고 대비하기 위해 설치한 기구는 말 그대로 비변사이죠. 비변사의 변천 과정은 반드시 알아두어야 하는 내용입니다. 중종 때 삼포왜란이 일어나서 임시기구로 처음 설치되고, 을묘왜변이 일어난 명종 때 상설기구가 되었으며, 임진왜란을 거치면서 국정 총괄 기구, 세도 정치기에는 비리의 온상이 되어버려서 결국 흥선대원군 때 혁파됩니다.

① 수도의 행정과 치안을 담당하였다.
　➡ 수도의 행정과 치안을 담당한 기구는 한성부입니다.
② 흥선 대원군이 집권한 시기에 혁파되었다.
　➡ 비변사는 흥선대원군 때 혁파되지요.
③ 국왕 직속 사법 기구로 반역죄 등을 다루었다.
　➡ 국왕 직속 사법 기구로 반역죄, 강상죄 등을 다룬 기구는 의금부예요.
④ 5품 이하의 관리 임명에 대한 서경권을 행사하였다.
　➡ 5품 이하의 관리 임명에 대한 서경권을 행사한 것은, 대간(양사) 사헌부와 사간원이죠.
⑤ 도승지를 수장으로 좌승지, 우승지 등의 관직을 두었다.
　➡ 도승지가 수장인 기관은 승정원, 은대라고도 하지요.
　💡**승은**✨ 승정원, 은대

21

밑줄 그은 '이 사건'에 대한 설명으로 옳은 것은? [2점]

이곳은 이언적의 위패를 모신 경주 옥산서원입니다. 이언적은 이른바 대윤과 소윤이라는 정치 세력 간의 갈등으로 윤임 등 대윤 세력이 탄압받은 이 사건 당시 관련자들의 처리를 두고 갈등이 생기자 스스로 관직에서 물러났습니다. 이후 양재역 벽서 사건에 연루되어 유배되었습니다.

[출제영역] 을사사화　　　　　　　　　정답 ③
[정답 개념정리]

명종 때 외척들 간의 싸움으로 생긴 사화가 을사사화이지요. 대윤(윤임)과 소윤(윤원형)의 갈등으로 일어났고, 결국 소윤이 집권하였으며, 그 후에 양재역 벽서 사건이 일어났는데, 이는 양재역 벽에 문정왕후와 윤원형 등을 비방하는 익명의 벽서가 붙은 사건이고, 이를 구실로 을사사화에서 살아남은 대윤 계열까지 숙청되었습니다. 을사사화 직후에 양재역 벽서 사건이 일어남을 꼭 기억하세요. 사화 전체의 순서는 💡**무갑기을**✨ 무오, 갑자, 기묘, 을사사화

① 김종직의 조의제문이 발단이 되었다.
　➡ 김종직의 조의제문이 발단이 된 것은 연산군 때 무오사화. 💡**무오! 우리 증조부를 모함해**✨
② 폐비 윤씨 사사 사건이 원인이 되었다.
　➡ 폐비 윤씨 사사 사건은 연산군 때 갑자사화이죠. 💡**엄마의 원수를 갚자**✨
③ 왕실 외척 간의 권력 다툼으로 일어났다.
　➡ 왕실 외척 간의 싸움은 을사사화입니다. 💡**ㅇㅆㅇㅆ**✨ 외척 싸우고, 을싸우고
④ 진성 대군이 왕으로 즉위하는 결과를 가져왔다.
　➡ 진성 대군은 중종의 대군 시절 이름이지요. 갑자사화 이후 중종반정으로 왕위에 오르죠.
⑤ 조광조 등이 반정 공신의 위훈 삭제를 주장하였다.
　➡ 조광조의 위훈 삭제 주장 등이 원인이 된 것은 기묘사화. 💡**주초위왕! 이렇게 기묘한 일이**✨

22

(가) 인물에 대한 설명으로 옳은 것은? [2점]

이 그림은 강세황이 그린 도산서원도입니다. 여기에는 서원의 배치와 건물크기, 방향 등이 실제와 부합하게 묘사되어 있으며 건물 이름도 표기되어 있어 당시의 모습을 잘 보여줍니다. 도산서원은 성학십도를 지어 군주의 수양을 강조하고, 기대승과 사단칠정 논쟁을 전개한 (가) 의 학문과 덕을 기리는 곳입니다.

[출제영역] 이황　　　　　　　　　　　정답 ④
[정답 개념정리]

조선 성리학의 양대 산맥 이황과 이이를 구분해서 알아둬야 합니다. 먼저 퇴계 이황, 그는 예안향약을 만들고, 성학십도를 저술했고, 기대승과 사단칠정 논쟁을 펼쳤습니다. 명종 때 풍기 군수를 지냈으며, 최초의 서원인 백운동 서원에 사액을 요청하여 소수서원으로 발전시켰죠. 그의 학문과 덕을 기리는 도산서원은 안동에 있지요. 율곡 이이는 아홉 번이나 장원을 한 구도장원공이며, 서원향약, 해주향약 등을 만들었고, 성학집요, 동호문답, 격몽요결 등을 저술했으며, 십만양병설, 수미법 등을 주장했지요. 이이를 기리는 서원으로는 파주에 자운서원이 있어요. 💡**황도, 구도장원공은 집요해**☆ *이황―성학십도, 이이―성학집요*

① 최초의 서원인 백운동 서원을 건립하였다.
　➡ 안향을 기리는 최초의 서원인 백운동 서원은 중종 때 풍기 군수 주세붕이 세웠지요. 명종 때 풍기 군수 이황의 건의로 최초의 사액 서원인 소수서원이 되죠.

② 명에 대한 의리를 내세운 기축 봉사를 올렸다.
　➡ 기축 봉사는 효종 때 송시열이 올린 상소로 북벌을 주장한 것이죠. 봉사 10조는 고려 무신 집권기 최씨 정권의 최충헌이 왕에게 올린 시무책이죠.

③ 동호문답을 통해 다양한 개혁 방안을 제시하였다.
　➡ 동호문답은 율곡 이이의 저서죠.
　💡**이동호 홍의산**☆ *이이는 동호문답, 홍대용은 의산문답*

④ 예안향약을 시행하여 향촌의 교화를 위해 노력하였다.
　➡ 이황은 예안(오늘날 안동)에서 예안향약을 시행했어요.

⑤ 예학을 조선의 현실에 맞게 정리한 가례집람을 저술하였다.
　➡ 가례집람은 김장생의 저서입니다.

23

(가)에 대한 탐구 활동으로 가장 적절한 것은? [1점]

서울에 있는 간사한 무리가 경주인(京主人)이라고 하며 각 도의 공물을 방납하면서 그 값을 두 배에서 수십 배까지 징수하였다. …… 영의정 김육이 (가) 을/를 충청도에서 먼저 시험할 것을 청하였다. 왕이 여러 차례 신하들에게 의견을 물었으나 서로 엇갈렸다. 이때에 왕이 다시 김육 등 여러 신하들을 불러 그것이 편리한지 여부에 대한 의견들을 듣고 비로소 호서(湖西)에 먼저 행하기로 정하였다.

[출제영역] 대동법　　　　　　　　　　정답 ⑤
[정답 개념정리]

방납의 폐단을 시정하기 위해 만든 대동법은 광해군 때 이원익의 건의로 경기도에서 처음 실시했고, 효종 때 김육의 건의로 충청 지방까지 확대 시행되었지요. 관할 관청은 선혜청이고, 현물 대신 쌀, 베, 동전으로 납부하였기에 관청에 물품을 조달하는 관허상인 공인이 등장하고 상품화폐 경제가 발달하게 되었어요.

① 전시과에서 전지 지급 기준의 변화를 찾아본다.
　➡ 전시과는 고려 시대 토지제도이지요.

② 일부 상류층에게 선무군관포를 거둔 목적을 알아본다.
　➡ 선무군관포는 조선 영조 때 실시한 균역법의 세수 부족을 메우기 위한 방책이죠.

③ 과전 지급 대상을 현직 관리로 제한한 까닭을 검색한다.
　➡ 과전을 현직 관리에게만 지급한 직전법은 세조 때 실시했어요.

④ 풍흉에 관계없이 전세 부담액을 고정한 이유를 분석한다.
　➡ 풍흉에 관계없이 전세액을 고정한 것은 인조 때 영정법이에요. 💡**인영정**☆ *인조, 영정법*

⑤ 관청에 물품을 조달하는 공인이 등장한 배경을 조사한다.
　➡ 공인의 등장과 상품화폐 경제의 발달이 대동법 실시의 영향이에요.

24

밑줄 그은 '이 왕'의 재위 시기에 있었던 사실로 옳은 것은? [2점]

> 이것은 조선과 청 사이의 경계를 나타내고자 세운 비석의 탁본입니다. 비석에 대해 자세히 설명해 주시겠어요?

> 이 비석은 국경을 분명히 하기 위해 청에서 파견한 오라총관 목극등과 이 왕이 보낸 조선의 관리들이 현지를 답사하고 세웠습니다. 비석에는 서쪽은 압록강, 동쪽은 토문강을 경계로 한다는 내용이 새겨져 있습니다.

[출제영역] 조선 숙종　　　　　　　정답 ④
[정답 개념정리]

> 세 차례의 환국은 모두 숙종 때 일입니다. 순서는 💡**경기갑**☆ (경신–기사–갑술환국), 경거망동한 신하 때문에 일어난 경신환국, 장희빈이 득남하며 기사회생한 기사환국, 갑자기 술 한잔하니, 옛 여인(인현왕후)이 생각나서 복위시킨 갑술환국. 또한 숙종 때 국경·영토와 관련해 기억할 만한 사건은 두 가지입니다. 하나는 만주 지역(간도)에서 청과의 국경을 정한 백두산정계비(서위 압록강, 동위 토문강)이고, 다른 하나는 독도가 우리 땅임을 일본에 가서 직접 주장하고 돌아온 어부 안용복의 이야기입니다.
> 💡**백숙**☆ 백두산정계비–숙종, 💡**복숙**☆ 안용복–숙종

① 최제우가 혹세무민의 죄로 처형되었다.
　➡ 최제우는 동학의 교조이지요. 1860년에 창시, 1864년 (고종/흥선대원군)에 처형.
② 변급, 신류 등이 나선 정벌에 참여하였다.
　➡ 1차 변급, 2차 신류의 나선 정벌은 효종 때입니다. 💡**변신**☆
③ 국왕의 친위 부대인 장용영이 창설되었다.
　➡ 장용영 설치는 정조. 💡**정조는 규수 탁초장 휘3통**☆ 규장각, 수원화성, 탁지지, 초계문신제, 장용영, 동문휘고, 대전통편, 신해통공, 무예도보통지
④ 경신환국 등 여러 차례 환국이 발생하였다.
　➡ 세 차례 환국 모두 숙종 때 일어난 일입니다.
⑤ 정여립 모반 사건을 빌미로 기축옥사가 일어났다.
　➡ 정여립 모반 사건으로 기축옥사가 일어난 것은, 선조 때이죠. 동인이 몰락합니다.
　💡**정기 영계**☆ 정철/정여립–기축옥사, 영창 대군 사사–계축옥사

25

(가) 기구에 대한 설명으로 옳은 것은? [3점]

> ○ 지방 고을에는 그곳의 유력한 집안이 있습니다. 그 가운데 서울에 살면서 벼슬하는 자들의 모임을 ⬚(가)⬚ (이)라고 합니다. … 간사한 향리의 범법 행위를 살펴서 지방의 풍속을 유지했는데, 그 유래가 오래되었습니다.
> － 『성종실록』 －
>
> ○ 평소에 각 고을을 담당하는 ⬚(가)⬚ (이)라고 부르는 곳도 원래는 지방의 풍속이 법에 어긋나는지 살피기 위하여 설치한 것입니다. 그런데 지금은 향리를 침학하여 사람들이 대부분 괴롭게 여기고 있습니다.
> － 『선조실록』 －

[출제영역] 경재소　　　　　　　정답 ④
[정답 개념정리]

> 조선시대 향촌 자치 기구인 유향소를 견제하기 위해 한양에 둔 기구가 경재소이죠. 경재소의 임원은 정부의 고관이 맡아 자기 출신 지역의 경재소를 관장하고, 유향소의 품관을 임명했어요. 유향소는 수령을 보좌하고 향리를 감찰했습니다. 유향소의 임원은 좌수와 별감이고, 왕권 강화의 상징인 태종과 세조 때는 유향소가 폐지되기도 했습니다.

① 사헌부, 사간원과 함께 3사로 불렸다.
　➡ 삼사는 양사(사헌부, 사간원)와 홍문관이죠.
② 소속 관원을 은대 학사라고도 칭하였다.
　➡ 은대는 승정원의 별칭입니다. 💡**승은**☆ 승정원, 은대
③ 서얼 출신 학자들이 검서관에 등용되었다.
　➡ 서얼 출신 학자들 💡**제공덕수**☆ (박제가, 유득공, 이덕무, 서이수)이 검서관으로 등용된 곳은 규장각이고, 정조 때 일이죠.
④ 관할 유향소 임원의 임명권을 행사하였다.
　➡ 관할 유향소 임원의 임명권 행사가 정확히 경재소의 권한입니다.
⑤ 대사성 이하 좨주, 직강 등의 관직을 두었다.
　➡ 대사성 이하 좨주, 직강 등의 관직은 성균관에 있었지요. 💡**성성**☆ 성균관, 대사성 💡**성균관에 좨직중**☆ 성균관 대사성 아래 좨주, 직강

(가) 인물에 대한 설명으로 옳은 것은? [2점]

우리 모둠은 열하일기에서 상공업 진흥과 청의 문물 수용을 주장한 [(가)] 에 대해 발표하려 합니다.

모둠별 주제 탐구

조선 후기 실학자의 활동

1모둠 지전설과 무한우주론을 주장한 홍대용

2모둠 성호사설에서 개혁안을 제시한 이익

3모둠 화폐 유통의 필요성을 주장한 [(가)]

[출제영역] 박지원　　　　　　　　정답 ④

[정답 개념정리]

대표적인 중상학파 실학자 박지원의 저서인 열하일기, 양반전, 허생전, 호질 등을 기억하세요.

① 북한산비가 진흥왕 순수비임을 고증하였다.
　➡ 황초령비와 북한산비가 진흥왕 순수비임을 고증한 학자는 조선 후기 김정희예요.

② 청으로부터 시헌력을 도입하자고 건의하였다.
　➡ 청으로부터 시헌력 도입을 건의한 학자는 효종 때 김육이죠.

③ 우서에서 사농공상의 직업적 평등을 주장하였다.
　➡ 우서에서 사농공상의 평등을 주장한 학자는 유수원입니다. 💡 유수 우서 ✨

④ 양반전을 지어 양반의 허례와 무능을 풍자하였다.
　➡ 양반전을 집필한 박지원의 호는 연암입니다.

⑤ 10리마다 눈금을 표시한 대동여지도를 완성하였다.
　➡ 대동여지도는 고산자 김정호가 만들었죠.

밑줄 그은 '이 시기'의 경제 상황으로 옳은 것은? [1점]

이것은 한양의 모습을 그린 수선총도입니다. 지도에서 시전의 위치를 확인할 수 있습니다. 이를 통해 알 수 있는 내용에 대해 더 설명해 주시겠어요?

지도에는 종로에 위치한 시전 외에도 도성 내 이현, 남대문 밖의 칠패와 같은 난전이 표기되어 있습니다. 이를 통해 시장이 도성 밖으로 확대되고 있던 이 시기의 모습을 확인할 수 있습니다. 당시에는 서로의 취급 물품을 두고 난전과 시전 사이의 갈등, 시전들 간의 다툼이 일어나기도 하였습니다.

종루시전　이현
칠패

[출제영역] 조선 후기의 경제　　　　정답 ②

[정답 개념정리]

시전과 난전의 다툼, 시전끼리의 갈등 등은 조선 후기의 경제 상황이지요. 정조 때는 신해통공이 단행되어 육의전을 제외한 시전 상인들의 금난전권이 폐지되어 자유로운 상업활동이 가능해진 것 또한 조선 후기 경제의 중요한 특징입니다. 💡 **정조는 규수 탁초장 휘3통** ✨ 규장각, 수원화성, 탁지지, 초계문신제, 장용영, 동문휘고, 대전통편, 신해통공, 무예도보통지

① 백성에게 정전이 지급되었다.
　➡ 백성에게 정전이 지급된 것은 신라 성덕왕 때입니다.

② 초량 왜관을 통해 일본과 교역하였다.
　➡ 두모포, 초량 왜관이 나오면 조선 후기이고, 염포, 제포 등이 나오면 조선 전기입니다.

③ 주전도감에서 해동통보가 발행되었다.
　➡ 주전도감의 해동통보 발행은 고려 숙종 대입니다. 고려 숙종은 활해삼을 좋아하는 것으로 암기하세요.
　💡 **고려 숙종은 활해삼** ✨ 활구(은병), 해동통보, 삼한통보

④ 벽란도가 국제 무역항으로 번성하였다.
　➡ 예성강 유역의 벽란도는 고려의 국제 무역항이죠.

⑤ 시장을 관리하기 위한 동시전이 설치되었다.
　➡ 동시전은 신라 지증왕 때 설치되었죠.
　💡 **지동시** ✨ 지증왕, 동시전 💡 **동순이가 왕이지라 우우** ✨ 동시전 설치, 순장 폐지, 이사부 등용, 왕 호칭 사용, 지증왕, 신라 국호 확정, 우산국 복속 by 이사부, 우경 시행

다음 가상 대화가 이루어진 시기에 볼 수 있는 모습으로 적절하지 않은 것은? [2점]

> 며칠 전 주상께서 각 궁방과 중앙 관청에 소속된 노비를 모두 양민으로 삼고, 노비 문서를 거두어 불태우라고 명하셨다는군.

> 나도 들었네. 선왕께서 노비 추쇄관을 혁파하셨는데, 그 뜻을 이어받으신 것 아니겠는가.

[출제영역] 순조의 공노비 해방   정답 ②
[정답 개념정리]

> 순조는 즉위 첫해인 1801년에 공노비 6만 6천여 명을 해방하죠. 공·사노비 모두가 폐지되는 1894년 1차 갑오개혁 전에도 대부분의 공노비가 해방된다는 사실을 알아두세요. 따라서 지문은 순조 재위기인 조선 후기를 설명하고 있습니다.

① 담배 농사를 짓는 농민
- ➡ 담배, 인삼, 고추 등의 상품 작물을 활발히 재배한 것은 조선 후기죠.

② 염포 왜관에서 교역하는 상인
- ➡ 염포는 세종 때 개항한 삼포 중 하나죠. 조선 전기입니다.

③ 세책가에서 춘향전을 빌리는 부녀자
- ➡ 책 대여점인 세책가, 한글 소설 춘향전 모두 조선 후기의 문화적 특징이죠.

④ 관청에 필요한 물품을 납품하는 공인
- ➡ 대동법 시행 이후 공인이 등장하지요. 조선 후기 경제의 중요한 특징입니다.

⑤ 송파장에서 산대놀이 공연을 벌이는 광대
- ➡ 탈춤과 산대놀이의 대중 오락화도 조선 후기 문화의 특징이에요.

(가) 조약에 대한 설명으로 옳은 것은? [2점]

설명	미국에서 발행된 'Frank Leslies Illustrated Newspaper' 1883년 9월 29일자에 실린 보빙사의 사진이다. 전권 대신 민영익과 부대신 홍영식 등으로 구성된 보빙사는 (가) 체결로 미국 공사가 부임하자 그에 대한 답례로 파견되었다. 미국에서 아서 대통령을 만나고 우체국, 신문사, 병원 등 각종 근대 시설을 시찰하고 돌아왔다.

[출제영역] 조미 수호 통상 조약   정답 ①
[정답 개념정리]

> 1880년 2차 수신사로 파견된 김홍집이 황준헌의 조선책략(러시아 견제를 위해 친중/결일/연미)을 들여오자, 이만손과 영남 유생들이 미국과의 수교 추진에 반대하는 영남만인소를 올렸지만, 결국 1882년 조미 수호 통상 조약이 체결되지요. 이 조약의 핵심 조항 몇 가지를 반드시 알아두셔야 합니다. 서양과 맺은 최초의 근대적 조약으로 거중 조정, 최혜국 대우(최초), 관세 규정을 포함하고 있어요.

① 최혜국 대우를 최초로 규정하였다.
- ➡ 최혜국 대우를 최초로 규정한 것은 정확히 조미 수호 통상 조약의 내용입니다.

② 통감부가 설치되는 계기가 되었다.
- ➡ 통감부는 1905년 제2차 한일 협약 즉 을사늑약이 체결된 후 설치되지요.

③ 천주교 포교 허용의 근거가 되었다.
- ➡ 천주교 포교 허용의 근거가 된 것은, 1886년에 체결된 조프 수호 통상 조약입니다.
  일본, 미국, 청 외의 나라와 맺은 조약 순서는 💡 **영독이러프**☆

④ 재정 고문을 두도록 하는 조항을 담고 있다.
- ➡ 재정 고문(메가타)을 두는 조항은 제1차 한일 협약이죠. 외교 고문은 스티븐스입니다.

⑤ 부산, 원산, 인천이 개항되는 결과를 가져왔다.
- ➡ 부산과 두 개의 항구(원산, 인천) 개항은 조일 수호 조규(강화도 조약)이지요.
  💡 **강화도 조약 때문에 10엔도 없어없어없어 (부)원인을 (파)해치자!**☆ *10리 한행이정, 일본 화폐 사용, 무관세, 무항세, 무제한 곡물 유출, 부산/원산/인천 개항, 해안 측량권, 치외법권(영사재판권), 자주국*

(가)에 대한 탐구 활동으로 가장 적절한 것은? [1점]

[출제영역] 동학 농민 운동   정답 ③
[정답 개념정리]

> 고부 군수 조병갑, 전봉준, 사발통문, 고부 농민 봉기 등은 모두 동학 농민 운동의 키워드이죠. 💡**삽보고백 토룡전복 논공치기**✦ 삼례집회–보은집회–고부 봉기–무장/백산 봉기–황토현/황룡촌 전투–전주성 함락/전주화약–일본의 경복궁 점령–논산 집결–공주 우금치 전투

① 삼국 간섭의 결과를 알아본다.
➡ 삼국 간섭은 청일전쟁(1894~1895) 후 시모노세키 조약으로 일본이 랴오둥 반도를 할양받게 되자 러시아, 프랑스, 독일 삼국이 반대하여 청에 반환하게 한 사건이죠. 💡**거친 개의 삼국 간섭**✦ 러프독

② 척화비가 건립된 계기를 조사한다.
➡ 척화비 건립은 흥선대원군 집권기 후반부의 일이에요. 💡**유~병제병오신척**✦ 신유박해(1801)~병인박해(1866)–제너럴셔먼호 사건–병인양요–오페르트 도굴 미수 사건(1868)–신미양요(1871)–척화비 건립(1871)

③ 전주 화약이 체결되는 과정을 살펴본다.
➡ 전주화약은 동학농민군 1차 봉기의 결과 체결되었습니다. 💡**토룡전복**✦

④ 영국이 거문도를 점령한 목적을 분석한다.
➡ 거문도 사건(1885)은 갑신정변 후 청의 간섭이 심해지자, 조선이 친러 정책을 펼쳤고, 러시아를 견제하기 위해 영국이 거문도를 불법 점령한 사건이지요. 💡**바로 점령**✦ 1885

⑤ 외규장각 도서가 약탈된 배경을 찾아본다.
➡ 1866년 병인양요 때 퇴각하던 프랑스 군대가 외규장각의 도서(의궤 등)를 약탈했죠.

밑줄 그은 '개혁'의 내용으로 옳은 것은? [2점]

> 어제 발행된 관보를 보았는가? 지난 8월 국모 시해 사건 이후 김홍집 내각에서 추진한 개혁의 일환으로 태양력을 시행한다더니, 그에 맞추어 연호를 새로 정하라는 조칙이 내려졌군.

> 그래서 내일부터 양력 1월 1일이 시작되고, 새로운 연호는 건양으로 정해졌다고 하네.

[출제영역] 을미개혁   정답 ③
[정답 개념정리]

> 을미개혁은 다음의 암기 코드로 해결할 수 있죠.
> 💡**을미의 찐친 양양이는 위생적이야**✦ 을미개혁, 진위대(지방군)/친위대(중앙군), 태양력 사용, 건양 연호, 단발령, 종두법 시행

① 양전 사업을 실시하여 지계를 발급하였다.
➡ 최초의 근대적 토지 소유 문서인 지계를 발급한 것은 대한 제국의 광무개혁이죠.

② 지방 행정 구역을 8도에서 23부로 개편하였다.
➡ 지방을 8도에서 23부로 개편한 것은, 제2차 갑오개혁이죠. 💡**2 2**✦ 2차 갑오개혁, 23부

③ 군제를 개편하여 친위대와 진위대를 설치하였다.
➡ 군제를 개편하여 진위대와 친위대를 설치한 것이, 을미개혁입니다. 💡**을미의 찐친~**✦

④ 공사 노비법을 혁파하고 과부의 재가를 허용하였다.
➡ 공사 노비법 혁파, 과부 재가 허용은 1차 갑오개혁이죠.

⑤ 교육의 기본 방향을 제시한 교육 입국 조서를 반포하였다.
➡ 교육입국 조서 반포는 제2차 갑오개혁입니다. 💡**2 이**✦ 2차 갑오개혁, 교육입국 조서

밑줄 그은 '전쟁' 기간에 있었던 사실로 옳은 것은? [3점]

미국 잡지 '포퓰러 매거진'의 1912년 마지막 호에는 한반도를 둘러싼 대한 제국과 일본, 러시아 간의 암투를 다룬 첩보 소설(The cat and the king)이 실렸습니다. 베델, 민영환 등 당대 인물들이 등장하는 이 소설은 일제가 포츠머스 조약을 체결하여 <u>전쟁</u>을 끝내고 대한 제국의 외교권을 박탈하려 하는 등 긴박하게 전개되었던 당시 상황을 배경으로 하고 있습니다.

[출제영역] 러일 전쟁   정답 ②
[정답 개념정리]

> 러일 전쟁 중에 일어난 사건들의 순서를 잘 기억해 두어야 합니다. 일제는 1904년 러일 전쟁을 일으키고, 전쟁 중 열강들과의 밀약과 동맹을 통해 한반도 지배를 위한 절차를 밟습니다. 미국과의 가쓰라–태프트 밀약, 영국과의 2차 영일동맹, 전쟁 승리 후 러시아와 포츠머스 강화 조약을 맺지요. 그리고 1905년 을사늑약이 체결되어 조선의 외교권이 박탈됩니다. 💡**가영포을**☆ 가쓰라 태프트 밀약–2차 영일동맹–포츠머스 강화 조약–을사늑약

① 고종이 아관파천을 단행하였다.
➡ 을미사변(1895) 이후 신변에 위협을 느낀 고종이 아관파천을 단행하죠.
② 일본이 독도를 불법 편입하였다.
➡ 일본은 러일 전쟁 중인 1905년 시마네현 고시 제40호를 발표하고 독도를 불법 편입합니다.
③ 러시아가 절영도 조차를 요구하였다.
➡ 러시아의 절영도 조차 요구 저지는 독립 협회 특히 만민 공동회(1898)의 결과지요.
④ 조청 상민 수륙 무역 장정을 체결하였다.
➡ 조청 상민 수륙 무역 장정은 임오군란(1882) 후 체결됩니다. 💡**임오는 포청천**☆ 임오군란–제물포조약, 조청 상민수륙무역장정
⑤ 평양 관민이 대동강에 침입한 제너럴셔먼호를 불태웠다.
➡ 제너럴셔먼호 사건은 흥선대원군 집권기인 1866년에 일어나죠. 💡**유~병제병오신척**☆

(가) 신문에 대한 설명으로 옳은 것은? [1점]

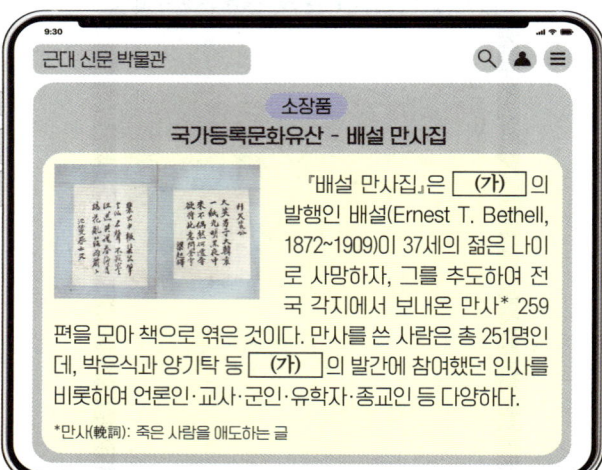

근대 신문 박물관

소장품
국가등록문화유산 - 배설 만사집

『배설 만사집』은 [(가)] 의 발행인 배설(Ernest T. Bethell, 1872~1909)이 37세의 젊은 나이로 사망하자, 그를 추도하여 전국 각지에서 보내온 만사* 259편을 모아 책으로 엮은 것이다. 만사를 쓴 사람은 총 251명인데, 박은식과 양기탁 등 [(가)] 의 발간에 참여했던 인사를 비롯하여 언론인·교사·군인·유학자·종교인 등 다양하다.

*만사(輓詞): 죽은 사람을 애도하는 글

[출제영역] 대한 매일 신보   정답 ④
[정답 개념정리]

> 양기탁과 영국인 베델(배설)이 1904년에 발간한, 대한매일신보는 1907년 국채보상운동을 적극 지원한 것으로 유명합니다. 국채보상운동은 서광돈, 김광제 주도로 대구에서 시작되어 전국으로 확산한 운동이죠.
> 💡**한국채대**☆ 국채보상운동, 대구, 대한매일신보
> 💡**빚 갚기**☆ 서광돈, 김광제

① 박문국에서 발행하였다.
➡ 박문국에서 발행한 관보 성격의 신문은 한성순보, 한성주보 등이죠.
② 브나로드 운동을 주도하였다.
➡ 1931년 브나로드 운동을 주도한 신문은 동아일보입니다.
③ 여권통문을 처음 게재하였다.
➡ 여권통문의 전문을 처음 게재한 신문은 황성신문이죠.
④ 국채 보상 운동을 지원하였다.
➡ 국채 보상 운동 지원은 대한매일신보죠.
💡**한국채대**☆ 국채 보상 운동, 대구, 대한매일신보
⑤ 순 한글판으로 발행된 최초의 신문이었다.
➡ 순 한글판으로 발행된 최초의 신문은 독립신문이죠.

34

(가)에 들어갈 내용으로 가장 적절한 것은? [2점]

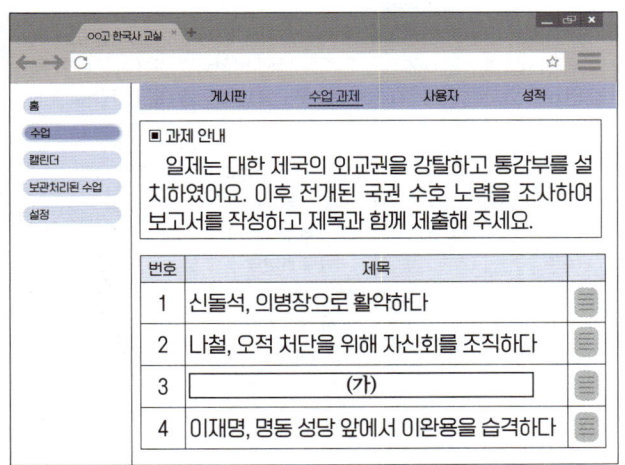

[출제영역] 을사늑약에 대한 저항   정답 ⑤
[정답 개념정리]

> 을사늑약으로 통감부가 설치되고, 우리의 외교권이 박탈되죠. 을사늑약 이후 우리의 저항을 잘 알아두셔야 해요. 우선 을사의병(최익현, 신돌석, 민종식) 🔅**최신식 의병**☆이 일어났지요. 1907년에는 나철, 오기호 등이 을사오적 처단을 위해 '자신회'를 조직하죠. 또 을사늑약의 부당성을 세계에 알리기 위해 고종은 만국 평화 회의가 열리고 있는 네덜란드 헤이그에 특사(이준, 이위종, 이상설)를 파견하죠. 이것이 발각되어 고종은 강제 퇴위를 당하게 되죠. 1909년에는 이재명이 을사오적 중한 사람인 이완용을 습격하기도 합니다.

① 김홍집, 조선책략을 가져오다
➡ 김홍집은 1880년 2차 수신사로 일본에 가서 조선책략을 들여오죠.

② 김옥균, 개화당 정부를 수립하다
➡ 갑신정변은 1884년입니다.

③ 김윤식, 영선사로 청에 다녀오다
➡ 영선사는 1881년에 청에 파견되죠.
🔅**수영보**☆ 수신사, 영선사, 보빙사

④ 유길준, 조선 중립화론을 건의하다
➡ 유길준의 조선 중립화론은 거문도 사건이 있었던 1885년입니다. 독일 부총영사 부들러도 비슷한 시기에 중립화론을 제기하였다는 사실을 알아두세요.

⑤ 이상설, 고종의 특사로 헤이그에 가다
➡ 1907년 헤이그 특사 파견이 을사늑약 이후의 일이에요.

35

밑줄 그은 '이 지역'에서 있었던 민족 운동으로 옳은 것은? [3점]

> 제△△호   **□□ 신문**   ○○○○년 ○○월 ○○일
>
> ### 「원병상 회고록」으로 본 국외 민족 운동
>
> 한국 독립운동사의 일면을 살펴볼 수 있는 책이 발간되었다. 이 책은 신흥 무관 학교 졸업생이자 교관으로 독립군 양성에 헌신한 원병상의 회고록이다. 책에는 이 지역에 세워진 신흥 무관 학교의 변화 과정과 학생들의 생활상이 구체적으로 담겨 있을 뿐만 아니라, 국권 피탈 이후 망명해 온 독립지사들이 힘겹게 정착해 나가는 과정이 생생하게 기록되어 있어 독립운동사와 생활사 자료로서 가치가 크다.

[출제영역] 서간도 지역의 민족 운동   정답 ①
[정답 개념정리]

> 1910년대 해외 독립운동 문제이지요. 지역별 자치 기구와 활동 내용을 꼭 알아두어야 합니다. 서간도는 삼원보 지역에 경학사, 부민단, 한족회 등의 자치 기구를 두었고, 신흥강습소에서 출발한 신흥무관학교, 서로군정서와 같은 부대가 중요합니다. 서간도, 신흥무관학교, 삼원보, 서로군정서! 🔅人☆이 많지요^^

① 한인 자치 기구인 경학사가 설립되었다.
➡ 경학사는 서간도 지역에 설립된 한인 자치 기구이지요.
🔅**경부한**☆ 경학사, 부민단, 한족회

② 권업회가 조직되어 기관지를 발행하였다.
➡ 권업회는 연해주 지역의 단체로 권업 신문을 발행했어요.

③ 유학생들을 중심으로 2·8 독립 선언서가 발표되었다.
➡ 2·8 독립 선언서는 일본 도쿄의 유학생들이 발표했습니다.

④ 대조선 국민 군단이 결성되어 군사 훈련을 실시하였다.
➡ 대조선 국민 군단은 박용만이 하와이에서 결성한 군사 교육단체입니다.

⑤ 흥사단이 창립되어 교민들에게 민족의식을 심어주고자 하였다.
➡ 흥사단은 안창호가 미국에서 만든 항일운동단체입니다.
🔅**ㅎㅎ**☆ 흥사단, 안창호

36
71회 38번

밑줄 그은 '시기'의 사회 모습으로 가장 적절한 것은?

[2점]

> 개성에서 청년 두 명이 웃통을 벗고 일하다가 순사에게 발견되어 태형에 처해졌다는 신문 기사입니다. 일제가 조선 태형령을 시행한 <u>시기</u>에는 기사의 내용처럼 사소한 사안에도 태형이라는 가혹한 형벌이 집행되었습니다.

[출제영역] 1910년대의 사회 모습 정답 ⑤
[정답 개념정리]

> 일제 강점기는 통치 방식에 따라 땅을 빼앗은 1910년대 무단 통치기, 쌀을 빼앗은 1920년대 문화정치기, 그리고 정신까지 다 빼앗은 1930년대 이후 민족 말살 통치기로 나누어집니다.
> 💡**땅 쌀 다**✿ 그중 무단 통치기의 키워드는 토지 조사 사업, 헌병 경찰제, 조선 태형령, 회사령을 비롯한 각종 명령인 어업령, 광업령, 산림령 등입니다.

① 육영 공원에서 외국인 교사를 초빙하였다.
  ➡ 육영 공원은 1886년에 설립된 최초의 관립교육기관이죠.
   💡**육6**✿ 육영 공원, 1886년
② 애국반이 편성되어 일상생활이 통제되었다.
  ➡ 애국반은 1938년 이후 일제가 전시동원과 황국신민화를 위해 만든 말단 주민 통제 조직으로, 민족 말살 통치기(1930년대 후반~1945)의 핵심 키워드입니다.
③ 조선 형평사가 창립되어 형평운동을 전개하였다.
  ➡ 형평운동은 1920년대 진주에서 시작된 백정의 차별 반대 운동이죠. 💡**백진주**✿ 백정 차별 반대 형평운동-진주
④ 나운규가 제작한 아리랑이 단성사에서 개봉되었다.
  ➡ 나운규의 아리랑 개봉은 1926년입니다.
   💡**아라리육**✿ 아리랑, 1926년
⑤ 경복궁에서 조선 물산 공진회가 최초로 개최되었다.
  ➡ 경복궁에서의 조선 물산 공진회 개최는 1915년입니다.

37
70회 35번

밑줄 그은 '운동'에 대한 설명으로 옳은 것은?

[1점]

> 이 자료는 고종의 인산일을 계기로 시작된 만세 <u>운동</u>에서 불렀던 독립가 전단입니다. 당시에 우리 민족은 독립 선언서를 발표하고 대한 독립 만세를 외치며 전국 각지와 해외 곳곳에서 시위를 이어 나갔습니다.

> 터졌구나 터졌구나
> 조선 독립성
> 십 년을 참고참아
> 이제 터졌네
> 삼천리의 금수강산
> 이천만 민족
> 살았구나 살았구나
> 이 한 소리에

[출제영역] 3·1 운동 정답 ③
[정답 개념정리]

> 고종의 인산일을 계기로 일어난 것은 1919년 3·1운동이고, 순종의 인산일을 계기로 일어난 것은 1926년 6·10 만세 운동이지요.
> 💡**고3 6순**✿ 고종 인산-3·1 운동, 6·10 만세 운동-순종 인산
> 3·1 운동의 결과 조직적인 독립운동의 필요성을 느끼고, 대한민국 임시정부가 탄생하였고, 일제는 통치 방식을 문화정치로 바꿉니다. 그리고 우리의 항일 투쟁 방식도 평화적 방법의 한계를 인식하게 되어, 만주와 연해주를 중심으로 무장 투쟁의 열기가 고조되지요.

① 통감부의 방해와 탄압으로 중단되었다.
  ➡ 통감부(1905~1910)의 방해와 탄압으로 중단된 것은 국채 보상 운동(1907)이지요.
② 천도교 소년회가 창립된 후 본격화되었다.
  ➡ 천도교 소년회는 1921년에 창립되었습니다.
③ 일제가 이른바 문화 통치를 실시하는 배경이 되었다.
  ➡ 3·1 운동 이후 일제는 무단 통치에서 문화정치로 통치 방식을 바꾸었습니다.
④ 성진회와 각 학교 독서회에 의해 전국으로 확산되었다.
  ➡ 성진회와 독서회에 의해 전국으로 확산한 운동은 1929년 광주 학생 항일 운동입니다.
⑤ 시위를 준비하는 과정에서 사회주의자들이 대거 검거되었다.
  ➡ 준비 과정에서 사회주의자들이 검거된 것은 6·10 만세 운동이죠.

38

(가)에 대한 설명으로 옳은 것은? [1점]

> 저희 모둠에서는 이번 체험 학습 답사지로 백산 상회 설립자 안희제를 기념하는 백산기념관을 선정하였습니다. 백산 상회는 백산 무역 주식회사로 개편된 이후 (가) 의 연통제 조직을 통해 독립운동 자금을 조달하였으며, 독립신문 보급 등의 역할도 담당하였습니다.

[출제영역] 대한민국 임시정부 정답 ④
[정답 개념정리]

> 안희제의 백산 상회와 영국인 루이스 쇼의 이륭양행은 임시정부의 독립 자금을 조달하고 통신기구 역할을 하였습니다. 임시정부 관련해서 꼭 기억해 두어야 할 내용은 독립 공채를 발행했다는 것이에요. 독립으로 시작하는 공채이지만 독립 협회가 발행한 것이 아니라 임시정부가 발행했다는 사실을 꼭 기억해 주세요.

① 고종 강제 퇴위 반대 운동을 전개하였다.
➡ 고종 강제 퇴위 반대 운동을 전개한 단체는, 대한 자강회이지요. 💡**강강**✿ *대한 자강회—고종 강제 퇴위 반대*

② 일제의 황무지 개간권 요구를 저지하였다.
➡ 일제의 황무지 개간권 요구를 저지한 것은 보안회와 농광 회사입니다. 💡**황무지엔 보안광**✿ *황무지 개간권 요구 저지—보안회, 농광 회사*

③ 영은문이 있던 자리 부근에 독립문을 건립하였다.
➡ 독립문을 건립한 단체는 독립 협회죠.

④ 독립운동 자금 마련을 위해 독립 공채를 발행하였다.
➡ 독립 자금 마련을 위해 독립 공채를 발행한 것은 정확히 대한민국 임시 정부입니다.

⑤ 조선 총독부에 국권 반환요구서를 제출하려 하였다.
➡ 총독부에 국권 반환요구서 제출을 시도한 단체는 1910년대 임병찬의 독립의군부입니다.

39

밑줄 그은 '운동'에 대한 설명으로 옳은 것은? [2점]

> 선생님께서 참여하신 운동은 '조선 사람 조선 것'이라는 구호를 내세웠다는 점에서 사실상 독립 운동이 아니냐고 일제 경찰이 심문 할 때 어떻게 대응하셨나요?

> 조선 물산의 생산과 소비를 장려하는 운동에 조선인이 참여하는 것은 당연한 일이 아닌가. 오사카 사람이 오사카의 물산을 장려하는 것도 문제 삼을 것이냐고 반문하니 주의만 주고 가더군요.

[출제영역] 물산장려운동 정답 ③
[정답 개념정리]

> 조선 사람 조선 것이라는 구호 아래 조선 물산의 생산과 소비를 장려한 운동입니다. 평양에서 조만식의 주도로 시작되어 전국으로 확산했지만, 큰 효과를 거두지 못하였고, 자본가의 이익만을 위한 것이라는 사회주의 세력의 비판도 있었습니다.
> 💡**ㅁㅅ**✿ *물산 만식*

① 조선 노동 총동맹을 중심으로 전개되었다.
➡ 조선 노동 총동맹은 1924년에 결성되었고, 이후 1927년에 노동 총동맹과 농민 총동맹으로 분립되어 각각 조직됩니다.

② 보국안민, 제폭구민 등이 구호로 사용되었다.
➡ 보국안민, 제폭구민은 동학 농민 운동의 구호입니다.

③ 조선 관세령 폐지 등을 배경으로 확산하였다.
➡ 조선 관세령 폐지로 일본 제품이 싼값에 들어오게 되어 물산장려운동이 확산합니다.

④ 황국 중앙 총상회가 설립되는 결과를 가져왔다.
➡ 1898년 상권 수호를 위해 시전 상인들 주도로 황국 중앙 총상회가 설립되죠.

⑤ 일본 제일은행권 화폐가 유통되는 계기가 되었다.
➡ 제일은행권 화폐 유통은 1902년 일본 정부가 일본 제일은행의 조선 내 은행권 발행을 허가하면서 시작되었습니다. 1905년 화폐 정리 사업 이후 본격화되었지요.

밑줄 그은 '시기'에 볼 수 있는 모습으로 가장 적절한 것은?
[3점]

[출제영역] **1920년대의 사회 모습** 정답 ⑤
[정답 개념정리]

> 나운규의 아리랑이 처음 상영된 것은 1926년입니다.
> 💡 **아라리요** ☆ 아리랑, 1926년

① 관민 공동회에서 연설하는 백정

➡ 독립 협회의 관민 공동회는 1898년이죠.

② 교육입국 조서를 발표하는 관리

➡ 교육입국 조서는 2차 갑오개혁 때 발표되죠. 1895년의 일이며 한성 사범학교가 설립되죠.
💡 **이2** ☆ 교육입국 조서, 2차 갑오개혁

③ 원각사에서 은세계 공연을 보는 관객

➡ 원각사의 은세계 상연은 1908년입니다.

④ 전차 개통식에 참여하는 한성 전기 회사 직원

➡ 전차의 개통은 1899년.
💡 **은하철도 999** ☆ 전차 개통, 1899년

⑤ 카프(KAPF)를 형성하여 활동하는 신경향파 작가

➡ 사회주의 영향을 받은 카프(신경향파) 문학은 1920년 대죠.

(가)에 들어갈 내용으로 가장 적절한 것은? [1점]

[출제영역] **일제 강점기의 문화** 정답 ①
[정답 개념정리]

> 일제 강점기에서 문화 관련 문제가 나오면 1920년대 문화정치기와 1930년대 초에 해당할 수밖에 없습니다. 왜냐하면 1910년대는 무단 통치기이고, 1930년대 이후 는 전시 상황이었으니까요. 1920년대에는 잡지나 방송 을 통해 근대 문화가 소개되어 서양식 패션을 추구하는 모던걸, 모던 보이가 나타났고 논란의 대상이 되었죠. 히라타(1926), 미쓰코시(1930) 같은 백화점이 생겨나 면서 일부 상류층만 이용하는 식민지 선전 공간으로 활용 되었습니다.

① 나운규의 영화 아리랑이 상영되었습니다.

➡ 나운규의 아리랑은 단성사에서 1926년에 상영되었죠.
💡 **아라리요** ☆ 아리랑, 1926년

② 한글 신문인 제국신문이 간행되었습니다.

➡ 제국신문과 황성신문은 대한제국 시기인 1898년에 창 간되었어요.

③ 정비석의 소설 자유부인이 출판되었습니다.

➡ 소설 자유부인은 1954년에 간행되었어요. 이승만 정부 시기죠.

④ 잡지 사상계가 높은 판매 부수를 기록하였습니다.

➡ 잡지 사상계는 1953년에 장준하가 창간한 월간지죠. 이승만 정부 시기입니다.

⑤ 아침 이슬 등의 곡이 금지곡으로 지정되었습니다.

➡ 아침 이슬이 금지곡으로 지정된 것은, 1975년 박정희 정부 시기죠.

42 69회 40번

다음 가상 인터뷰의 주인공에 대한 설명으로 옳은 것은? [2점]

> 며칠 전 경성에서 조선사회 경제사 출판 축하회가 있었습니다. 저자로서 책에 대한 소개를 부탁드립니다.

> 저는 우리 역사의 전개 과정을 세계사의 보편적인 발전 법칙에 따라 네 단계로 나누어 파악하였습니다. 이 책에서는 그중 원시 씨족 사회와 삼국 정립기의 노예제 사회에 대해 서술하였습니다.

[출제영역] 백남운   정답 ③
[정답 개념정리]

> 백남운은 유물사관에 입각한 그의 저서 조선 사회 경제사를 통해 일제 식민사관의 정체성론을 비판했습니다. 일제 강점기의 역사서 관련해서 단골로 출제되는 내용이기에 반드시 알아두셔야 합니다.

① 진단 학회를 조직하였다.
→ 실증주의 사학을 표방하는 진단 학회를 조직한 학자는 이병도, 손진태입니다.

② 한국독립운동지혈사를 저술하였다.
→ 한국독립운동지혈사와 한국 통사를 저술한 학자는 박은식이죠.
💡**아픈 건 박은식**✰ 한국 통사, 한국독립운동지혈사

③ 식민 사학의 정체성론을 반박하였다.
→ 백남운의 조선 사회 경제사는 식민사관의 정체성론을 반박했습니다.

④ 우리말 큰 사전 편찬 사업을 추진하였다.
→ 우리 말 큰 사전 편찬 사업을 추진한 단체는 1931년에 조직된 조선어 학회입니다.

⑤ 민족의 얼을 강조하고 조선학 운동을 주도하였다.
→ 조선학 운동을 주도하고 얼을 강조한 학자는 정인보이죠. 💡**정인보얼**✰

43 69회 41번

(가) 부대에 대한 설명으로 옳은 것은? [2점]

> 한국 독립운동을 촉진하고 한국 혁명 역량을 집중하기 위해 이번 달 15일 중국 국민당 군사 위원회는 조선 의용대를 개편하여 [(가)]에 편입할 것을 특별히 명령하였다. 제1지대는 총사령에게 직속되어 이(지)청천 장군이 통할한다. … [(가)]의 총사령부는 충칭에 설치하기로 결정하였다.

[출제영역] 한국광복군   정답 ④
[정답 개념정리]

> 조선혁명군, 한국 독립군, 조선의용대, 한국광복군 등은 정말 중요한 독립군 무장 부대이죠. 그중 중국 국민당 정부의 지원을 받았고, 충칭 임시정부 산하 부대로 1940년에 창설한 부대는 한국광복군이죠. 김원봉의 조선의용대 일부가 1942년에 한국광복군에 합류하게 되는 것도 꼭 알아두어야 합니다.

① 자유시 참변으로 세력이 약화되었다.
→ 자유시 참변으로 약해진 부대는 대한독립군단입니다.
💡**봉춘리간대 자참신정신미쓰야이**✰
· **봉춘리간대:** 봉오동 전투-훈춘사건-청산리 대첩-간도 참변-대한독립군단
· **자참정신미쓰야이:** 자유시 참변-참의부/정의부/신민부-미쓰야 협정-이부(국민부, 혁신의회)로 정리

② 영릉가 전투에서 일본군에 승리하였다.
→ 영릉가 전투에서 승리한 건 조선혁명군이죠.
💡**양조혁은 남쪽의 영흥**✰ 양세봉, 조선혁명군, 남만주, 의용군과 연합, 영릉가·흥경성 전투

③ 쌍성보 전투에서 한중 연합작전을 전개하였다.
→ 쌍성보 전투에서 한중 연합작전을 전개한 부대는 한국독립군입니다.
💡**호~지독한 쌍대사**✰ 호로군과 연합, 지청천, 한국 독립군, 쌍성보·대전자령·사도하자 전투

④ 국내 정진군을 편성하여 국내 진공 작전을 추진하였다.
→ 인도·미얀마 전선에 투입됐고, 미국 OSS와 함께 국내 진공작전을 추진한 부대는 한국광복군입니다.

⑤ 홍범도 부대와 연합하여 청산리에서 일본군을 격퇴하였다.
→ 홍범도의 대한독립군과 함께 청산리 대첩을 승리로 이끈 부대는 김좌진의 북로군정서죠.

(가)에 대한 설명으로 옳지 <u>않은</u> 것은? [2점]

【이달의 독립운동가】

하늘에서 땅에서 독립운동을 펼쳐나간
이상정·권기옥 부부

이상정과 권기옥은 중국에서 독립 운동을 하던 중 부부의 연을 맺고, 함께 독립운동에 헌신하였다. 중국군에서 활동하던 이상정은 ⎡ (가) ⎤의 한국광복군 창설에 기여하였고, 외무부 외교 연구 위원으로도 활동하였다.

한국 최초의 여성 비행사였던 권기옥은 대한민국 애국 부인회를 재조직하였고, 다른 한국인 비행사들과 함께 충칭에서 한국광복군 비행대 설립을 계획하던 중 해방을 맞았다. 이러한 공적을 인정하여 1977년 건국훈장 독립장을 각각 추서 및 수여하였다.

▲ 권기옥과 이상정

[출제영역] 대한민국 임시정부　　　　정답 ①
[정답 개념정리]

3·1 운동의 영향으로 1919년에 상하이에서 수립된 대한민국 임시정부는 여러 차례 이동을 거쳐 1940년 충칭에 자리 잡았고, 직속부대인 한국광복군을 만들었지요.

① 한인 자치 기관인 경학사를 조직하였다.
➡ 한인 자치 기구 경학사는 1910년대 서간도에 만들어지죠. 부민단, 한족회로 이어지죠.
　🔆 **경부한** 경학사―부민단―한족회

② 자금 마련을 위해 독립 공채를 발행하였다.
➡ 임시정부는 독립운동 자금 마련을 위해 독립 공채를 발행합니다. 독립 협회가 발행한 게 아니에요.

③ 삼균주의를 기초로 하는 건국 강령을 발표하였다.
➡ 조소앙의 삼균주의를 기초로 건국 강령을 발표한 것은 임시정부입니다. 1941년. 🔆 **대단 17, 건강 41** 대동단 결성선언 1917년, 건국 강령 1941년

④ 육군 주만 참의부를 편성하여 무장 투쟁을 펼쳤다.
➡ 1920년대 자유시 참변 이후, 남만주에 임시정부 직할 부대인 참의부가 조직되었죠.
　🔆 **봉춘리간대 자참신정신미쓰야이**

⑤ 임시 사료 편찬회를 두어 한일 관계 사료집을 간행하였다.
➡ 임시정부는 임시 사료 편찬회를 두고 한일 관계 사료집을 편찬합니다.

(가)에 들어갈 주제로 가장 적절한 것은? [2점]

2025년 연속 기획 강좌
헌법으로 보는 한국 현대사

우리 학회에서는 헌법의 변천에 따른 민주주의 발전의 역사를 살펴보는 강좌를 마련하였습니다. 이번 달에는 '제헌 헌법'에 대한 강의를 준비하였으니 많은 관심과 참여 바랍니다.

■ 강의 주제 ■
[제1강] 헌법 전문, 3·1 운동의 정신을 담다
[제2강] 민주 공화국의 명문화로 주권 재민의 원칙을 다시 천명하다
[제3강] 　　　　　(가)
[제4강] 농민에게 농지를 분배하는 경자유전의 실현을 추구하다

■ 일시: 2025년 ○○월 매주 토요일 15:00~17:00
■ 장소: □□ 학회 회의실

[출제영역] 제헌 헌법　　　　정답 ②
[정답 개념정리]

제헌국회가 만든 헌법이지요. 정부 수립 후 가장 먼저 해야 할 일인 반민족 행위자 처벌, 농지개혁에 관한 규정들이 있다는 것이 특징입니다.

① 양원제 국회와 내각 책임제 정부를 구성하다
➡ 양원제 국회와 내각 책임제 정부는 3차 개헌 이후의 장면 내각입니다.
　🔆 **3간내양** 3차 개헌, 간선제, 내각 책임제, 양원제

② 반민족 행위자를 처벌할 수 있는 근거를 마련하다
➡ 반민족행위처벌법은 제헌 헌법의 규정에 따라 마련된 법률이지요.

③ 국민의 직접 선거로 5년 단임제 대통령을 선출하다
➡ 5년 단임의 대통령 직선제는 9차 개헌의 내용이죠. 지금도 계속 적용되고 있고요.

④ 초대 대통령의 중임 제한 철폐, 장기 집권 체제를 강화하다
➡ 초대 대통령의 중임 제한 철폐는 2차 개헌, 사사오입 개헌입니다. 1954년.

⑤ 긴급조치, 대통령이 국민의 기본권을 제한할 수 있게 하다
➡ 국민의 기본권을 제한하는 긴급조치권은 유신 헌법의 내용이죠. 7차 개헌

밑줄 그은 '정부' 시기에 있었던 사실로 옳은 것은? [2점]

> 이 사진은 6·25 전쟁 중 부산 임시 국회에서 개헌안을 표결하는 장면입니다. 정부는 부산 일대에 계엄을 선포하고 야당 의원들이 탄 통근 버스를 강제로 연행하는 등 공포 분위기를 조성하였습니다. 개헌안은 군인과 경찰이 국회 의사당을 완전히 포위한 상태에서 토론 없이 기립 표결로 통과되었습니다.

[출제영역] 이승만 정부　　　　　　　　　정답 ②

[정답 개념정리]

> 6·25 전쟁 중인 1952년, 임시 수도 부산에서 이루어진 개헌이 1차 개헌, 발췌 개헌이죠. 계엄이 선포되고, 국회 의원 통근 버스가 연행되었으며, 기립 표결로 통과되었습니다.

① 경부 고속 도로가 개통되었다.

➡ 경부고속도로의 개통은 1970년입니다. 박정희 정부 때의 일이죠. 1970년에는 포항제철소 착공, 새마을 운동 시작, 전태일 분신 등의 일도 일어납니다.

② 한미 상호 방위 조약이 체결되었다.

➡ 한미 상호 방위조약은 6·25 전쟁이 끝난 1953년 10월에 체결되죠. 이승만 정부죠.

③ 함평 고구마 피해 보상 운동이 전개되었다.

➡ 함평 고구마 피해 보상 운동은 박정희 정부 때 일어난 농민 운동입니다. 1976~1978년.

④ 대통령 긴급 명령으로 금융실명제가 실시되었다.

➡ 금융실명제는 김영삼 정부 때 실시되었지요.
　💡 ㄱㅇㅅ☆ 금융실, 김영삼

⑤ 사회 정화를 명분으로 삼청교육대가 설치되었다.

➡ 삼청교육대 설치는 전두환 신군부 시기의 조치였습니다.

밑줄 그은 '민주화 운동'에 대한 설명으로 옳은 것은?

[1점]

> 사진 속 쓰러진 인물이 대학교 정문에서 시위 도중 경찰이 쏜 최루탄에 피격된 이한열이지?

> 맞아. 이 사건은 호헌 철폐와 독재 타도를 외친 민주화 운동이 확산하는데 영향을 주었어.

[출제영역] 6월 민주항쟁　　　　　　　　　정답 ③

[정답 개념정리]

> 이한열 학생의 피격으로 6월 민주항쟁은 더욱 확산했고, 노태우 민정당 대통령 후보는 6·29 선언으로 직선제 개헌안을 수용하기로 합니다. 결국 9차 개헌이 단행되지요.

① 유신체제 붕괴의 배경이 되었다.

➡ 유신체제 붕괴의 배경이 된 것은 부마 민주 항쟁에 이어진 10·26 사태입니다.

② 당시 대통령이 하야하는 결과를 가져왔다.

➡ 이승만 대통령의 하야를 가져온 것은 4·19 혁명입니다.

③ 5년 단임의 대통령 직선제 개헌을 이끌어냈다.

➡ 5년 단임의 대통령 직선제가 9차 개헌의 주된 내용입니다.

④ 시위 과정에서 시민군이 자발적으로 조직되었다.

➡ 시민군이 계엄군과 대치한 것은 5·18 민주화 운동이죠.

⑤ 굴욕적인 한일 국교 정상화에 반대하여 일어났다.

➡ 굴욕적 한일 국교 정상화에 반대한 시위는 1964년 6·3 시위입니다.

48 _____ 69회 50번

다음 뉴스가 보도된 정부 시기에 있었던 사실로 옳은 것은? [3점]

오늘 수방사령관과 특전사령관이 해임되었습니다. 지난달 육군참모총장과 기무사령관이 교체된 이후 불과 한 달여만에 단행된 인사조치입니다. 군 내부의 사조직을 해체하려는 문민정부의 의지가 반영된 것으로 보입니다.

[출제영역] **김영삼 정부**   정답 ⑤
[정답 개념정리]

> 문민정부, 역사 바로 세우기(총독부 건물 철거, 하나회 해체)는 김영삼 정부의 키워드입니다.

① 굴욕적인 대일 외교에 반대하는 6·3 시위가 일어났다.
  ➡ 굴욕적 한일 외교에 반대하는 6·3 시위는 1964년에 일어났지요. 박정희 정부 때의 일입니다.

② 북방 외교를 추진하여 사회주의 국가인 소련과 수교하였다.
  ➡ 북방 외교 추진은 노태우 정부입니다.

③ 통일 방안을 논의하기 위해 남북 조절 위원회를 설치하였다.
  ➡ 남북조절위원회 설치는 박정희 정부의 7·4 남북공동성명의 합의 사항이죠. 💡**조박집**☆ 남북 조절 위원회, 박정희

④ 경제적 취약 계층을 위한 국민 기초 생활 보장법을 시행하였다.
  ➡ 국민 기초 생활 보장법 시행은 김대중 정부입니다.
    💡**기초 생활 보증법**☆ 국민 기초 생활 보장법, 김대중

⑤ 역사 바로 세우기를 내세우며 옛 조선 총독부 건물을 철거하였다.
  ➡ 역사 바로 세우기 일환으로 조선 총독부 건물을 철거한 것은 김영삼 정부 때의 일입니다. 💡ㅇㅅ☆ 역사, 영삼

49 _____ 74회 48번

다음 기사가 보도된 정부 시기의 경제 상황으로 적절한 것은? [2점]

제△△호   **□□ 신문**   ○○○○년 ○○월 ○○일

IMF 구제 금융 조기 상환

오늘 정부는 외환 위기 당시 국제 통화 기금(IMF)으로부터 빌린 돈을 모두 갚았다고 밝혔다. 구제 금융을 신청한 지 3년 8개월 만에 전액 조기 상환하게 된 것이다. 이에 따라 우리나라는 앞으로 정책 수립 과정에서 IMF의 간섭을 받지 않아도 되며, 회원국이면 누구나 해마다 진행하는 연례 협의만 하면 된다.

[출제영역] **김대중 정부**   정답 ⑤
[정답 개념정리]

> 김대중 정부 때 노사정 위원회의 설치와 금 모으기 운동 등의 노력으로 IMF 위기에서 빠르게 탈출할 수 있었습니다. 💡**금이 중하다**☆ 김(金)대중(中) 정부

① 경제기획원이 발족하였다.
  ➡ 경제기획원은 기획재정부의 전신으로 1961년 발족했어요. 박정희 군정 때의 일입니다.

② 제4차 경제 개발 5개년 계획이 추진되었다.
  ➡ 제4차 경제 개발 5개년 계획은 1970년대 박정희 정부입니다.

③ 미국과 자유 무역 협정(FTA)을 체결하였다.
  ➡ 미국과의 FTA 체결은 노무현 정부 때이죠.

④ 저유가·저금리·저달러의 3저 호황이 있었다.
  ➡ 3저 호황은 전두환 정부 때의 일입니다. 💡**3전 호황**☆

⑤ 대통령 직속 자문 기구로 노사정 위원회가 출범하였다.
  ➡ IMF 구제 금융 조기 상환을 위한 노사정 위원회의 설치는 김대중 정부 때의 일입니다.

(가), (나) 사이의 시기에 있었던 사실로 옳은 것은? [3점]

(가) 1. 남과 북은 6·15 공동 선언을 고수하고 적극 구현
    해 나간다.
        ⋮
    3. 남과 북은 군사적 적대 관계를 종식하고 한반도
    에서 긴장 완화와 평화를 보장하기 위해 긴밀히
    협력하기로 하였다.

                            - 「10·4 남북 정상 선언」 -

(나) 1. 남과 북은 남북 관계의 전면적이며 획기적인 개
    선과 발전을 이룩하여 공동 번영과 자주 통일의
    미래를 앞당겨 나갈 것이다.
        ⋮
    3. 남과 북은 항구적이며 공고한 평화 체제를 구축
    하기 위해 적극 협력해 나갈 것이다.

        - 「한반도의 평화와 번영, 통일을 위한 판문점 선언」 -

[출제영역] 현대 정부   정답 ⑤
[정답 개념정리]

> (가) 10·4 남북 정상 선언은 노무현 정부 때 일입니다.
>   💡**김대륙일오, 노무십사**✨ *김대중 정부, 6·15 공동 선언/ 노무현 정부, 10·4 남북 정상 선언*
> (나) 판문점 선언은 문재인 정부 때 일이지요.
>   💡**판문재인**✨ *판문점 선언, 문재인 정부*
>
> (가)와 (나) 사이 시기면 이명박, 박근혜 정부 혹은 문재인 정부 초기의 일이겠네요.

① 7·4 남북 공동 성명이 발표되었다.
  ➡ 7·4 남북 공동 성명은 박정희 정부 때의 일입니다.
② 개성 공업 지구 조성이 합의되었다.
  ➡ 개성 공단 조성 합의는 김대중 정부 때입니다. 개성 공단 착공은 노무현 정부죠.
③ 남북한이 국제 연합(UN)에 동시 가입하였다.
  ➡ 남북한 UN 동시 가입은 노태우 정부죠.
④ 남북 이산가족 고향방문단의 교환이 최초로 실현되었다.
  ➡ 남북 이산가족 고향방문단의 최초 교환은 전두환 정부입니다.
⑤ 평창 동계 올림픽 개막식에서 남북 선수단이 공동 입장하였다.
  ➡ 2018 평창 동계올림픽 개최는 문재인 정부죠.

01   74회 01번

(가) 시대의 생활 모습으로 가장 적절한 것은?   [1점]

> 올해는 서울 암사동 유적 발견 100주년입니다. 1925년 을축년 대홍수로 우연히 모습이 드러난 이 유적은 수차례 발굴 과정에서 [(가)] 시대의 대표적 유물인 빗살무늬 토기와 갈돌, 갈판이 출토되고, 유구인 집터가 발견되었습니다.

서울 암사동 유적 발견 100주년 맞아

[출제영역] 신석기시대   정답 ③
[정답 개념정리]

> 서울 암사동 유적지, 빗살무늬 토기, 갈돌과 갈판은 신석기시대의 키워드이지요.
> 💡**농삼신라빗**☆ 농경과 목축의 시작, 💡**삼/사**☆가 들어가는 유적지(부산 동삼동, 서울 암사동), 신석기시대/신앙생활(애니미즘, 토테미즘, 샤머니즘), 가라악(락)바퀴와 뼈바늘, 빗살무늬 토기

① 목책과 환호 등 방어 시설을 갖추었다.
  ➡ 목책과 환호는 사유 재산과 계급이 발생하고, 전쟁이 시작된 청동기 시대의 모습이죠.
② 소를 이용한 깊이갈이가 일반화되었다.
  ➡ 소를 이용한 깊이갈이가 일반화된 것은 고려 시대입니다.
③ 농경과 목축을 통해 식량을 생산하였다.
  ➡ 생산적 활동인 농경과 목축이 시작된 것은 신석기시대의 모습입니다.
④ 지배층의 무덤으로 고인돌을 축조하였다.
  ➡ 고인돌은 청동기 시대 지배층의 무덤이죠.
    💡**청계고비벼반**☆ 청동기는 계급 출현, 고인돌, 비파형동검, 벼농사의 시작, 반달 돌칼 사용
⑤ 거푸집을 이용하여 세형동검을 제작하였다.
  ➡ 세형동검이 제작된 것은 철기시대죠.
    💡**철세중독**☆ 철기, 세형동검, 중국과 교류, 독무덤

02   65회 02번

(가) 국가에 대한 설명으로 옳은 것은?   [2점]

> 니계상 참이 사람을 시켜 [(가)]의 왕 우거를 죽이고 와서 항복하였다. 그러나 왕검성은 끝내 함락되지 않았기에 우거왕의 대신(大臣) 성기가 한(漢)에 반기를 들고 공격하였다. 좌장군은 우거왕의 아들 장과 항복한 상 노인의 아들 최로 하여금 그 백성을 달래고 성기를 주살하도록 하였다. 드디어 [(가)]을/를 평정하고 진번·임둔·낙랑·현도군을 설치하였다.
>
> - 『한서』-

[출제영역] 고조선   정답 ⑤
[정답 개념정리]

> 고조선의 마지막 왕이 우거왕이며 한 무제의 침략으로 왕검성이 함락되어 멸망했다는 사실을 꼭 알아두어야 합니다. 고조선을 멸망시킨 후 한이 군현을 설치하는 것 또한 기억해야죠.

① 동맹이라는 제천 행사를 열었다.
  ➡ 동맹이라는 제천 행사를 연 나라는 용맹한 고구려죠.
    💡**용맹한 고구려의 동맹**☆
② 신성 지역인 소도가 존재하였다.
  ➡ 소도는 삼한의 신성 구역입니다. 천군이 다스렸죠. 신지·읍차와 같은 군장도 존재했기에 삼한은 제정 분리 사회였습니다. 단군왕검이라는 칭호를 통해 고조선은 제사와 정치가 분리되지 않은 제정일치 사회였음을 알 수 있습니다.
③ 읍락 간의 경계를 중시하는 책화가 있었다.
  ➡ 책화라는 규율이 있었던 나라는 동예죠.
    💡**동무랑 책 들고 단과반 간다**☆ 동예는 무천(제천 행사), 책화, 단궁/과하마/반어피(특산물)
④ 여러 가(加)들이 별도로 사출도를 다스렸다.
  ➡ 마가, 우가, 저가, 구가가 사출도를 다스린 나라는 부여입니다. 💡**부사**☆ 부여, 사출도
⑤ 사회 질서를 유지하기 위해 범금 8조를 두었다.
  ➡ 범금 8조(8조법)는 고조선의 법규입니다.
    💡**사고팔고**☆ 팔조법, 고조선

(가) 국가에서 볼 수 있는 모습으로 가장 적절한 것은?

[2점]

> 이번에 촉각 전시물로 새롭게 제작된 장군총은 (가) 의 대표적인 무덤입니다. 반듯하게 다듬은 돌을 계단처럼 쌓아 만든 이 무덤의 높이는 약 13미터이고, 한 변의 최대 길이는 약 31미터에 달합니다. 거대한 크기를 고려할 때 왕의 무덤일 가능성이 높습니다. 이 무덤의 주인이 누구였을지 상상하며 만져 보면 어떨까요?

[출제영역] 고구려　　　　　　　　　정답 ②
[정답 개념정리]

> 고구려의 무덤은 초기 돌무지무덤(장군총)에서 후기 굴식 돌방무덤(강서대묘)으로 발전했습니다. 그 외의 고구려 무덤으로는 안악 3호분, 각저총, 무용총 등이 있어요^^

① 녹과전을 지급받는 관리
➡ 녹과전은 전시과 체제가 붕괴된 후 현직 관료의 녹봉 재원을 마련하기 위해 지급된 토지로, 고려 말 과전법으로 대체되었어요.

② 경당에서 수련하는 청년
➡ 경당은 고구려의 지방 중등 교육 기관이었어요. 무술도 가르쳤지요.

③ 팔만대장경판을 만드는 장인
➡ 팔만대장경판은 고려 시대 몽골의 침입을 부처의 힘으로 막아보고자 만든 것이죠.

④ 지방의 22담로에 파견되는 왕족
➡ 22담로에 왕족을 파견한 사람은 5C 후반 백제의 무령왕이죠.

⑤ 황룡사 구층 목탑의 축조를 건의하는 승려
➡ 황룡사 구층 목탑은 선덕여왕 때 승려 자장의 건의로 만들어졌어요.
💡**선덕여왕의 황분첨**✨ 황룡사 구층 목탑, 분황사 모전 석탑, 첨성대

(가)에 해당하는 문화유산으로 옳은 것은?

[3점]

> 국보로 지정된 (가) 은 현존하는 신라 탑 중에 가장 오래된 것으로 평가받습니다. 이 탑은 돌을 벽돌 모양으로 다듬어 쌓았다는 특징이 있으며, 선덕여왕 3년에 건립된 것으로 추정됩니다.

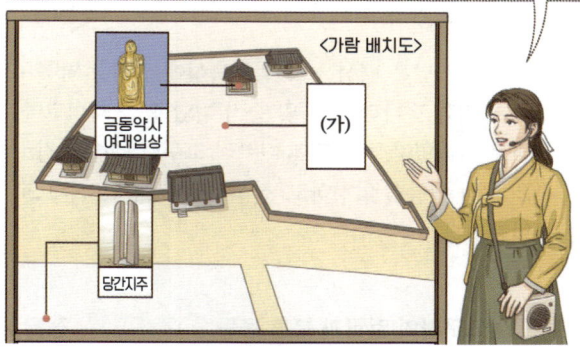

〈가람 배치도〉
금동약사여래입상 / (가) / 당간지주

[출제영역] 신라 분황사 모전 석탑　　　　정답 ④
[정답 개념정리]

> 선덕여왕 때 축조된 건축물 세 가지를 꼭 기억해 두셔야 합니다. 분황사 모전 석탑, 첨성대, 황룡사 구층 목탑이 그것이지요. 그중 분황사 모전 석탑은 현존하는 신라시대 탑 중 가장 오래된 것이며, 벽돌 탑(전탑) 형식을 모방한 석탑임을 알아두세요.
> 💡**선덕여왕의 황분첨**✨ 황룡사 구층 목탑, 분황사 모전 석탑, 첨성대

①  신라 불국사 삼층 석탑
➡ 석가탑, 무영탑 등으로 불리며 보수 과정에서 현존 최고(最古) 목판 인쇄물인 무구정광대다라니경이 발견된 사실도 중요하죠.

②  백제 정림사지 오층 석탑
➡ 당의 소정방이 백제를 멸망시킨 후, 탑에 글을 새겨 '평제탑'이라고도 불리죠.

③  발해의 영광탑
➡ 전탑이며 하단에 아치 모양의 입구가 있는 것이 특징이죠.

④  분황사 모전 석탑
➡ 선덕여왕 때 축조되었어요.
💡**선덕여왕의 황분첨**✨

⑤  익산 미륵사지 석탑
➡ 백제 무왕 때 건립되었으며, 축조연대가 기록된 탑 중 가장 오래되었지요.
💡**무미건조**✨ 무왕, 미륵사
💡**백해무익**✨ 무왕, 익산

(가), (나) 사이의 시기에 있었던 사실로 옳은 것은? [3점]

> (가) 연개소문은 왕의 조카인 장을 왕으로 세우고 스스로 막리지가 되었다. 그 관직은 당의 병부상서 겸 중서령의 직임과 같다.
>
> (나) 검모잠은 남은 백성을 모아 궁모성에서 패강 남쪽으로 내려와 당나라 관인 및 승려 법안 등을 죽이고 신라로 향하였다. 사야도에 이르러 고구려 대신 연정토의 아들 안승을 알현하고, 한성으로 모셔와 임금으로 받들었다.

[출제영역] 고구려의 멸망과 부흥 운동   정답 ④
[정답 개념정리]

> (가) 642년 연개소문이 정변을 일으켜 영류왕을 폐하고 보장왕을 세우며 집권했을 때의 상황입니다.
> (나) 고구려 멸망(668) 후 부흥 운동이 일어나지요.
> 💡 **잠연승**⭐ 검모잠, 고연무, 안승(신라 투항 후 보덕국(금마저) 왕 책봉)

① 을지문덕이 살수에서 대승을 거두었다.
➡ 을지문덕의 살수대첩은 영양왕 때, 612년이죠.
💡 **살수 있니**⭐ 살수대첩, 612년

② 사찬 시득이 기벌포에서 당군을 격파하였다.
➡ 기벌포 전투의 승리는 곧 삼국 통일의 완성이죠, 676년. 💡 **매기 전투**⭐ 매소성–기벌포 전투

③ 관구검이 이끄는 군대가 환도성을 함락하였다.
➡ 위나라 관구검이 고구려의 환도성을 함락한 것은, 3C 동천왕 때죠. 💡 **천동미원 소광장 양류보**⭐ 고국천왕–동천왕–미천왕–고국원왕–소수림왕–광개토대왕–장수왕–영양왕–영류왕–보장왕

④ 김춘추가 당으로 건너가 군사 동맹을 체결하였다.
➡ 김춘추의 나당동맹 체결은 진덕여왕 때인 648년의 일입니다. 💡 **고구려가 동맹 안 해주면 중국이랑 해, 이판사판 육사판**⭐ 나당동맹, 648년

⑤ 장문휴가 자사 위준이 관할하는 당의 등주를 공격하였다.
➡ 발해 2대 무왕은 8C에 장문휴를 시켜 당나라 산둥성의 등주를 공격합니다.

(가) 국가에 대한 설명으로 옳은 것은? [2점]

> 여러분이 계신 곳은 (가) 의 능산리 고분군 중 동하총 증강 현실 전시실입니다. 동하총 무덤방의 벽에는 사신도가, 천장에는 연꽃과 구름무늬가 그려져 있습니다. 이는 송산리 6호분과 함께 (가) 의 고분 벽화 연구에 중요한 자료로 평가됩니다.

[출제영역] 백제   정답 ⑤
[정답 개념정리]

> 백제의 대표적인 고분은 공주 송산리 고분군과 부여 능산리 고분군입니다.
> 💡 **부능 공송**⭐ 부여 능산리 고분군, 공주 송산리 고분군

① 일길찬, 사찬 등의 관등이 있었다.
➡ 일길찬, 사찬 등은 신라의 관등이죠. 신라는 '~찬'으로 끝나는 관등이 많아요.

② 지방 장관으로 욕살, 처려근지 등이 있었다.
➡ 지방관으로 욕살, 처려근지가 있었던 나라는 고구려죠. 고구려 관직 이름은 거칠어요. ^^
💡 **고구려는 정복 국가여서 관리 이름도 거칠다**⭐ 상가, 고추가, 대로, 패자, 사자, 조의, 선인
💡 **고조선은 깔끔하게**⭐ 왕 아래 상, 대부, 장군

③ 특산물로 단궁, 과하마, 반어피가 유명하였다.
➡ 단궁, 과하마, 반어피는 동예의 특산물이에요.
💡 **동무랑 책 들고 단과반 간다**⭐ 동예는 무천(제천 행사), 책화, 단궁/과하마/반어피(특산물)

④ 사회 질서를 유지하기 위해 범금 8조를 두었다.
➡ 범금 8조는 고조선의 법규에요.
💡 **사고팔고**⭐ 팔조법, 고조선

⑤ 왕족인 부여씨와 8성 귀족이 지배층을 이루었다.
➡ 왕족 부여씨와 8성의 귀족이 지배한 나라는 백제입니다.

밑줄 그은 '시기'에 있었던 사실로 옳은 것은? [3점]

이것은 보령 성주사지 대낭혜화상탑비로, 진성여왕의 명을 받아 최치원이 비문을 작성했습니다. 혜공왕 피살 이후 왕위 쟁탈전이 치열했던 <u>시기</u>에 당에서 수행하고 돌아와 9산 선문 중 하나인 성주산문을 개창한 낭혜화상의 행적이 기록되어 있습니다.

[출제영역] 신라 말의 혼란   정답 ②
[정답 개념정리]

신라는 혜공왕 피살 이후 귀족들의 왕위 쟁탈전이 격화되면서 극도로 혼란한 시기가 이어졌습니다. 순서와 내용을 꼭 기억해 두어야 합니다.
💡혜이~창고가 진상이 되었네 원적외선 나와서✨ 혜공왕 피살–김헌창의 난–장보고의 난–진성여왕 때 원종/애노의 난과 적고적의 난!
그리고 신라 말에는 선종과 풍수지리설이 유행했다는 사실도 알아두셔야죠.

① 김흠돌 등 진골 세력이 숙청되었다.
➡ 김흠돌의 난은 신문왕 때이죠. 💡흠~ 감만에 신문을 보니 구구국✨ 김흠돌의 난, 감은사 건립, 만파식적 설화, 신문왕, 구주 오 소경(지방 행정 구역), 구서당 십 정(군사제도), 국학(국립대학)

② 김헌창이 웅천주에서 반란을 일으켰다.
➡ 웅천주 도독 김헌창의 난이 정확히 신라 말의 사건입니다.

③ 거칠부가 왕명에 의해 국사를 편찬하였다.
➡ 거칠부가 역사서인 국사를 편찬한 것은, 진흥왕 때죠.
💡진거사✨ 진흥왕, 거칠부, 국사
💡근고기✨ 근초고왕, 고흥, 서기

④ 복신과 도침이 부여풍을 왕으로 추대하였다.
➡ 흑치상지, 복신, 도침, 부여풍은 백제 부흥 운동을 이끈 주요 인물이에요.
💡흑도복풍✨ 흑치상지, 도침, 복신, 부여풍

⑤ 자장의 건의로 황룡사 구층 목탑이 건립되었다.
➡ 황룡사 구층 목탑은 선덕여왕 때, 황룡사는 진흥왕 때 세워집니다. 💡선덕여왕의 황분첨✨ 황룡사 구층 목탑, 분황사 모전 석탑, 첨성대 💡ㅎㅎ✨ 황룡사, 진흥왕

(가)에 들어갈 내용으로 가장 적절한 것은? [1점]

한국사 동영상 제작 기획안

○○○, 동아시아를 무대로 활약하다
△학년 △반 △△모둠

■ 기획 의도
신라인으로서 동아시아를 무대로 활약한 ○○○의 생애를 다룬 동영상을 제작하여, 당시의 상황과 그의 활동을 살펴본다.

■ 장면별 구성 내용
#1. 당으로 건너가 무령군 소장이 되다
#2. ____(가)____
#3. 청해진을 설치하고 동아시아 무역을 주도하다
#4. 왕위 쟁탈전에 휘말려 암살당하다

[출제영역] 장보고   정답 ②
[정답 개념정리]

장보고는 신라 말 완도에 청해진을 설치하고 해상 무역을 주도하여 엄청난 부를 축적한 인물로, 딸이 왕비가 되지 못함에 반발하여 난을 일으켰지요. 그가 당에 설치한 절 법화원을 꼭 기억하세요.

① 화왕계를 지어 국왕에게 바치다
➡ 화왕계를 지어 신문왕에게 바친 것은 원효의 아들 설총이죠.

② 산둥반도에 적산 법화원을 창건하다
➡ 산둥반도의 법화원이 장보고가 창건한 절입니다.

③ 외교 문서인 청방인문표를 작성하다
➡ 청방인문표는 문무왕 때 당에 잡혀있는 김인문의 석방을 청하는 강수의 외교 문서에요.

④ 격황소서를 지어 세상에 이름을 떨치다
➡ 격황소서(토황소격문), 계원필경, 해인사 묘길상탑기는 최치원의 글입니다.

⑤ 구법순례기인 왕오천축국전을 저술하다
➡ 💡ㅊㅊㅊ✨ 혜초, 왕오천축국전

09

68회 09번

밑줄 그은 '교서'를 내린 왕의 재위 기간에 볼 수 있는 모습으로 가장 적절한 것은?　[3점]

> 상평창을 양경(兩京)과 12목에 설치하고 교서를 내렸다. 「한서」 식화지에 '그 해가 풍년인지 흉년인지에 따라 곡식을 풀거나 거두어들이는 것을 행한다.'라고 하였다. … 경시서에 맡겨 곡식을 풀거나 거두어들이도록 하라."

[출제영역] 고려 성종　　　　　　　　　　　　　정답 ②

[정답 개념정리]

> 고려 성종은 매우 중요한 왕입니다. 암기 코드를 기억해 주세요.
> 💡 **감목향이 나는 성종의 의상 사이즈는 거2 28이다**☆
> 국자감 설치, 12목에 지방관 파견, 향리제 정비, 의창/상평창 설치, 거란 1차 침입, 2성 6부제 확립, 최승로의 시무 28조 수용

① 서적포에서 책을 인쇄하는 관리

➡ 관학 진흥을 위해 국자감에 서적포를 설치한 왕은 숙종이죠. 💡 **숙적**☆ 숙종, 서적포

② 국자감 학생들을 가르치는 박사

➡ 성종 때 국자감이 설치됩니다.

③ 양현고의 재정을 관리하는 관원

➡ 양현고는 예종 때 설치한 장학재단입니다. 역시 관학 진흥책이죠.
💡 **고려 예종은 7현보청**☆ 관학 7재, 양현고, 보문각, 청연각

④ 9재 학당에서 유교 경전을 읽는 학생

➡ 9재 학당은 해동공자 최충이 세운 사립교육기관입니다. 💡 **구충제**☆ 9재 학당, 최충

⑤ 청연각의 소장 도서를 분류하는 학사

➡ 청연각은 예종 때 궁중 도서관 겸 경연 공간으로 설치되었으며 이후 보문각으로 통합되었죠.
💡 **고려 예종은 7현보청**☆

10

74회 11번

밑줄 그은 '이 왕'이 추진한 정책으로 옳은 것은?　[1점]

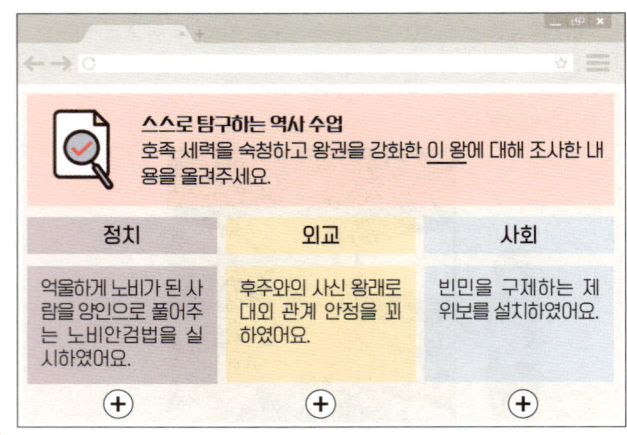

[출제영역] 고려 광종　　　　　　　　　　　　　정답 ②

[정답 개념정리]

> 광종은 노비안검법을 시행해서 억울하게 노비가 된 백성을 해방시켰으며, 제위보를 설치하여 빈민 구제 기금을 마련했어요. 💡 **광종은 과거에 광풍겁 지닌 귀공제**☆
> 과거제 실시, 광덕, 준풍 연호, 노비안검법 시행, 귀법사 창건, 공복 제정, 제위보 설치

① 폐정 개혁을 목표로 정치도감을 설치하였다.

➡ 정치도감을 설치한 왕은 원 간섭기의 충목왕이에요.

② 광덕, 준풍이라는 독자적 연호를 사용하였다.

➡ 광덕, 준풍은 광종 때 연호이죠.
💡 **광종은 과거에 광풍겁 지닌 귀공제**☆

③ 예의상정소에서 상정고금예문을 편찬하였다.

➡ 상정고금예문은 고려 인종 때 편찬된 예서지요. 현존하지 않습니다.

④ 전국에 12목을 설치하고 지방관을 파견하였다.

➡ 12목을 설치하고 지방관을 파견한 왕은 고려 성종입니다. 💡 **감목향이 나는 성종의 의상 사이즈는 거2 28이다**☆

⑤ 관리에게 등급에 따라 전지와 시지를 지급하였다.

➡ 시정전시과는 경종 때입니다.
💡 **성시경 개목걸이 문경새재**☆ 시정전시과 경종, 개정전시과 목종, 경정전시과 문종

(가), (나) 사이의 시기에 있었던 사실로 옳은 것은? [3점]

> (가) 처음으로 역분전을 정하였다. 통일할 때 조정의 관리들과 군사들에게 관계(官階)는 논하지 않고, 그 사람의 성품과 행동이 착하고 악함과 공로가 크고 작음을 참작하여 차등 있게 주었다.
>
> (나) 12월에 문무 양반 및 군인들의 전시과를 개정하였다. 제1과는 전지 100결, 시지 70결을 지급한다. … 제18과는 전지 20결을 지급한다. 이 한(限)에 들지 못한 자에게는 모두 전지 17결을 주기로 하고 이것은 통상의 법식으로 한다.

[출제영역] 고려 전기의 사실 정답 ②
[정답 개념정리]

> (가) 태조 왕건이 고려 건국과 후삼국 통일에 큰 역할을 한 공신들에게 인품과 공로에 따라 나누어 준 것이 역분전이지요.
> 💡**왕건의 흑역사는 정북서쪽에만 천십일개 있는데 최고는 사기결훈이다☆** 흑창, 역분전, 사심관 제도, 정계와 계백료서, 북진 정책, 서경 중시, 만부교 사건, 천수 연호, 십일조, 개태사 창건, 사성 정책, 기인제도, 결혼정책, 훈요십조
>
> (나) 관리들에게 전지와 시지를 나누어 준 전시과는 경종 때 시정 전시과, 목종 때 개정 전시과, 문종 때 경정 전시과 순으로 변화하였죠. 따라서 개정 전시과 실시는 목종 때이죠.
> 💡**시경이가 개목걸이 해주러 문경새재에 갔다☆** 시정 경종, 개정 목종, 경정 문종

① 경기에 한하여 과전법이 실시되었다.
➡ 경기에 한하여 과전법을 실시한 것은 고려 말 공양왕 때 일입니다.

② 쌍기의 건의로 과거제가 시행되었다.
➡ 쌍기의 건의로 과거제가 실시된 것은 광종 때 일입니다. 💡**광종은 과거에 광풍검 지닌 귀공제☆**

③ 신돈이 전민변정도감의 책임자가 되었다.
➡ 전민변정도감의 책임자로 신돈을 등용한 왕은 공민왕입니다. 💡**공민왕이 신성한 UN에서 반기문 총정에게 감동했다☆**

④ 만적이 개경에서 노비를 모아 반란을 모의하였다.
➡ 사노비 만적의 난은 무신 최충헌 집권기에 일어났죠.

⑤ 최충헌이 봉사 10조를 올려 시정 개혁을 건의하였다.
➡ 봉사 10조를 올린 최충헌은 무신 집권기의 권력자죠. 참고로 기축 봉사는 조선 후기 효종 때 송시열이 북벌을 주장하며 올린 것이죠.

다음 자료에 나타난 국가의 경제 상황으로 옳은 것은? [2점]

> ○ 이때에 은병을 화폐로 쓰기 시작하였다. 그 제도는 은 한 근으로 만들며 본국의 지형을 본뜨도록 하였다. 속칭 활구라 하였다.
>
> ○ 도평의사사에서 방을 붙여 알리기를, "지금부터 은병 하나를 쌀로 환산하여 개경에서는 15~16석, 지방에서는 18~19석의 비율로 하되, 경시서에서 그 해의 풍흉을 살펴 그 값을 정할 것이다."라고 하였다.

[출제영역] 고려의 경제 정답 ②
[정답 개념정리]

> 최근 출제경향은 단순히 경제 상황만을 묻는 것이 아니라 그 시대의 사회·정치 상황과 함께 연계하여 출제됩니다. 정답만 골라내고 끝내지 말고 나머지 선지들도 철저히 분석하는 공부가 필요해요. 지문에서는 몇 가지 중요한 키워드가 고려 시대를 가리키고 있지요.
> 활구(은병)는 '고려 숙종이 💡**활해삼☆**을 좋아하셨다'로 외우셨죠. 활구, 해동통보, 삼한통보는 고려의 화폐입니다.
> 앞서서 성종 때 건원중보라는 '철전'이 있기도 했습니다. 💡**건성☆** 건원중보는 성종 그 외에도 '도평의사사'는 고려 원 간섭기 때 도병마사가 개편된 기구이지요. 그리고 '경시서'는 고려 목종 때부터 조선 초까지 이어진 시전을 관리하는 기구입니다.

① 솔빈부의 말은 특산물로 수출하였다.
➡ 솔빈부의 말은 대표적인 발해의 특산물입니다. 💡**발솔말☆**

② 서적점, 다점 등의 관영 상점을 운영하였다.
➡ 고려 시대에 서적점, 다점, 주점 등의 관영 상점이 운영되었다는 사실을 기억하세요.

③ 청해진을 중심으로 해상 무역을 전개하였다.
➡ 청해진은 신라 말 장보고가 완도에 설치한 군진으로, 해상 방어와 교역의 거점이 되었죠.

④ 광산을 전문적으로 경영하는 덕대가 활동하였다.
➡ 광산 전문 경영인인 덕대가 등장한 것은, 조선 후기의 일입니다.

⑤ 기유약조를 체결하여 일본과의 교역을 재개하였다.
➡ 기유약조는 조선 광해군 때 체결된 조약으로, 임진왜란 후 단절됐던 대일 교류를 제한적으로 재개했습니다. 💡**광기 세계☆** 광해군-기유약조, 세종-계해약조

(가) 국가의 경제 상황으로 가장 적절한 것은? [2점]

황비창천 명 거울은 ⬚(가)⬚ 에서 사용했던 것으로 풍랑이 몰아치는 바다 위에 배 한 척이 돛을 펴고 나아가는 모습이 표현되어 있습니다. 이 거울에 묘사된 배를 토대로 오른쪽 사진과 같이 당시 무역선의 모습을 유추하였습니다. ⬚(가)⬚ 시대 사람들은 송, 일본 뿐만 아니라 동남아시아, 아라비아 상인들과도 교역을 하였습니다.

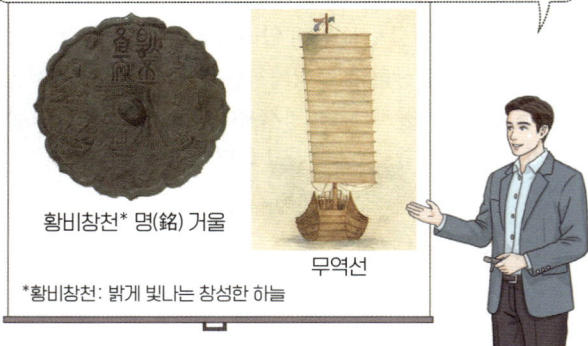

황비창천* 명(銘) 거울

무역선

*황비창천: 밝게 빛나는 창성한 하늘

[출제영역] 고려의 경제   정답 ⑤
[정답 개념정리]

> 송, 일본, 동남아시아, 아라비아 상인과 교역을 한 것은 고려이지요.

① 초량 왜관을 통해 일본과 무역하였다.
➡ 왜관을 통해 일본과 교역한 것은 조선이고, 두모포·초량 왜관은 조선 후기죠.

② 덕대가 광산을 전문적으로 경영하였다.
➡ 덕대는 조선 후기에 활동한 광산 전문 경영인이죠.
💡**덕대가 좋아야 광산경영**☆ 덕대, 광산

③ 당항성, 영암이 국제 무역항으로 번성하였다.
➡ 당항성, 영암, 울산항은 신라의 국제 무역항입니다. 장보고가 완도에 설치한 군진인 청해진에서도 활발한 교역이 이루어진 점도 꼭 기억하세요.

④ 거란도, 영주도를 통해 주변국과 교역하였다.
➡ 거란도, 영주도, 조공도(당), 일본도, 신라도 등은 발해의 교역로죠.

⑤ 주전도감을 설치하여 해동통보를 발행하였다.
➡ 주전도감을 설치하여 해동통보를 발행한 것은 고려, 특히 숙종 때의 일입니다.
💡**숙종은 활해삼**☆ 활구(은병), 해동통보, 삼한통보

(가)~(다)를 일어난 순서대로 옳게 나열한 것은? [3점]

(가) 김보당이 정중부·이의방을 토벌하고 의종을 다시 세우고자 … 동북면지병마사 한언국과 군사를 일으켜 함께 하도록 했다. … 정중부·이의방이 이 소식을 듣고 장군 이의민, 산원(散員) 박존위로 하여금 군사를 거느리고 남로로 가도록 했고, 또 군사를 서해도로 파견하여 대응하도록 했다.

(나) 최충헌은 최충수와 함께 봉사를 올렸다. "… 낡은 제도를 타파하고 새로운 정치를 도모하심에 오로지 태조의 올바른 법을 따르시어 중흥의 길을 환히 여시길 바랍니다. 삼가 열 가지 사항을 아뢰옵니다."

(다) 왕과 세자가 몽골에서 개경으로 돌아온 이후, 삼별초가 반란을 일으켜 승화후 왕온을 [왕으로] 세우고 진도에 웅거하였다.

① (가) – (나) – (다)   ② (가) – (다) – (나)
③ (나) – (가) – (다)   ④ (나) – (다) – (가)
⑤ (다) – (가) – (나)

[출제영역] 고려 무신 집권기   정답 ①
💡**방정경이최최**☆ 이의방–정중부–경대승–이의민–최충헌–최우
💡**보조망이 미심적연**☆ 김보당(동북면 병마사)의 난–조위총(서경 유수)의 난–망이 망소이의 난(공주 명학소)–김사미, 효심의 난–만적의 난–이연년 형제의 난

[정답 개념정리]

> (가) 김보당의 난은 무신 집권기 초기 이의방 집권기 때 일어났지요. 💡**보조망이 미심적연**☆
> (나) 최충헌의 봉사 10조. 💡**방정경이최최**☆
> (다) 무신 집권 말기, 정부는 개경으로 환도했지만, 삼별초는 강화에서 진도, 제주도로 옮겨가며 끝까지 항전했지요. 따라서 정답은 (가)–(나)–(다)입니다.

15

(가) 시대의 지방 통치 체제에 대한 설명으로 옳은 것은? [2점]

> 개경으로 가는 주요 길목인 혜음령에 세워졌던 혜음원에는 행인의 안전한 통행을 위한 숙소와 사원이 있었습니다. 혜음원지를 통해 개경 외에 남경, 동경 등이 설치되었던 (가) 시대 원(院)의 모습을 유추할 수 있습니다.

고지도와 항공 사진을 통해 본 혜음원지

[출제영역] 고려 시대의 지방 통치 체제   정답 ③

[정답 개념정리]

> 고려 시대에는 개경(수도) 외에 남경(한양), 동경(경주) 등이 설치되었지요.

① 22담로에 왕족을 파견하였다.
  ➡ 22담로에 왕족을 파견한 것은 백제 무령왕 때의 일이죠.
② 전국에 9주 5소경을 설치하였다.
  ➡ 9주 5소경은 신라 신문왕 때 설치되었어요.
    ☀ 흠~ 감만에 신문을 보니 구구국☆ 김흠돌의 난, 감은사 건립, 만파식적 설화, 신문왕, 구주 오 소경(지방 행정 구역), 구서당 십 정(군사제도), 국학(국립대학)
③ **특수 행정 구역으로 향, 부곡, 소가 있었다.**
  ➡ 향, 부곡, 소는 고려의 특수 행정 구역으로 주민들은 거주 이전의 자유가 없고 높은 세금을 내야 하는 등의 차별을 받았죠.
④ 지방관을 감찰하기 위하여 외사정을 두었다.
  ➡ 지방 감찰을 위해 외사정을 파견한 것은 신라 문무왕 때 일입니다. 중앙감찰기구 사정부가 설치된 것은 태종 무열왕 때죠.
⑤ 지방 행정 구역을 8도에서 23부로 개편하였다.
  ➡ 지방 행정 구역을 8도에서 23부로 개편한 것은 2차 갑오개혁 때죠. ☀2 2☆ 2차 갑오개혁, 23부

16

(가) 국가의 국가유산으로 옳지 않은 것은? [1점]

□□ 신문

제△△호   2024년 ○○월 ○○일

'국보 순회전: 모두의 곁으로', 강진군에서 열려

▲청자 상감 모란무늬 항아리

국립중앙박물관이 지역 간의 문화 격차를 해소하기 위해 기획한 국보 순회전이 전남 강진군에서 '도자기에 핀 꽃, 상감 청자'를 주제로 개최된다.
이번 전시에서는 '청자 상감 모란무늬 항아리', '청자 상감 물가풍경무늬 매병' 등 (가) 의 대표적인 국가유산인 상감 청자가 공개된다. 특히 국보 '청자 상감 모란무늬 항아리'는 왕실 자기의 전형을 보여 주는 유물로 모란을 정교하고 화려하면서도 사실적으로 묘사하였다는 평가를 받는다. 전시회 관계자는 "상감 청자의 생산지였던 강진군에서 개최되어 더 큰 의미가 있다."라고 밝혔다.

[출제영역] 고려의 문화   정답 ⑤

[정답 개념정리]

> 순청자와 상감청자는 고려의 대표적인 공예품이죠.

①  ➡ 관촉사 석조미륵보살입상은 고려 광종 때 건립된 불상입니다. 은진미륵이라고도 합니다.

② ➡ 나전칠기 또한 고려의 공예품이에요.

③  ➡ 수월관음도는 고려의 대표적 불화이지요.

④  ➡ 경천사지 십층 석탑은 원의 영향을 받은 고려의 석탑이죠. 조선 세조 때 만들어진 원각사지 십층 석탑에 영향을 주지요.

⑤  ➡ 긍재 김득신의 파적도(야묘도추)는 조선 후기의 그림입니다. 김홍도의 영향을 받았지요.

(가) 교육 기관에 대한 설명으로 옳은 것은? [2점]

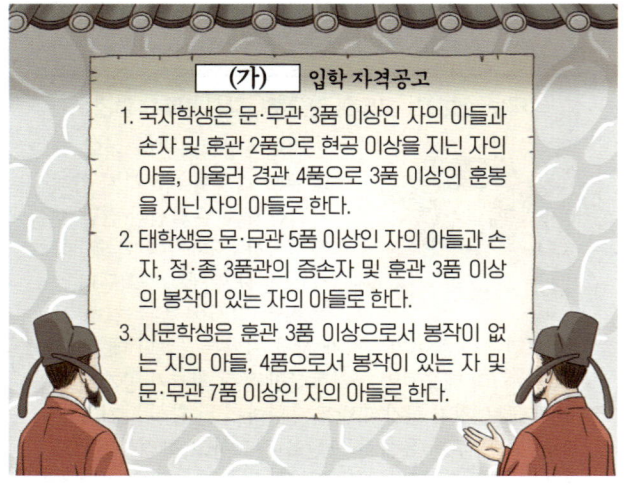

(가) 입학 자격공고
1. 국자학생은 문·무관 3품 이상인 자의 아들과 손자 및 훈관 2품으로 현공 이상을 지닌 자의 아들, 아울러 경관 4품으로 3품 이상의 훈봉을 지닌 자의 아들로 한다.
2. 태학생은 문·무관 5품 이상인 자의 아들과 손자, 정·종 3품관의 증손자 및 훈관 3품 이상의 봉작이 있는 자의 아들로 한다.
3. 사문학생은 훈관 3품 이상으로서 봉작이 없는 자의 아들, 4품으로서 봉작이 있는 자 및 문·무관 7품 이상인 자의 아들로 한다.

[출제영역] **국자감**   정답 ④
[정답 개념정리]

> 고려의 국립대학인 국자감은 유학부(국자학·태학·사문학)와 기술학부(율학·서학·산학)로 구성되었습니다.

① 문헌공도로 불리기도 하였다.
   ➡ 문헌공도는 고려 사학의 대가 최충이 만든 9재 학당을 일컫는 말이지요.
② 중앙에서 교수나 훈도가 파견되었다.
   ➡ 중앙에서 교수나 훈도가 파견된 것은 조선시대 지방 관립교육기관인 향교였습니다.
③ 전국의 부·목·군·현에 하나씩 설치되었다.
   ➡ 전국의 부, 목, 군, 현에 하나씩 설치된 것은 조선의 향교입니다.
④ 장학 기금 마련을 위해 양현고가 설립되었다.
   ➡ 양현고는 고려 예종 때 국자감에 설치한 장학재단이죠.
   💡 예종의 관학 진흥책 7현보청✨ 관학 7재, 양현고, 보문각, 청연각
⑤ 사가독서제를 시행하여 학문에 전념하게 하였다.
   ➡ 사가독서제는 조선시대에 관리에게 휴가를 주고 독서에 전념하도록 한 제도죠. 세종 때 처음으로 실시되었죠.

다음 자료에 나타난 시기의 사회 모습으로 적절한 것은? [2점]

> ○ 7재를 설치하였다. 주역을 [공부하는 곳은] 이택재, 상서는 대빙재, 모시(毛詩)는 경덕재, 주례는 구인재, 대례는 복응재, 춘추는 양정재, 무학은 강예재라고 하였다.
>
> ○ 왕이 결정하시기를 "… 무학이 점차 번성하여 장차 문학하는 사람들과 각을 세워 불화하게 되면 매우 편치 못하게 될 것이다. … 무학으로 무사를 선발하는 일과 무학재의 호칭은 모두 혁파하겠다."라고 하였다.

[출제영역] **고려의 사회**   정답 ④
[정답 개념정리]

> 관학 7재는 고려 예종 때 관학 진흥책이죠.
> 💡 예종의 관학 진흥책 7현보청✨ 관학 7재, 양현고, 보문각, 청연각

① 서얼이 통청 운동을 전개하였다.
   ➡ 서얼이 통청 운동을 전개한 것은 조선 후기죠.
② 사창절목에 따라 사창제가 시행되었다.
   ➡ 사창제 시행은 조선 후기 흥선대원군이에요.
③ 왕조 교체를 예언하는 정감록이 유포되었다.
   ➡ 정감록이 유포된 것은 조선 후기죠.
④ 병자에게 약을 지급하는 혜민국이 설치되었다.
   ➡ 혜민국은 고려의 약국, 동서대비원은 고려의 의료·구호 기관이죠.
⑤ 국산 약재와 치료 방법을 정리한 향약집성방이 간행되었다.
   ➡ 향약집성방은 조선 세종 때 편찬된 의약서, 향약구급방은 고려죠. 💡 ㅈㅅ✨ 조선-향약집성방, 💡 ㄱㄹ✨ 고려-향약구급방

19

ㄱ~ㄹ에 대한 설명으로 옳은 것을 〈보기〉에서 고른 것은? [2점]

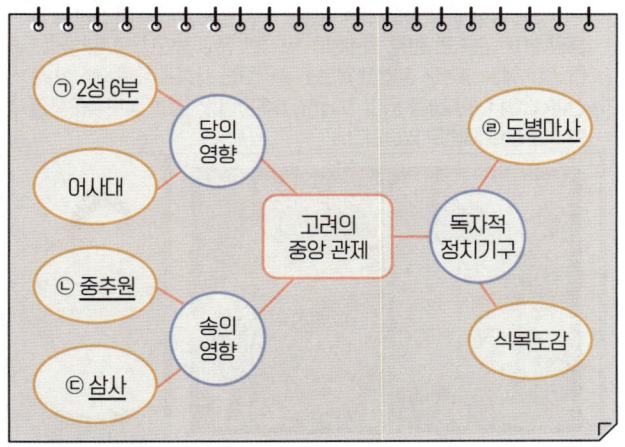

〈보기〉

ㄱ. ㉠ – 좌·우사정이 6부를 나누어 관할하였다.
ㄴ. ㉡ – 군사 기밀과 왕명 출납을 담당하였다.
ㄷ. ㉢ – 5품 이하의 관원에 대한 서경권을 행사하였다.
ㄹ. ㉣ – 재추를 중심으로 국방, 군사 문제를 논의하였다.

① ㄱ, ㄴ ② ㄱ, ㄷ ③ ㄴ, ㄷ ④ ㄴ, ㄹ ⑤ ㄷ, ㄹ

[출제영역] 고려의 중앙 관제   정답 ④
[정답 개념정리]

> 고려의 중앙 관제는, 당의 영향을 받아 중서문하성과 상서성의 2성과 상서성 아래 이, 호, 예, 병, 형, 공의 6부로 나누어져 있고, 어사대라는 감찰 기관이 있지요. 그리고 송의 영향을 받아, 군국 기무와 왕명 출납을 담당하는 중추원, 곡식과 화폐의 출납을 관장하는 삼사도 설치되었죠. 특이한 것은, 중서문하성의 재신과 중추원의 추밀이 함께 하는 독자적 정치기구인 재추 회의가 있다는 것입니다. 재추 회의는 또 두 가지로 나뉘는데, 대외적인 국방, 군사 문제를 논의하는 도병마사와 대내적인 관제, 격식을 담당하는 식목도감이 있어요.

ㄱ. (×) ㉠ – 좌·우사정이 6부를 나누어 관할하였다.
➡ 좌사정, 우사정이 6부를 나누어 관장한 것은 발해예요. 또 발해는 3성 6부(정당성, 중대성, 선조성과 충, 인, 의, 지, 예, 신부)죠.

ㄴ. (○) ㉡ – 군사 기밀과 왕명 출납을 담당하였다.
➡ 중추원의 추밀은 군사 기밀을 승선은 왕명 출납을 맡았지요.

ㄷ. (×) ㉢ – 5품 이하의 관원에 대한 서경권을 행사하였다.
➡ 5품 이하의 관리에 대한 서경권은 조선 양사(사헌부, 사간원)의 권한이죠.

ㄹ. (○) ㉣ – 재추를 중심으로 국방, 군사 문제를 논의하였다.

➡ 재추(재신과 추밀) 회의 중 국방, 군사 문제를 논의한 기구는 도병마사입니다. 관제와 격식을 담당한 기구는 식목도감이고요.

옳은 것은 ㄴ, ㄹ입니다.

20

밑줄 그은 '이 역사서'에 대한 설명으로 옳은 것은? [3점]

> 대개 이미 지나간 나라의 흥망은 장래의 교훈이 되기 때문에 이 역사서를 편찬하여 올리는 바입니다. … 범례는 사마천의 『사기』를 따르고, 대의(大義)는 모두 왕께 아뢰어 재가만 얻었습니다. 본기(本紀)라는 이름을 피하고 세가(世家)라고 한 것은 명분의 중요성을 나타내기 위함이며, 가짜 왕인 신씨들[신우, 신창]은 세가에 넣지 않고 열전으로 내린 것은 그들이 왕위를 도둑질한 사실을 엄히 논죄하려는 것입니다.

[출제영역] 고려사   정답 ⑤
[정답 개념정리]

> 사마천의 '사기'의 영향을 받은 기전체 역사서이고, 왕의 이야기를 본기가 아닌 세가에 기록했고, 우왕과 창왕을 신하들의 이야기를 적는 열전에 넣은 것은 조선 세종 때 편찬을 시작하여 문종 때 완성된 '고려사'이죠. 역성혁명으로 새 나라 조선을 건국한 것을 정당화하려는 의도가 보이죠.

① 발해사를 우리 역사로 체계화하였다.
➡ 발해사를 우리 역사로 체계화한 역사서는 유득공의 발해고이죠.

② 고구려 시조의 일대기를 서사시로 표현하였다.
➡ 고구려 시조의 일대기를 서사시로 표현한 것은 이규보의 동명왕편입니다.

③ 불교사를 중심으로 고대의 민간 설화를 수록하였다.
➡ 불교사 중심으로 고대 민간 설화를 수록한 책은 일연의 삼국유사입니다.

④ 고조선부터 고려 말까지의 역사를 연대순으로 기록하였다.
➡ 고조선부터 고려 말까지의 역사를 연대순으로 정리한 것은 동국통감이죠.

⑤ 조선 건국을 정당화하는 입장에서 고려의 역사를 정리하였다.
➡ 세가와 열전에 고려의 왕들을 기록한 것이 증거죠. 고려사입니다.

21

다음 검색창에 들어갈 인물의 활동으로 옳은 것은? [2점]

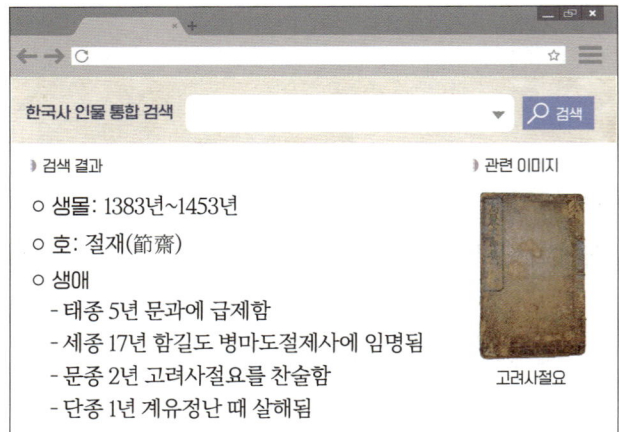

한국사 인물 통합 검색

》 검색 결과
》 관련 이미지

○ 생몰: 1383년~1453년
○ 호: 절재(節齋)
○ 생애
 - 태종 5년 문과에 급제함
 - 세종 17년 함길도 병마도절제사에 임명됨
 - 문종 2년 고려사절요를 찬술함
 - 단종 1년 계유정난 때 살해됨

고려사절요

[출제영역] 김종서　　　　　　　　정답 ①
[정답 개념정리]

호는 '절재'로 태종~단종 때 활약했고 고려사절요 편찬에 참여했으며, 계유정난 때 살해당한 인물은 김종서이지요.

① 여진을 정벌하고 6진을 개척하였다.
 ➡ 세종 때 여진을 정벌하고 6진을 개척한 인물이 김종서이죠. 최윤덕은 4군을 개척했죠.

② 불씨잡변을 지어 불교를 비판하였다.
 ➡ 불씨잡변은 삼봉 정도전의 저서이죠. 그 외에도 조선경국전, 경제문감이 있지요.

③ 반정 공신의 위훈 삭제를 주장하였다.
 ➡ 중종반정 공신의 위훈 삭제를 주장한 인물은 정암 조광조입니다.

④ 왜구의 근거지인 쓰시마섬을 정벌하였다.
 ➡ 왜구 근거지인 쓰시마섬을 정벌한 사람은 세종 때 이종무입니다.

⑤ 충청도 지역까지 대동법의 확대 실시를 건의하였다.
 ➡ 대동법을 충청도까지 확대해서, 실시할 것을 건의한 인물은 김육입니다.

22

밑줄 그은 '이 전란' 이후에 있었던 사실로 옳은 것은?
[2점]

이것은 강화 교섭 결렬 이후 일본의 재침으로 시작된 이 전란 당시 흥양(현재 고흥군) 현감 최희량이 작성한 전과 보고서의 일부입니다. 여기에는 흥양에 침입한 일본군을 격퇴한 사실과 새로 제작한 전선(戰船)에 대한 내용 등이 자세히 기록되어 있으며, 삼도수군통제사 이순신의 서명도 있습니다.

[출제영역] 임진왜란　　　　　　　정답 ③
[정답 개념정리]

일본의 재침은 정유재란을 말하는 것이고, 이순신이 삼도수군통제사였다는 것 역시 임진왜란, 정유재란 때의 일이지요.

① 신숙주가 일본에 다녀와 해동제국기를 저술하였다.
 ➡ 신숙주가 해동제국기를 저술한 것은 조선 성종 때입니다. 💡**조선 성종은 국악 4동**✨ 국조오례의, 악학궤범, 동국통감, 동국여지승람, 동문선, 해동제국기

② 나세 등이 화포를 사용하여 진포에서 왜구를 격퇴하였다.
 ➡ 나세, 최무선 등의 진포대첩은 고려 말 우왕 때이죠. 💡**이황 최홍 포포**✨ 이성계-황산 대첩, 최영-홍산대첩, 화포 최무선-진포대첩

③ 포로 송환을 목적으로 회답겸쇄환사가 일본에 파견되었다.
 ➡ 유정이 회답겸쇄환사로 일본에 파견된 것이 임진왜란 이후의 일입니다.

④ 조선 정부의 교역 제한에 반발하여 사량진 왜변이 일어났다.
 ➡ 사량진 왜변은 자주 나오는 내용은 아니지요. 조선 중종 때 사건이고, 삼포왜란 이후에요.

⑤ 국방 문제를 논의하기 위한 임시기구로 비변사가 설치되었다.
 ➡ 비변사가 임시기구로 설치된 것은 중종 때, 상설 기구화된 것은 명종 때의 일입니다.

(가), (나) 사이의 시기에 있었던 사실로 옳은 것은? [2점]

(가) 임금이 여러 도(道)에 명을 내렸다. "나라의 운세가 매우 좋지 않아 역적 이괄이 군사를 일으켰는데, 여러 장수들이 좌시하여 수도가 함락되고 말았다. … 예로부터 반역은 어느 시대에나 있었지만, 이처럼 극도로 흉악한 역적은 없었다. 종사와 자전*을 염려하여 남쪽으로 피란하기로 결정하였다."

(나) 정명수가 심양에 있는 소현 세자의 관소에 와서 용골대의 뜻을 전하기를, "세자가 이곳에 들어온 지가 이미 5년이 되었으니, 어찌 스스로 먹고살 길을 마련하지 않는가. 세자와 인질들에게 어찌 먹고살 식량을 늘 지급해 줄 수가 있겠는가. 경작할 땅을 주어 내년부터 각자 농사를 지어 먹도록 함이 마땅하다."라고 하였다.

* 자전(慈殿): 임금의 어머니

[출제영역] 왜란과 호란   정답 ⑤
[정답 개념정리]

(가) 이괄은 인조반정 이후 논공행상에 불만을 품고 난을 일으킨 인물이죠. 인조는 한때 공산성(공주)까지 피신하기도 했지요. 인조 즉위 초의 일입니다.
(나) 인조의 장자 소현 세자가 청에 볼모로 끌려가 생활한 것은 병자호란 이후의 일입니다.

① 정문부가 길주에서 의병을 이끌었다.
➡ 정문부가 길주에서 의병을 일으킨 것은, 임진왜란 때죠. 선조 때의 일입니다.

② 삼수병으로 구성된 훈련도감이 설치되었다.
➡ 유성룡의 건의로 훈련도감이 설치된 것도 역시 임진왜란 중의 일이죠.

③ 영창 대군이 사사되고 인목 대비가 유폐되었다.
➡ 인목 대비 폐위와 영창 대군의 사사, 즉 폐모살제는 광해군 때의 일입니다.

④ 이덕형이 구원병 요청을 위해 명에 청원사로 파견되었다.
➡ 이덕형이 구원병 요청을 위해 명에 청원사로 파견된 것 역시 임진왜란 중의 일입니다.

⑤ 김상헌 등이 남한산성에서 화의에 반대하여 항전을 주장하였다.
➡ 주전파 김상헌이 남한산성에서 화의를 반대한 것은 병자호란 중의 일이지요.

(가) 전쟁 중에 있었던 사실로 옳은 것은? [2점]

문학으로 보는 한국사   [해설]

남한산성 무너진 날 죽었어야 할 몸인데 초수(楚囚)*되어 아직도 못 돌아간 신하라네 서쪽으로 오며 형 생각에 몇 번이나 눈물 뿌렸던고 동녘을 바라보니 아우 그린 형이 가련하네

부부 은정(恩情) 중하기도 한데 만난지 두 돌도 못 되었네그려 이제는 만 리 밖에 이별하여 백년 가약이 헛되구나 길이 멀어 편지도 못 부치고 산이 높아 꿈조차 더디 넘네

나의 살 길 기약할 수 없으니 뱃속의 아이나 잘 보살펴주오

* 초수: 포로를 뜻함

이 작품은 송시열이 펴낸 『삼학사전』에 수록된 시로, 오달제가 형과 아내에게 보낸 것입니다. 삼학사는 (가) 때 척화론을 주장하다가 이듬해 심양으로 잡혀가 순절한 홍익한, 윤집, 오달제를 말합니다. 『삼학사전』에는 삼학사의 전개와 비극적 최후가 묘사되어 있습니다. 인조의 뒤를 이어 즉위한 효종은 (가) 의 치욕을 씻기 위해 북벌을 추진하는 한편 순절한 인물을 기리고 그 후손을 등용하는 정책을 펼쳤습니다.

[출제영역] 병자호란   정답 ②
[정답 개념정리]

인조 때 일어난 병자호란은 결국 삼전도의 굴욕으로 마무리되었고, 인조의 아들 소현 세자와 봉림대군 등이 청에 볼모로 잡혀가게 되었지요. 병자호란 때 청과의 화친을 반대했던 대표적 인물은 강화에서 순절한 김상용, 주전파의 대표 김상헌, 심양에서 순절한 삼학사(홍익한, 윤집, 오달제) 등이 있습니다.

① 송상현이 동래성에서 항전하였다.
➡ 동래성에서 항전한 송상현은 임진왜란 때의 인물이죠.
💡 일단은 정송신선☆ 정발(부산진), 송상현(동래성), 신립(충주 탄금대), 선조(의주 피란)

② 김준룡이 광교산 전투에서 승리하였다.
➡ 김준룡의 광교산 전투 승리는 병자호란 때 일이지요.
💡 병자 업고 용용(죽겠지)☆ 병자호란, 임경업(백마산성), 김준룡(광교산), 김상용(강화에서 순절)

③ 이괄의 반란 세력이 도성을 장악하였다.
➡ 이괄의 난은 인조 즉위 초, 반정 후 논공행상에 대한 불만으로 일어난 사건입니다.

④ 강홍립 부대가 사르후 전투에 참전하였다.
➡ 강홍립의 사르후 전투 참여는 광해군 때의 일입니다. 후금에 투항하여 후에 인조반정의 명분이 되죠.

⑤ 신류가 조총 부대를 이끌고 흑룡강에서 전투를 벌였다.
➡ 변급과 신류는 효종 때 나선 정벌에 참여한 장군입니다.
💡 변신☆

25

(가) 사건에 대한 설명으로 옳은 것은? [3점]

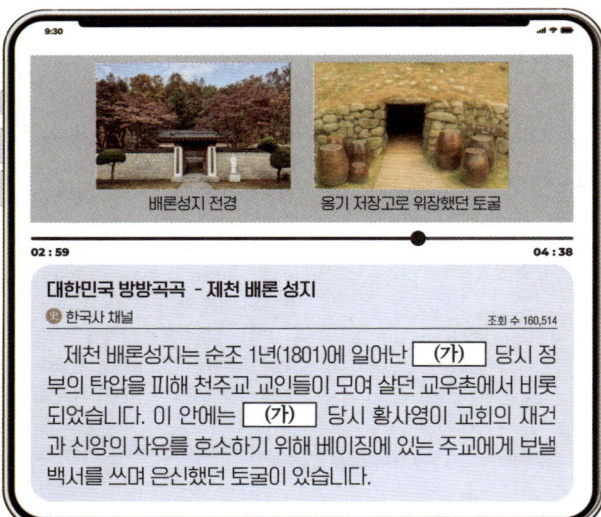

9:30

배론성지 전경 / 옹기 저장고로 위장했던 토굴

02:59 — 04:38

대한민국 방방곡곡 - 제천 배론 성지
한국사 채널　　　　　　　　　　조회 수 160,514

제천 배론성지는 순조 1년(1801)에 일어난 (가) 당시 정부의 탄압을 피해 천주교 교인들이 모여 살던 교우촌에서 비롯되었습니다. 이 안에는 (가) 당시 황사영이 교회의 재건과 신앙의 자유를 호소하기 위해 베이징에 있는 주교에게 보낼 백서를 쓰며 은신했던 토굴이 있습니다.

[출제영역] 신유박해　　　　　　　　　　정답 ⑤
[정답 개념정리]

순조 1년에 일어난 천주교도 박해 사건인 신유박해 때, 정약종, 이승훈이 처형되고, 정약용, 정약전이 유배를 가게 되지요. 그 후 황사영이 박해 내용을 적은 백서를 써서 중국에 보내려 했지만 발각되어 그 역시 처형됩니다. 💡**유황오리** 🌟 *신유박해–황사영 백서 사건*

① 한성 조약이 체결되는 결과를 가져왔다.
　➡ 한성 조약은 갑신정변의 결과 일본과 조선 사이에 체결되죠. 💡**갑한텐** 🌟 *갑신정변–한성 조약, 텐진 조약*

② 정부의 요청으로 출병한 청군이 진압하였다.
　➡ 청군의 진압으로 마무리된 사건은 임오군란, 갑신정변이죠.

③ 사태의 수습을 위해 박규수가 안핵사로 파견되었다.
　➡ 박규수가 안핵사로 파견된 사건은 임술 농민 봉기이지요.

④ 이필제가 영해 지역에서 난을 일으키는 계기가 되었다.
　➡ 이필제의 난은 1871년 동학교도들이 교조 최제우의 신원을 요구하며 일으켰죠.

⑤ 전개 과정에서 이승훈, 정약용 등이 연루되어 처벌되었다.
　➡ 신유박해로 이승훈은 처형되고 정약용은 유배를 가게 되지요.

26

다음 상황이 나타난 시기의 경제 모습으로 옳지 <u>않은</u> 것은? [2점]

비가 내리자 왕이 특별히 화성부에 이르기를, "흉년이 들었을 때 기근을 구제하는 데 서쪽 지방의 토란이나 남쪽 지방의 고구마보다 월등히 나은 것은 메밀이다. 내가 이 때문에 모내기의 시기를 놓치게 되면 반드시 메밀을 대신 파종하도록 권장하는 것이다."라고 하였다.

[출제영역] 조선 후기 경제　　　　　　　정답 ①
[정답 개념정리]

상품 작물, 구황 작물 등의 재배가 활발히 이루어진 것은 조선 후기의 경제 상황입니다.

① 염포의 왜관을 통해 일본과 교역하였다.
　➡ 염포는 세종 때 개항한 삼포(부산포, 제포, 염포) 중의 하나이죠. 조선 전기의 일입니다.

② 상평통보를 발행하여 화폐로 사용하였다.
　➡ 상평통보의 활발한 유통은 조선 숙종 이후의 일입니다. 조선 후기에 해당합니다.

③ 관청에 물품을 조달하는 공인이 활동하였다.
　➡ 공인의 등장은 광해군 때 실시한 대동법 이후의 일입니다. 조선 후기의 일이죠.

④ 송상, 만상이 대청 무역으로 부를 축적하였다.
　➡ 송상, 만상, 내상 등 사상의 성장은 조선 후기입니다.

⑤ 덕대가 물주에게 자금을 받아 광산을 경영하였다.
　➡ 광산 전문 경영인 덕대의 출현도 조선 후기입니다. 💡**떡대가 좋아야 광산경영** 🌟 *덕대, 광산*

(가) 왕의 재위 기간에 있었던 사실로 옳은 것은? [1점]

이 그림은 화성능행도 8폭 중 일부로, (가) 이/가 혜경궁 홍씨를 모시고 현륭원에 다녀오는 모습을 그린 것입니다. 위엄을 갖춘 행렬의 장대함과 구경꾼들의 생동감 넘치는 표정이 잘 드러나 있습니다.

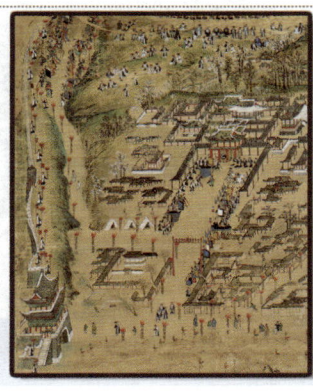

[출제영역] 조선 정조   정답 ③

[정답 개념정리]

어머니 혜경궁 홍씨와 아버지 사도세자의 무덤인 현륭원에 다녀오는 모습을 그린 화성능행도는 효심과 애민의 상징 정조와 관련되어 있지요.
💡 **정조는 규수 탁초장 휘3통**☆ 규장각, 수원화성, 탁지지, 초계문신제, 장용영, 동문휘고, 대전통편, 신해통공, 무예도보통지

① 자의 대비의 복상 문제로 예송이 전개되었다.
➡ 예송은 현종, 환국은 숙종 때 일이지요.
💡 **기갑경기갑 서남서남서**☆ 기해예송(서인)–갑인예송(남인)–경신환국(서인)–기사환국(남인)–갑술환국(서인)

② 명의 신종을 제사 지내는 만동묘가 설치되었다.
➡ 만동묘의 설치는 숙종, 철거는 흥선대원군입니다.

③ **문신을 재교육하기 위한 초계문신제가 실시**되었다.
➡ 규장각을 중심으로 37세 이하의 젊은 문신을 선발하여 재교육하는 제도인 초계문신제는 정조 때의 일입니다.
💡 **규수 탁초장~**☆

④ 붕당의 폐해를 경계하는 탕평비가 성균관에 건립되었다.
➡ 성균관에 탕평비를 건립한 왕은 영조입니다.
💡 **영평비**☆ 영조, 탕평비

⑤ 비변사의 혁파로 의정부와 삼군부의 기능이 정상화되었다.
➡ 비변사를 혁파하고 의정부와 삼군부의 기능을 부활시킨 것은 흥선대원군입니다.

(가) 왕의 재위 시기에 있었던 사실로 옳은 것은? [2점]

이 그림은 (가) 의 초상화로 조선 시대에 그려진 현존하는 어진 가운데 군복을 입고 있는 유일한 사례이다. 강화도령으로 불렸던 그는 안동 김씨인 순원왕후의 명으로 왕위에 올랐지만, 임술 농민 봉기가 일어나는 등 혼란한 상황 속에서 승하하였다. 6·25 전쟁 때 화재로 어진의 일부가 소실되었다.

(가) 어진

[출제영역] 조선 철종   정답 ⑤

[정답 개념정리]

임술 농민 봉기의 계기가 된 진주 봉기는 탐관오리 백낙신의 학정에 농민들이 반발하여 일어난 사건이죠. 몰락 양반 유계춘의 주도로 1862년에 일어났지요. 철종 때 일입니다.
💡 **유계 1862**☆ 유계춘, 1862년

① 윤지충 등이 처형된 신해박해가 일어났다.
➡ 폐제분주로 윤지충, 권상연이 처형된 신해박해는 정조 때 일입니다. 💡 **해유**☆ 신해–신유

② 오페르트가 남연군 묘 도굴을 시도하였다.
➡ 오페르트 도굴 미수 사건은 흥선대원군 집권기인 1868년의 일이죠. 💡 **유~병제병오신척**☆ 신유박해(1801)~병인박해(1866)–제너럴셔먼호 사건–병인양요–오페르트 도굴 미수 사건(1868)–신미양요(1871)–척화비 건립(1871)

③ 국왕의 친위 부대인 장용영이 창설되었다.
➡ 국왕의 친위 부대 장용영이 설치된 것은, 정조 때죠.
💡 **정조는 규수 탁초장 휘3통**☆

④ 경신환국 등 여러 차례 환국이 발생하였다.
➡ 환국은 숙종 때입니다. 경신환국, 기사환국, 갑술환국
💡 **경기갑**☆ 경신–기사–갑술환국

⑤ **박규수의 건의로 삼정이정청이 설치**되었다.
➡ 임술 농민 봉기 해결을 위해 파견된 안핵사가 박규수이고 철종에게 삼정이정청 설치를 건의했죠.

29

(가)~(마)에 들어갈 내용으로 적절하지 않은 것은? [2점]

[역사 다큐멘터리 기획안]

격랑의 시대, 그들이 걸어간 길

■기획의도

　개항 전후 격변하는 시대 상황 속에서 각 인물이 마주한 고민과 선택을 중심으로 그들의 활동을 살펴본다.

■회차별 방송 내용

회차	인물	내용
1회.	박규수,	(가)
2회.	이만손,	(나)
3회.	김홍집,	(다)
4회.	유길준,	(라)
5회.	박성춘,	(마)

[출제영역] 개화기의 주요 인물　　　　정답 ③

[정답 개념정리]

　박규수는 박지원의 손자로 통상 개화론자이며, 제너럴셔먼호 사건 때는 평양 감사를 지냈지요. 이만손은 유생으로 2차 수신사 김홍집이 들여온 황준헌의 조선책략의 내용에 반대하며 영남만인소를 올렸어요. 유길준은 보빙사 민영익의 수행원으로 미국에 파견되었고, 서유견문, 대한문전 등의 저서가 있지요. 조선중립화론을 주장한 사실도 중요합니다.

　박성춘은 백정 출신으로 1898년 독립 협회의 관민 공동회에서 연설을 한 인물이에요.

① (가) – 북학 사상을 바탕으로 통상 개화론을 주장하다

　➡ 박규수는 통상 개화론자입니다.

② (나) – 영남 만인소를 주도해 개항과 통상에 반대하다

　➡ 이만손이 영남 만인소를 주도했습니다.

③ (다) – 보빙사로 미국에 다녀와 개화 정책을 추진하다

　➡ 김홍집은 2차 수신사로 일본에 파견된 인물이지요. 보빙사는 민영익, 홍영식, 서광범, 유길준 등입니다.

④ (라) – 서유견문을 집필하여 서양 근대 문명을 소개하다

　➡ 유길준은 서유견문을 통해 서양 근대 문명을 소개했습니다.

⑤ (마) – 백정 출신으로 관민 공동회에서 연설하다

　➡ 박성춘은 백정 출신으로 1898년 독립 협회의 관민 공동회에서 연설했죠.

30

(가) 사건에 대한 설명으로 옳은 것은? [1점]

이 척화비는 자연석에 비문을 새긴 것이 특징입니다. 척화비는 제너럴 셔먼호 사건을 구실로 일어난 ▢(가)▢ 이후 전국 각지에 세워졌습니다. 이를 통해 서양 세력과의 통상 수교를 거부한 역사의 한 장면을 엿볼 수 있습니다.

[출제영역] 신미양요　　　　정답 ⑤

[정답 개념정리]

　신미양요(1871)는 미국 상선이 무단으로 대동강을 통해 평양으로 진입해 평안도 지역을 약탈한 제너럴셔먼호 사건(1866) 때문에 일어났지요. 신미양요 이후 흥선 대원군은 전국에 척화비를 건립합니다.

　💡유~병제병오신척☆ 신유박해(1801)~병인박해(1866)–제너럴셔먼호 사건–병인양요–오페르트 도굴 미수 사건(1868)–신미양요(1871)–척화비 건립(1871)

① 청군의 개입으로 종결되었다.

　➡ 청군의 개입으로 종결된 것은 임오군란과 갑신정변이죠.

② 외규장각 도서가 약탈되는 결과를 가져왔다.

　➡ 외규장각 도서가 약탈되는 계기가 된 것은 병인양요입니다.

③ 에도 막부에 통신사가 파견되는 계기가 되었다.

　➡ 에도 막부에 통신사가 파견된 시기는 1607년(선조)~1811년까지입니다. 참고로 1607년, 1617년, 1624년은 회답겸쇄환사 파견, 1636년부터 통신사가 정례 파견되었어요.

④ 사태 수습을 위해 박규수가 안핵사로 파견되었다.

　➡ 박규수가 안핵사로 파견된 사건은 임술 농민 봉기입니다.

⑤ 전개 과정에서 어재연 부대가 광성보에서 항전하였다.

　➡ 신미양요 때 어재연 장군이 광성보에서 항전하였고, 퇴각하던 미군은 수자기를 약탈해 가지요.

　💡미국 어메리카☆ 신미양요, 어재연

　💡광어☆ 광성보, 어재연

밑줄 그은 '이 장정'에 대한 설명으로 옳은 것은? [2점]

> 이 장정이 맺어진 이후 나타난 변화에 대해 말해보자.

> 청 상인이 양화진과 한성에 점포를 열 수 있게 되었어요.

> 조선의 상권을 둘러싸고 청과 일본 상인의 경쟁이 치열해졌어요.

[출제영역] 조청상민수륙무역장정   정답 ①
[정답 개념정리]

> 임오군란의 결과 조선과 일본은 제물포조약을, 조선과 청은 조청상민수륙무역장정을 체결하지요. 조청상민수륙무역장정을 통해 청 상인에게 내지 통상을 최초로 허용한 것이 중요합니다.

① 임오군란을 계기로 체결되었다.
  ➡ 임오군란의 결과 제물포조약과 조청상민수륙무역장정이 체결되지요. 💡**이모는 포청천**☆ 임오군란-제물포조약, 조청상민수륙무역장정

② 거중 조정의 조항을 포함하였다.
  ➡ 거중 조정과 최혜국 대우 조항이 포함된 조약은 조미수호통상조약입니다.

③ 방곡령을 선포할 수 있는 조건을 명시하였다.
  ➡ 방곡령을 선포할 수 있는 조건을 명시한 것은 1883년 조일통상장정이죠.

④ 부산항과 원산항이 개항되는 결과를 가져왔다.
  ➡ 부산항과 원산항, 인천항이 개항된 결과를 가져온 것은 강화도 조약(조일수호조규)입니다.
  💡**강화도 조약 때문에 IO엔도 없어없어없어 (부)원인을 (파)해치자!**☆ 10리 한행이정, 일본 화폐 사용, 무관세, 무항세, 무제한 곡물 유출, 부산/원산/인천 개항, 해안 측량권, 치외법권(영사재판권), 자주국

⑤ 외국인을 재정 고문으로 두도록 하는 조항을 담고 있다.
  ➡ 외국인을 재정 고문(메가타)으로 두는 조항은 제1차 한일 협약이죠. 외교 고문은 스티븐스였습니다.

다음 가상 뉴스에서 보도하는 사건 이후에 전개된 사실로 옳은 것은? [1점]

> 지난달 전주성을 점령한 동학 농민군이 마침내 정부와 화약을 체결하였습니다. 농민군은 곧 집강소를 중심으로 폐정 개혁에 착수할 것으로 예상됩니다.

속보   전주 화약 체결

[출제영역] 동학농민운동   정답 ①
[정답 개념정리]

> 💡**삼보고백 토룡전북 논공치기**☆ 삼례집회–보은집회–고부 봉기–무장/백산 봉기–황토현 전투–황룡촌 전투–전주성 함락–전주화약(농민–집강소/정부–교정청)–일본의 경복궁 점령–논산 집결(남접＋북접)–공주 우금치 전투 패배–전봉준 체포

① 남접과 북접이 논산에서 연합하였다.
  ➡ 전주화약 이후 일본군의 경복궁 점령에 반발해 2차 봉기가 일어나자, 남·북접이 논산에 집결했죠.

② 농민군이 황룡촌 전투에서 관군에 승리하였다.
  ➡ 농민군이 황룡촌 전투에서 관군에 승리한 것은 전주화약 이전의 일입니다.

③ 교조 신원을 요구하는 보은집회가 개최되었다.
  ➡ 교조 신원을 요구하는 보은집회가 개최된 것은 전주화약 이전의 일입니다.

④ 사태 수습을 위해 안핵사 이용태가 파견되었다.
  ➡ 안핵사 이용태가 파견된 것은 고부 농민 봉기 수습을 위해서였으니까 전주화약 전이죠.

⑤ 전봉준이 농민을 이끌고 고부 관아를 습격하였다.
  ➡ 전봉준이 농민과 고부 관아를 습격한 것이 고부 농민 봉기입니다. 전주화약 이전이죠.

다음 대화에 해당하는 교육 기관에 대한 설명으로 옳은 것은? [2점]

주제: 근대 교육기관

이 학교는 신학문을 가르치는 관립 교육기관이야.

젊은 관리가 소속된 좌원과 명문가의 자제를 선발한 우원으로 구성되었어

주요 과목으로 영어, 신학, 지리 등이 있었어.

[출제영역] 육영공원   정답 ⑤
[정답 개념정리]

> 육영 공원은 최초의 근대 관립교육기관으로 신진 관리와 명문가 자제들이 다녔고, 영어와 같은 신학문을 가르쳤죠.

① 7재라는 전문 강좌가 개설되었다.
  ➡ 관학 7재는 고려 예종 때 관학 진흥을 위해 국자감에 설치한 전문 강좌죠. 💡**고려 예종은 7현보청**☆ *관학 7재, 양현고, 보문각, 청연각*

② 조선 총독부의 탄압으로 폐교되었다.
  ➡ 조선 총독부는 1910년에 설치되었지요.

③ 교육입국 조서에 근거하여 세워졌다.
  ➡ 교육입국 조서는 2차 갑오개혁 때 발표되었어요. 1895년의 일입니다. 💡**이 2**☆ *교육입국 조서, 2차 갑오개혁*

④ 주요 건물로 대성전과 명륜당을 두었다.
  ➡ 대성전(성현 제사)과 명륜당(학생 교육)은 성균관과 향교 안의 건물이죠.

⑤ 헐버트, 길모어 등이 교사로 초빙되었다.
  ➡ 육영 공원의 교사는 헐버트, 길모어, 벙커입니다. 💡**헐~ 길이 뻥!**☆ 💡**육 6**☆ *육영 공원, 1886년*

(가) 운동에 대한 설명으로 옳은 것은? [2점]

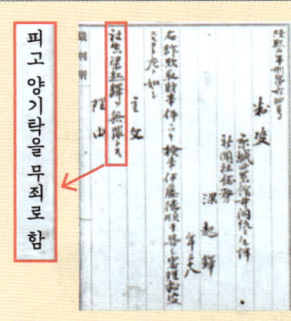

피고 양기탁을 무죄로 함

이 자료는 (가) 에 참여한 양기탁에 대한 판결문의 일부이다. 양기탁은 일본에서 들여온 차관을 갚기 위해 일어난 (가) 의 의연금을 횡령하였다는 이유로 기소되었다. 판결문에는 피고인 양기탁이 증거불충분으로 무죄를 선고받은 내용이 담겨 있다.

[출제영역] 국채보상운동   정답 ①
[정답 개념정리]

> 일본에서 들여온 차관을 갚기 위해 일어난 것이 1907년 시작된 국채보상운동이죠.

① 대한매일신보의 지원을 받아 확산되었다.
  ➡ 국채보상운동은 대구에서 시작되었고, 대한매일신보의 지원을 받아 확산됐죠.
    💡**한국채대**☆ *국채보상운동, 대구, 대한매일신보*

② 조선 총독부의 탄압과 방해로 실패하였다.
  ➡ 조선 총독부는 1910년 이후에 생겨났기에 시기가 맞지 않습니다.

③ 백정에 대한 사회적 차별 철폐를 요구하였다.
  ➡ 백정에 대한 사회적 차별 철폐를 요구한 것은, 1920년대 진주에서 시작된 형평운동이죠.
    💡**백진주**☆ *백정 차별 반대, 진주에서 시작된 형평운동*

④ 조선 민립 대학 기성회에서 모금 활동을 주도하였다.
  ➡ 민립 대학 설립 운동 역시 1920년대에 전개되었어요.

⑤ 일본, 프랑스 등의 노동 단체로부터 격려 전문을 받았다.
  ➡ 일본, 프랑스의 노동 단체로부터 격려를 받은 것은 1929년 원산 총파업이죠.
    💡**원구단**☆ *원산 총파업, 1929년*

다음 자료를 작성한 인물에 대한 설명으로 옳은 것은?

[1점]

> '동양 평화'와 '한국 독립'에 대한 문제는 이미 세계 모든 나라 사람들이 다 아는 사실이며 당연한 일로 굳게 믿었고, 한국과 청국 사람들의 마음에 깊게 새겨졌다. … 만일 일본이 지금의 정책을 바꾸지 않고 이웃 나라들을 나날이 억누른다면, 차라리 다른 인종에게 망할지언정 같은 인종에게 욕을 당하지는 않겠다는 생각이 한국과 청국 사람들의 마음에서 용솟음칠 것이다. … 동양 평화를 위한 의로운 싸움을 하얼빈에서 시작하고, 옳고 그름을 가리는 자리는 뤼순으로 정하였다.

[출제영역] 안중근   정답 ③

[정답 개념정리]

> 안중근은 1909년 하얼빈에서 초대 통감 이토 히로부미를 저격하고 1910년에 뤼순 감옥에서 순국했지요. 동양 평화론을 완성하지 못한 채 세상을 떠났어요.

① 샌프란시스코에서 흥사단을 창립하였다.
➡ 샌프란시스코에서 흥사단을 창립한 인물은 안창호죠.
💡ㅎㅎ☆ 흥사단, 안창호

② 황준헌이 쓴 조선책략을 국내에 들여왔다.
➡ 황준헌의 조선책략을 들여온 사람은 2차 수신사 김홍집입니다.

③ 초대 통감이었던 이토 히로부미를 사살하였다.
➡ 이토 히로부미를 저격한 인물이 바로 안중근입니다.

④ 유만수 등과 함께 부민관 폭파 의거를 일으켰다.
➡ 부민관 폭파 의거는 광복 직전, 1945년 7월 애국청년단의 유만수, 강윤국, 조문기 등이 일으켰어요. 정답으로 나오는 선지는 아니지만 알아두어야겠죠.

⑤ 국권 피탈 과정을 정리한 한국통사를 저술하였다.
➡ 한국 통사, 한국독립운동지혈사는 박은식이 집필한 역사서죠. 💡아픈 건 박은식☆

밑줄 그은 '시기'에 있었던 사실로 옳은 것은? [2점]

> 헌병이 일반 경찰 업무를 담당하던 <u>시기</u>에 일제는 범죄 즉결례를 제정하여 재판 없이 체포 또는 구금하고 벌금을 물리거나 태형에 처할 수 있게 하였습니다. 시행 이듬해 일제는 범죄 즉결례에 있는 태형 규정을 삭제하고, 조선 태형령을 제정하여 태형은 오직 조선인에게만 적용하였습니다.

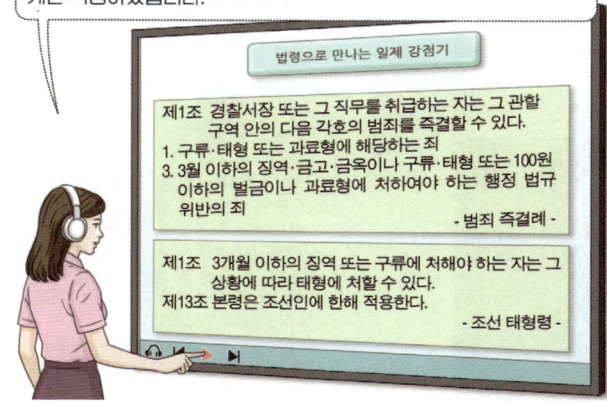

> **법령으로 만나는 일제 강점기**
>
> 제1조 경찰서장 또는 그 직무를 취급하는 자는 그 관할 구역 안의 다음 각호의 범죄를 즉결할 수 있다.
> 1. 구류·태형 또는 과료형에 해당하는 죄
> 3. 3월 이하의 징역·금고·금옥이나 구류·태형 또는 100원 이하의 벌금이나 과료형에 처하여야 하는 행정 법규 위반의 죄
> — 범죄 즉결례 —
>
> 제1조 3개월 이하의 징역 또는 구류에 처해야 하는 자는 그 상황에 따라 태형에 처할 수 있다.
> 제13조 본령은 조선인에 한해 적용한다.
> — 조선 태형령 —

[출제영역] 1910년대의 사실   정답 ⑤

[정답 개념정리]

> 범죄즉결례, 조선 태형령은 무단 통치기의 키워드입니다.

① 미쓰야 협정이 체결되었다.
➡ 미쓰야 협정은 1925년에 체결되었지요.
💡봉춘리간대 자참신정신미쓰야이☆
· 봉춘리간대: 봉오동 전투–훈춘사건–청산리 대첩–간도 참변–대한독립군단
· 자참정신미쓰야이: 자유시 참변–참의부/정의부/신민부–미쓰야 협정–이부(국민부, 혁신의회)로 정리

② 조선 사상범 예방 구금령이 제정되었다.
➡ 조선 사상범 예방 구금령은 1930년대 이후 민족 말살 통치기죠.

③ 박문국이 설치되어 한성순보를 발행하였다.
➡ 박문국이 설치되어 한성순보가 발행된 것은 1883년의 일이죠.
💡난(82)과 변(84) 사이 빙순동원☆ 보빙사 파견, 한성순보 발행, 동문학 설립, 원산학사 설립

④ 황국 중앙 총상회가 상권 수호 운동을 주도하였다.
➡ 황국 중앙 총상회는 1898년 서울의 시전 상인을 중심으로 조직되었어요.

⑤ 회사 설립 시 총독의 허가를 받도록 하는 회사령이 시행되었다.
➡ 회사령 시행이 1910년대 무단 통치기의 일이죠.

(가) 운동에 대한 설명으로 옳은 것은? [2점]

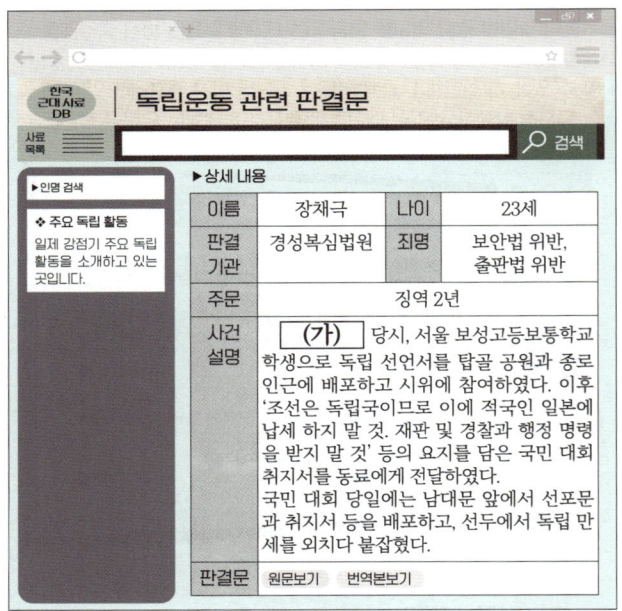

[출제영역] 3·1운동 정답 ④
[정답 개념정리]

> 독립 선언서와 탑골 공원은 3·1 운동과 관련된 키워드입니다.

① 정우회 선언의 영향을 받았다.
➡ 정우회 선언의 영향을 받아 탄생한 단체는 1927년 신간회죠.

② 통감부의 탄압과 방해로 중단되었다.
➡ 통감부는 1905년부터 1910년까지 존재했기에 시기가 맞지 않죠.

③ 순종의 인산일을 기회로 삼아 추진되었다.
➡ 순종의 인산일을 기회로 추진한 운동은 6·10 만세 운동입니다. ☀고3 6순☆ 고종 인산–3·1 운동, 6·10 만세 운동–순종 인산

④ 전개 과정에서 일제가 제암리 학살 등을 자행하였다.
➡ 제암리, 고주리 학살은 3·1 운동 전개 중에 일어난 사건이죠.

⑤ 성진회와 각 학교 독서회에 의해 전국적으로 확산되었다.
➡ 성진회와 각 학교 독서회에 의해 확산된 것은 1929년 광주 학생 항일운동입니다.

밑줄 그은 '이 단체'에 대한 설명으로 옳은 것은? [2점]

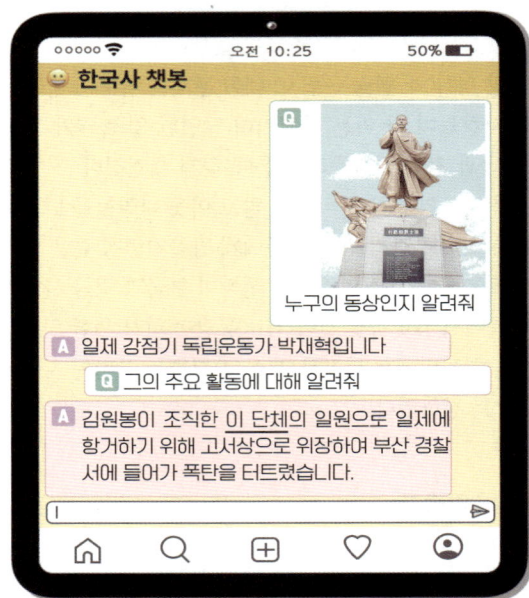

[출제영역] 의열단 정답 ③
[정답 개념정리]

> 의열단은 김원봉이 1919년에 조직한 의열 단체로, 박재혁 단원은 부산 경찰서에 폭탄을 투척했어요.
> 💡 ㅂㅂ☆ 박재혁, 부산 경찰서 투탄

① 원산 노동자 총파업을 지원하였다.
➡ 원산 총파업은 신간회가 적극 지원했어요. 그리고 일본, 프랑스의 노동 단체들이 우리 노동자들에게 격려 전문도 보내왔지요.

② 신흥 강습소를 세워 독립군을 양성하였다.
➡ 신흥강습소를 세워 독립군을 양성한 단체는 신민회입니다.

③ 김익상, 김상옥 등이 단원으로 활동하였다.
➡ 김익상(조선 총독부 폭탄 투척), 김상옥(종로경찰서 폭탄 투척)이 의열단 단원입니다.

④ 상덕태상회를 통하여 군자금을 모집하였다.
➡ 대구에 상덕태상회를 설립해 군자금을 모집한 것은 박상진의 대한 광복회입니다.

⑤ 도쿄에서 일어난 이봉창 의거를 계획하였다.
➡ 도쿄에서 일왕의 마차에 폭탄을 던진 이봉창은 김구의 한인 애국단 소속이죠.
💡 봉봉 애국단☆ 이봉창, 윤봉길, 한인 애국단

(가) 지역에서 있었던 민족 운동으로 옳은 것은? [2점]

사진은 [(가)](으)로 이주한 한인 노동자들의 모습입니다. 이민자들은 1905년 (가) 의 유카탄 반도에 도착한 뒤 에네켄 농장 20여 곳에 분산 배치되어 고된 노동에 시달렸습니다. 이들은 어려운 환경 속에서도 독립운동 자금을 모금하는 등 국권 회복을 위한 노력에 동참하였습니다.

[출제영역] 멕시코에서의 민족 운동   정답 ④
[정답 개념정리]

> 에네켄 농장의 노동, 이근영의 숭무 학교는 멕시코 독립운동의 키워드입니다.
> 💡**밍숭멕숭**✨ 멕시코 숭무 학교, 이근영

① 한인 자치 기구인 경학사를 조직하였다.
➡ 경학사가 있었던 지역은 서간도죠.
    💡**경부한**✨ 경학사–부민단–한족회

② 권업회를 조직하고 권업신문을 발간하였다.
➡ 권업회는 연해주 지역이에요.

③ 중광단을 결성하여 항일 투쟁을 전개하였다.
➡ 중광단은 북간도의 무장단체이지요. 후에 북로군정서로 발전합니다.

④ 숭무 학교를 설립하여 독립군을 양성하였다.
➡ 숭무 학교는 이근영이 멕시코에서 세운 한인 무관 양성 학교입니다. 💡**밍숭멕숭**✨ 멕시코 숭무 학교, 이근영

⑤ 유학생들이 중심이 되어 2·8 독립 선언서를 발표하였다.
➡ 유학생들이 2·8 독립 선언서를 발표한 곳은 도쿄입니다.

(가)에 들어갈 내용으로 적절한 것은? [2점]

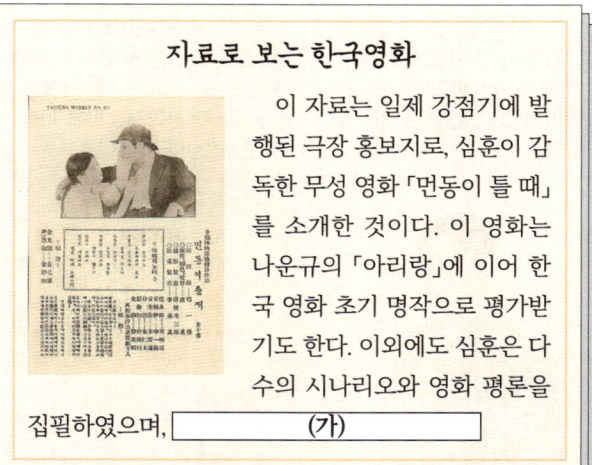

자료로 보는 한국영화

이 자료는 일제 강점기에 발행된 극장 홍보지로, 심훈이 감독한 무성 영화 「먼동이 틀 때」를 소개한 것이다. 이 영화는 나운규의 「아리랑」에 이어 한국 영화 초기 명작으로 평가받기도 한다. 이외에도 심훈은 다수의 시나리오와 영화 평론을 집필하였으며, (가)

[출제영역] 심훈   정답 ⑤
[정답 개념정리]

> 심훈은 1930년대 브나로드 운동의 영향을 받은 소설 상록수를 발표했지요. 나운규의 아리랑은 단성사에서 1926년에 상영했습니다. 💡**아라리유**✨ 아리랑, 1926년

① 별 헤는 밤, 참회록 등의 시를 남겼다.
➡ 별 헤는 밤, 참회록은 윤동주의 작품이죠.

② 국문 연구소의 연구위원으로 활동하였다.
➡ 국문 연구소는 1907년 학부 아래 설치되었고, 주시경, 지석영이 연구위원으로 활동했죠.

③ 근대극 형식을 도입한 토월회를 조직하였다.
➡ 토월회는 1920년대 박승희 등이 조직한 연극단체이지요.

④ 실천적인 유교 정신을 강조하는 유교구신론을 저술하였다.
➡ 유교구신론은 박은식의 저서입니다.
    💡**ㅇㅅㅇㅅ**✨ 유교구신론, 박은식

⑤ 브나로드 운동을 소재로 한 소설 상록수를 신문에 연재하였다.
➡ 브나로드 운동을 소재로 한 소설 상록수가 심훈의 작품이죠.

(가) 단체에 대한 설명으로 옳은 것은? [3점]

자네 (가) 에서 발행한 잡지 '한글' 이번 호 보았는가? '한글 맞춤법 통일안' 개정 신판이 발매되었다는 소식이 실렸더군.

읽었네. 최근 훈민정음 해례본의 발견으로 한글 창제일이 명확해졌다는군. 이제 (가) 에서는 한글날을 창제일에 맞춰 10월 9일로 시정한다고 하네.

[출제영역] 조선어 학회 정답 ④
[정답 개념정리]

> 1907년 학부 아래 국문 연구소(주시경, 지석영) 설치, 1921년 조선어연구회(가갸날), 1931년 조선어 학회(한글 맞춤법 통일안, 우리말 큰사전 편찬 시도), 1949년 한글 학회(우리말 큰사전 편찬)로 정리해 두시면 좋아요.

① 최초로 한글에 띄어쓰기를 도입하였다.
➡ 한글에 최초로 띄어쓰기를 도입한 사람은 선교사 존 로스입니다(1877, 조선어 첫걸음).
② 국어 문법서인 대한문전을 편찬하였다.
➡ 대한문전의 저자는 유길준이에요.
③ 태극 서관을 설립하여 서적을 보급하였다.
➡ 태극 서관과 자기 회사를 설립한 단체는 신민회죠.
④ 조선말(우리말) 큰 사전 편찬을 추진하였다.
➡ 우리말 큰 사전 편찬 추진은 조선어 학회, 완간은 한글 학회입니다.
⑤ 국문 연구소를 두어 한글을 체계적으로 연구하였다.
➡ 국문 연구소는 1907년 학부 아래 설치된 기관이에요.

㉠~㉤에 대한 설명으로 옳지 않은 것은? [2점]

단재 신채호 연보

1880년	충청도 회덕에서 출생
1898년	성균관에 입학
1907년	㉠ 신민회 활동에 참여하고 대한매일신보 필진으로 근무
1919년	상하이로 가서 ㉡ 대한민국 임시 정부 수립에 참여
1923년	㉢ 「조선 혁명 선언」 작성
1927년	무정부주의 동방 연맹 창립 대회에 참가
1928년	타이완 지룽에서 체포됨
1931년	㉣ 「조선상고사」가 조선일보에 연재됨
1936년	㉤ 뤼순 감옥에서 사망

[출제영역] 신채호 정답 ①
[정답 개념정리]

> 민족주의 역사학자 신채호는 묘청의 서경천도운동 실패를 그의 저서 조선사 연구초에서 '조선사 일천 년 내 제일대사건'이라고 얘기했지요.

① ㉠ – 광주 학생 항일 운동에 진상 조사단을 파견하였다.
➡ 광주 학생 항일운동에 진상 조사단을 파견한 단체는 신간회죠.
② ㉡ – 이륭양행에 교통국을 설치하여 국내와 연락을 취하였다.
➡ 연통제와 교통국은 대한민국 임시 정부의 국내 비밀 행정 조직과 연락망입니다.
③ ㉢ – 의열단이 활동 지침으로 삼았다.
➡ 신채호의 조선혁명선언은 의열단의 행동 지침이 되었죠.
④ ㉣ – 역사를 아(我)와 비아(非我)의 투쟁으로 정의하였다.
➡ 신채호는 조선상고사에서 역사를 '아(我)와 비아(非我)의 투쟁'으로 정의했어요.
⑤ ㉤ – 안중근 의사가 순국한 곳이다.
➡ 안중근, 신채호 모두 뤼순 감옥에서 순국했습니다.

교사의 질문에 대한 학생의 대답으로 적절하지 않은 것은? [2점]

이것은 그의 84세 생일을 위해 기획된 LP 음반의 재킷으로, '제84회 탄신기념'이라고 적혀 있습니다. 음반에는 '애국가', '만수무강하시리', '우남 행진곡' 등이 수록되어 있습니다. 그러나 그는 다음 해에 일어난 4·19 혁명으로 하야했습니다. 그가 대통령으로 재임하던 시기에 있었던 사실을 말해볼까요?

[출제영역] 이승만 정부   정답 ①

[정답 개념정리]

이승만 대통령은 4·19 혁명을 계기로 하야합니다.
💡 **반농귀류 발사보조 경부사하 허삼장사**✨
- **반농귀류:** 반민족행위 처벌법(1948), 농지개혁법(1949), 귀속 재산 처리법(1949), 6·25 전쟁(1950)
- **발사보조:** 발췌 개헌(1952), 사사오입 개헌(1954), 보안법파동(1958), 조봉암 처형(1959)
- **경부사하:** 경향신문 폐간(1959), 3·15 부정선거(1960), 4·19 혁명, 이승만 하야(1960.4.26.)
- **허삼장사:** 허정(외무부 장관) 과도 정부, 3차 개헌, 장면 내각 출범(1960.8.), 4차 개헌

① 경부 고속 도로가 개통되었어요.
➡ 경부고속도로의 개통은 박정희 정부 때 일이죠. 1970년의 일입니다.
- **1970년에 있었던 일:** 경부고속국도 개통, 포항제철소 착공, 새마을 운동 시작, 전태일 분신

② 한미 상호 방위 조약이 체결되었어요.
➡ 한미 상호 방위 조약은 6·25 전쟁 정전 협정 후, 1953년 10월에 체결되죠.

③ 진보당의 당수였던 조봉암이 처형되었어요.
➡ 진보당 사건(1958)으로 1959년 조봉암이 처형되었죠.

④ 반민족 행위 특별 조사 위원회가 해체되었어요.
➡ 반민족행위 특별 조사위원회는 큰 성과 없이 해체됩니다. 1949년의 일입니다.

⑤ 유상 매수, 유상 분배 원칙의 농지 개혁법이 제정되었어요.
➡ 1949년 농지개혁법이 제정되죠.

밑줄 그은 '이 사건'에 대한 설명으로 옳은 것은? [1점]

이 비석에는 이 사건을 소재로 한 현기영의 소설 순이삼촌의 주요 내용이 새겨져 있습니다. 이곳 제주에서는 남한만의 단독 선거에 반대하는 세력을 진압한다는 명분으로 토벌대에 의해 수많은 주민들이 희생당했습니다. 비석을 세우지 않고 눕혀놓은 것은 이 비극을 표현하기 위함입니다.

[출제영역] 제주 4·3 사건   정답 ⑤

[정답 개념정리]

제주 4·3 사건은 남한 만의 단독 선거에 반대하는 무장대의 봉기와 이에 대한 군·경의 진압 과정에서 무력 충돌이 이어지며 많은 제주도민이 희생된 사건이에요. 최근 그 기록물이 유네스코 세계기록유산으로 등재되었죠.

① 향토 예비군 창설의 계기가 되었다.
➡ 1968년 1·21 사태(무장 공비의 청와대 습격)와 푸에블로호 납북 사건 이후 창설되죠.

② 조봉암이 간첩 혐의를 받아 사형되었다.
➡ 1958년 진보당 사건으로 당수 조봉암이 체포되고, 다음 해인 1959년에 사형됩니다.

③ 유엔군이 한반도에 파병되는 원인이 되었다.
➡ 1950년에 일어난 6·25 전쟁이죠.

④ 허정 과도 정부가 구성되는 결과를 가져왔다.
➡ 4·19 혁명으로 이승만 대통령이 하야하고 외무장관이었던 허정의 과도 정부가 수립되죠.

⑤ 진상 규명과 희생자 명예 회복을 위한 특별법이 제정되었다.
➡ 김대중 정부 때 제주 4·3 사건 진상규명 및 희생자 명예회복에 관한 특별법이 제정되죠. 노무현 정부 시기에는 대통령의 공식 사과가 있었습니다.

밑줄 그은 '개헌안'의 시행 결과로 옳은 것은? [2점]

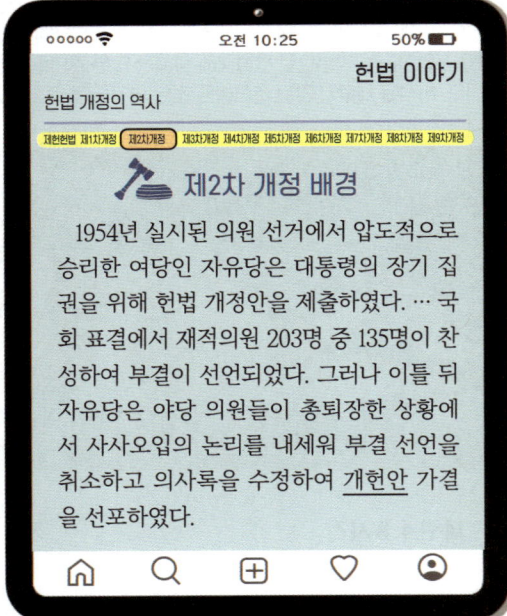

○○○○○ 📶　　　　오전 10:25　　　50% 🔋

헌법 이야기

헌법 개정의 역사

제헌헌법 제1차개정 **제2차개정** 제3차개정 제4차개정 제5차개정 제6차개정 제7차개정 제8차개정 제9차개정

⚖️ 제2차 개정 배경

1954년 실시된 의원 선거에서 압도적으로 승리한 여당인 자유당은 대통령의 장기 집권을 위해 헌법 개정안을 제출하였다. … 국회 표결에서 재적의원 203명 중 135명이 찬성하여 부결이 선언되었다. 그러나 이틀 뒤 자유당은 야당 의원들이 총퇴장한 상황에서 사사오입의 논리를 내세워 부결 선언을 취소하고 의사록을 수정하여 개헌안 가결을 선포하였다.

🏠　🔍　➕　♡　👤

[출제영역] 사사오입 개헌　　　　정답 ⑤
[정답 개념정리]

헌법 공포 당시의 대통령(이승만)에 한해 중임제한을 철폐한다는 내용이 들어가 있는 개헌이었지요. 처음에는 부결되었다가 정족수 계산에 사사오입(반올림)을 적용하여 가결되었어요. 💡**5는 올리고 4는 버린다**✨ *1954년*

① 통일 주체 국민 회의에서 대통령이 선출되었다.

　➡ 통일 주체 국민 회의의 간선은 유신 헌법, 7차 개헌이지요.

② 5년 단임의 대통령이 직선제에 의해 선출되었다.

　➡ 5년 단임의 대통령 직선제는 9차 개헌이에요.

③ 대통령이 국회의원의 3분의 1을 추천하게 되었다.

　➡ 대통령에게 국회의원 3분의 1을 추천하는 권한이 주어진 것도 역시 유신, 7차 개헌이죠.

④ 국회에서 간접 선거 방식으로 대통령이 선출되었다.

　➡ 국회에서 간접 선거로 대통령을 선출한 것은 제헌 헌법이었습니다.

⑤ 개헌 당시의 대통령에 한하여 중임 제한이 철폐되었다.

　➡ 개헌 당시 대통령(이승만)에 한해 중임제한을 철폐한 것이 2차 개헌, 사사오입 개헌입니다.

(가) 정부 시기에 볼 수 있는 모습으로 가장 적절한 것은? [2점]

이것은 통일 주체 국민 회의에서 대통령을 선출하도록 헌법을 개정한 　(가)　 정부의 홍보물입니다. "우리 모두 불굴의 투지와 굳은 단결로써 조국의 안정과 번영, 그리고 평화 통일을 위해 전진합시다."라는 문구 등으로 헌법을 미화하였습니다.

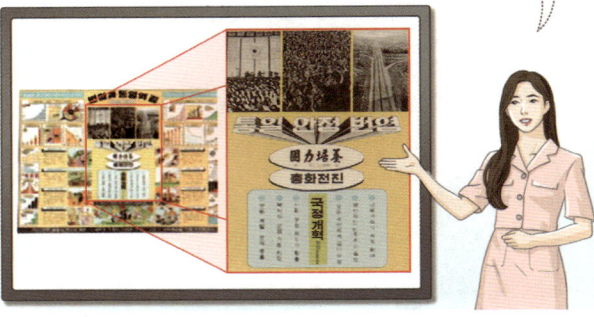

[출제영역] 박정희 정부　　　　정답 ①
[정답 개념정리]

통일 주체 국민회의에서 대통령을 간접 선거로 선출한 것은 박정희 정부의 유신체제 때의 일이지요.

① 거리에서 장발과 미니스커트를 단속하는 경찰

　➡ 장발과 미니스커트 단속은 박정희 정부 때의 일입니다.

② 교복 자율화 조치로 사복을 입고 등교하는 학생

　➡ 교복, 두발 자율화는 전두환 정부이지요.

③ 금융 실명제에 따라 신분증 제시를 요구하는 은행원

　➡ 금융 실명제는 김영삼 정부 때 실시되었죠.

　💡**ㄱㅇㅅ**✨ 금융실, 김영삼

④ 칠레와의 자유 무역 협정(FTA) 비준을 보도하는 기자

　➡ 칠레와의 FTA가 체결된 건 김대중 정부, 발효된 것은 노무현 정부입니다.

⑤ 전국 민주 노동조합총연맹 창립 대회에 참가하는 노동자

　➡ 민노총의 창립은 김영삼 정부입니다.

47

다음 뉴스가 보도된 정부 시기의 사실로 옳은 것은? [2점]

문교부가 중고등학생의 교복과 두발을 자율화하겠다고 발표한 데 이어, 오늘부터 야간 통행 금지 해제가 본격 적용되었습니다. 시민들은 새벽 거리를 활보하며 37년 만에 되찾은 24시간의 자유를 만끽하게 되었습니다.

[출제영역] 전두환 정부　　　　　　　　　　　　　　정답 ②
[정답 개념정리]

교복, 두발 자율화, 야간 통행금지 해제는 전두환 정부의 대표적인 유화책이었습니다.

① 서울 올림픽 대회가 개최되었다.
　➡ 88 서울 올림픽 개최는 노태우 정부 때의 일이죠.
　　🔆**땡은 노태우**☆ 7·7 선언, 88 올림픽 개최, 노태우 정부
② 보도 지침으로 언론이 통제되었다.
　➡ 보도 지침은 전두환 정부가 언론사 기사 통제를 위해 작성한 가이드라인이죠.
③ 삼풍 백화점 붕괴 사고가 일어났다.
　➡ 삼풍 백화점, 성수대교 붕괴 사고는 김영삼 정부 때 일어난 일이죠.
④ 양성 평등의 실현을 위해 호주제가 폐지되었다.
　➡ 호주제 폐지는 노무현 정부죠.
⑤ 사회 통합을 위한 다문화 가족 지원법이 시행되었다.
　➡ 다문화 가족 지원법 시행은 이명박 정부입니다.

48

다음 연설문을 발표한 정부 시기의 통일 노력으로 옳은 것은? [2점]

6·15 공동 선언은 한반도의 운명을 바꾸어 놓은 역사적 전환점이었습니다. … 남북 당국 간 회담이 100여 차례 이상 열리고, 인적·물적 교류도 크게 늘어났습니다. … 참여정부는 햇볕 정책과 6·15 정신을 계승, 발전시킨 '평화번영 정책'을 추진해 나가고 있습니다. 이대로 가면 한반도에 화해와 협력의 질서가 구축되고, 평화와 번영의 새로운 동북아 시대가 열리게 될 것입니다. 무엇보다 중요한 것은 남북 간 신뢰 구축입니다. 각 분야의 교류와 협력을 활성화시키고, 북핵 문제를 평화적으로 해결해 나가야 합니다.

[출제영역] 노무현 정부　　　　　　　　　　　　　　정답 ⑤
[정답 개념정리]

김대중 정부의 햇볕 정책과 6·15 정신을 계승 발전시켰다는 것으로 보아 노무현 정부인 걸 알 수 있지요.
　🔆**김대륙일오, 노무십사**☆ 김대중 정부, 6·15 공동 선언, 노무현 정부, 10·4 남북 정상 선언

① 판문점에서 남북 정상 회담을 개최하였다.
　➡ 판문점에서 남북 정상 회담을 개최한 것은 문재인 정부 때의 일이죠. 🔆**판문재인**☆
② 남북한이 국제 연합(UN)에 동시 가입하였다.
　➡ 남북한의 UN 동시 가입은 노태우 정부 때의 일입니다.
③ 남북 이산가족의 고향 방문을 최초로 성사시켰다.
　➡ 남북 이산가족의 최초 고향 방문은 전두환 정부, 1985년의 일이죠. 🔆**바로 만나 1985**☆
④ 평화 통일 외교 정책에 관한 6·23 특별 성명을 발표하였다.
　➡ 평화 통일 외교 정책에 관한 6·23 특별 성명 발표는 1973년 박정희 정부 때입니다.
⑤ 남북 간 경제 교류 활성화를 위한 개성 공단 착공식을 열었다.
　➡ 개성 공단 착공식은 노무현 정부 때 일어난 일이지요. 개성 공단 조성 합의는 김대중 정부죠.

(가)~(마)에 들어갈 내용으로 적절하지 <u>않은</u> 것은? [1점]

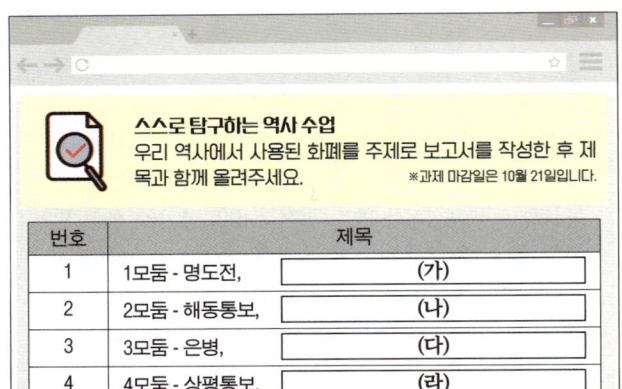

[출제영역] 화폐   정답 ③

① (가) – 중국 연과의 교류 관계를 보여주다
  ➡ 오수전, 명도전, 반량전은 철기시대에 중국과의 교류를 증명하는 중국 화폐죠.
  💡**오명반**✨ 오수전, 명도전, 반량전

② (나) – 의천의 건의로 화폐가 주조되다
  ➡ 고려 숙종 때 의천의 건의로 활구(은병), 해동통보, 삼한통보가 발행되었어요.
  💡**숙종은 활해삼을 좋아해**✨ 활구(은병), 해동통보, 삼한통보

③ (다) – 경복궁 중건을 위해 제작되다
  ➡ 경복궁 중건을 위해 흥선대원군 때 발행된 화폐는 당백전입니다.

④ (라) – 법화로 발행되어 전국적으로 유통되다
  ➡ 상평통보는 조선의 법화로 숙종 때부터 활발히 유통되었어요.

⑤ (마) – 전환국에서 화폐가 발행되다
  ➡ 1883년에 설치된 전환국에서는 백동화를 발행했지요.

㉠~㉤에 대한 설명으로 적절하지 <u>않은</u> 것은? [3점]

> 史 **한국사 톺아보기** **역사 속 관리 선발 방식**
>
> 신라는 국학 학생 등을 대상으로 유교 경전에 대한 이해 정도를 평가하여 관리로 선발하는 ㉠ 독서삼품과를 마련하였다. 하지만 골품제 때문에 관료제 운영에 큰 기능을 발휘하지 못하였다.
>
> 고려 시대에는 시험을 통해 인재를 등용하는 ㉡ 과거가 도입되어 운영되면서 제술과, 명경과, 잡과가 승과와 함께 시행되었다. 그러나 반드시 과거로만 관직에 진출하는 것이 아니라, 음서 등으로 관직에 진출하기도 하였다.
>
> 조선 시대의 관리는 과거, 취재, 음서, 천거 등을 통해 선발되었다. 과거는 ㉢ 문과, 무과, 잡과로 구성되었는데 문과와 무과를 중심으로 하여 양반 관료 체제가 갖추어졌다.
>
> 한편 조선 중기에는 ㉣ 현량과를 통해서 조정에 진출한 신진 세력들이 훈구 세력의 부정과 비리를 비판하기도 하였다.
>
> 개항기에는 군국기무처의 주도로 과거를 폐지하고 별도의 ㉤ 선거조례를 제정하여 과거 시험에서 평가하였던 유교 경전에 대한 지식이나 문장력보다는 실무에 적합한 재능과 능력을 갖춘 인재를 관리로 등용하고자 하였다.

[출제영역] 관리 선발 제도   정답 ⑤
[정답 개념정리]

> 독서삼품과는 신라 원성왕 때 실시된 과거제의 전신이고, 고려 광종 때 쌍기의 건의로 과거제가 처음 시행되었습니다. 조선시대에는 과거제 외에도 중종 때 조광조가 건의한 현량과와 같은 추천제가 있었고, 1894년 갑오 1차 개혁 때 과거제가 폐지되고, 선거조례를 제정하여 인재를 등용하기도 했지요. 조선시대의 과거는 정기 시험인 식년시와 비정기 시험인 별시, 알성시, 중광시 등이 있었지요.

① ㉠ – 원성왕 재위 시기에 시행되었다.
  ➡ 신라 원성왕 대에 새로운 관리 등용 제도인 독서삼품과를 설치하여(788) 왕권을 강화하고자 하였으나 결국 진골 귀족들의 반발로 실패하였죠.

② ㉡ – 쌍기의 건의를 수용하여 실시하였다.
  ➡ 고려 광종 때 후주에서 귀화한 쌍기의 건의를 받아들여 과거 제도를 실시하여 신·구 세력의 교체를 통한 왕권 강화를 도모했죠.

③ ㉢ – 식년시, 알성시, 중광시 등으로 운영되었다.

➡ 조선시대 과거는 3년마다 실시하는 정기 시험인 식년시 외에도 중광시, 별시, 알성시 등의 비정기 시험이 수시로 행해졌어요.

④ ㉣ – 중종 때 조광조를 비롯한 사림들이 실시를 주장하였다.

➡ 조광조 등 사림 세력은 왕도 정치 실현을 목적으로 현량과를 설치하고 인물 중심으로 사림들을 등용했어요.

⑤ ㉤ – 대한 제국 수립 이후 개혁의 일환으로 처음 단행되었다.

➡ 과거제의 폐지는 갑오개혁(1894년)때 단행되었으며 대한제국 수립(1897년)보다 앞선 시기입니다. 따라서 시간적 순서가 맞지 않습니다.

제3회 정답 및 해설

01

밑줄 그은 '이 시대'의 생활 모습으로 옳은 것은?　　[1점]

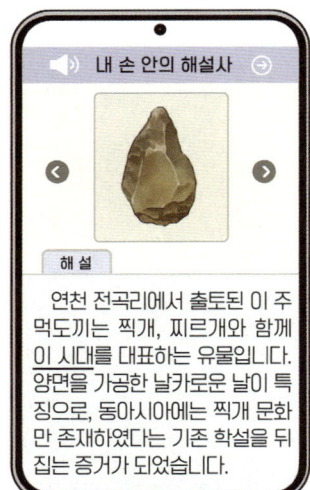

내 손 안의 해설사

해 설

연천 전곡리에서 출토된 이 주먹도끼는 찍개, 찌르개와 함께 이 시대를 대표하는 유물입니다. 양면을 가공한 날카로운 날이 특징으로, 동아시아에는 찍개 문화만 존재하였다는 기존 학설을 뒤집는 증거가 되었습니다.

[출제영역] 구석기 시대　　　　　　정답 ⑤
[정답 개념정리]

> 구석기 암기 코드는 이젠 확실히 알고 계시죠?^^
> 💡**웰컴구동막개**☆ 구석기, 이동 생활, 동굴 생활, 막집, '개'자로 끝나는 도구.
> 구석기 유적지도 알아두면 좋아요. 💡**구석기 공연단**☆ 공주 석장리, 연천군 전곡리, 단양 수양개 주먹도끼와 찍개는 대표적인 구석기 유물이죠.

① 민무늬 토기에 식량을 저장하였다.
　➡ 민무늬 토기는 청동기 시대의 유물이죠.
② 가락바퀴를 이용하여 실을 만들었다.
　➡ 가라악(락)바퀴와 뼈바늘은 옷을 만들어 입었던 신석기시대 유물이에요. 💡**농삼신라빗**☆ 농경과 목축의 시작, 💡**삼/사**☆가 들어가는 유적지(부산 동삼동, 서울 암사동), 신석기시대/신앙생활(애니미즘, 토테미즘, 샤머니즘), 가라악(락)바퀴와 뼈바늘, 빗살무늬 토기
③ 명도전, 반량전 등 화폐를 사용하였다.
　➡ 💡**오명반**☆ 오수전, 명도전, 반량전은 중국 화폐로서 철기시대의 유물이에요. 💡**철세중독**☆ 철기시대, 세형동검, 중국과 교류(오, 명, 반), 독무덤
④ 철제 농기구를 사용하여 농사를 지었다.
　➡ 철제 농기구 사용은 당연히 철기시대겠죠.
⑤ 주로 동굴이나 강가의 막집에 거주하였다.
　➡ 동굴이나 막집에 거주한 시대가 구석기이죠.
　💡**웰컴구동막개**☆

02

(가), (나) 사이의 시기에 있었던 사실로 옳은 것은?　　[2점]

> (가) 진승과 항우가 군사를 일으켜 천하가 혼란해지자, 연(燕)·제(齊)·조(趙)의 백성이 괴로움을 견디다 못해 점차 준왕에게 망명해 왔다. 준왕은 이들을 서쪽 지역에 거주하게 하였다.
>
> (나) 좌장군이 패수상군을 격파하고 왕검성에 이르러 그 성의 서북방면을 포위하였다. 누선장군도 좌장군과 합세하여 성의 남쪽에 주둔하였다. 우거왕이 끝까지 성을 굳게 지키니, 수개월이 지나도 함락시킬 수 없었다.

[출제영역] 고조선　　　　　　　　정답 ①
[정답 개념정리]

> (가) 연의 위만이 중국의 혼란을 피해 고조선으로 망명하였다가, 고조선의 준왕을 몰아내고 왕위에 오르지요. 그때부터 위만 조선이 시작됩니다.
> (나) 우거왕은 위만의 손자로 고조선의 마지막 왕이지요. 왕검성은 마지막 수도이고요.

① 위만이 왕위를 찬탈하였다.
　➡ (가)와 (나) 사이에는 위만이 왕위를 찬탈한 사건이 있었습니다.
② 이사부가 우산국을 복속시켰다.
　➡ 이사부는 신라 지증왕 때부터 진흥왕 시기에 활약한 장수이죠. 💡**동순이가 왕이지라 우우**☆ 동시전 설치, 순장 폐지, 이사부 등용, 왕 호칭 사용, 지증왕, 신라 국호 확정, 우산국 복속 by 이사부, 우경 시행
③ 온조가 위례성에 도읍을 정하였다.
　➡ 온조는 고구려를 세운 동명왕의 아들로 위례성에 백제를 세웠죠. 💡**백제에는 한공부 한 사람들이 많았죠**☆ 한성(위례성) → 공주(웅진) → 부여(사비)
④ 관구검이 환도성을 침략하여 함락하였다.
　➡ 관구검이 환도성을 함락한 것은 고구려 동천왕 때의 일이죠. 💡**천동미원 소광장 양류보**☆ 고국천왕 → 동천왕 → 미천왕 → 고국원왕 → 소수림왕 → 광개토대왕 → 장수왕 → 영양왕 → 영류왕 → 보장왕
⑤ 미천왕이 서안평을 공격하여 영토를 넓혔다.
　➡ 서안평을 공격하고 대방과 낙랑을 축출한 것은 고구려 미천왕입니다.
　💡**미대낙서**☆ 미천왕, 대방, 낙랑 축출, 서안평 공격

(가) 국가의 문화유산으로 옳은 것은?   [2점]

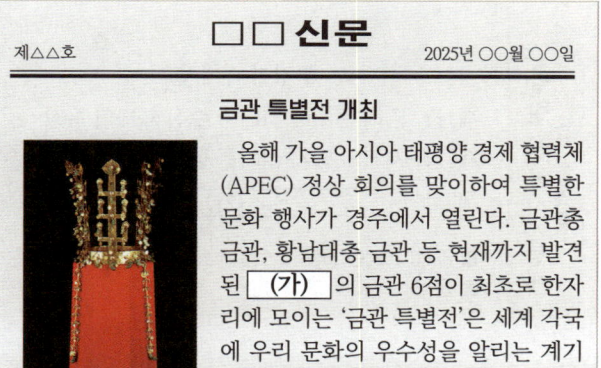

제△△호   **□□ 신문**   2025년 ○○월 ○○일

금관 특별전 개최

올해 가을 아시아 태평양 경제 협력체 (APEC) 정상 회의를 맞이하여 특별한 문화 행사가 경주에서 열린다. 금관총 금관, 황남대총 금관 등 현재까지 발견된 __(가)__ 의 금관 6점이 최초로 한자리에 모이는 '금관 특별전'은 세계 각국에 우리 문화의 우수성을 알리는 계기가 될 것으로 기대된다.

▲금관총 금관

[출제영역] 신라의 문화   정답 ⑤
[정답 개념정리]

> 금관총과 황남대총은 대표적인 신라의 고분이죠.

①  ➡ 부여 능산리 절터에서 발견된 백제 금동 대향로입니다.

②  ➡ 고구려의 금동 연가 7년명 여래 입상이죠. 발해 이불병좌상에 영향을 줬죠.

③  ➡ 가야의 철갑옷이에요.

④  ➡ 발해의 석등입니다.

⑤  ➡ 천마총에서 발굴된 천마도는 대표적인 신라의 유물이죠.

(가)~(다) 지역에 대한 설명으로 옳지 <u>않은</u> 것은?   [3점]

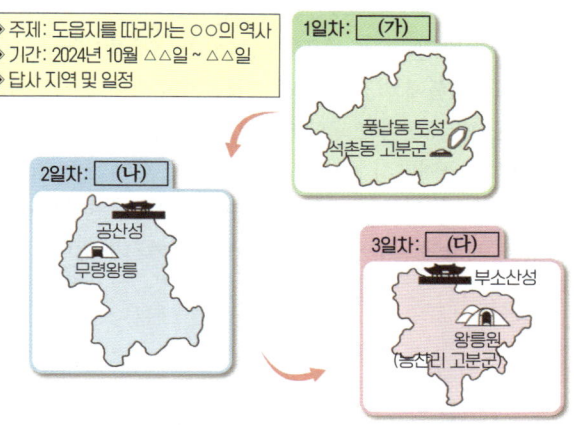

· 답사계획서 ·

◆ 주제: 도읍지를 따라가는 ○○의 역사
◆ 기간: 2024년 10월 △△일 ~ △△일
◆ 답사 지역 및 일정

1일차: (가) — 풍납동 토성, 석촌동 고분군
2일차: (나) — 공산성, 무령왕릉
3일차: (다) — 부소산성, 왕릉원(능산리 고분군)

[출제영역] 백제의 도읍   정답 ④
[정답 개념정리]

> 백제는 위례성(한성)에서 문주왕 때 웅진(공주)으로, 성왕 때 사비(부여)로 도읍을 옮기지요.
> 💡 **백제가 한공부했지**✿ 한성(위례성) → 공주(웅진) → 부여(사비)
> 💡 **부능 공송**✿ 부여 능산리 고분군, 공주 송산리 고분군
> 💡 **공산성**✿ 공주, 💡 **부소산성**✿ 부여

① (가) – 고구려에서 남하한 온조가 도읍으로 삼았다.
➡ 풍납토성과 석촌동 고분군은 한성시대 백제의 대표 유적이죠.

② (나) – 문주왕 때 천도한 곳이다.
➡ 공산성과 무령왕릉 모두 공주에 있는 것으로 문주왕 때 천도했어요.

③ (나) – 중국 남조의 영향을 받은 벽돌무덤이 있다.
➡ 무령왕릉은 중국 남조 양나라의 영향을 받아 만든 벽돌무덤 양식이에요.

④ (다) – 왕궁리 오층 석탑이 있다.
➡ 왕궁리 5층 석탑은 익산에 있지요.

⑤ (다) – 백제 금동대향로가 출토되었다.
➡ 백제 금동대향로는 부여 능산리 절터에서 출토되었어요. 부소산성도 부여에 있죠.

밑줄 그은 '그 나라'의 경제 상황으로 가장 적절한 것은? [2점]

> 그은 나라는 관(官)을 세움에 9등이 있다. 첫 번째는 토졸이라 하며, 1품에 비견된다. 옛 이름은 대대로이며, 국정을 모두 맡는다. 3년마다 교대하는데, 직에 걸맞은 자가 있으면 연한에 구애받지 않는다. … 또 여러 큰 성에는 녹살(욕살)을 두는데, 도독에 비견된다. 여러 성에는 처려근지를 두는데, 자사에 비견된다. 또한 도사라 이르기도 한다.
>
> - 『한원』 -

[출제영역] 고구려   정답 ②

[정답 개념정리]

> 최고 관직인 대대로와 지방관인 욕살, 처려근지는 고구려의 주요 관직입니다. 고구려는 왕 아래 상가, 고추가, 대로, 패자, 사자, 조의, 선인 등의 관직을 두었고, 후기에는 지방관으로 욕살과 처려근지가 있음을 꼭 기억해 두세요.
> 💡 **고구려는 정복 국가여서 관리 이름도 거칠다**☆
> *상가, 고추가, 대로, 패자, 사자, 조의, 선인*
> 💡 **고조선은 왕 아래 상, 대부, 장군**☆

① 수도에 동시전이 설치되었다.
➡ 동시전은 신라 지증왕 때 설치된 시장 감독기구죠.
💡**지동시**☆ *지증왕, 동시전*
💡**동순이가 왕이지라 우우**☆ *동시전 설치, 순장 폐지, 이사부 등용, 왕 호칭 사용, 지증왕, 신라 국호 확정, 우산국 복속 by 이사부, 우경 시행*

②**집집마다 부경**이라는 **창고**가 있었다.
➡ 정복 국가 고구려는 약탈한 물건을 보관하는 창고 부경이 있었어요.

③ 금속 화폐인 건원중보가 주조되었다.
➡ 건원중보는 고려 성종 때 발행한 철전입니다.
💡**건성**☆ *건원중보, 성종*

④ 솔빈부의 말이 특산품으로 수출되었다.
➡ 솔빈부의 말은 발해의 특산물이죠. 💡**발솔말**☆

⑤ 곡물을 대여하고 이자를 받은 내용을 좌관대식기에 남겼다.
➡ 좌관대식기는 부여에서 발견된 백제 목간입니다. 정부가 곡물을 빌려주고 받은 이자 등의 내용이 담겨 있어요. 잘 나오는 선지는 아니에요. ^^

(가)에 들어갈 내용으로 가장 적절한 것은? [1점]

> **통일 신라의 경제** (한국사 교양 강좌)
>
> ◈ 강좌 주제 ◈
> 제1강: 촌락 문서에 나타난 수취 체제의 특징
> 제2강: 서시와 남시 설치를 통해 본 상업 발달
> 제3강: (가)
>
> ■ 일시: 2024년 10월 △△일 △△시 ~ △△시
> ■ 장소: ○○대학교 대강당

[출제영역] 통일 신라의 경제   정답 ⑤

[정답 개념정리]

> 촌락 문서(민정 문서), 서시와 남시의 설치, 울산항·영암 등 무역항과 동아시아 해상 무역의 거점인 청해진의 발달 등은 통일 신라의 경제 상황과 관련된 중요한 내용이에요.

① 상평창과 물가 조절
➡ 상평창은 고려 성종 때 설치된 물가 조절 기구죠.
💡**감목향이 나는 성종의 의상 사이즈는 거2 28이다**☆
국자감 설치, 12목에 지방관 파견, 향리제 정비, 의창/상평창 설치, 거란 1차 침입, 2성 6부제 확립, 최승로의 시무 28조 수용

② 은병이 화폐 유통에 미친 영향
➡ 은병(활구)은 고려 숙종 때 만들어진 고액 화폐에요.
💡**숙종은 활해삼**☆ *활구(은병), 해동통보, 삼한통보*

③ 진대법으로 알아보는 빈민 구제
➡ 진대법은 고구려 고국천왕 때 실시된 빈민 구휼제도죠. 💡**천대**☆ *고국천왕, 진대법*

④ 덩이쇠 수출을 통해 본 낙랑과의 교역
➡ 덩이쇠를 낙랑과 왜에 수출한 것은 삼한 중 변한이죠.

⑤ 울산항을 통한 아라비아 상인들과의 교류
➡ 울산항은 통일 신라의 대표 무역항입니다.

07

다음 자료에 나타난 상황 이후에 있었던 사실로 옳은 것은? [3점]

> 당(唐)이 광주사마 장손사를 보내 수(隋) 병사의 해골을 묻은 곳에 와서 제사를 지내고, 당시에 [고구려가] 세운 경관(京觀)*을 허물었다.
>
> 봄 2월에 왕이 많은 사람을 동원하여 동북의 부여성에서 동남의 바다에 이르기까지 천 리 남짓에 걸쳐 장성을 쌓았다.
>
> -『삼국사기』-
>
> * 경관: 승전을 기념하기 위해 적의 유해를 한곳에 모아 만든 무덤

[출제영역] 고구려의 천리장성 축조 정답 ④
[정답 개념정리]

> 고구려 영류왕 때 연개소문은 당 침략에 대비한 천리장성 축조의 책임자가 되지요. 그러나 642년에 연개소문은 정변을 일으켜서 영류왕을 살해하고, 보장왕을 즉위시키지요.

① 을지문덕이 살수에서 대승을 거두었다.
➡ 을지문덕의 살수대첩은 영양왕 때, 612년이에요.
💡 **살수있니?** ☆ 살수대첩, 612년

② 고구려가 신라에 침입한 왜를 물리쳤다.
➡ 고구려 광개토대왕이 신라에 침입한 왜를 물리친 것은 400년의 일이죠.

③ 김무력이 관산성에서 백제군을 격파하였다.
➡ 관산성 인근 구천에서 성왕이 전사한 것은 6C의 일이죠.

④ 연개소문이 정변을 일으켜 권력을 장악하였다.
➡ 연개소문의 정변은 642년의 일입니다. 연개소문은 천리장성 축조의 감독관이었죠.

⑤ 백제가 평양성을 공격하여 고구려 왕이 전사하였다.
➡ 근초고왕의 평양성 공격으로 고국원왕이 전사한 것은 4C의 일입니다.

08

(가) 국가에 대한 설명으로 옳은 것은? [2점]

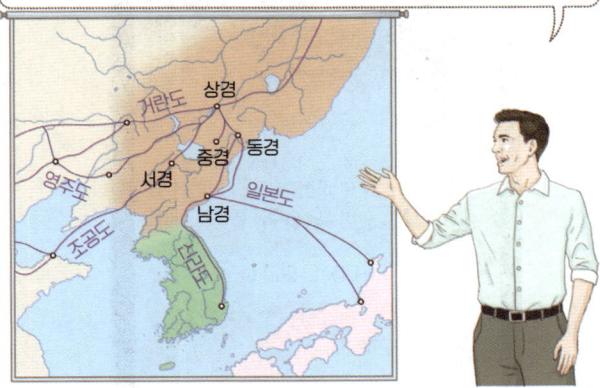

> 이 지도는 (가) 이/가 주변 국가들과 교역하는 데 이용한 교통로를 나타낸 것입니다 이 국가는 교통로를 통해 담비·호랑이·표범·곰 등의 가죽과 인삼·우황 등의 약재를 주요 품목으로 주변 국가들과 교역하였습니다. 또한 소그드 은화, 청동 낙타상 등 출토 유물을 통해 서역과의 교류 사실도 확인할 수 있습니다.

[출제영역] 발해 정답 ⑤
[정답 개념정리]

> 발해는 영주도와 조공도를 통해 당과 교역하고, 거란도, 일본도, 신라도를 통해 각각 거란, 일본, 신라와 교역하였습니다.

① 왜에 칠지도를 만들어 보냈다.
➡ 왜에 칠지도를 보낸 나라는 백제죠.

② 9서당 10정의 군사 조직을 운영하였다.
➡ 9서당 10정의 군사 조직은 신라 신문왕의 업적이죠.
💡 **흠 감만에 신문을 보니 구구국** ☆

③ 광평성을 비롯한 각종 정치 기구를 마련하였다.
➡ 광평성은 후고구려를 세운 궁예가 설치한 정치 기구죠.

④ 제사장인 천군과 신성 지역인 소도가 존재하였다.
➡ 제사장인 천군이 신성 지역 소도를 주관했던 나라는 삼한이에요. 💡 ㅅㅅ ☆ 삼한, 소도

⑤ 서적 관리, 주요 문서 작성 등을 위해 문적원을 두었다.
➡ 문적원은 발해의 기구죠. 💡 **문발** ☆ 문적원, 발해

(가) 인물에 대한 설명으로 옳은 것은? [2점]

나는 지금 경주 포석정지에 와 있어. 삼국사기에 의하면 경애왕이 연회를 벌이다가 (가) 의 습격을 받은 곳이야.

(가) 에 대해 더 알려 줄래?

그는 공산 전투에서 고려군에 대승을 거두기도 했어.

[출제영역] 후백제의 견훤   정답 ④
[정답 개념정리]

> 완산주(전주)를 도읍으로 후백제를 세운 견훤은 후당과 오월에 사신을 보내며 교류했지요.
> 💡 **오후엔 완전 휜해**☆ 오월, 후당, 완산주(전주), 견훤
> 고려 왕건과의 공산 전투에서 대승을 거두지만, 고창 전투에서는 대패하지요.
> 💡 **공고흰신일**☆ 공산(대구) 전투 → 고창(안동) 전투 → 견훤의 투항 → 신라의 항복 → 일리천 전투

① 훈요 10조를 남겼다.
  ➡ 훈요 10조는 태조 왕건이 후대 왕에게 전하는 유훈이죠.
    💡 **태조 왕건의 흑역사는 정북서만 천십일개, 최고는 사기 결혼**☆ 흑창, 역분전, 사심관 제도, 정계와 계백료서, 북진 정책, 서경 중시, 만부교 사건, 천수 연호, 십일조, 개태사 창건, 사성 정책, 기인제도, 결혼정책, 훈요십조

② 경주의 사심관으로 임명되었다.
  ➡ 왕건에 의해 경주의 사심관으로 임명된 것은 신라 마지막 왕 경순왕 김부죠.

③ 금마저에 미륵사를 창건하였다.
  ➡ 금마저(익산)에 미륵사를 창건한 왕은 백제 무왕이죠.
    💡 **무미건조**☆ 무왕, 미륵사, 💡 **백해무익**☆ 무왕, 익산

④ 완산주를 도읍으로 삼아 나라를 세웠다.
  ➡ 완산주(전주)를 도읍 삼아 후백제를 건국한 인물이 견훤이죠. 💡 **오후엔 완전 휜해**☆

⑤ 광평성을 비롯한 정치 기구를 마련하였다.
  ➡ 광평성은 후고구려를 건국한 궁예가 만든 최고 정치 기구입니다.

다음 검색창에 들어갈 왕의 재위 기간에 있었던 사실로 옳은 것은? [2점]

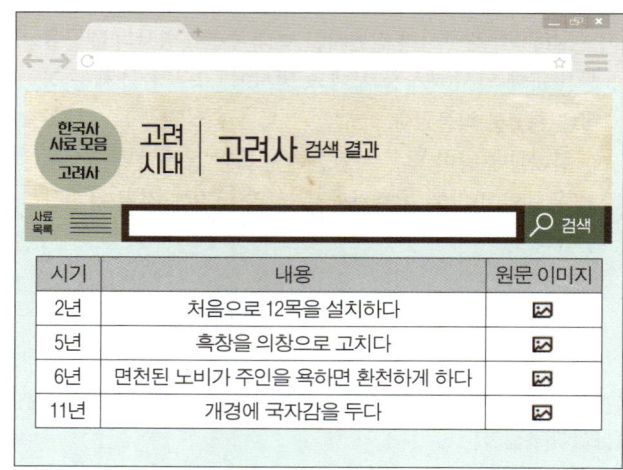

시기	내용	원문 이미지
2년	처음으로 12목을 설치하다	🖼
5년	흑창을 의창으로 고치다	🖼
6년	면천된 노비가 주인을 욕하면 환천하게 하다	🖼
11년	개경에 국자감을 두다	🖼

[출제영역] 고려 성종   정답 ⑤
[정답 개념정리]

> 12목에 지방관 파견, 빈민 구휼 제도인 의창, 국립대학인 국자감 설치는 고려 성종의 업적입니다.
> 💡 **감목향이 나는 성종의 의상 사이즈는 거2 28이다**☆
> 국자감 설치, 12목에 지방관 파견, 향리제 정비, 의창/상평창 설치, 거란 1차 침입, 2성 6부제 확립, 최승로의 시무 28조 수용

① 관학을 진흥하고자 양현고를 설치하였다.
  ➡ 관학 진흥책으로 양현고를 설치한 왕은 예종이죠.
    💡 **고려 예종은 7현보청**☆ 관학 7재, 양현고, 보문각, 청연각

② 광덕, 준풍 등의 독자적 연호를 사용하였다.
  ➡ 광덕, 준풍의 연호는 광종 때입니다.
    💡 **광종은 과거에 광풍급 지닌 귀공제**☆ 과거제 실시, 광덕·준풍 연호, 노비안검법 시행, 귀법사 창건, 공복 제정, 제위보 설치

③ 주전도감을 설치하여 해동통보를 발행하였다.
  ➡ 주전도감을 설치하여 해동통보를 발행한 것은 숙종이죠. 💡 **숙종은 활해삼**☆ 활구(은병), 해동통보, 삼한통보

④ 정계와 계백료서를 지어 관리의 규범을 제시하였다.
  ➡ 정계와 계백료서를 지은 것은 태조 왕건이죠.
    💡 **태조 왕건의 흑역사는 정북서만 천십일개, 최고는 사기 결혼**☆

⑤ 최승로의 시무 28조를 받아들여 통치 체제를 정비하였다.
  ➡ 최승로의 시무 28조를 받아들여 유교 정치를 실시한 왕이 바로 성종이죠. 💡 **승성**☆ 최승로, 성종

11

(가)에 대한 고려의 대응으로 옳은 것은? [2점]

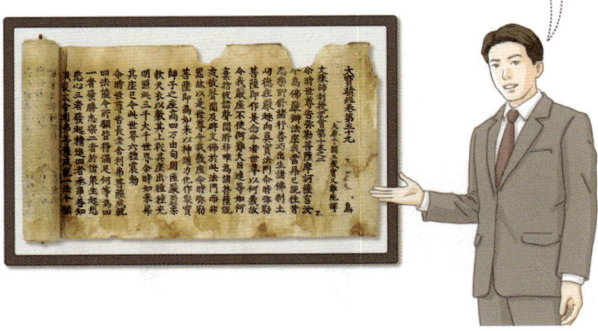

> 이 자료는 초조대장경의 일부입니다. (가) 의 침입으로 현종이 피란을 가고 개경이 함락되자 부처의 힘으로 나라를 지키려는 마음을 담아 조판하기 시작하였습니다.

[출제영역] 거란과 고려의 관계　　　　　　정답 ③
[정답 개념정리]

> 고려는 거란의 침입을 겪으면서 부처의 힘으로 나라를 지키고자 초조대장경을 만들었어요. 그러나 안타깝게도 몽골의 침입 때 초조대장경은 소실이 되죠. 그래서 다시 조판한 것이 재조(팔만)대장경입니다.

① 윤관을 보내 동북 9성을 개척하였다.
  ➡ 고려 예종 때 윤관이 여진을 정벌하고 동북 9성을 축조하죠.

② 화통도감을 두어 화포를 제작하였다.
  ➡ 화통도감에서 만든 화포로 최무선이 진포대첩에서 왜구를 물리치지요. 💡**이황 최흥 포포**🌟 *이성계－황산 대첩, 최영－홍산대첩, 화포 최무선－진포대첩*

③ 광군을 조직하여 침입에 대비하였다.
  ➡ 고려 정종 때 만들어진 광군은 거란 대비 특수군이죠.
  💡 **ㄱㄱ**🌟 *광군, 거란 대비*

④ 박위를 파견하여 근거지를 토벌하였다.
  ➡ 고려 창왕 때 박위를 시켜 왜구의 본거지 쓰시마섬을 정벌하죠. 💡**위창수**🌟 *박위, 창왕, 수(쓰)시마*

⑤ 철령위 설치에 반발해 요동 정벌을 추진하였다.
  ➡ 명의 철령위 설치 요구에 반발하여 고려 우왕 때 요동 정벌을 추진했죠.

12

(가)의 침입에 대한 고려의 대응으로 옳은 것은? [1점]

> 이곳은 전라남도 진도의 용장성 유적으로 삼별초가 조성한 궁궐의 터가 남아있습니다. 고려 정부가 (가) 와/과 강화를 맺자, 이에 반발한 삼별초는 왕족인 승화후 온을 왕으로 삼고 이곳으로 내려와 궁궐과 성을 쌓아 항쟁을 계속하였습니다. 단기간 사용되었음에도 왕궁과 외성이 있고, 여러 개의 성문과 치(雉) 등 다양한 시설이 확인된다고 합니다.

[출제영역] 고려와 몽골의 관계　　　　　　정답 ⑤
[정답 개념정리]

> 고려 정부가 몽골에게 패배를 인정하고 개경 환도를 결정했지만, 삼별초는 끝까지 강화에 남았고, 그 후에도 진도(용장성), 제주도(항파두리)로 옮겨가며 끝까지 항전했죠.

① 윤관을 보내 동북 9성을 개척하였다.
  ➡ 고려 예종 때 윤관이 여진을 정벌하고 동북 9성을 축조하죠.

② 상비군으로 구성된 훈련도감을 설치하였다.
  ➡ 훈련도감은 조선시대 임진왜란 때 유성룡의 건의로 설치된 5군영 중의 하나죠.

③ 박위로 하여금 쓰시마섬을 정벌하게 하였다.
  ➡ 고려 창왕 때 박위를 시켜 왜구의 본거지 쓰시마섬을 정벌하죠. 💡**위창수**🌟

④ 서희를 파견하여 소손녕과 외교 담판을 벌였다.
  ➡ 서희와 소손녕의 외교 담판은 거란 1차 침입 때 일이죠. 💡**123, 성현현, 서양강**🌟 *거란 1차 성종 서희, 2차 현종 양규, 3차 현종 강감찬*

⑤ 대장도감을 설치하여 팔만대장경을 간행하였다.
  ➡ 대장도감에서 팔만대장경을 간행한 것은 몽골의 침입을 부처의 힘으로 막고자 함이죠.

(가) 왕의 재위 기간에 있었던 사실로 옳은 것은? [3점]

〈역사 연극 시나리오 구상〉

제목: (가) 의 험난한 피란길

○학년 ○반 ○모둠

장면1: 강조의 정변을 구실로 침입한 거란군이 서경까지 이르자 강감찬이 왕에게 남쪽으로 피란할 것을 권유한다.

장면2: 왕이 개경을 떠나 전라도 삼례에 이르는 동안 호위군이 도 망가는 등의 어려움을 겪는다.

장면3: 나주에 도착한 왕은 강화가 성립되어 거란군이 물러간다는 소식을 듣고 안도한다.

[출제영역] 고려 현종 정답 ②
[정답 개념정리]

> 고려 현종 때는 거란의 2차, 3차 침입이 있었지요. 강 조의 정변을 구실로 거란이 2차 침입을 하자, 강감찬의 건의로 현종은 개경을 버리고 나주까지 피란을 가지요.

① 만부교 사건이 일어났다.

➡ 거란이 보낸 낙타를 만부교에 묶어 굶어 죽게 만든 사 건은 태조 왕건이죠. 💡**태조 왕건의 흑역사는 정복서만 천십일개, 최고는 사기결혼**✨ 흑창, 역분전, 사심관 제도, 정계와 계백료서, 북진 정책, 서경 중시, 만부교 사건, 천수 연호, 십일조, 개태사 창건, 사성 정책, 기인제도, 결혼정책, 훈요십조

② 초조대장경 조판이 시작되었다.

➡ 거란의 침입을 겪은 고려는 현종 때 초조대장경의 조 판을 시작했어요.

③ 사신 저고여가 귀국 길에 피살되었다.

➡ 저고여 피살 사건(1225년, 고종 12)을 계기로 몽골의 침 입이 시작되었죠.

④ 공주 명학소에서 망이·망소이가 봉기하였다.

➡ 망이·망소이의 난은 무신 정중부 집권기에 일어났죠. 💡**보조망이 미심적연**✨ 김보당(동북면 병마사)의 난 → 조위총(서경 유수)의 난 → 망이·망소이의 난(공주 명 학소) → 김사미, 효심의 난 → 만적의 난 → 이연년 형 제의 난

⑤ 신돈을 중심으로 전민변정 사업이 추진되었다.

➡ 신돈을 통해 전민변정사업을 한 것은 공민왕 때 일입 니다. 💡**공민왕이 신성한 UN에서 반기문 총정에게 감동 했다**✨ 신진 사대부 등용, 성균관 정비, 반원 자주, 기철 등의 권문세족 숙청, 정동행성 이문소 폐지, 쌍성총관 부 공격, 정방 폐지, 전민변정도감 재설치와 신돈 등용, 홍건적 침입 때 복주(안동) 피신

(가) 군사 조직에 대한 설명으로 옳은 것은? [2점]

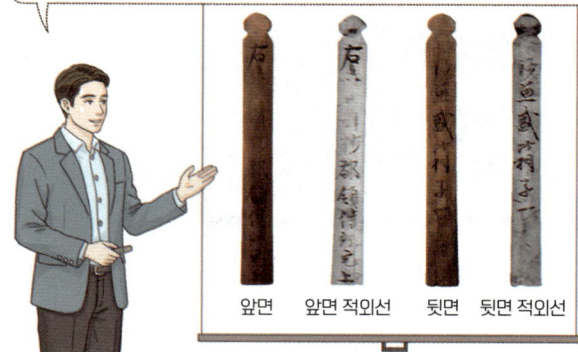

> 이것은 태안 마도 3호선에서 발굴된 죽찰입니다. 적외선 촬영 기 법을 통해 상어를 담은 상자를 우□□별초도령시랑 집에 보낸다는 문장이 확인되었습니다. 우□□별초는 우별초로 해석되는데, 우별 초는 최씨 무신 정권이 조직한 (가) 의 하나로 시랑은 장군 격 인 정 4품이었습니다.

앞면 　 앞면 적외선 　 뒷면 　 뒷면 적외선

[출제영역] 삼별초 정답 ④
[정답 개념정리]

> 고려 무신 집권기 최우 때 밤에 도적을 잡기 위해 설 치한 야별초가 발전하여 좌별초, 우별초가 되고 여기에 몽골의 포로가 되었다가 풀려나거나 도망 나온 사람들 로 구성된 신의군이 합해져 삼별초가 되죠. 삼별초는 최 씨 무신 정권의 군사적 기반이 되었고, 고려 정부의 개 경 환도 이후에도 강화에서 진도, 다시 제주로 옮겨가며 대몽 항쟁을 이어갔죠.

① 후금의 침입에 대비하고자 창설되었다.

➡ 삼별초는 몽골에 대항했죠. 후금 침입에 대비한 것을 굳이 꼽으면 조선의 어영청이죠.

② 원의 요청으로 일본 원정에 참여하였다.

➡ 원의 요청으로 일본 원정에 참여한 것은 고려 관군이 죠. 삼별초는 개경 환도에 반대해 항쟁을 벌이다 1273 년에 진압되었기 때문에 이후 전개된 일본 원정에 참 여할 수 없었습니다.

③ 신기군, 신보군, 항마군으로 편성되었다.

➡ 신기, 신보, 항마군으로 구성된 것은, 고려 숙종 때 여 진 대비를 위해 창설된 별무반이에요. 💡**반숙**✨ 별무반, 숙종

④ 진도에서 용장성을 쌓고 몽골에 대항하였다.

➡ 삼별초는 강화에서 진도 용장성, 제주 항파두리로 옮 겨가며 항전했어요.

⑤ 응양군과 용호군으로 구성된 국왕의 친위 부대였다.

➡ 고려의 중앙군 2군 6위 중, 국왕 친위 부대가 2군인 응 양군과 용호군이죠. 💡**김응용**✨ 응양군, 용호군

(가)~(다)를 일어난 순서대로 옳게 나열한 것은? [3점]

(가) 금의 군주 아구다가 국서를 보내 이르기를 "형인 금 황제가 아우인 고려 국왕에게 문서를 보낸다. … 이제 는 거란을 섬멸하였으니, 고려는 우리와 형제의 관계 를 맺어 대대로 무궁한 우호 관계를 이루기 바란다." 라고 하였다.

(나) 윤관이 여진인 포로 346명과 말, 소 등을 조정에 바치 고 영주·복주·웅주·길주·함주 및 공험진에 성을 쌓았 다. 공험진에 비(碑)를 세워 경계로 삼고 변경 남쪽의 백성을 옮겨와 살게 하였다.

(다) 정지상 등이 왕에게 아뢰기를, "대동강에 상서로운 기 운이 있으니 신령스러운 용이 침을 토하는 형국으로, 천 년에 한 번 만나기 어려운 일입니다. 천심에 응답 하고 백성들의 뜻에 따르시어 금을 제압하소서."라고 하였다.

① (가) – (나) – (다)
② (가) – (다) – (나)
③ (나) – (가) – (다)
④ (나) – (다) – (가)
⑤ (다) – (나) – (가)

[출제영역] 고려와 여진의 관계　　　　정답 ③
[정답 개념정리]

(나) 북방 민족 여진의 침입이 잦아지자, 숙종 때 윤관 의 건의로 여진 대비 특수군인 별무반이 창설되 지요. ☀반숙☀ (별무반, 숙종) 기병인 신기군, 보 병인 신보군, 승려로 이루어진 항마군으로 구성 된 별무반을 이끌고 윤관은 예종 때 여진을 정벌 하고 동북 9성을 쌓지요.

(가) 하지만 동북 9성은 관리가 쉽지 않고 여진이 끊임 없이 반환을 요구하여 결국 돌려주게 됩니다. 그 런데 그 후 여진은 급격히 성장하여 금나라를 세 우고 고려에 형제 관계를 요구하게 되죠.

(다) 인종 때 이자겸 등의 문벌은 기득권을 유지하기 위해 금의 사대 요구를 수용하려 했지만, 묘청과 정지상 등은 금국 정벌, 칭제 건원, 서경 천도를 주장하며 난을 일으키지요.

정답은 (나) – (가) – (다) 입니다.

(가) 국가의 문화유산으로 옳은 것은? [2점]

메타버스 전시관

은진미륵이라고도 불리는 거대한 이 불상은 　(가)　 시대 초기에 만들어진 것으로, 논산 관촉사에 가면 볼 수 있어. 역사적, 예술적 가치가 재평가되어 보물 에서 국보로 변경되었다고 해. 이번에는 탑을 만나러 가볼까?

[출제영역] 고려의 문화　　　　정답 ③
[정답 개념정리]

관촉사 석조 미륵보살 입상은 '은진미륵'이라고도 불 리며 고려 광종 때 만들어졌지요.

①  ➡ 익산 미륵사지 석탑은 현존 최고(最古) 석탑으로 백제 무왕 때 만들어졌죠.
☀백해무익☀ 무왕, 익산
☀무미건조☀ 무왕, 미륵사

②  ➡ 불국사 삼층 석탑은 신라의 문화유산이 며, 석가탑, 무영탑이라고 불리죠. 보수 과정에서 현존 최고(最古) 목판 인쇄물인 무구정광대다라니경이 발견된 것이 중요 합니다.

③  ➡ 경천사지 십층 석탑은 원의 영향을 받은 고려의 문화유산입니다. 조선 세조 때 만 들어진 원각사지 십층 석탑에 영향을 주 지요.

④  ➡ 영광탑은 발해의 전탑이죠.

⑤  ➡ 선덕여왕 때 만들어진 분황사 모전석탑 은 신라의 벽돌탑 양식의 석탑입니다.
☀선덕여왕은 황분첨☀ 황룡사 구층 목탑, 분황사 모전 석탑, 첨성대

다음 가상 인터뷰의 주인공에 대한 설명으로 옳은 것은?
[3점]

> 최근에 역옹패설을 저술하셨는데 독자들이 관심 가질 만한 내용을 소개해 주세요.

> 고위 관리 유청신이 원의 사신과 몽골말로 직접 대화하자 홍자번이 역관을 심하게 꾸짖었고, 이에 유청신이 부끄러워 한 일화가 실려 있습니다.

[출제영역] 이제현   정답 ⑤
[정답 개념정리]

> 고려의 학자로 만권당에서 원나라 학자와 교류하였으며, 역옹패설과 사략 등의 책을 집필했지요. 💡**이제 만원의 역사가 시작된다**⭐ 이제현, 만권당, 원 학자와 교류, 역옹패설, 사략

① 불씨잡변을 지어 불교를 비판하였다.
　➡ 불씨잡변, 조선경국전, 경제문감은 조선 정도전의 저서이죠.
② 정혜결사를 통해 불교 개혁에 앞장섰다.
　➡ 정혜쌍수, 돈오점수, 수선사 결사는 고려 승려 지눌이지요. 💡**지눌은 수수수**⭐
③ 청방인문표를 지어 인질의 석방을 요구하였다.
　➡ 청방인문표는 신라의 강수가 당에 쓴 외교 문서죠. 문무왕의 동생 김인문을 석방해달라는 내용이에요. 오답 선지로 자주 등장해요.
④ 고구려 계승 의식을 강조한 동명왕편을 지었다.
　➡ 서사시 형식의 역사서 동명왕편은 이규보가 썼어요.
⑤ 만권당에서 조맹부, 요수 등의 문인들과 교유하였다.
　➡ 만권당에서 원의 학자들과 교류한 사람이 이제현이죠. 💡**이제 만원의 역사**⭐

다음 서술형 평가의 답안에 들어갈 내용으로 가장 적절한 것은?
[2점]

서술형 평가	○학년 ○○반 이름: ○○○

◎ 아래의 인물들이 활동한 시기에 볼 수 있는 사회 모습에 대해 서술하시오.

○ 윤수는 응방을 관리하였는데 권력을 믿고 악행을 행하여 사람들로부터 비난받았다.
○ 유청신은 몽골어를 익혀 여러 차례 원에 사신으로 가서 공을 세우고 충렬왕의 총애를 받아 장군이 되었다.
○ 기철과 형제들은 누이동생이 원 순제의 황후가 된 후 국법을 무시하고 횡포를 부렸다.

답안	

[출제영역] 원 간섭기   정답 ③
[정답 개념정리]

> 원 간섭기의 키워드를 총정리 해볼까요?
> 충*왕, 첨의부와 4사, 도평의사사, 쌍성총관부(화주, 철령 이북), 동녕부(서경, 자비령 이북), 탐라총관부(제주) 설치, 다루가치(감찰관), 정동행성(일본 원정 2회 실패)/이문소 설치, 결혼도감(공녀 징발 → 조혼), 응방(매), 친원파 권문세족의 대농장 소유, 기철, 몽골풍(변발, 호복, 족두리, 연지, 소주, 만두) 전래와 고려양(떡, 두루마기) 전파, 김방경(여몽 연합군 고려 장수), 제국대장 공주(충렬왕), 노국 대장 공주(공민왕)

① 왕조 교체를 예언하는 정감록이 유포되었습니다.
　➡ 정감록과 같은 예언서가 유포된 것은 조선 후기죠.
② 대각국사 의천이 해동 천태종을 개창하였습니다.
　➡ 대각국사 의천은 문종의 아들이고 숙종의 동생이죠. 고려 중기의 승려입니다. 💡**천천 ㅈㅈ**⭐ 의천 천태종, 지눌 조계종
③ 지배층을 중심으로 변발과 호복이 유행하였습니다.
　➡ 변발과 호복은 원 간섭기에 유행했습니다.
④ 가혹한 수탈에 저항하여 망이·망소이가 봉기하였습니다.
　➡ 망이·망소이의 난은 무신 정중부 집권기에 공주 명학소에서 일어났어요. 지역사 문제로 자주 출제되는 공주에 있는 '소(고려 시대 특수 행정 구역)'에서 일어났다는 점을 꼭 기억하세요. 💡**보조망이 미심적연**⭐
⑤ 상민층이 납속과 공명첩을 활용하여 신분 상승을 꾀하였습니다.
　➡ 곡식을 납부하면 벼슬을 주는 납속책과 이름이 비어 있는 임명장인 공명첩은 조선 후기 상민의 신분 상승을 촉진한 배경 중 하나였죠.

(가)에 해당하는 문화유산으로 옳은 것은? [2점]

□□ 신문

제△△호   2025년 ○○월 ○○일

조선 왕실의 신위 제자리로, 155년 만에 재현된 환안제

[(가)]의 보수 공사가 완료됨에 따라, 창덕궁 옛 선원전에 임시 봉안되었던 조선 왕과 왕비, 대한 제국 황제와 황후의 신위 49위를 [(가)](으)로 다시 모셔오는 환안제가 155년 만에 재현되었다. 이번 의례에는 내외국인으로 구성된 시민 행렬단도 함께 참여하여 그 의미를 더했다. 환안제와 더불어 앞으로 전시와 체험 프로그램을 비롯해 다채로운 행사가 이어질 예정이다.

[출제영역] 종묘   정답 ①
[정답 개념정리]

역대 왕과 왕비의 신주를 모셔 놓은 종묘는 매우 중요해요. 사진으로도 함께 알아두어야 합니다. 유네스코 세계유산으로 등재되어 있어요. 나머지 선지들은 그냥 참고로 한번 봐 두세요.

①  종묘   ②  경복궁 향원정

③  덕수궁 정관헌   ④  창덕궁 주합루

⑤  환구단 황궁우

(가) 왕의 재위 시기에 있었던 사실로 옳은 것은? [2점]

 이 그림은 무관 오자치를 그린 것으로, 현존하는 무관 초상화 중에서 가장 이른 시기의 작품입니다. 오자치는 [(가)]이/가 호패법을 재실시하는 등 지방 세력 통제를 강화하자, 이에 반발하며 함길도에서 이시애가 일으킨 난을 평정한 공으로 적개공신에 책봉되었습니다.

[출제영역] 조선 세조   정답 ①
[정답 개념정리]

호패법을 다시 실시했고, 이시애의 난이 일어난 것은 세조 때의 일이죠. ☀️ **시애 → 세** 이시애의 난 → 세조 호패법을 처음 실시한 건 태종이죠.
☀️ **태종은 호사 계왕자 혼신육사** 호패법, 사병 혁파, 계미자, 왕자의 난, 혼일강리역대국도지도, 신문고, 육조 직계제, 사간원 독립

① **간경도감**이 **설치**되었다.
➡️ 간경도감은 세조 때 설치되었지요. 세조는 불교 친화적 왕이었어요. 그는 수양대군 시절에 석보상절을 짓기도 했지요.

② **조선경국전**이 **편찬**되었다.
➡️ 조선경국전은 정도전의 사찬 법전이죠. 경제문감과 불씨잡변도 기억하세요.

③ **국조오례의**가 **완성**되었다.
➡️ 국조오례의는 성종 때 편찬되었지요.
☀️ **조선 성종은 국악 4동** 국조오례의, 악학궤범, 동국통감, 동국여지승람, 동문선, 해동제국기

④ **부민고소금지법**이 **제정**되었다.
➡️ 부민고소금지법은 세종 때 제정된 것으로, 부민(하급 서리와 백성)이 관찰사나 수령 등 상급 지방관을 직접 고소하는 것을, 원칙적으로 금한 제도입니다.

⑤ **혼일강리역대국도지도**가 **제작**되었다.
➡️ 혼일강리역대국도지도는 태종 때 만들어졌어요.
☀️ **호사 계왕자 혼신육사**

21

(가)에 대한 조선의 대응으로 옳은 것은? [2점]

이 그림에는 1588년 북병사 장양공 이일이 변경을 침범하던 (가) 을/를 정벌하는 장면이 그려져 있습니다. 조선 초에는 (가) 을/를 회유하기 위해 경성과 경원에 무역소를 설치하기도 하였으나, 이들은 수시로 변경을 침범하였고 조선 정부의 토벌도 이어졌습니다.

장양공정토시전부호도

[출제영역] **조선과 여진의 관계** 정답 ②
[정답 개념정리]

> 조선은 여진에 대해 교린 정책을 펼쳤지요. 회유책으로 태종 때 경성과 경원에 무역소를 설치했고, 강경책으로 세종 때 최윤덕, 김종서를 통해 4군 6진을 개척한 것이 대표적이에요.

① 사신 접대를 위해 한성에 동평관을 두었다.
  ➡ 동평관은 일본(왜) 사신을 접대하기 위한 객관이죠. 여진 사신 접대 객관은 북평관입니다.

② **두만강 일대를 개척하여 6진을 설치하였다.**
  ➡ 김종서를 통해 6진을 개척한 것이 여진에 대한 강경책이지요.

③ 강화도로 도읍을 옮겨 장기 항전을 준비하였다.
  ➡ 장기 항전을 위해 강화로 천도한 것은, 고려의 몽골침입에 대한 대책이죠.

④ 철령위 설치에 반발하여 요동 정벌을 추진하였다.
  ➡ 철령위 설치 시도는 명이죠. 이에 고려 우왕은 요동 정벌을 추진했고, 이성계가 위화도에서 회군 하지요.

⑤ 신기군, 신보군, 항마군 등으로 구성된 별무반을 조직하였다.
  ➡ 별무반은 여진 대비 특수군의 이름이죠. 다만 고려 숙종 때 설치되었지요. ☀️**반숙**☀ 별무반, 숙종

22

(가) 시기에 있었던 사실로 옳은 것은? [3점]

부왕께서 승하하신 기해년에는 고대 중국의 예가 아닌 경국대전에 따라 기년복으로 정했다고 기억한다. 오늘의 대공복 또한 경국대전에 따라 정한 것인가?

(가)

성상을 시해하려는 자가 있다는 목호룡의 고변으로 조정이 큰 혼란에 휩싸였다는군.

연잉군과 노론이 곤경에 처하게 될 것 같군.

[출제영역] **붕당 정치의 전개** 정답 ④
[정답 개념정리]

> 조선 현종 때는 예송논쟁이 중요합니다. 기해예송 때는 3년 복을 주장한 남인 대신 서인의 의견을 받아들여 1년(기년) 복이 채택되고, 효종비가 사망한 해의 갑인예송 때는 현종이 남인의 손을 들어줍니다. 서인의 9개월 대신 남인의 1년(기년) 복으로 결정되죠.
> 숙종 때는 세 번의 환국이 중요하죠. 허적의 유악 사건과 관련된 경신환국, 장희빈이 아들을 낳으며 기사회생한 것이 기사환국이고, 인현왕후를 복위시킨 것은 갑술환국입니다. 경종 때, 목호룡의 고변도 알아두셔야 해요. 연잉군과 노론 세력에게 역모를 뒤집어씌웠죠. 영조 즉위 후 목호룡은 처형됩니다. (가)는 현종 때의 예송논쟁과 경종 때 목호룡의 고변 사이 시기이니 아마도 숙종 때 환국이 아닐까요?
> ☀️**기갑경기갑 서남서남서**☀ 기해예송(서인) → 갑인예송(남인) → 경신환국(서인) → 기사환국(남인) → 갑술환국(서인)

① 인조반정으로 북인 세력이 몰락하였다.
  ➡ 반정으로 북인 세력이 몰락한 것은 인조 때죠.

② 기축옥사로 이발 등 동인 세력이 축출되었다.
  ➡ 기축옥사는 선조 때 정철 등의 서인 세력이 동인을 축출한 사건이죠.

③ 양재역 벽서 사건으로 이언적 등이 화를 입었다.
  ➡ 양재역 벽서 사건은 명종 때 을사사화 이후 남아 있던 대윤 세력이 완전히 몰락하게 된 사건이죠.

④ **인현 왕후가 폐위되고 남인이 권력을 차지하였다.**
  ➡ 인현왕후가 폐위되고 장희빈의 측근이었던 남인이 집권하게 된 것은 숙종 때의 기사환국 때문이었어요.

⑤ 붕당의 폐해를 경계하기 위해 탕평비가 건립되었다.
  ➡ 탕평비를 건립한 것은 영조이죠. ☀️**영평비**☀ 영조, 탕평비

(가)에 들어갈 작품으로 옳은 것은? [1점]

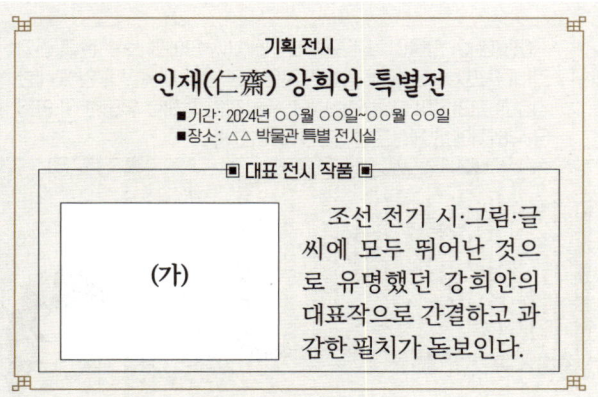

기획 전시

인재(仁齋) 강희안 특별전

■ 기간: 2024년 ○○월 ○○일~○○월 ○○일
■ 장소: △△ 박물관 특별 전시실

■ 대표 전시 작품 ■

(가)

조선 전기 시·그림·글씨에 모두 뛰어난 것으로 유명했던 강희안의 대표작으로 간결하고 과감한 필치가 돋보인다.

[출제영역] 고사관수도 정답 ④

[정답 개념정리]

대표적인 조선 전기 회화입니다. 고사관수도, 글자 그대로 풀면, 지체 높은 선비가 물을 바라보고 있는 그림이죠. 정말 자주 출제되는 단골 문제이니 꼭 알아두세요.

①  ➡ 전기(田琦)의 매화초옥도, 조선후기

②  ➡ 신윤복의 월하정인, 조선 후기, 중요합니다.

③  ➡ 김홍도의 송석원시사야연도, 조선 후기

④  ➡ 강희안의 고사관수도, 조선 전기, 중요합니다.

⑤  ➡ 정선의 금강전도, 조선 후기, 중요합니다.

(가)~(마)에서 있었던 사실로 옳은 것은? [1점]

답사 계획서

■ 주제: 우리나라의 성곽의 역사를 찾아서(서울·경기·인천 편)
■ 기간: 2025년 ○○월 ○○일~○○월 ○○일(4박 5일)
■ 경로: 강화산성 → 북한산성 → 서울 한양도성 → 남한산성 → 수원화성

(가) 강화산성 → (나) 북한산성 → (다) 서울 한양도성

(라) 남한산성 → (마) 수원화성

[출제영역] 산성 정답 ④

① (가) - 정봉수가 후금의 침입에 맞서 싸웠다.
➡ 정봉수가 후금이 침입한 정묘호란 때 활약한 곳은 용골 산성이죠. 정묘호란 때 인조는 강화로 피란을 갑니다.

② (나) - 김준룡이 근왕병을 이끌고 적장을 사살하였다.
➡ 김준룡은 병자호란 때 광교산 전투에서 활약했지요. ☀**병자 업고 용용(죽겠지)**☀ 병자호란, 임경업(백마산성), 김준룡(광교산), 김상용(강화에서 순절)

③ (다) - 신립이 배수의 진을 치고 전투를 벌였다.
➡ 신립은 임진왜란 때 충주성 탄금대에서 배수의 진을 치고 항전했어요. ☀**일단은 정송신선**☀ 정발(부산진), 송상현(동래성), 신립(충주 탄금대), 선조(의주 피란)

④ (라) - 병자호란 때 인조가 피란하여 항전하였다.
➡ 병자호란 때 인조가 피란하여 항전한 곳이 남한산성이죠.

⑤ (마) - 임진왜란 때 권율이 일본군을 크게 물리쳤다.
➡ 임진왜란 때 권율은 행주산성에서 대승을 거두었죠. 수원화성은 정조가 아버지 사도세자의 묘를 수원으로 옮기고, 자신의 정치적 이상을 실현하기 위해 만든 신도시죠.

25

다음 자료를 활용한 탐구 활동으로 가장 적절한 것은?

[2점]

> 좌의정 채제공이 왕에게 아뢰었다. "빈둥거리는 무뢰배가 삼삼오오 떼를 지어 스스로 상점을 개설하고 일용품을 거래하는 일이 많아졌습니다. 그들은 큰 물건에서 작은 물건까지 싼값에 억지로 사들이기 일쑤입니다. 혹 물건 주인이 말을 듣지 않으면 난전(亂廛)으로 몰아서 결박하여 형조와 한성부로 끌고 가 혹독한 형벌을 당하도록 합니다. 이 때문에 물건 주인은 본전에서 밑지더라도 어쩔 수 없이 팔고 갑니다. 그리고 무뢰배들은 제각기 가게를 벌여놓고 배나 되는 값을 받습니다. 어쩔 수 없이 사야 하는 사람은 그 가게 외에서는 물건을 구할 수 없기 때문에, 물건값이 날마다 치솟고 있습니다."

[출제영역] 조선 정조   정답 ③
[정답 개념정리]

> 정조 하면 정약용을 먼저 떠올리실 텐데요, 정조의 중요한 정치적 동반자 중 한 사람이 바로 채제공이에요. 앞으로 채제공이 지문에 나오면 정조를 떠올리셔도 무방합니다. 정조의 여러 업적 중 신해통공이란 것이 있죠. 신해년에 상업을 공히 통하게 한 일이죠. 시전 상인의 특권이었던 금난전권을 폐지(육의전 제외)해서 자유로운 상업활동을 가능하게 한 것이에요.

① 계해약조의 체결 과정을 확인한다.
  ➡ 삼포(부산포, 제포, 염포)를 개항해서 제한된 범위 내에서 일본과의 교역을 허용한 계해약조는 세종 때 일이죠.
② 오가작통법의 실시 목적을 파악한다.
  ➡ 오가작통법은 다섯 집을 하나로 묶어 백성을 통제한 법으로 여러 왕 때 시행되었어요.
③ 신해통공을 단행하게 된 배경을 조사한다.
  ➡ 신해통공이 정조죠. 💡정조는 규유 탁초장 휘3통✨ 규장각, 수원화성, 탁지지, 초계문신제, 장용영, 동문휘고, 대전통편, 신해통공, 무예도보통지
④ 토지 소유자에게 결작을 부과한 이유를 살펴본다.
  ➡ 결작은 영조의 균역법 실시로 인한 세수 부족을 보충하기 위해 지주에게 1결당 2두를 거둔 것이죠.
⑤ 풍흉에 따라 전세를 차등 부과하는 기준을 알아본다.
  ➡ 풍흉에 따라 연분 9등법, 토지 비옥도에 따라 전분 6등법, 세종의 공법이죠.

26

밑줄 그은 '이 인물'에 대한 설명으로 옳은 것은?   [2점]

> 이것은 이 인물이 제주도 유배지에서 부인에게 보낸 한글 편지입니다. 편지에는 유배 생활의 곤궁함과 함께 위독한 부인에 대한 걱정과 그리움이 담겨 있습니다. 독창적인 서체로 유명한 이 인물은 유배지에서 세한도를 그리기도 하였습니다.

[출제영역] 김정희   정답 ②
[정답 개념정리]

> 추사체의 주인공 김정희는 제주 유배 시절 세한도를 그려 후배인 이상적에게 선물했지요. 세한도는 추운 겨울에도 푸르름을 잃지 않는 소나무가, 마치 모두가 떠나갔지만, 자신을 잊지 않고 찾아주는 이상적과 같다며 그려준 그림입니다.

① 기대승과 사단칠정 논쟁을 전개하였다.
  ➡ 기대승과 사단칠정 논쟁을 벌인 인물은 퇴계 이황이죠.
② 북한산비가 진흥왕 순수비임을 고증하였다.
  ➡ 김정희는 금석과안록을 통해 북한산비와 황초령비가 진흥왕의 순수비임을 밝혀냈죠.
③ 양명학을 연구하여 강화학파를 형성하였다.
  ➡ 양명학을 연구하고 강화학파를 형성한 것은 정제두입니다.
④ 청으로부터 시헌력을 도입하자고 건의하였다.
  ➡ 청으로부터 시헌력을 도입하자고 건의한 사람은 김육이죠.
⑤ 열하일기에서 수레와 선박의 사용을 강조하였다.
  ➡ 열하일기에서 수레와 선박의 중요성을 강조한 인물은 연암 박지원이에요.

27

밑줄 그은 '이 시기'에 볼 수 있는 모습으로 적절하지 않은 것은? [1점]

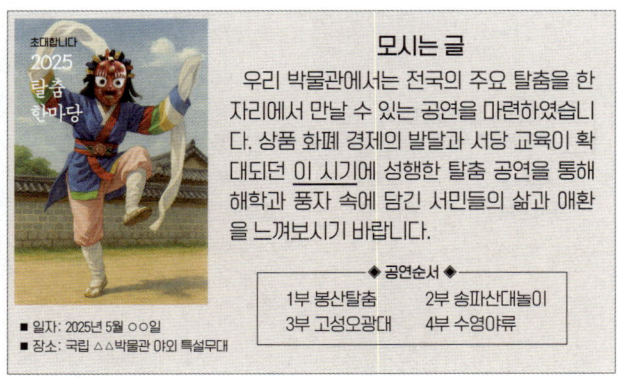

모시는 글

우리 박물관에서는 전국의 주요 탈춤을 한 자리에서 만날 수 있는 공연을 마련하였습니다. 상품 화폐 경제의 발달과 서당 교육이 확대되던 이 시기에 성행한 탈춤 공연을 통해 해학과 풍자 속에 담긴 서민들의 삶과 애환을 느껴보시기 바랍니다.

◆ **공연순서** ◆
1부 봉산탈춤　　2부 송파산대놀이
3부 고성오광대　4부 수영야류

■ 일자: 2025년 5월 ○○일
■ 장소: 국립 △△박물관 야외 특설무대

[출제영역] 조선 후기의 모습　　정답 ②
[정답 개념정리]

> 상품화폐 경제의 발달, 서당 교육의 확대, 탈춤의 성행은 모두 조선 후기의 특징이죠.

① 판소리 흥보가를 구경하는 농민
➡ 판소리의 유행도 조선 후기죠.
② 주자소에서 계미자를 만드는 장인
➡ 주자소에서 계미자를 만든 것은 조선 전기 태종 때 일입니다. 💡**태종은 호사 계왕자 혼신육사**✨ 호패법, 사병혁파, 계미자, 왕자의 난, 혼일강리역대국도지도, 신문고, 육조직계제, 사간원 독립
③ 옥계 시사에서 시를 낭송하는 중인
➡ 중인들의 시사 활동도 조선 후기에요.
④ 세책가에서 춘향전을 빌리는 부녀자
➡ 춘향전 같은 한글 소설의 유행 역시 조선 후기죠.
⑤ 호랑이를 소재로 민화를 그리는 화가
➡ 민화의 발달 역시 조선 후기 회화의 특징이죠.

28

(가) 왕의 재위 시기에 있었던 사실로 옳은 것은? [2점]

이 그림은 세도 정치의 주요 인물이자 (가) 의 장인인 김조순의 별저 옥호정과 그 일대를 그린 옥호정도입니다. 삼청동 북악산 백련봉 일대에 위치한 별저의 모습을 통해 당시 세도가였던 안동 김씨의 위세를 짐작할 수 있습니다.

[출제영역] 조선 순조　　정답 ④
[정답 개념정리]

> 1800년 정조 사후, 순조 때부터 세도 정치가 시작되어 헌종, 철종 때까지 3대 60여 년간 지속되죠. 안동 김씨와 풍양 조씨 등 몇몇 가문이 번갈아서 조정을 장악하고 권력을 휘둘렀지요.

① 오페르트가 남연군 묘 도굴을 시도하였다.
➡ 오페르트 도굴 사건은 1868년 흥선대원군 집권기에 일어났죠. 💡**유~병제병오신척**✨ 신유박해(1801)~ → 병인박해(1866) → 제너럴셔먼호 사건(1866) → 병인양요(1866) → 오페르트 도굴 미수 사건(1868) → 신미양요(1871) → 척화비 건립(1871)
② 이만손이 주도하여 영남 만인소를 올렸다.
➡ 이만손의 영남만인소(1881)는 2차 수신사 김홍집이 조선책략을 들여온 후 일어납니다.
③ 이시애가 길주를 근거지로 난을 일으켰다.
➡ 이시애의 난은 세조 때 일어나죠. 💡**시애 → 세**✨ 이시애의 난 → 세조
④ 홍경래 등이 봉기하여 정주성을 점령하였다.
➡ 홍경래, 우군칙이 난을 일으켜 정주성을 점령한 것은 1811년 순조 때이죠. 💡**홍순경**✨
⑤ 곽재우, 고경명 등이 의병장으로 활약하였다.
➡ 곽재우, 고경명은 임진왜란 때 활약한 의병장들이죠.

밑줄 그은 '사건' 이후에 전개된 사실로 옳은 것은? [2점]

> 조선왕 전하께
>
> …… 9월 말에 평양의 대동강에서 좌초한 미국 상선에 승선한 사람들이 살해당했고 배가 불살라졌다는 고통스럽고 놀랄 만한 <u>사건</u>이 있었다고 들었습니다. 본 총병은 본국 수사제독의 위임으로 파견되어 상세히 조사하라는 명을 받았습니다. 과연 이러한 일이 있었는지, 사실인지 아닌지, 생존자가 몇 사람인지 등을 귀국에서 신속히 조사해 분명히 답해주시길 부탁드립니다.
>
> - 미국 군함 와추세트(Wachusett) 수사총병 슈펠트(Shufeldt) -

[출제영역] 제너럴셔먼호 사건 　　　정답 ④
[정답 개념정리]

> 평양의 대동강, 미국 상선 등의 키워드는 1866년 일어난 제너럴셔먼호 사건과 관련이 있지요.

① 홍경래가 난을 일으켰다.
　➡ 홍경래, 우군칙의 난은 1811년 순조 때죠. 💡**홍순경**⭐
② 임술 농민 봉기가 일어났다.
　➡ 백낙신의 학정에 몰락 양반 유계춘이 주도하여 일어난 진주 농민 봉기를 계기로 전국으로 확산된 임술 농민 봉기는 1862년 철종 때입니다. 💡**유계춘 1862**⭐
③ 황사영 백서 사건이 발생하였다.
　➡ 황사영 백서 사건은 신유박해(1801) 직후 일어난 사건이죠. 💡**유황 오리**⭐ 신유박해-황사영 백서 사건
④ 어재연이 광성보 전투에서 전사하였다.
　➡ 제너럴셔먼호 사건을 구실로 신미양요가 일어나고, 어재연 장군이 광성보에서 항전하죠 💡**미국 어메리카**⭐ 신미양요, 어재연, 💡**광어**⭐ 광성보, 어재연
⑤ 청의 요청으로 나선 정벌에 조총 부대를 파견하였다.
　➡ 효종 때 청의 요청으로 나선 정벌에 조총 부대를 파견하지요. 변급과 신류. 💡**변신**⭐

(가)~(라)에 들어갈 내용으로 옳은 것을 〈보기〉에서 고른 것은? [2점]

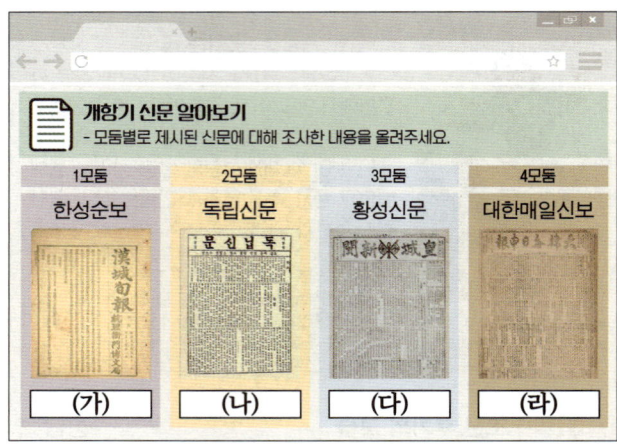

> ─── 〈보기〉 ───
> ㄱ. (가) - 정부에서 발행한 순 한문 신문이었어요.
> ㄴ. (나) - 서재필의 주도로 창간되었어요.
> ㄷ. (다) - 일장기를 삭제한 손기정의 사진이 실렸어요.
> ㄹ. (라) - 상업 광고가 처음으로 게재되었어요.

① ㄱ, ㄴ　② ㄱ, ㄷ　③ ㄴ, ㄷ　④ ㄴ, ㄹ　⑤ ㄷ, ㄹ

[출제영역] 근대 신문 　　　정답 ①
[정답 개념정리]

> 한성순보는 우리 역사상 최초의 신문으로 열흘에 한 번씩 관에서 발행한 한문 신문이죠. 독립신문은 서재필이 발행한 민간 신문이죠. 일장기를 삭제한 손기정의 사진이 실렸던 신문은 동아일보이고, 상업 광고가 처음으로 게재된 신문은 한성주보예요. 황성신문은 1898년 남궁 억 등에 의해 창간된 신문으로 지식인이 주 독자층이었으며, 1905년 을사늑약 이후 장지연이 시일야방성대곡이라는 논설을 게재했죠. 대한매일신보는 1904년 영국인 베델과 양기탁 등이 창간한 신문으로 1907년에 대구에서 시작된 국채보상운동을 적극 지원했지요. 따라서 정답은 ㄱ, ㄴ입니다.

(가) 인물에 대한 설명으로 옳은 것은? [3점]

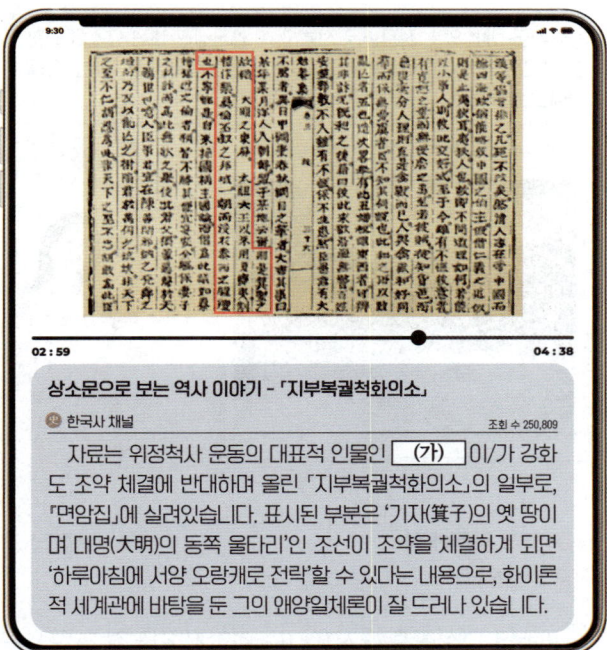

상소문으로 보는 역사 이야기 - 「지부복궐척화의소」
🌐 한국사 채널   조회 수 250,809

자료는 위정척사 운동의 대표적 인물인 ▢(가)▢ 이/가 강화도 조약 체결에 반대하며 올린 「지부복궐척화의소」의 일부로, 「면암집」에 실려있습니다. 표시된 부분은 '기자(箕子)의 옛 땅이며 대명(大明)의 동쪽 울타리'인 조선이 조약을 체결하게 되면 '하루아침에 서양 오랑캐로 전락'할 수 있다는 내용으로, 화이론적 세계관에 바탕을 둔 그의 왜양일체론이 잘 드러나 있습니다.

[출제영역] 최익현   정답 ③
[정답 개념정리]

> 1873년 최익현의 계유 상소로 흥선대원군의 섭정이 끝나고 고종의 친정이 시작되죠. 1876년 강화도 조약(조일수호조규)이 체결되자 지부복궐척화의소를 올려 반대하였죠. 을사늑약이 체결된 후에는 전북 태인에서 의병을 일으키기도 했어요.
> 💡 **을사의병은 최신식**⭐ 최익현, 신돌석, 민종식

① 고종의 밀지를 받아 독립 의군부를 조직하였다.
  ➡ 고종의 밀지를 받아 독립의군부를 조직한 인물은 임병찬이에요. 복벽주의를 주장했죠.

② 도쿄에서 일왕이 탄 마차를 향해 폭탄을 던졌다.
  ➡ 도쿄에서 일왕의 마차에 폭탄을 투척한 사람은 한인 애국단 이봉창입니다.

③ 을사늑약이 체결되자 태인에서 의병을 일으켰다.
  ➡ 을사의병은 최익현, 신돌석, 민종식이죠. 💡**최신식**⭐

④ 명동 성당 앞에서 이완용을 습격하여 중상을 입혔다.
  ➡ 명동 성당 앞에서 1909년 이완용 저격을 시도한 인물은 이재명이죠.

⑤ 13도 창의군을 지휘하여 서울 진공 작전을 전개하였다.
  ➡ 정미의병 때 13도 창의군은 총대장 이인영과 군사장 허위가 지휘했지만, 서울 진공을 앞두고 이인영이 부친상으로 물러나면서 작전은 허위가 이끌었습니다.

다음 가상 대화 이후에 전개된 사실로 옳은 것은? [2점]

몇 달 전 한성에서 시위대 부대원들과 일본군 사이에 시가전이 있었습니다. 애비슨 선생님께서는 이때 다친 부대원들을 치료해 주셨는데요. 기억에 남는 일이 있다면 말씀해 주세요.

군대 해산 명령에 맞서 시위대 대대장 박승환이 자결한 후 전개된 시가전에서 부상 입은 부대원들이 실려 왔습니다. 여자 간호사들은 그동안 남자 환자들의 치료를 꺼리던 관습과 달리 헌신적으로 치료에 나섰습니다. 오래된 관습이 한순간에 깨지는 놀라운 순간이었습니다.

[출제영역] 정미의병   정답 ④
[정답 개념정리]

> 헤이그 특사 파견을 빌미로 일제는 고종을 강제 퇴위시키고, 한일신협약(정미7조약, 1907)을 체결하죠. 협약과 별도로 각서를 체결하여 군대를 해산하자, 해산 군인들까지 가담한 정미의병이 일어납니다.

① 최익현이 태인에서 의병을 일으켰다.
  ➡ 최익현은 을사의병이죠.
   💡 **을사의병은 최신식**⭐

② 일본이 독도를 불법적으로 편입하였다.
  ➡ 일본이 독도를 불법 편입한 것은, 러일 전쟁 중 발표된 시마네현 고시 제40호(1905)를 통해서죠.

③ 스티븐스가 외교 고문으로 부임하였다.
  ➡ 고문(스티븐스, 메가타) 정치는 1904년 제1차 한일 협약 이후 시작되죠.

④ 13도 창의군이 서울 진공 작전을 전개하였다.
  ➡ 군대 해산 이후 일어난 정미의병은 13도 창의군을 결성하여 서울진공작전을 시도합니다.

⑤ 유인석이 이끄는 부대가 충주성을 점령하였다.
  ➡ 이소응과 유인석은 을미의병이에요.
   💡 **을미의병의 이유는 단발령**⭐
   을미의병, 이소응, 유인석, 단발령

(가) 운동에 대한 설명으로 옳은 것은? [1점]

언론 보도로 본 만세 기념일

3월 1일에 배화 여학교 학생 일동은 학교 동산에 올라가서 우리 독립 선언 기념을 경축하기 위하여 만세를 부르고, 배재 학교 생도 일동은 3월 1일에 일제히 결석하고 3월 2일에 등교하여 갑자기 그 학교 마당에서 만세를 불렀으니 … 저와 같은 불미한 행동을 허락한 까닭으로 그 학교 교장들은 파직하고 심하면 그 학교를 폐쇄할 지경에 이르겠다더라.

[해설]
이 자료는 신한민보 1920년 4월 20일자에 실린 기사이다. 민족 최대의 독립 운동이었던 [(가)]의 1주년 무렵 배화 여학교와 배재 학교 학생들이 만세 운동을 전개하여 학교가 폐쇄될 위기에 처했다는 내용이 담겨 있다.

[출제영역] 3·1 운동   정답 ④
[정답 개념정리]

고종의 인산일(3월 3일)을 전후해 일어난 민족 최대의 운동이며, 대한민국 임시 정부 수립, 일제의 문화정치로의 전환, 1920년대의 다양한 민족 운동의 전개에 영향을 끼쳤지요.

① 통감부의 방해와 탄압으로 중단되었다.
 ➡ 통감부는 1905년부터 1910년까지 존재했기에 시기가 맞지 않죠. 국채보상운동이면 맞죠.
② 러시아의 절영도 조차 요구를 저지하였다.
 ➡ 러시아의 절영도 조차 요구를 저지한 단체는 독립 협회죠.
③ 순종의 인산일을 기회로 삼아 추진되었다.
 ➡ 순종의 인산일을 기회로 추진된 것은 6·10 만세 운동입니다. 💡 **고3 6순**✦ 고종 3·1, 6·10 순종
④ 대한민국 임시 정부 수립의 계기가 되었다.
 ➡ 대한민국 임시 정부 수립의 계기가 된 것이 3·1 운동이죠.
⑤ 성진회와 각 학교 독서회에 의해 전국적으로 확산되었다.
 ➡ 성진회와 각 학교 독서회에 의해 전국으로 확산한 것은 1929년 광주 학생 항일 운동이죠.

34

밑줄 그은 '개혁'의 내용으로 옳은 것은? [2점]

덕수궁 내에 있는 정관헌은 전통 건축 양식에 근대적 요소를 결합한 것으로 평가받고 있습니다. 고종이 황제로 즉위한 후 구본신참을 바탕으로 개혁을 추진할 때 건립되었습니다.

[출제영역] 광무개혁   정답 ⑤
[정답 개념정리]

1895년 명성황후가 시해되는 을미사변을 겪고 나서 신변의 위협을 느낀 고종은 러시아 공사관으로 몸을 옮기죠(아관파천). 1896년 창설된 독립 협회 등 여론의 압박 속에서 1897년 경운궁(덕수궁)으로 다시 돌아온 고종은 황제의 나라 대한 제국 수립을 선포하고, 광무개혁을 단행합니다. 옛것을 근본으로 새것을 참고하자는 구본신참의 정신으로 실업학교, 상공 학교 등을 설립하고, 양전 사업을 하여 최초의 근대적 토지 소유문서인 지계를 발급하는 등의 여러 가지 개혁을 추진합니다.

① 홍범 14조를 반포하였다.
 ➡ 홍범 14조는 제2차 갑오개혁 때 발표됩니다.
   💡 **홍이장군**✦ 홍범 14조는 이차 갑오개혁
② 공사 노비법을 혁파하였다.
 ➡ 공사 노비법 혁파, 과거제 폐지, 신분제 폐지 등은 제1차 갑오개혁의 내용이죠.
③ 신식 군대인 별기군을 창설하였다.
 ➡ 일본인 교관이 지도하는 신식 군대 별기군은 1881년에 창설됩니다.
④ 근대 교육기관인 육영공원을 설립하였다.
 ➡ 최초의 근대적 관립교육기관인 육영공원은 1886년에 설립되죠. 💡 **육육**✦ 육영공원, 1886년
⑤ 지계아문을 설치하여 토지 소유자에게 지계를 발급하였다.
 ➡ 광무개혁의 일환으로 대한제국 정부는 양지아문을 설치하여 양전 사업을 실시하고, 지계아문을 통해 지계를 발급합니다.

35

다음 기사가 보도된 시기에 볼 수 있는 모습으로 가장 적절한 것은? [3점]

□□ 신문

제△△호   ○○○○년 ○○월 ○○일

정기 연락선 부산 입항, 경부선과 이어지다

 시모노세키를 출발한 연락선 '잇키마루'가 어제 부산항에 도착하며 정기 운항을 시작했다. 승객 317명, 화물 300톤을 실을 수 있는 이 배를 통해 일본에서 들어온 여객과 물자는 곧바로 경부선을 이용해 내륙으로 향하게 된다. 올해 1월 경부선이 개통된 이후 8개월 만에 해로까지 연결되면서, 한성-부산-도쿄로 연결되는 교통망이 구축되었다. 두 달 뒤 '쓰시마마루'도 추가 투입될 예정이라, 머지않아 이 노선은 매일 운행될 것이다.

[출제영역] 경부선 개통   정답 ①
[정답 개념정리]

> 최초의 철도인 경인선은 1899년 개통되었고, 경부선은 1905년, 경의선은 1906년이조.

① **대한매일신보**를 읽고 있는 청년
➡ 대한매일신보는 1904년 창간되어 1910년까지 항일 민족지의 역할을 했죠.

② **경성 제국 대학**에 입학하는 학생
➡ 경성제국대학은 1924년에 설립되었어요.

③ 원각사에서 **은세계 공연**을 보는 여성
➡ 원각사에서 연극 은세계를 공연한 것은 1908년이에요.

④ 통리기무아문에서 **개화** 정책을 논의하는 관리
➡ 통리기무아문은 1880년에 만들어진 개화 총괄 기구죠.

⑤ 어린이날 기념 행사에 참여하는 **천도교 소년회** 회원
➡ 천도교 소년회는 1920년대에 주로 활동했지요.

36

(가) 종교에 대한 설명으로 옳은 것은? [1점]

🔍 **역사 돋보기**

(가) 의 교세를 확장한 해월 최시형

해월 선생은 제자들에게 '최보따리'라고도 불렸다. 포교를 위해 잠행을 하면서 보따리를 자주 쌌기 때문에 붙여진 별명이다. 교조 최제우의 처형으로 위축되었던 **(가)** 의 교세는 2대 교주였던 그의 노력으로 크게 확장되었다. 그는 1897년 손병희에게 도통을 전수하였고 1898년 체포되어 재판을 받고 처형되었다. 그에게 사형을 선고한 판사 중에는 고부 학정의 원흉 조병갑이 있었다.

[출제영역] 동학   정답 ①
[정답 개념정리]

> 교조 최제우가 1860년에 창시했고, 2대 교주 최시형, 3대 교주 손병희로 이어지죠.

① **동경대전**을 **경전**으로 삼았다.
➡ 동학의 경전은 동경대전, 가사집은 용담유사지요.

② 항일 무장 단체인 **중광단**을 결성하였다.
➡ 중광단은 단군을 숭배한 대종교의 항일 무장단체죠.

③ **박중빈**을 중심으로 새 생활 운동을 펼쳤다.
➡ 박중빈은 새 생활 운동과 간척사업을 벌였던 원불교의 교조입니다. 💡**새생원**☆ 새 생활 운동, 원불교

④ **배재 학당**을 세워 신학문 보급에 앞장섰다.
➡ 배재 학당은 기독교 선교사 아펜젤러에 의해 1885년에 세워지죠.

⑤ **프랑스와의 조약**을 통해 **포교**가 허용되었다.
➡ 1886년 조프 수호 통상 조약을 통해 포교가 허용된 것은 천주교조.

37

밑줄 그은 '이 시기'에 볼 수 있는 모습으로 가장 적절한 것은? [1점]

신문 기사로 보는 일제의 식민 통치 정책

볼기 대섯 개
마차를 타고 가면서 고삐를 잡지 않아 볼기 다섯 대를 때리고 풀어줌.

솔닙 한 줌에 태 십오
경복궁 신무문 밖 보안림 안에 들어가서 솔잎 한움큼을 절취하다가 발견되어 열다섯 대에 처함.

조선 태형령이 시행된 <u>이 시기</u>에는 헌병 경찰이 재판 없이 조선인에게만 태형을 가할 수 있었다. 이를 통해 사회 전반에 공포심을 조성하고 식민 지배 질서를 강제하려 하였다.

◀ ■ ▶

[출제영역] 1910년대의 모습 정답 ②
[정답 개념정리]

조선 태형령, 헌병 경찰제, 토지 조사 사업, 회사령, 삼림령, 광업령 등이 키워드죠.

① 암태도 소작 쟁의에 참여하는 농민
   ➡ 암태도 소작 쟁의는 1923년에 시작되었죠. 1920년대의 대표적인 농민운동입니다.
② 제복을 입고 칼을 찬 채 수업하는 교사
   ➡ 제복 입고 칼 찬 교사 역시 무단 통치기의 특징입니다.
③ 잡지 어린이에 실을 원고를 구성하는 작가
   ➡ 잡지 어린이는 1923년 천도교 소년회에 의해 창간되었어요.
④ 토월회에서 연극 공연을 준비하고 있는 배우
   ➡ 박승희 등이 활약한 토월회는 1923년에 결성된 단체죠.
⑤ 경성 고무 여자 직공 조합의 파업을 취재하는 기자
   ➡ 농민의 소작쟁의와 노동자의 파업은 1920년대에 활발히 전개되었어요.

38

(가) 단체에 대한 설명으로 옳은 것은? [3점]

판결문

피고인: 박상진, 김한종
주 문: 피고 박상진, 김한종을 사형에 처한다.
이유

피고 박상진, 김한종은 한일 병합에 불평을 가지고 구한국의 국권 회복을 명분으로 (가) 을/를 조직하고 국권 회복을 위한 자금 조달을 위해 조선 각도의 자산가에게 공갈로 돈을 받아내기로 하고 … 채기중 등을 교사하여 장승원의 집에 침입하여 자금을 강취하고 살해하도록 한 죄가 인정되므로 위와 같이 판결한다.

[출제영역] 대한광복회 정답 ②
[정답 개념정리]

대구에서 박상진 등의 주도로 결성된 대한광복회는 공화정을 지향하며, 친일 부호 처단 및 독립 자금 모금 활동을 했지요. 박상진이 키워드입니다.

① 중일 전쟁 발발 직후에 결성되었다.
   ➡ 중일 전쟁 발발(1937) 직후에 결성된 것은 1938년 김원봉의 조선의용대죠.
② 군대식 조직을 갖춘 비밀 결사였다.
   ➡ 대한광복회는 군대식 조직을 갖춘 비밀 결사로, 무장 독립을 준비하며 군자금을 모으고 친일 부호를 처단하는 활동을 벌였습니다.
③ 파리 강화 회의에 대표를 파견하였다.
   ➡ 파리 강화 회의에 김규식을 파견한 단체는 상하이의 신한청년당이에요.
④ 일제가 꾸며낸 105인 사건으로 와해되었다.
   ➡ 105인 사건으로 해산된 단체는 1907년 결성된 신민회죠.
⑤ 만민 공동회를 열어 열강의 이권 침탈을 비판하였다.
   ➡ 만민 공동회와 관민 공동회를 연 단체는 독립협회입니다.

39

밑줄 그은 '이 지역'을 지도에서 옳게 찾은 것은?　[1점]

여기 눈에 띄는 주소 표지판이 하나 있습니다. '세울스카야 2A'. 그 뜻은 '서울거리 2A번지'입니다. 왜 이런 주소가 있을까요?

1/3

사실 이 지역에는 신한촌 등 한인 집단 거주지가 있었습니다. 그러나 이곳에 살던 한인들은 1937년에 중앙아시아로 강제 이주를 당하였습니다.

2/3

세월이 흘러 현재는 신한촌의 역사를 기억하기 위한 조형물이 세워져 있습니다. 점차 잊히는 이들의 역사, 우리의 관심이 필요한 때입니다.

3/3

(가) 남만주
(나) 연해주
(다) 일본
(라) 하와이
(마) 멕시코

① (가)　② (나)　③ (다)　④ (라)　⑤ (마)

[출제영역] 연해주 지역의 민족 운동　정답 ②
[정답 개념정리]

신한촌이라는 한인 집단 거주지가 있었고, ☀**연신**✨ (연해주, 신한촌) 권업회와 같은 자치 기구가 존재했고, 권업 신문, 해조 신문 등을 발간한 지역은 연해주죠. 연해주의 한인들은 1937년 스탈린에 의해 중앙아시아로 강제 이주를 당합니다. 따라서 정답은 (나)입니다.

40

(가) 인물에 대한 설명으로 옳은 것은?　[2점]

사료로 보는 한국사

조선사 연구는 과거 역사적, 사회적 발전의 변동 과정을 구체적이고 현실적으로 구명함과 동시에 실천적 동향을 이론화하는 것을 임무로 삼아야 한다. 그것을 위해서는 인류 사회의 일반적 운동 법칙인 사적 변증법으로 그 민족 생활의 계급적 제관계와 더불어 사회 체제의 역사적 변동을 구체적으로 분석하고 다시 그 법칙성을 일반적으로 추상화하는 것에 의해서만 가능하다.

[해설] 이 사료는 (가) 이/가 저술한 조선사회경제사의 일부입니다. 그는 이 책에서 한국사가 세계사의 보편적인 발전 법칙에 따라 발전하였다는 주장을 펼치며 한국 고대 경제사를 원시 씨족 사회, 원시 부족 국가의 제형태, 노예 국가 시대로 체계화하여 서술하였습니다.

[출제영역] 백남운　정답 ②
[정답 개념정리]

백남운이 1933년에 간행한 학술서로 사회주의의 영향을 받아, 식민사관의 정체성론을 비판하며 마르크스의 유물사관을 한국사에 적용시키고자 했지요.

① 조선불교유신론을 주장하였다.
➡ 조선불교유신론을 주장한 인물은 한용운이죠.

② 식민 사학의 정체성론을 반박하였다.
➡ 백남운은 식민 사학의 정체성론을 비판하며 한국사가 세계사적 보편성에 따라 발전했음을 강조했죠.

③ 조선사 편수회에 들어가 조선사 편찬에 참여하였다.
➡ 이완용·권중현 등 친일 협력자들이 조선사 편수회에 고문으로 참여했습니다.

④ 진단 학회를 설립하여 실증주의 사학을 발전시켰다.
➡ 진단 학회를 설립하고 실증주의 사학을 발전시킨 인물은 이병도, 손진태 등이에요.

⑤ 민족을 역사 서술의 중심에 둔 독사신론을 집필하였다.
➡ 독사신론은 단재 신채호의 저서죠.

41

밑줄 그은 '시기'에 볼 수 있는 사회 모습으로 가장 적절한 것은? [2점]

> 이것은 한 제과업체의 캐러멜 광고로 탱크와 전투기 그림을 활용하여 "캐러멜도 싸우고 있다!"라는 문구를 담고 있습니다. 중일 전쟁 이후 일제가 국가 총동원법을 시행한 <u>시기</u>에 제작된 이 광고는 당시 군국주의 문화가 일상에까지 스며들어 있었음을 잘 보여줍니다.

[출제영역] 1930년대 후반 전시 동원 체제   정답 ①
[정답 개념정리]

중일 전쟁(1937) 이후 국가총동원법(1938)을 시행한 시기는 민족 말살 통치기죠.

① 몸뻬 착용을 권장하는 애국반 반장
➡ 애국반은 중일 전쟁 이후 전시 동원 체제에서 조선인을 감시·통제하고 동원하기 위해 만든 말단 조직입니다.

② 경성 제국 대학 설립을 추진하는 관리
➡ 경성제국대학은 1924년에 설립되었어요.

③ 헌병 경찰에게 끌려가 태형을 당하는 농민
➡ 헌병 경찰제와 조선 태형령은 1910년대 무단 통치기의 키워드죠.

④ 원산 총파업에 연대 지원금을 보내는 외국 노동자
➡ 원산 총파업은 1929년에 일어나죠.
   💡 원구단 ☆ 원산 총파업, 1929년

⑤ 안창남의 고국 방문 비행을 환영하기 위해 상경하는 청년
➡ 안창남의 고국 방문 비행은 1922년이에요. 💡22☆

42

(가) 부대에 대한 설명으로 옳은 것은? [2점]

[우리 고장의 독립운동가]
이름에 조국의 광복을 담다
오광선
(1896~1967)

경기도 용인특례시 처인구 원삼면 출생으로 본명은 성묵이다. 1915년 중국으로 망명한 후 '조선의 광복'이라는 뜻의 광선(光鮮)으로 개명하였다. 1920년 대한독립군단 중대장으로 독립군을 지휘하였다. 만주사변이 일어나자 (가) 의 총사령관 지청천 등과 함께 중국군과 연합하여 1933년 대전자령에서 일본군을 상대로 대승을 거두는 데 중요한 역할을 하였다. 1962년 건국훈장 독립장을 받았다.

[출제영역] 한국 독립군   정답 ⑤
[정답 개념정리]

한국 독립군은 지청천이 이끈 독립군 부대로 1930년대 북만주에서 활약했고, 중국의 호로군과 연합작전을 펼쳤지요. 쌍성보, 대전자령, 사도하자 전투 등에서 큰 승리를 거두었어요.
💡 호~지독한 쌍대사☆ 호로군과 연합, 지청천, 한국 독립군, 쌍성보, 대전자령, 사도하자 전투

① 봉오동 전투에서 일본군을 크게 격파하였다.
➡ 봉오동 전투를 승리로 이끈 부대는 홍범도의 대한독립군을 비롯한 독립군 연합부대죠.

② 미국과 연계하여 국내 진공 작전을 계획하였다.
➡ 미국 OSS와 함께 국내 진공 작전을 계획한 부대는 한국광복군입니다. 한국광복군은 인도, 미얀마 전선에 투입되어 활약하기도 했지요.

③ 중국 의용군과 연합하여 영릉가 전투에서 승리하였다.
➡ 양세봉의 조선혁명군과 관련된 설명이죠.
   💡 양조(준)혁은 남(쪽)의 영흥☆ 양세봉, 조선혁명군, 남만주, 의용군, 영릉가/흥경성 전투

④ 조선 민족 전선 연맹 산하의 군사 조직으로 결성되었다.
➡ 조선 민족 전선 연맹 산하의 군사 조직으로 결성된 것은 김원봉의 조선의용대죠. 중국 관내에서 조직된 최초의 한인 무장 부대라는 것도 잊지 마셔야 해요.

⑤ 한국 독립당의 군사 조직으로 북만주 지역에서 활약하였다.
➡ 한국 독립당의 군사 조직이 바로 지청천의 한국 독립군입니다.

(가) 인물에 대한 설명으로 옳은 것은? [2점]

> 항복 전에 정무총감 엔도 등이 법과 질서를 유지하고 일
> 본인들의 생명과 재산을 지키기 위하여 (가) 와/과 논
> 의하였다. … 일본인들은 그가 유혈 사태를 막아줄 수 있다
> 고 믿었던 것 같다. … 그런데 (가) 은/는 조선 총독부
> 가 생각했던 바를 따르지 않았다. 일본이 원했던 것은 연
> 합군이 올 때까지 질서를 유지하기 위한 평화 유지 위원회
> 정도였다. 그러나 그는 실질적인 정부로 여겨질 수 있는
> 조선 건국 준비 위원회를 만들었다.

[출제영역] 여운형   정답 ③
[정답 개념정리]

> 여운형은 해방 직전 조직한 조선 건국 동맹을 해방 후
> 조선 건국 준비 위원회로 전환하고 조선 인민 공화국
> 수립을 발표하죠. 모스크바 3국 외상 회의, 1차 미소 공
> 동위원회, 이승만의 정읍 발언을 거치면서 김규식과 좌
> 우합작위원회를 설치하고 좌우 합작 7원칙을 발표하죠.
>
>   🔆 **건모1만합2해** ☆
> 조선 건국 준비 위원회(1945.8.) → 모스크바 3국 외
> 상 회의(1945.12.) → 1차 미소 공동 위원회(1946.3.) →
> 이승만의 정읍 발언(1946.6.) → 좌우합작운동(1946.7.)
> → 2차 미소 공동위원회(1947.5.)

① 샌프란시스코에서 흥사단을 결성하였다.
  ➡ 샌프란시스코에서 흥사단을 창립한 사람은 안창호죠.
      🔆 ㅎㅎ ☆ 안창호, 흥사단
② 조선어 학회 사건으로 구속되어 옥고를 치렀다.
  ➡ 1942년 조선어 학회 사건으로 옥고를 치른 인물은 최
      현배, 이극로 등이에요.
③ 김규식과 함께 좌우 합작 위원회를 조직하였다.
  ➡ 여운형, 김규식은 좌우 합작 위원회를 설치합니다.
④ 반민족 행위 특별 조사 위원회에서 활동하였다.
  ➡ 반민족 행위 특별 조사위원회는 이승만 정부 수립 후
      에 활동하죠. 🔆 **반농귀류 발사보조 경부사하 허삼장사** ☆
      • **반농귀류**: 반민족 행위 처벌법(1948), 농지개혁법
        (1949), 귀속 재산 처리법(1949), 6·25 전쟁(1950)
      • **발사보조**: 발췌 개헌(1952), 사사오입 개헌(1954), 보
        안법파동(1958), 조봉암 처형(1959)
      • **경부사하**: 경향신문 폐간(1959), 3·15 부정선거
        (1960), 4·19 혁명, 이승만 하야(1960.4.26.)
      • **허삼장사**: 허정(외무부 장관) 과도 정부, 3차 개헌,
        장면 내각 출범(1960.8.), 4차 개헌
⑤ 미국에서 귀국하여 독립 촉성 중앙 협의회를 이끌었다.
  ➡ 미국에서 돌아와 독립 촉성 중앙 협의회를 이끈 사람
      은 이승만이죠.

(가) 전쟁 중에 있었던 사실로 옳은 것을 〈보기〉에서 고른 것은? [2점]

> ───── 〈보기〉 ─────
> ㄱ. 애치슨 라인이 발표되었다.
> ㄴ. 인천 상륙 작전이 전개되었다.
> ㄷ. 부산에서 발췌 개헌안이 통과되었다.
> ㄹ. 모스크바 3국 외상 회의가 개최되었다.

① ㄱ, ㄴ   ② ㄱ, ㄷ   ③ ㄴ, ㄷ   ④ ㄴ, ㄹ   ⑤ ㄷ, ㄹ

[출제영역] 6·25 전쟁   정답 ③
[정답 개념정리]

> 1950년 6월 25일 북한의 기습 남침으로 시작되어 정전
> 협정이 체결된 1953년 7월 27일까지 계속된 동족상잔의
> 비극이죠. 구체적 사건들을 시간 순서대로 기억할 필요
> 가 있지요.
>   🔆 **에취! 낙상중 철퇴 맞아서 발포정 먹고 한방 치료 간다**
> ~☆
> 주의할 점이 있는데요, 전쟁의 원인에 해당하는 애치
> 슨 선언은 1950년 1월에 발표되었고, 결과에 해당하는
> 한미 상호 방위 조약은 1953년 10월에 체결되었기 때문
> 에 전쟁 중에 일어난 일이 아님을 꼭 알아두셔야 해요.
> 따라서 전쟁 도중에 있었던 일들은 다음과 같지요.
> 낙동강 방어선 구축 → 인천 상륙 작전(1950.9.15.) →
> 중국군 개입(1950.10.25.) → 흥남 철수(1950.12.15.) →
> 1·4 후퇴(1951.1.4.) → 발췌 개헌 → 반공포로석방 → 정
> 전 협정 체결.
>
> 모스크바 3국 외상 회의는 해방된 1945년 말에 개최되
> 죠. 따라서 옳은 것은 ㄴ, ㄷ입니다.

밑줄 그은 '당시 헌법'이 시행된 시기에 볼 수 있는 모습으로 가장 적절한 것은? [2점]

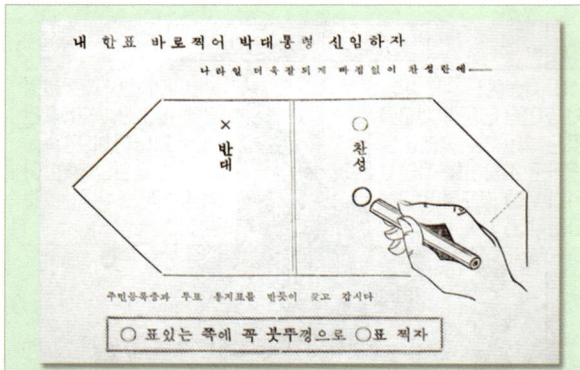

내 한표 바로찍어 박대통령 신임하자
나라일 더욱장지지 바집일이 찬성란에

× 반대   ○ 찬성

주민등록증과 투표 통지표를 받들이 오고 갑시다

○ 표있는 쪽에 꼭 붓뚜껑으로 ○표 찍자

　자료는 당시 헌법의 유지 여부를 묻는 국민 투표를 앞두고 찬성을 독려하는 홍보문의 일부이다. 이 투표의 실시 결과 당시 헌법을 유지하는 것으로 결정되었다. 3개월 뒤 이 헌법을 부정, 반대하는 주장이나 보도를 일체 금지하고 위반자는 영장 없이 체포한다는 내용을 핵심으로 한 대통령 긴급 조치 제9호가 선포되었다.

[출제영역] 유신 체제　　　　　　　　　　정답 ⑤
[정답 개념정리]

　대통령의 임기는 6년, 중임 제한 내용 없음, 통일 주체 국민 회의를 통한 간접 선거, 대통령의 국회 해산권, 국회의원 1/3 추천권, 긴급조치권 등을 내용으로 하는 헌법이 유신 헌법이죠.

① 국민 방위군에 소집되는 청년
➡ 국민 방위군은 6·25 전쟁 당시 중국군의 개입 이후 1950년 12월에 편성한 군대죠.

② 개성 공단 착공식에 참석하는 기업인
➡ 개성 공단 조성 합의는 김대중 정부 때의 일이고 개성 공단 착공식은 노무현 정부 때 일입니다.

③ 미소 공동 위원회의 재개를 요구하는 시민
➡ 미소 공동 위원회는 해방 직후 모스크바 3국 외상 회의의 결과 설치되었죠. 1차 미소 공동 위원회는 1946년이고 2차 미소 공동 위원회는 1947년의 일입니다.
💡 건모1만합2해✨

④ 남북 기본 합의서 채택 소식을 보도하는 기자
➡ 남북 기본합의서 채택은 노태우 정부 때의 일이에요.
💡 우기✨ 노태우, 기본 합의서

⑤ 통일 주체 국민 회의 대의원 명단을 점검하는 공무원
➡ 통일 주체 국민 회의에서 대통령을 선출하는 것이 유신 헌법의 내용이죠.

(가) 민주화 운동에 대한 설명으로 적절한 것은? [2점]

　그때 고등학생이었던 저는 호헌철폐가 무슨 뜻인지 잘 몰랐어요. 다만 1980년 5월의 경험과 전두환이라는 인물을 통해 당시 우리나라가 독재 국가라고 인식하고 있었습니다. 그래서 시위에 참여했어요.

　당시 민주 헌법 쟁취 국민 운동 본부가 지정했던 국민 평화 대행진 구호가 '동장에서 대통령까지 내 손으로'였어요. 이 구호가 담긴 현수막을 만들면 감옥에 갈 수도 있었지만, 스프레이와 천을 사다가 밤에 건물 옥상에서 이 글귀를 현수막에다가 적었어요.

참여자의 구술로 살펴보는 지역별 (가)

전라도 / 경상도 / 수도권 / 경상도 / 충청도

[출제영역] 6월 민주 항쟁　　　　　　　정답 ②
[정답 개념정리]

　5·18 민주화 운동의 경험, 국민 평화 대행진 등으로 보아 1987년 전두환 정부 때 6월 민주 항쟁의 내용임을 알 수 있지요.

① 굴욕적인 한일 국교 정상화에 반대하였다.
➡ 박정희 정부 때 한일 국교 정상화에 반대하여 6·3 시위가 일어났어요.

② 5년 단임의 대통령 직선제 개헌을 이끌어냈다.
➡ 6월 민주 항쟁 이후 노태우 민정당 대통령 후보가 6·29 선언을 발표했고, 9차 개헌으로 5년 단임의 대통령 직선제가 확정되지요.

③ 시위 과정에서 시민군이 자발적으로 조직되었다.
➡ 시민군은 5·18 민주화 운동 때 계엄군에 대항하기 위해 자발적으로 조직되었죠.

④ 3선 개헌 반대 범국민 투쟁 위원회를 결성하였다.
➡ 3선 개헌은 1969년 박정희 정부 때의 일이에요.
💡 369✨ 3선 개헌, 6차 개헌, 1969년

⑤ 대통령 중심제에서 의원 내각제로 바뀌는 계기가 되었다.
➡ 4·19 혁명 이후 이승만 대통령이 하야하고, 허정 과도 정부 때 대통령 간선제, 내각 책임제, 양원제 국회를 내용으로 하는 3차 개헌이 이루어지고, 장면 정부가 탄생합니다.
💡 3간내양✨ 3차 개헌, 간선제, 내각 책임제, 양원제

(가) 정부 시기에 있었던 사실로 옳은 것은? [2점]

┌─────────────────────┐
│ (가) 정부 시기의 여성 노동 운동 │
└─────────────────────┘

| 노동조합 대의원 선거를 방해하는 어용 조합원들에 의해 인분을 뒤집어 쓴 동일방직의 여성 노동자들 | 임금 체불과 직장 폐쇄에 항의하여 신민당사에서 농성하다 끌려나가는 YH 무역의 여성 노동자들 |

[출제영역] 박정희 정부 　정답 ⑤
[정답 개념정리]

> YH 무역 사건은 박정희 정부 말기인 1979년 가발 생산 업체인 YH 무역의 여성 노동자들이 신민당사에서 임금 체불과 직장 폐쇄에 항의하며 농성한 사건이죠.

① 부천 경찰서 성 고문 사건이 발생하였다.
　➡ 부천 경찰서 성 고문 사건은 1986년 전두환 정부 때 일어납니다.

② 정부에 비판적인 경향신문이 폐간되었다.
　➡ 경향신문의 폐간은 1959년 이승만 정부 시기죠.
　　☀**반농귀류 발사보조 경부사하 허삼장사**☆
　　· **반농귀류**: 반민족행위 처벌법(1948), 농지개혁법(1949), 귀속 재산 처리법(1949), 6·25 전쟁(1950)
　　· **발사보조**: 발췌 개헌(1952), 사사오입 개헌(1954), 보안법파동(1958), 조봉암 처형(1959)
　　· **경부사하**: 경향신문 폐간(1959), 3·15 부정선거(1960), 4·19 혁명, 이승만 하야(1960.4.26.)
　　· **허삼장사**: 허정(외무부 장관) 과도 정부, 3차 개헌, 장면 내각 출범(1960.8.), 4차 개헌

③ 최저 임금 결정을 위한 최저 임금 위원회가 설치되었다.
　➡ 최저 임금제는 전두환 정부 때 실시되죠.
　　☀**최전 임금제**☆

④ 자치 단체장까지 선출하는 지방 자치제가 전면 시행되었다.
　➡ 지방자치제 일부 시행은 노태우 정부 때이고 지방자치제의 전면 시행은 김영삼 정부 때입니다.

⑤ 긴급 조치 철폐 등을 요구하는 3·1 민주 구국 선언이 발표되었다.
　➡ 박정희 정부의 유신 철폐를 요구하며 3·1 민주 구국 선언이 발표되죠.

다음 발표가 있었던 시기를 연표에서 옳게 고른 것은? [2점]

> 정부는 최근 겪고 있는 금융·외환 시장의 어려움을 극복하기 위해 국제 통화 기금(IMF)에 유동성 조절 자금을 지원해 줄 것을 요청하기로 결정하였습니다. … 유동성 부족 상태가 조속한 시일 안에 해결될 것으로 기대합니다. 정부는 국제 통화 기금과 참여국의 지원과 함께 우리 스스로도 원활한 외화 조달을 위한 다각적인 대책을 함께 적극 추진해 나갈 계획입니다.

1949	1965	1977	1988	1998	2007
	(가)	(나)	(다)	(라)	(마)
농지 개혁법 제정	한일 기본 조약 체결	100억 달러 수출 달성	서울 올림픽 개최	노사정 위원회 구성	한미 자유 무역 협정 (FTA) 체결

① (가)　② (나)　③ (다)　④ (라)　⑤ (마)

[출제영역] 김영삼 정부 　정답 ④
[정답 개념정리]

> IMF 구제 금융 요청은 1997년 김영삼 정부 때의 일이죠. 농지개혁법은 1949년 이승만 정부 초기에 제정되었습니다.
>　☀**반농귀류**☆ 반민족행위 처벌법(1948), 농지개혁법(1949), 귀속 재산 처리법(1949), 6·25 전쟁(1950)
> 한일 기본 조약은 1965년 박정희 정부 때 체결되어요. 수출 100억 달러 달성은 박정희 정부 1977년의 일이며 1988년 서울올림픽 개최는 노태우 정부죠.
>　☀**땡은 노태우**☆ 7·7 선언, 88 올림픽 개최
> 노사정 위원회 구성은 김대중 정부, 한미 FTA 체결은 노무현 정부 때의 일입니다. 따라서 정답은 (라)입니다.

다음 기사 내용이 보도된 정부 시기에 있었던 사실로 옳은 것은?   [3점]

□□ 신문

제△△호   ○○○○년 ○○월 ○○일

군대 내 사조직 '하나회' 청산 매듭

어제 단행된 군 장성 정기 인사를 통해 하나회 회원으로 알려진 중장급 이상 장성 전원이 보직 해임되었다. 이번 인사는 문민정부 출범 직후인 지난해 3월 8일 육군 참모총장과 기무사령관을 전격적으로 예편 조치함으로써 시작된 군대 내 사조직 청산 작업을 마무리한 것이다. 군 내부에서도 이번 하나회 완전 제거가 군이 정치적 중립을 확보하고 안정과 결속을 다지는 계기가 될 것으로 기대하고 있다.

[출제영역] 김영삼 정부   정답 ⑤
[정답 개념정리]

> 군대 내 사조직인 하나회를 청산한 정부는 김영삼 정부죠. 문민정부라는 키워드도 기억하면 좋아요.

① 칠레와의 자유 무역 협정(FTA)이 체결되었다.
➡ 칠레와 FTA를 체결한 것은 김대중 정부이고 한-칠레 FTA 발효는 노무현 정부 때 일이죠.

② 처음으로 연간 수출액 100억 달러가 달성되었다.
➡ 수출액 100억 달러 달성은 박정희 정부 시기인 1977년이에요. 💡*77*⭐

③ 서울과 평양에서 7·4 남북 공동 성명이 발표되었다.
➡ 7·4 남북 공동성명 발표는 1972년 박정희 정부 때의 일이에요.

④ 북방 외교를 추진하여 사회주의 국가인 소련과 수교하였다.
➡ 북방 외교 추진으로 헝가리, 소련, 중국과 수교한 것은 노태우 정부죠. 💡*헝소중*⭐

⑤ 거창 사건 등 관련자의 명예 회복에 관한 특별 조치법이 제정되었다.
➡ 거창 사건 등 관련자의 명예 회복에 관한 특별 조치법이 제정된 것이 김영삼 정부죠.
💡*ㅇㅅ*⭐ 영삼, 역사 바로 세우기

(가)에 들어갈 내용으로 가장 적절한 것은?   [2점]

저는 지금 ○○시에 있는 경포대에 와 있습니다. 관동 팔경 중 하나인 경포대 안에는 숙종이 직접 지은 시를 비롯하여 많은 명사의 글이 걸려있습니다. 이 지역에서 가 볼 만한 곳을 대화창에 올려 주세요.

> 양반의 주거 생활을 볼 수 있는 선교장을 추천해요.

> 보물로 지정된 승탑과 당간지주가 있는 굴산사지는 어때요?

> (가)

[출제영역] 강릉 지역사   정답 ①
[정답 개념정리]

> 경포대가 있는 지역이며, 율곡 이이의 어머니 신사임당의 고향이죠.

① 율곡 이이가 태어난 오죽헌을 추천해요.
➡ 강릉 오죽헌에서 율곡 이이가 태어나죠.

② 무령왕릉이 있는 송산리 고분군을 추천해요.
➡ 무령왕릉이 있는 송산리 고분군은 공주에 있죠.
💡*부능 공송*⭐ *부여 능산리 고분군, 공주 송산리 고분군*

③ 어재연 부대가 항전했던 광성보에 가보세요.
➡ 신미양요 때 어재연이 강화도 광성보에서 항전하죠.
💡*미국 어메리카*⭐ *신미양요, 어재연*
💡*광어*⭐ *광성보, 어재연*

④ 팔만대장경판이 보관된 해인사를 방문해 보세요.
➡ 해인사는 합천에 있죠.

⑤ 삼별초가 활동한 항파두리 항몽 유적에 가보세요.
➡ 삼별초는 강화에서 진도 용장성, 제주 항파두리로 이동하며 항전했어요.

01 _____ 70회 01번

(가) 시대의 생활 모습으로 가장 적절한 것은? [1점]

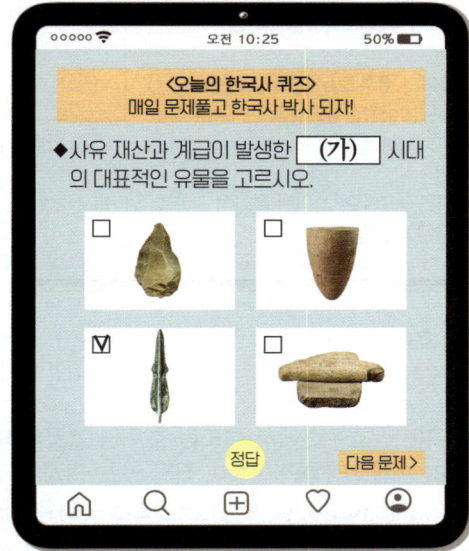

[출제영역] 청동기 시대 정답 ③
[정답 개념정리]

> 사유 재산과 계급이 발생하고, 비파형 동검을 사용했던 시기는 청동기 시대입니다.
> ☀️**청계고비벼반**☀️ 청동기는 계급 출현, 고인돌, 비파형 동검, 벼농사의 시작, 반달 돌칼 사용

① 철제 무기로 정복 활동을 벌였다.
  ➡️ 철제 무기는 당연히 철기시대죠.
② 오수전, 화천 등의 중국 화폐로 교역하였다.
  ➡️ 오수전, 명도전, 반량전 등의 중국 화폐를 사용한 시기도 철기시대죠.
    ☀️**철세중독**☀️ 철기, 세형동검, 중국과 교류, 독무덤
    화천은 왕망이 세운 신나라 시기에 발행된 중국 고대 화폐(동전)로, 우리나라 초기 철기시대 유적에서 출토되었습니다.
③ 많은 인력을 동원하여 고인돌을 축조하였다.
  ➡️ 고인돌을 축조한 것이 청동기 시대입니다.
    ☀️**청계고비벼반**☀️
④ 주로 동굴이나 강가에 막집을 짓고 거주하였다.
  ➡️ 동굴, 막집 생활은 구석기 시대죠. ☀️**웰컴구동막개**☀️
⑤ 가락바퀴와 뼈바늘을 사용하여 옷을 만들기 시작하였다.
  ➡️ 가락바퀴와 뼈바늘로 옷을 만들기 시작한 것은 신석기 시대죠. ☀️**농삼신라빗**☀️

02 _____ 74회 02번

밑줄 그은 '이 나라'에 대한 설명으로 옳은 것은? [2점]

> 이곳 강화의 참성단은 단군왕검이 하늘에 제사를 올리던 제단이라고 전합니다. 우리 역사상 최초의 국가인 이 나라를 세운 것을 기념하는 개천절 행사가 매년 열리며, 전국체육대회 성화 채화식도 이곳에서 거행됩니다.

[출제영역] 고조선 정답 ⑤
[정답 개념정리]

> 단군왕검이 세운 우리 역사상 최초의 국가는 고조선이죠.

① 여러 가(加)들이 사출도를 다스렸다.
  ➡️ 마가, 우가, 저가, 구가가 사출도를 다스린 것은 부여죠. ☀️**부사**☀️ 부여, 사출도
② 동맹이라는 제천 행사를 개최하였다.
  ➡️ 동맹은 고구려의 제천 행사에요.
    ☀️**용맹한 고구려는 동맹**☀️
③ 민며느리제라는 혼인 풍습이 있었다.
  ➡️ 민며느리제는 옥저의 결혼 풍습이죠.
    ☀️**며느리는 옥을 저(좋)아해**☀️
④ 읍락 간의 경계를 중시하는 책화가 있었다.
  ➡️ 책화는 동예의 규율입니다.
    ☀️**동무랑 책 들고 단과반 간다**☀️ 동예는 무천(제천 행사), 책화, 단궁/과하마/반어피(특산물)
⑤ 왕 아래 상, 대부, 장군 등의 관직을 두었다.
  ➡️ 상, 대부, 장군은 고조선, 상가, 고추가, 대로, 패자는 고구려죠. ☀️**고구려는 정복 국가여서 관리 이름도 거칠다**☀️ 상가, 고추가, 대로, 패자, 사자, 조의, 선인
    ☀️**고조선은 깔끔하게**☀️ 왕 아래 상, 대부, 장군

(가) 지역에 대한 탐구 활동으로 가장 적절한 것은? [2점]

이달의 역사 인물

(가)에 백제의 새로운 러전을 잡다

문주왕
미상~477

고구려 장수왕의 공격으로 백제의 수도 한성이 파괴되고 개로왕이 전사하였다. 그에 이어 즉위한 문주왕은 위기를 수습하고자 (가) (으)로 도읍을 옮겼다.

[출제영역] 공주 지역사   정답 ②
[정답 개념정리]

> 5C 고구려 장수왕의 침략으로 백제 개로왕이 💡**개롭게**☆ 전사하자 이어서 즉위한 문주왕은 웅진(공주)으로 천도하지요.

① 무왕이 미륵사를 창건한 곳을 살펴본다.
　➡ 무왕이 미륵사를 창건한 곳은 익산이죠.
　　💡**백해무익**☆ 무왕, 익산, 💡**무미건조**☆ 무왕, 미륵사

② 무령왕과 왕비의 무덤이 발굴된 곳을 답사한다.
　➡ 무령왕은 웅진(공주)시대의 왕이죠. 무령왕릉이 공주에 있죠. 💡**고근침 / 비개문동 / 무성무의**☆ 고이왕, 근초고왕, 침류왕, 비유왕, 개로왕, 문주왕, 동성왕, 무령왕, 성왕, 무왕, 의자왕

③ 성왕이 신라와의 전투에서 전사한 곳을 검색한다.
　➡ 성왕은 사비로 천도하고, 국호를 남부여로 바꿨으며, 관산성(옥천)에서 전사하죠. 💡**ㅅㅅ**☆ 성왕, 사비

④ 윤충이 의자왕의 명을 받아 함락시킨 곳을 지도에 표시한다.
　➡ 의자왕은 윤충을 시켜 대야성(합천)을 함락(642)하죠.

⑤ 계백이 이끄는 결사대가 신라군에 맞서 싸운 곳을 조사한다.
　➡ 계백의 결사대와 신라군이 싸운 곳은 황산벌(논산)입니다.

(가)에 해당하는 문화유산으로 옳은 것은? [2점]

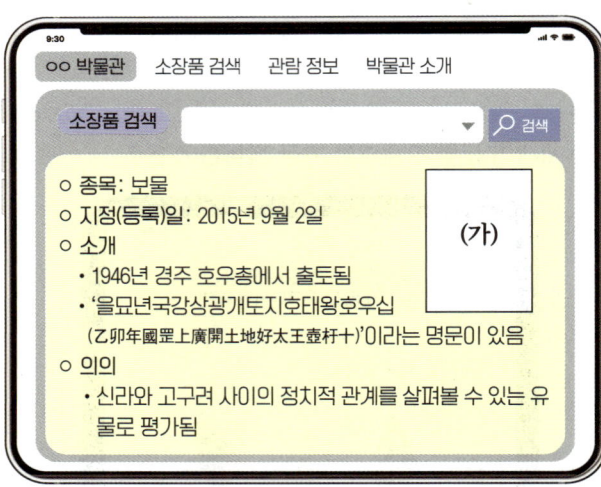

9:30
〇〇 박물관　소장품 검색　관람 정보　박물관 소개

소장품 검색　[　　　　　　　▼]　🔍 검색

○ 종목: 보물
○ 지정(등록)일: 2015년 9월 2일
○ 소개
　• 1946년 경주 호우총에서 출토됨
　• '을묘년국강상광개토지호태왕호우십(乙卯年國罡上廣開土地好太王壺杆十)'이라는 명문이 있음
○ 의의
　• 신라와 고구려 사이의 정치적 관계를 살펴볼 수 있는 유물로 평가됨

(가)

[출제영역] 호우명 그릇   정답 ①
[정답 개념정리]

> 신라 고분인 호우총에서 출토된 호우명 그릇의 바닥에 고구려 광개토대왕의 이름이 적혀 있죠. 당시 고구려와 신라의 관계를 짐작할 수 있는 중요한 문화유산입니다. 실제로 서기 400년에 신라에 왜가 침입해 오자, 신라 내물마립간이 고구려 광개토대왕에게 지원을 요청했고, 광개토대왕은 5만의 기병을 보내 왜를 물리쳤지요.

①  ➡ 호우명 그릇이죠.

②  ➡ 백제 무령왕릉의 석수입니다.

③  ➡ 백제가 제작하여 왜에 보낸 칠지도로, 백제와 왜의 관계를 보여주는 유물이에요.

④  ➡ 고구려의 금동 연가 7년명 여래 입상이죠.

⑤  ➡ 신라의 기마인물형 토기입니다.

다음 상황이 나타난 시기를 연표에서 옳게 고른 것은?

[3점]

> 각간 김경신이 해몽을 청하자 아찬 여삼은 "복두를 벗은 것은 위에 다른 사람이 없다는 뜻이요, 소립을 쓴 것은 면류관을 쓸 징조이며, 12현금(鉉琴)을 든 것은 12대손까지 왕위를 전한다는 조짐이며, 천관사 우물로 들어간 것은 궁궐로 들어갈 상서로운 조짐입니다."라고 하였다. "위에 주원이 있는데 어찌 내가 왕위에 오를 수 있겠소?"라고 경신이 묻자, 아찬이 대답하기를 "청컨대 은밀히 북천신에게 제사 지내면 될 것입니다."라고 하여 이에 따랐다. 얼마 지나지 않아 선덕왕이 죽자, 나라 사람들이 김주원을 왕으로 받들어 궁중으로 맞아들이려 했다. 주원의 집은 북천 북쪽에 있었는데 홀연히 냇물이 불어나 건널 수가 없었다. 이에 경신이 먼저 궁궐로 들어가 왕위에 올랐다.

654		681		722		780		828		889
	(가)		(나)		(다)		(라)		(마)	
무열왕 즉위		김흠돌의 난		정전 지급		혜공왕 피살		청해진 설치		원종과 애노의 난

① (가)　② (나)　③ (다)　④ (라)　⑤ (마)

[출제영역] 신라 말의 혼란　　　　　　　　정답 ④
[정답 개념정리]

> 김경신은 후에 원성왕이 되는 인물이고, 김주원은 김헌창의 아버지이지요. 아버지 김주원이 김경신에게 밀려 왕이 되지 못한 것에 불만을 품은 웅천주 도독 김헌창이 헌덕왕 때 난을 일으키지요. 신라 말 혼란기의 내용과 순서는 시험에 정말 자주 출제되니 암기 코드로 꼭 기억해 주세요. 💡 **헤이 창고가 진상이 되었네, 원적외선 나와서💫 혜**공왕 피살－**김헌창**의 난－**장**보고의 난－**진성여왕** 집권기(**원**종/**애**노의 난, **적고적**의 난)
>
> 정답은 (라), 혜공왕 피살과 장보고의 청해진 설치 사이입니다. 김흠돌의 난은 신문왕 때, 백성에게 정전을 지급한 왕은 성덕왕이죠.

밑줄 그은 '이 왕'에 대한 설명으로 옳은 것은?　　[3점]

> **history_♡** 감은사지, 나홀로 역사 답사 #감은사는 삼국 통일의 위업을 달성한 이 왕이 부처의 힘을 빌어 왜구의 침입을 막고자 짓기 시작한 절이야. 그 뜻을 이어받은 아들 신문왕이 완공했고, 절의 이름을 #감은사라고 지었다고 해. 나는 이제 이 왕의 수중릉인 #대왕암으로 이동!

[출제영역] 신라 문무왕　　　　　　　　정답 ⑤
[정답 개념정리]

> 문무왕은 태종 무열왕 김춘추의 아들로 삼국 통일을 완성한 왕이죠. 아버지인 무열왕은 감찰 기관인 사정부를 설치했고, 문무왕은 지방 감찰관인 외사정을 파견한 것을 구분해서 알아둬야 합니다. 아들인 신문왕은 아버지의 은혜에 감사한 의미로 감은사를 완성했고, 죽어서도 동해의 용이 되어 신라를 지키겠다는 부친의 유언대로 동해에 수중릉(대왕암, 문무대왕릉)을 조성하죠.

① 이사부를 보내 우산국을 복속하였다.
　➡ 이사부를 보내 우산국을 복속한 것은 지증왕이죠. 💡 **동순이가 왕이지라 우우💫**

② 건원이라는 독자적 연호를 사용하였다.
　➡ 건원을 연호로 사용한 왕은 법흥왕이에요. 💡 **법건원💫**

③ 관료전을 지급하고 녹읍을 폐지하였다.
　➡ 관료전을 지급하고 녹읍을 폐지한 왕은 왕권 강화의 아이콘 신문왕이죠. 설총이 화왕계를 바친 것도 신문왕 때입니다.
　💡 **흠~ 감만에 신문을 보니 구구국💫** 김흠돌의 난, 감은사 건립, 만파식적 설화, 신문왕, 구주 오 소경(지방 행정 구역), 구서당 십 정(군사제도), 국학(국립대학)

④ 거칠부에게 명하여 국사를 편찬하였다.
　➡ 거칠부에게 국사를 편찬하게 한 왕은 진흥왕입니다.
　💡 **진거사💫** 진흥왕, 거칠부, 국사

⑤ 지방관을 감찰하고자 외사정을 파견하였다.
　➡ 외사정 파견은 문무왕, 사정부 설치는 태종 무열왕이죠.

(가) 종파에 대한 설명으로 가장 적절한 것은? [2점]

이것은 (가) 의 9산문 중 가지산문의 대표 사찰인 보림사에 있는 철조비로자나불좌상입니다. 이 불상의 왼팔 뒤편에 헌안왕 2년 무주 장사현의 부관인 김수종이 아뢰어 만들었다는 새김글이 양각되어 있어 정확한 조성 연대를 알 수 있습니다. 이와 같은 철불은 승탑과 더불어 9세기부터 크게 유행하였습니다.

[출제영역] 선종 정답 ②
[정답 개념정리]

신라 말에는 선종이 유행하여 9산선문이 형성되었고, 가지산문의 체징 스님이 유명하죠.

① 하늘에 제사 지내는 초제를 거행하였다.
　➡ 초제는 도교 행사지요.
② 참선과 수행을 통한 깨달음을 강조하였다.
　➡ 참선과 수행으로 깨달음을 얻고자 한 것이 선종입니다.
③ 시경, 서경, 역경 등을 주요 경전으로 삼았다.
　➡ 시경, 서경, 역경은 유교 경전이죠.
④ 신선 사상을 기반으로 불로장생을 추구하였다.
　➡ 신선 사상과 불로장생을 추구하는 것은 도교의 특징이죠.
⑤ 인내천 사상을 내세워 인간 평등을 주장하였다.
　➡ 인내천은 동학의 교리이죠.

다음 자료에 나타난 국가에 대한 설명으로 옳은 것은? [2점]

○ 조영이 죽으니, 시호를 고왕이라 하였다. 아들 무예가 왕위에 올라 영토를 크게 개척하니, 동북의 모든 오랑캐들이 두려워하여 신하가 되었다. 또 연호를 인안(仁安)으로 고쳤다.

○ 무예가 죽자, 시호를 무왕이라 하였다. 아들 흠무가 왕위에 올라 연호를 대흥(大興)으로 고쳤다.

○ 인수가 왕위에 올라 연호를 건흥(建興)으로 고치니, 그의 4대조 야발은 조영의 아우이다. 인수는 바다 북쪽의 여러 부(部)를 토벌하고 영역을 크게 넓힌 공이 있다.

[출제영역] 발해 정답 ②
[정답 개념정리]

발해의 시조는 고왕 대조영, 정복 군주 무왕 때 연호는 인안, 3성 6부 체제를 정비한 문왕 때 연호는 대흥, 전성기 선왕 때 연호는 건흥이죠.

① 골품에 따라 관등 승진을 제한하였다.
　➡ 골품제는 신라의 폐쇄적 신분제도죠.
② 주자감을 설치하여 인재를 양성하였다.
　➡ 주자감은 발해의 교육기관이죠. 💡**발주** 발해, 주자감
③ 내신좌평 등 6좌평의 관제를 정비하였다.
　➡ 6좌평 관제와 16 관등은 백제입니다. 신라는 17 관등이에요.
④ 국경 지역인 양계에 병마사를 파견하였다.
　➡ 5도에 안찰사, 양계에 병마사를 파견한 것은 고려죠.
⑤ 상수리 제도를 통해 지방 세력을 견제하였다.
　➡ 상수리 제도와 기인제도는 각각 신라와 고려에서 시행된 것으로, 지방 세력의 자제를 수도에 머물게 하여 통제하던 일종의 인질 제도입니다.
　💡**ㅅㅅ ㄱㄱ** 신라–상수리, 고려–기인

(가) 국가에 대한 설명으로 옳은 것은? [2점]

이 글은 양태사가 지은 '밤에 다듬이 소리를 듣고'라는 한시로, 정효공주 묘지(墓誌) 등과 함께 ⬚(가)⬚ 의 한문학 수준을 보여주는 대표적인 사례입니다. 이 시에는 문왕 때 일본에 사신으로 파견된 그가 다듬이 소리를 듣고 고국을 그리워하는 마음이 잘 표현되어 있습니다.

서리 기운 가득한 하늘에 달빛 비치니
은하수도 밝은데
나그네 돌아갈 길 생각하니 감회가 새롭네
홀로 앉아 지내는 긴긴 밤 근심에 젖어 마음 아픈데
홀연히 들리누나 이웃집 아낙네 다듬이질 소리
바람결에 그 소리 끊기는 듯 이어지는 듯
밤 깊어 별빛 기우는데 잠시도 쉬지 않네
나라 떠나온 뒤로 아무 소리 듣지 못하더니
이제 타향에서 고향 소리 듣는구나

[출제영역] 발해　　　　　　　　　　　　　　정답 ①
[정답 개념정리]

발해 문왕의 둘째 딸이 정혜공주, 넷째 딸은 정효공주죠.

① 교육기관으로 주자감을 설립하였다.
　➡ 주자감은 발해의 국립대학이죠. 💡발주☆ 발해, 주자감
② 골품제라는 엄격한 신분제를 마련하였다.
　➡ 골품제는 신라의 폐쇄적 신분제에요.
③ 정사암에 모여 국가 중대사를 논의하였다.
　➡ 정사암 회의는 백제의 귀족회의죠.
　　💡백정☆ 백제, 정사암회의
④ 관리 선발을 위해 독서삼품과를 시행하였다.
　➡ 독서삼품과는 신라 원성왕 때 실시되었죠.
⑤ 청연각과 보문각을 설치하여 학문 연구를 장려하였다.
　➡ 청연각, 보문각은 고려 예종 때 관학 진흥을 위해 궁중에 설치한 기관이에요.
　　💡고려 예종은 7현보청☆ 관학 7재, 양현고, 보문각, 청연각

(가), (나) 사이의 시기에 있었던 사실로 옳은 것은? [3점]

(가) 견훤이 신라의 수도로 들어갔다. 포석정에서 연회를 벌이고 있던 신라 왕은 적의 병사들이 이르렀다는 말을 듣고 부인과 함께 달아나 성의 남쪽에 있는 별궁에 숨었다. 견훤은 신라 왕을 찾아내고 핍박하여 자결하게 하였다.

(나) 견훤이 고창군을 포위하자 유금필이 왕에게 아뢰기를, "싸워 보지도 않고 먼저 패배를 걱정하는 것은 어째서입니까? 신은 군대를 진격해 서둘러 공격하기를 바랍니다."라고 하니 왕이 허락하였다.

[출제영역] 후삼국 통일 과정　　　　　정답 ①
[정답 개념정리]

견훤의 신라 공격으로 경애왕이 피살되고 경순왕(김부)이 즉위하였습니다. 견훤은 돌아가는 길에 공산(대구)에서 왕건의 고려군과 전투를 벌였고, 이 전투에서 고려의 신숭겸이 왕건을 대신해 전사했습니다.
와신상담 끝에 왕건의 고려군은 고창(안동)에서 다시 견훤의 후백제군을 만나 대승을 거두고, 후백제로 돌아간 견훤은 왕위를 금강에게 물려주려다가 장남 신검에 의해 금산사에 유폐됩니다. 가까스로 금산사를 빠져나온 견훤은 고려 왕건에게 투항하고, 견훤을 품은 고려의 왕건은 일리천에서 후백제의 신검을 무너뜨리며 936년 마침내 후삼국을 통일합니다.
　💡공고훤신일☆ 공산 전투–고창 전투–견훤의 투항–신라의 항복–일리천 전투

(가) 견훤의 공격으로 경애왕이 죽고 경순왕이 즉위
(나) 고창 전투

① 신숭겸이 공산 전투에서 전사하였다.
　➡ 신숭겸이 왕건 대신 전사한 공산 전투가 정확히 (가), (나) 사이 시기죠. 💡공고훤신일☆
② 안승이 보덕국의 왕으로 책봉되었다.
　➡ 안승은 고구려 부흥 운동을 한 인물이죠. 💡잠연승☆ 검모잠, 고연무, 안승
③ 흑치상지가 임존성에서 군사를 일으켰다.
　➡ 흑치상지는 백제 부흥 운동을 이끌었던 인물이에요. 💡흑도복풍☆ 흑치상지, 도침, 복신, 부여풍
④ 최치원이 왕에게 시무 10여 조를 건의하였다.
　➡ 시무 10여 조를 건의한 최치원은 신라 말 진성여왕 때 인물이죠.
⑤ 왕건이 일리천 전투에서 신검에게 승리하였다.
　➡ 왕건의 일리천 전투 승리는 후삼국 통일의 마지막 사건이죠. 💡공고훤신일☆

11

(가) 왕이 추진한 정책으로 옳은 것은? [1점]

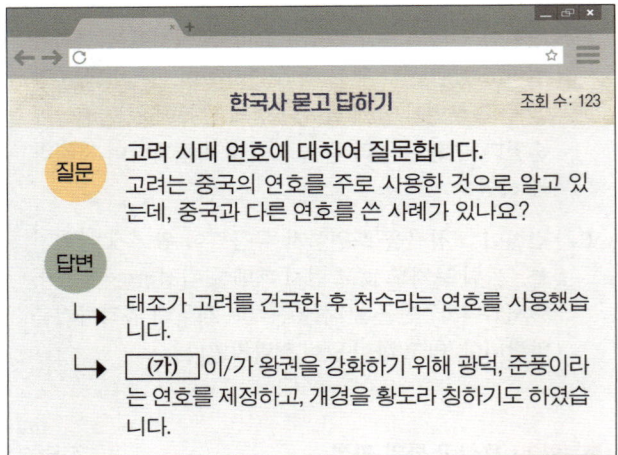

한국사 묻고 답하기 조회 수: 123

질문 고려 시대 연호에 대하여 질문합니다.
고려는 중국의 연호를 주로 사용한 것으로 알고 있는데, 중국과 다른 연호를 쓴 사례가 있나요?

답변
↳ 태조가 고려를 건국한 후 천수라는 연호를 사용했습니다.
↳ (가) 이/가 왕권을 강화하기 위해 광덕, 준풍이라는 연호를 제정하고, 개경을 황도라 칭하기도 하였습니다.

[출제영역] 고려 광종 정답 ①
[정답 개념정리]

> 광종 때에는 쌍기의 건의로 과거제가 실시되었고, 광덕, 준풍이라는 연호를 사용했으며, 노비안검법을 실시하여 억울하게 노비가 된 사람들을 풀어줬지요. 귀법사를 창건하여 주지로 균여를 임명했고, 관리들의 공복을 제정하는 한편 빈민 구제 기금인 제위보를 설치하기도 했어요. 💡**광종은 과거에 광풍겁 지닌 귀공제☆** 과거제 실시, 광덕·준풍 연호, 노비안검법 시행, 귀법사 창건, 공복 제정, 제위보 설치

① **과거제를 도입하였다.**
➡ 과거제는 고려 광종 때 도입되어 1894년 제1차 갑오개혁 때 폐지되죠.

② 흑창을 처음 설치하였다.
➡ 흑창을 처음 설치한 왕은 왕건이죠. 💡**왕건의 흑역사는 정북서쪽에만 천십일개 있는데 최고는 사기결훈이다☆** 흑창, 역분전, 사심관 제도, 정계와 계백료서, 북진 정책, 서경 중시, 만부교 사건, 천수 연호, 십일조, 개태사 창건, 사성 정책, 기인제도, 결혼정책, 훈요십조

③ 전시과 제도를 시행하였다.
➡ 시정전시과는 경종, 개정전시과는 목종, 경정전시과는 문종 때 실시되죠. 💡**시경이가 개목걸이 해주러 문경새재에 갔다☆** 시정 경종-개정 목종-경정 문종

④ 삼국사기 편찬을 명령하였다.
➡ 현존 최고(最古) 역사서 삼국사기는 고려 인종의 명령으로 김부식이 편찬하죠.

⑤ 12목에 지방관을 파견하였다.
➡ 12목에 지방관을 파견한 왕은 고려 성종이죠. 💡**감목향이 나는 성종의 의상 사이즈는 거2 28이다☆** 국자감 설치, 12목에 지방관 파견, 향리제 정비, 의창/상평창 설치, 거란 1차 침입, 2성 6부제 확립, 최승로의 시무 28조 수용

12

(가), (나) 사이의 시기에 있었던 사실로 옳은 것은? [2점]

> (가) 거란에서 사신을 파견하며 낙타 50필을 보냈다. 왕은 거란이 일찍이 발해와 지속적으로 화목하다가 갑자기 의심을 일으켜 맹약을 어기고 멸망시켰으니, 이는 매우 무도하여 친선 관계를 맺을 이웃으로 삼을 수는 없다고 생각하였다. 드디어 교빙을 끊고 사신 30인을 섬으로 유배 보냈으며, 낙타는 만부교 아래에 매어두니 모두 굶어 죽었다.
>
> (나) 왕이 나주로 들어갔는데, 밤에 척후병이 잘못 보고하기를 "거란 군사들이 이르렀습니다."라고 하였다. 왕이 크게 놀라서 밖으로 달려 나오자 지채문이 아뢰어 이르기를, "주상께서 밤중에 행차하시면 백성들이 놀라 혼란하게 되니, 바라옵건대 행궁으로 돌아가십시오. 제가 염탐하여 알아보고 나서, 그 후에 움직이셔도 됩니다."라고 하였다.

[출제영역] 고려 초기의 사실 정답 ③
[정답 개념정리]

> (가) 태조 왕건은 거란이 보낸 사신을 유배 보내고, 낙타를 만부교에 묶어 굶어 죽게 했죠. 💡**태조 왕건의 흑역사는 정북서만 천십일개 있는데 최고는 사기결훈☆**
> (나) 현종은 거란의 2차 침입 때 강감찬의 권유로 개경을 비우고 나주까지 피란을 가죠.

① 묘청이 칭제 건원을 주장하였다.
➡ 묘청과 정지상이 서경 천도 운동을 벌인 것은 중기 인종 때죠. 💡**문~숙예인☆**

② 강감찬이 흥화진 전투에서 승리하였다.
➡ 강감찬의 흥화진 전투 승리와 귀주 대첩은 현종 때이지만 (나) 이후인 거란 3차 침입 때입니다.

③ **서희의 활약으로 강동 6주를 획득하였다.**
➡ 거란 1차 침입 때 서희의 외교 담판으로 강동 6주를 획득한 것은 성종 때죠.

④ 최우가 강화도로 도읍을 옮겨 항전하였다.
➡ 강화도로 천도하여 본격적인 대몽 항전을 준비한 최우는 고려 무신 집권기 최씨 정권의 핵심 인물이죠.

⑤ 윤관이 별무반을 이끌고 동북 9성을 개척하였다.
➡ 윤관이 별무반을 이끌고 동북 9성을 개척한 것은 예종 때죠. 💡**문~숙예인☆**

13

(가) 국가의 문화유산으로 적절하지 않은 것은? [3점]

우리 모둠은 영주 부석사 소조여래좌상을 소재로 하여 열쇠고리를 제작하고자 합니다.

〈한국사 모둠 활동〉

(가) 시대 문화유산 기념품 디자인 제작 발표회

〈1모둠〉
청자 모자 원숭이 모양 연적으로 석고 방향제 만들기

〈2모둠〉
청자 상감운학문 매병으로 조명등 만들기

〈3모둠〉

[출제영역] 고려의 문화 　　　　　정답 ①

[정답 개념정리]

순청자, 상감청자, 청동 은입사 정병, 나전칠기, 다각 다층 탑, 영주 부석사 소조여래좌상 등은 고려 시대의 대표적 문화유산이죠.

①  ➡ 신라의 기마인물형 토기죠.

②  ➡ 청자 투각칠보문뚜껑 향로에요. 청자는 고려죠.

③  ➡ 청동 은입사 포류수금문 정병이죠. 고려 시대 유물이에요.

④  ➡ 나전 국화넝쿨무늬 합입니다. 나전칠기 공예품은 고려 시대 중요한 교역품이었죠.

⑤  ➡ 월정사 팔각 구층 석탑이죠. 고려 석탑의 특징은 다각 다층입니다.

14

(가)~(다)를 일어난 순서대로 옳게 나열한 것은? [2점]

(가) 이자겸과 척준경이 군사를 동원하여 궁궐을 침범하고 불태웠다. 왕을 위협하여 남궁(南宮)으로 거처를 옮기게 하고, 안보린·최탁 등 17인을 죽였다. 이외에도 죽인 군사가 헤아릴 수 없을 정도였다.

(나) 왕규가 광주원군을 [왕으로] 세우고자 하였는데, 일찍이 밤에 왕이 깊이 잠든 것을 엿보고 자신의 일당을 침소에 잠입시켜 대역죄를 행하려고 하였다. 왕이 그것을 알아차리고 한주먹으로 쳐 죽인 후 좌우 시종들에게 끌어내게 하였다.

(다) 강조의 군사들이 들어오자, 왕이 어쩔 수 없음을 깨닫고 태후와 함께 목 놓아 울며 법왕사로 갔다. 잠시 후 황보유의 등이 대량원군을 왕위에 올렸다. 강조는 왕을 폐위시켜 양국공으로 삼고, 군사를 보내 김치양 부자와 유행간 등 7인을 죽였다.

① (가) – (나) – (다)　　② (가) – (다) – (나)
③ (나) – (가) – (다)　　④ (나) – (다) – (가)
⑤ (다) – (가) – (나)

[출제영역] 고려 전기의 사실 　　　　　정답 ④

[정답 개념정리]

(나) 왕규는 혜종 때 외척으로 난을 일으켰지만 실패하고, 혜종 사후 정종 즉위 과정에서 처형되었어요. 거란 2차 침입 때 활약한 명장 양규와 헷갈리시면 안 돼요.

(다) 목종 때 일어난 강조의 정변이죠. 목종이 폐위되고 현종이 왕위에 오르게 되지요. 목종의 모친 천추태후와 정인 김치양도 축출됩니다. 그리고 중요한 것이 하나 더 있죠. 강조의 정변을 계기로 거란이 2차 침입을 강행합니다.

(가) 고려 인종 때 이자겸이 척준경과 함께 일으킨 난을 설명하고 있지요.

고려의 왕 순서는 이렇게 알아두시면 좋다고 했지요.
[초기] 💡태혜정광경성목현✨
[중기] 💡문~숙예인✨
[말기] 💡공우창양✨
따라서 (나)–(다)–(가)입니다.

15

다음 상황이 나타난 시기를 연표에서 옳게 고른 것은?
[2점]

> 서경 반란군이 검교첨사 최경을 개경으로 보내 표문을 올려 이르기를, "폐하께서 음양의 지극한 말을 믿으시고 도참의 비설을 고찰하시어 대화궁을 창건하시니 천제(天帝)의 도움을 본떠 만드신 것입니다. … 인심은 두려운 것이며 군중의 분노는 막기 어려우니 만약 폐하께서 수레를 타고 임하신다면 병란은 그칠 것입니다."라고 하였다. 표문이 도착하니 모두 말하기를, "신하가 감히 군주를 부르다니 그 사자(使者)를 베는 것이 옳습니다."라고 하였다.

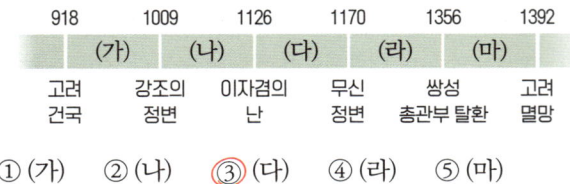

918	1009	1126	1170	1356	1392
	(가)	(나)	(다)	(라)	(마)
고려 건국	강조의 정변	이자겸의 난	무신 정변	쌍성 총관부 탈환	고려 멸망

① (가)　② (나)　③ (다)　④ (라)　⑤ (마)

[출제영역] 묘청의 난　　　　　　　정답 ③
[정답 개념정리]

> 1135년 묘청과 정지상 등이 서경에서 일으킨 난으로 서경 천도와 금국정벌, 칭제건원 등을 주장하였지요. 처음에는 인종도 그 의견에 찬성하여 서경에 대화궁을 짓게 하고 방문도 몇 차례 했으나, 신하들의 반대로 상황이 바뀌게 되지요. 그리하여 묘청의 난은 개경파 김부식에 의해 진압되었어요. 민족주의 역사학자 신채호는 묘청의 서경 천도 실패를 조선사 연구초에서 조선사 일천 년래 제일 대사건이라고 안타까워했죠. 이자겸의 난(1126)과 무신정변(1170) 사이인 (다)가 정답이에요.
>
> 궁예를 몰아내고 왕건이 고려를 건국한 것은 918년이고 강조의 정변으로 목종이 폐위되고 현종이 즉위하며 거란은 2차 침입을 강행하죠. 쌍성총관부를 탈환한 것은 공민왕 때 일이고, 1392년에 고려가 멸망하고 조선이 건국되지요.

16

다음 상황이 나타난 국가의 경제 모습으로 옳은 것은?
[2점]

> ○ 동소(銅所)·철소(鐵所)·자기소(瓷器所)·지소(紙所)·묵소(墨所) 등 여러 소에서 별공으로 바치는 물건들을 너무 과중하게 징수하여 장인들이 고통스러워 도망하고 있다.
>
> ○ 왕이 명령하기를, "이제 처음으로 화폐를 주조하는 법을 제정하였으니, 주조한 돈 1만 5천 관(貫)을 여러 관리와 군인들에게 나누어 주어 이를 통용의 시초로 삼고 전문(錢文)은 해동통보라 하여라."라고 하였다.

[출제영역] 고려의 경제　　　　　　　정답 ⑤
[정답 개념정리]

> 향, 부곡, 소는 농업과 수공업 종사자들이 거주하는 고려의 특수 행정 구역이죠. 거주 이전의 자유가 없고, 무거운 조세와 부역을 부담하는 차별을 받았지요. 숙종은 주전도감을 설치하고 활구(은병), 해동통보, 삼한통보 등의 화폐를 발행했어요.
>
> 💡 **숙종은 활해삼** ☀ 활구(은병), 해동통보, 삼한통보

① 청해진을 설치하여 해상 무역을 전개하였다.
　➡ 청해진은 해상왕 장보고가 설치한 신라의 군진으로 해상 무역의 거점이 되었죠.
② 재정 문제를 해결하기 위한 당백전이 발행되었다.
　➡ 당백전은 조선 말 흥선대원군이 경복궁 중건을 위해 발행한 고액 화폐죠.
③ 계해약조가 체결되어 세견선의 입항이 허가되었다.
　➡ 계해약조는 세종 때, 기유약조는 광해군 때 체결되죠.
　💡 **세계 광기** ☀ 세종─계해약조, 광해군─기유약조
④ 육의전을 제외한 시전 상인의 금난전권이 폐지되었다.
　➡ 정조의 신해통공으로 육의전을 제외한 시전 상인의 금난전권이 폐지되어요.
⑤ 예성강 하구의 **벽란도**가 **국제 무역항**으로 번성하였다.
　➡ 고려 시대의 국제 무역항은 벽란도에요.

17

밑줄 그은 '이 시기'에 볼 수 있는 모습으로 적절한 것은?

[2점]

권문세족이 도평의사사를 장악하고 대농장을 경영한 이 시기에 대해 말해볼까?

많은 여성이 공녀로 끌려갔어.

지배층을 중심으로 변발과 호복이 유행하였어.

[출제영역] 원 간섭기   정답 ①
[정답 개념정리]

몽골의 침입에 결국 강화를 결정한 고려는 원의 부마국(사위 나라)이 되죠. 충으로 시작하여 왕으로 끝나는 왕의 이름, 대농장을 소유한 친원파 권문세족의 집권, 변발과 호복의 유행, 감찰관 다루가치의 파견, 공녀 징발, 응방, 조혼 유행, 쌍성총관부, 동녕부, 탐라총관부 설치 등의 키워드를 반드시 알아두어야 합니다.

① **농상집요**를 소개하는 관리
  ➡ 농상집요는 이암이 원으로부터 들여온 농서죠.
    💡**농상집요원**☆
② 흑창에서 **곡식을 빌리는 농민**
  ➡ 흑창은 태조 왕건 때 설치한 빈민 구휼 기구입니다.
    💡**태조 왕건의 흑역사는 정북서만 천십일개, 최고는 사기 결혼**☆ 흑창, 역분전, 사심관 제도, 정계와 계백료서, 북진 정책, 서경 중시, 만부교 사건, 천수 연호, 십일조, 개태사 창건, 사성 정책, 기인제도, 결혼정책, 훈요십조
③ 사섬서에서 **저화를 발행하는 장인**
  ➡ 조선 태종 때 사섬서를 설치하고 지폐인 저화를 발행했죠. 중요하진 않아요.
④ 선혜청에서 **공가(貢價)를 받는** 상인
  ➡ 조선 광해군 때 설치된 대동법 관리 관청이 선혜청이죠.
⑤ 상평통보로 물건을 거래하는 보부상
  ➡ 상평통보는 조선의 법정 통화죠. 숙종 때 발행되어 전국적으로 유통되죠.

18

(가) 문화유산에 대한 설명으로 옳은 것은?

[2점]

2023년 프랑스 국립 도서관에서 열린 '인쇄하다! 구텐베르크의 유럽' 전에서 (가) 이/가 공개되었습니다.

1/3

1973년 '동양의 보물'전 이후 50년 만에 대중에게 전시되었다는 점에서 의미가 있습니다.

2/3

승려 백운이 편찬한 불서로 제자들이 1377년 청주 흥덕사에서 인쇄하였습니다. 현재 하권만 프랑스에 남아 있습니다.

3/3

[출제영역] 직지심체요절   정답 ②
[정답 개념정리]

직지심체요절은 현존하는 가장 오래된 금속 활자본으로 1377년 청주 흥덕사에서 만들어졌으며, 현재는 프랑스 국립 도서관에 보관되어 있죠.

① 신미양요 때 **미군이 탈취**하였다.
  ➡ 신미양요 때 미군이 탈취해 간 것은 어재연 장군의 수자기죠.
② **현존하는 최고(最古)의 금속 활자본**이다.
  ➡ 현존 최고(最古) 목판 인쇄물은 무구정광대다라니경이고, 현존 최고(最古) 금속 활자본은 직지심체요절이죠.
③ **거란의 침입을 물리치기 위해 제작**하였다.
  ➡ 거란 침입을 불심으로 물리치기 위해 현종 때 만든 것은 초조대장경이죠.
④ **장영실, 이천 등이 제작한 활자로 인쇄**하였다.
  ➡ 장영실이 제작에 참여한 세종 때의 갑인자는 석보상절과 월인천강지곡 등을 인쇄하는 데 사용되었습니다. 태종 때 만들어진 활자는 계미자죠.
    💡**세종이 갑**☆ 세종, 갑인자
    💡**태종은 호사 계왕자 혼신육사**☆ 호패법, 사병 혁파, 계미자, 왕자의 난, 혼일강리역대국도지도, 신문고, 육조 직계제, 사간원 독립
⑤ 불국사 삼층 석탑을 보수하는 과정에서 발견되었다.
  ➡ 불국사 삼층석탑은 석가탑, 무영탑이라고도 불립니다. 보수 과정에서 무구정광대다라니경이 발견되었죠.

19

(가) 지역에서 있었던 사실로 옳은 것은? [3점]

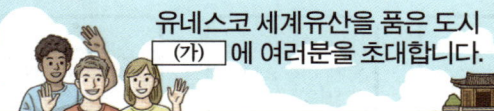

유네스코 세계유산을 품은 도시
(가) 에 여러분을 초대합니다.

(가) 은/는 유네스코 세계유산, 무형문화유산, 세계기록유산 등을 보유한 유서 깊은 고장입니다. 홍건적의 침입 당시 공민왕과 노국 공주가 피란했던 역사가 있는 곳이기도 합니다. 이곳에 오셔서 다양한 전통문화를 느껴 보시기 바랍니다.

추천 방문 장소

- 하회마을에서 하회별신굿탈놀이 관람하기
- 봉정사에서 우리나라에서 가장 오래된 목조 건물인 극락전 둘러보기
- 도산서원에서 퇴계 이황의 학문과 일생 생각해 보기

도산서원
봉정사
하회마을

[출제영역] 안동 지역사　　　　　　　정답 ①
[정답 개념정리]

공민왕은 홍건적의 침입 때 복주(안동)까지 피란을 가죠. 안동 하회마을은 유네스코 세계유산으로 등재되어 있고, 안동 봉정사 극락전은 우리나라에서 가장 오래된 목조 건축물이에요. 퇴계 이황의 도산서원 역시 안동에 있죠.

① 왕건이 고창 전투에서 견훤에게 승리하였다.
➡ 후삼국 통일 과정 중 고창 전투는 현재의 안동에서 벌어진 것이죠. ☀공고훤신일☀ 공산(대구) 전투 → 고창 (안동) 전투 → 견훤의 투항 → 신라의 항복 → 일리천 전투

② 묘청이 반란을 일으키고 국호를 대위라 하였다.
➡ 묘청이 서경 천도 운동을 벌였지요. 평양이에요.

③ 흥덕사에서 금속 활자본인 직지심체요절이 간행되었다.
➡ 직지심체요절이 간행된 흥덕사는 청주에 있어요.

④ 정중부를 비롯한 무신들이 보현원에서 정변을 일으켰다.
➡ 정중부가 정변을 일으킨 보현원은 개경 인근에 있었던 사찰이죠. ☀방정경이최최☀ 이의방 → 정중부 → 경대승 → 이의민 → 최충헌 → 최우

⑤ 이성계를 중심으로 한 고려군이 황산에서 왜구를 격퇴하였다.
➡ 이성계의 황산 대첩은 남원에서 일어났어요. ☀이황, 최홍, 포포☀ 이성계-황산 대첩, 최영-홍산대첩, 화포 최무선-진포대첩

20

(가), (나) 사이의 시기에 있었던 사실로 옳은 것은? [3점]

(가) 대신 등에게 전교하기를, "조광조 등의 일은 내가 늘 마음속에서 잊지 않았으나 선왕(先王)께서 전에 허락하지 않으셨으므로 감히 가벼이 고치지 못하였다. 이제는 내 병이 위독하여 비로소 유언하니 조광조 등의 벼슬을 모두 회복할 수 있으면 다행이겠다. 현량과도 회복하여 거두어 등용하도록 하라."라고 하였다.

(나) 부제학 정언각이 아뢰기를, "소신이 양재역에 이르러서 벽에 써 붙인 주서(朱書)를 보았는데 국가에 관계된 내용이었으므로 지극히 놀랐습니다. …… 또 반역의 잔당들은 이미 죄를 물었습니다만, 심영은 대왕대비를 가리켜 신하로서 할 수 없는 말을 하였습니다. 신하가 그와 같은 말을 하고서 어떻게 천지 사이에 용납될 수 있겠습니까."라고 하였다.

[출제영역] 사화　　　　　　　정답 ②
[정답 개념정리]

조선시대 사화의 순서와 내용은 반드시 알아두셔야 해요.
순서는 ☀무, 갑, 기, 을!☀ 무오사화는 연산군 때 김일손이 김종직의 조의제문을 사초로 사용한 것이 문제가 되죠. 조의제문의 내용이 마치 연산군의 증조부 세조를 모함하는 것처럼 생각되었기 때문이죠.
☀무오~ 우리 증조부를!☀
역시 연산군 때, 생모인 폐비 윤씨 사사 사건에 관련된 인물들을 숙청하는 갑자사화가 일어나죠.
☀엄마의 원수를 갚자☀
중종 때에는 위훈 삭제, 소격서 폐지 등을 주장한 조광조 일파가 숙청되는 기묘사화가 일어나죠.
☀주초위왕 일화! 이렇게 기묘한 일이☀
명종 때에는 외척의 싸움이 심해지죠. 명종의 외척 소윤이 인종의 외척 대윤 일파를 몰아내는 을사사화가 일어나죠.
☀외척싸우고 을싸우고☀
그 후 양재역 벽에 문정왕후와 소윤을 비방하는 벽서가 붙는 사건이 벌어졌고, 소윤은 이를 대윤의 소행으로 몰아 남은 세력을 다시 숙청하였습니다. 이것이 양재역 벽서 사건입니다.

(가) 조광조가 숙청된 후이니 기묘사화 이후 인종 때의 상황이죠.
(나) 을사사화 후에 일어난 양재역 벽서 사건입니다.

① 자의 대비의 복상 문제로 예송이 일어났다.
➡ 예송 논쟁은 현종 때 모두 일어나죠. ☀기갑☀ 기해예송(서인)-갑인예송(남인)

② 외척 간의 권력 다툼으로 윤임이 제거되었다.

➡ 대윤(윤임)이 소윤(윤원형)에 의해 제거되는 사건이 을 사사화죠. (가)와 (나) 사이 시기죠.

③ 세자 책봉 문제를 계기로 정철이 유배되었다.

　➡ 1591년 서인 정철이 건저 문제로 삭탈관직을 당하지 요. 선조 때입니다.

④ 희빈 장씨 소생의 원자 책봉 문제로 환국이 발생하였다.

　➡ 장희빈이 낳은 아들의 원자 책봉을 반대한 송시열과 서인이 축출된 것은 기사환국이죠. 숙종 때의 일입니다. ☀**경기갑**☆ *경신환국(서인) → 기사환국(남인) → 갑술환국(서인)*

⑤ 폐비 윤씨 사사 사건의 전말이 알려져 김굉필 등이 처 형되었다.

　➡ 폐비 윤씨 사사 사건 관련자의 숙청은 연산군 때 갑자 사화죠.

21 ────────────────

(가) 전쟁에 대한 탐구 활동으로 가장 적절한 것은? [1점]

[출제영역] 임진왜란　　　　　　　　　　　　　　정답 ③
[정답 개념정리]

　사야가는 일본의 장수로 임진왜란 때 조선에 왔다가 항복하고 조선인 김충선이 되었고, 천만리는 임진왜란 때 조선이 요청한 명의 원병으로 조선에 귀화했어요.

① 나선 정벌의 전적지를 검색한다.

　➡ 효종은 청의 요청을 받아 나선 정벌에 변급(1차)과 신 류(2차)가 이끄는 조총 부대를 두 차례 파견하였습니 다. ☀**변신**☆

② 북학론이 끼친 영향을 파악한다.

　➡ 북학론은 조선 후기 청의 선진 문물과 기술을 받아들 여 상공업을 진흥하고 부국강병을 이루자고 한 주장이 지요.

③ 명량 해전의 승리 요인을 분석한다.

　➡ 명량 해전은 정유재란 때 일어난 해전으로, 임진왜란 시기의 전투로 이해할 수 있습니다.

④ 삼정이정청의 활동 내용을 찾아본다.

　➡ 삼정이정청은 임술 농민 봉기 때 파견된 안핵사 박규 수가 철종에게 설치할 것을 건의했죠.

⑤ 4군과 6진을 개척한 과정을 알아본다.

　➡ 세종 때 최윤덕과 김종서가 여진을 정벌하고 4군 6진 을 개척하죠.

22

밑줄 그은 '제도'에 대한 설명으로 옳은 것을 〈보기〉에서 고른 것은? [2점]

이원익의 건의로 경기도에서 시행되는 수취 제도에 대해 설명해 주세요.

이번에 시행되는 <u>제도</u>는 지방의 특산물을 징수하면서 나타난 방납의 폐단을 막아 백성들의 부담을 줄여주기 위한 것입니다. 공물을 현물 대신 토지의 결 수에 따라 쌀로 납부합니다.

〈보기〉

ㄱ. 선혜청에서 관련 업무를 담당하였다.
ㄴ. 재정을 보충하기 위해 지주에게 결작을 부과하였다.
ㄷ. 관청에 물품을 조달하는 공인이 등장하는 배경이 되었다.
ㄹ. 어장세, 선박세 등이 국가 재정으로 귀속되는 결과를 가져왔다.

① ㄱ, ㄴ ② ㄱ, ㄷ ③ ㄴ, ㄷ ④ ㄴ, ㄹ ⑤ ㄷ, ㄹ

[출제영역] 대동법 정답 ②
[정답 개념정리]

방납의 폐단을 막아 백성 부담을 줄여주기 위해 공물을 현물이 아닌 토지 결 수에 따라 쌀, 베, 동전으로 납부하게 한 제도가 대동법이지요. 광해군 때 이원익의 건의로 경기도에서 처음 시행되었고, 효종 때 김육의 건의로 충청 지방까지 확대, 숙종 때 함경도, 평안도를 제외한 전국으로 확대되었습니다.

대동법 실시 이후 관청에 공물을 조달하는 관허상인인 공인이 등장했고, 선혜청에서 업무를 관장 했지요. 비교해서 알아둬야 할 것이 바로 영조 때 실시한 균역법인데요, 양인들이 내야 할 군포를 1년에 2필에서 1필로 줄여주었습니다. 단, 세수 부족분을 보충하기 위해 결작과 어, 염, 선박세를 거두고, 선무군관포를 징수한 사실이 중요하지요. 따라서 정답은 ㄱ, ㄷ입니다.

다음 왕에 대한 설명으로 옳은 것은? [2점]

초상과 어진으로 만나는 조선의 왕

왼편은 연잉군 시절인 20대의 초상이며 오른편은 50대의 어진이다. 그는 즉위 후 탕평 교서를 반포하고 탕평비를 건립하였다. 준천사를 신설하여 홍수에 대비하였으며, 신문고를 다시 설치하여 백성들의 억울함을 듣고자 하였다.

[출제영역] 조선 영조 정답 ⑤
[정답 개념정리]

영조는 즉위 전 연잉군이었으며, 경종의 이복동생이었죠. 영조 때에는 준천사 설치 및 청계천 준설 💡**영계천**✏, 탕평비 건립 💡**영평비**✏, 균역법 시행 💡**균영법**✏, 동국문헌비고 편찬, 신문고 재설치 등의 중요한 일들이 많이 일어납니다.

① 통치 체제를 정비하기 위해 대전회통을 편찬하였다.
  ➡ 대전회통, 육전조례는 흥선대원군 때 편찬되죠.
  💡 ㅎㅎ✏ 대전회통, 흥선대원군

② 왕권 강화를 위해 친위 부대인 장용영을 설치하였다.
  ➡ 장용영은 정조 때 설치되죠. 내영은 한양에, 외영은 수원화성에 설치됩니다. 💡정조는 규수 탁초장 휘3통✏

③ 각 궁방과 중앙 관서의 공노비 6만여 명을 해방하였다.
  ➡ 공노비 6만 6천여 명의 해방은 순조 때 이루어집니다. 공사 노비법이 모두 혁파된 것은, 제1차 갑오개혁이죠.
  💡 공순✏ 공노비 해방−순조

④ 어영청 중심으로 국방력을 강화하고 북벌을 추진하였다.
  ➡ 어영청을 설치한 왕은 인조이고, 어영청을 강화해서 북벌을 추진한 왕은 효종입니다. 조선의 군사제도도 복습해 볼까요?
  전기 5위 체제에서 후기 5군영으로 중앙군이 변하지요. 5군영은 순서대로 훈, 어/총/수, 금입니다.
  💡 훈련도감(선조) → 어영청/총융청/수어청(인조) → 금위영(숙종)✏.

⑤ 균역법을 시행하여 백성들의 군역 부담을 줄여주고자 하였다.
  ➡ 백성들이 내야 할 군포를 2필에서 1필로 줄이는 균역법을 시행해서 백성의 부담을 줄여준 왕이 영조죠. 단 군포 부족분을 메우기 위해 결작, 선무군관포, 어장세, 염세, 선박세를 거두었다는 것도 함께 기억해 주세요.

24 _____ 67회 23번

다음 가상 대화가 이루어진 시기에 볼 수 있는 모습으로 적절하지 <u>않은</u> 것은? [1점]

[출제영역] 조선 후기의 모습　　　　　정답 ⑤
[정답 개념정리]

> 조선 후기에는 사상들이 활발한 활동을 하죠. 의주 만상, 동래 내상, 개성 송상, 한양 경강상인이 그들이죠. 그리고 연행사는 청나라에 파견한 사신을 말하는데요, 명나라에 가던 사신을 조천사라 한 것과 달리 청의 수도 연경에 간다는 뜻에서 연행사라 불렸어요.

① 담배 농사를 짓고 있는 농민
➡ 담배, 인삼, 고추 등 상품 작물이 활발히 재배된 것은 조선 후기죠.

② 관청에 종이를 납품하는 공인
➡ 대동법 시행 이후 관청에 공물을 조달하는 상인인 공인이 등장하죠. 조선 후기의 일입니다.

③ 시사(詩社)에서 시를 낭송하는 중인
➡ 조선 후기에는 중인들도 시사 활동을 합니다.

④ 장시에서 판소리 공연을 하는 소리꾼
➡ 판소리, 탈춤 등이 유행하는 시기도 조선 후기죠.

⑤ 솔빈부의 특산품인 말을 수입하는 상인
➡ 솔빈부의 말은 발해의 대표 특산물이에요. 💡**발솔말**✨

25 _____ 75회 25번

밑줄 그은 '시기'에 볼 수 있는 모습으로 가장 적절한 것은? [1점]

[출제영역] 조선 후기의 모습　　　　　정답 ①
[정답 개념정리]

> 장용영은 정조가 설치한 국왕 친위 부대죠. 겸재 정선의 진경산수화는 조선 후기 회화를 대표합니다. 따라서 조선 후기의 사회와 문화를 묻는 문제입니다. 조선 후기의 경제, 사회, 문화는 거의 매회 출제된다고 보시면 됩니다.

① 세책가에서 춘향전을 빌리는 부녀자
➡ 책 대여점인 세책가, 한글 소설 춘향전은 조선 후기 문화의 특징이죠.

② 동국정운을 편찬하는 집현전의 학자
➡ 동국정운은 세종 때 박팽년, 신숙주 등이 편찬한 운서(韻書)에요. 조선 전기죠.

③ 주자소에서 계미자를 제작하는 장인
➡ 주자소에서 계미자를 만든 것은 태종 때로 조선 전기입니다. 💡**태종은 호사 계왕자 혼신육사**✨ 호패법, 사병 혁파, 계미자, 왕자의 난, 혼일강리역대국도지도, 신문고, 육조직계제, 사간원 독립

④ 형평사 창립 대회 개최를 취재하는 기자
➡ 차별을 반대하는 백정의 형평운동은 조선 형평사 창립(1923)을 계기로 전개됩니다.

⑤ 시전의 상행위를 감독하는 경시서의 관리
➡ 경시서는 고려 시대부터 조선 초까지 존재한 시장 감독 기구에요.

(가) 인물에 대한 설명으로 옳은 것은? [2점]

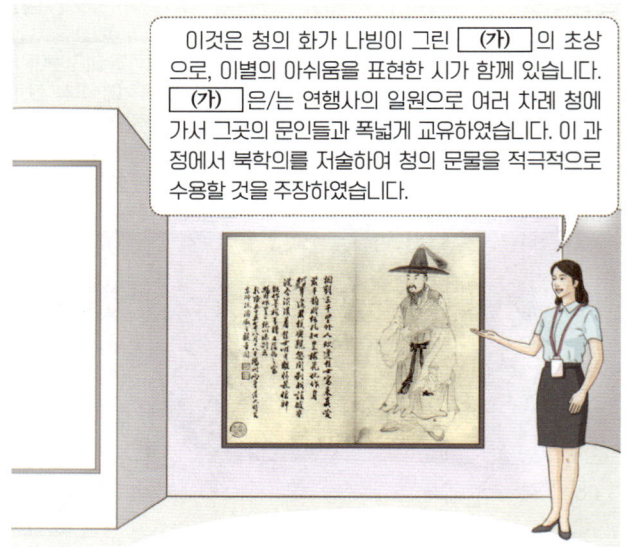

> 이것은 청의 화가 나빙이 그린 [(가)]의 초상으로, 이별의 아쉬움을 표현한 시가 함께 있습니다. [(가)]은/는 연행사의 일원으로 여러 차례 청에 가서 그곳의 문인들과 폭넓게 교유하였습니다. 이 과정에서 북학의를 저술하여 청의 문물을 적극적으로 수용할 것을 주장하였습니다.

[출제영역] 박제가   정답 ④
[정답 개념정리]

박제가는 시험에 자주 나오는 중요한 인물이에요. 연행사로 청에 많이 왕래했고, 박지원과 마찬가지로 수레와 선박의 중요성을 강조했으며, 경제활동을 우물에 비유하여 소비를 강조한 학자이지요. 🔅제가 살게요🔅 (박제가, 소비 강조) 그리고 무엇보다 중요한 것은 북학의의 저자이며, 서얼 출신임에도 정조에 의해 규장각 검서관에 등용되었다는 사실입니다. 🔅서얼 출신의 규장각 검서관은 제공덕수🔅 박제가, 유득공, 이덕무, 서이수

① 세계 지리서인 지구전요를 저술하였다.
➡ 지구전요는 철종 때 최한기가 쓴 세계 지리서입니다. 자주 나오진 않아요.

② 의산문답에서 무한 우주론을 주장하였다.
➡ 의산문답, 지전설, 무한 우주론, 담헌서 등은 홍대용의 키워드이지요. 🔅용각산 용의산🔅 홍대용, 의산문답

③ 기기도설을 참고하여 거중기를 설계하였다.
➡ 기기도설을 참고하여 거중기를 설계한 사람은 정약용이죠.

④ 서자 출신으로 규장각 검서관에 기용되었다.
➡ 서얼 출신의 규장각 검서관은 박제가, 유득공, 이덕무, 서이수입니다. 🔅제공덕수🔅

⑤ 양반전을 지어 양반의 허례와 무능을 풍자하였다.
➡ 양반전, 허생전, 호질은 박지원의 저서죠.

밑줄 그은 '이 시기'에 있었던 사실로 옳은 것은? [2점]

> 이 우표 속 그림은 국왕의 혼인을 축하하기 위해 거행된 진하례 모습을 그린 궁중 행사도입니다. 그림에 보이는 왕실 행사의 화려함과는 달리 안동 김씨 등 외척 세력이 세 왕에 걸쳐 60여 년 동안 권력을 잡은 이 시기에는 국왕의 실권이 많이 위축되었습니다.

[출제영역] 세도 정치기   정답 ⑤
[정답 개념정리]

순조, 헌종, 철종 3대 60여 년 동안 몇몇 소수 가문이 권력을 번갈아 잡으며 왕권을 추락시킨 시기가 세도 정치기죠. 대표적인 세도 가문으로 안동 김씨와 풍양 조씨가 있지요.

① 어영청을 중심으로 북벌이 추진되었다.
➡ 북벌을 추진한 왕은 병자호란 때 청에 볼모로 끌려갔다 온 효종이죠.

② 윤지충 등이 처형된 신해박해가 일어났다.
➡ 폐제분주의 죄를 물어 윤지충, 권상연 등이 처형된 신해박해는 정조 때 일어나죠.

③ 이필제가 영해 지역을 중심으로 난을 일으켰다.
➡ 1871년 이필제와 최시형이 동학교도들과 영해에서 일으킨 난이죠. 흥선대원군 집권기죠.

④ 경복궁 중건 비용 마련을 위해 당백전이 발행되었다.
➡ 경복궁 중건을 위해 원납전을 징수하고 당백전을 발행한 것은 흥선대원군 집권기에요.

⑤ 삼정의 문란을 해결하기 위해 삼정이정청이 설치되었다.
➡ 1862년 임술 농민 봉기 때 안핵사 박규수가 파견되고 삼정이정청이 설치되죠. 철종 때입니다.

다음 상황이 나타난 시기를 연표에서 옳게 고른 것은?
[3점]

> 사학(邪學) 죄인 황사영은 사족으로서 사술(邪術)에 미혹됨이 가장 심한 자였다. [그는] 의금부에서 체포하려는 것을 미리 알고 피신하였는데, 상복을 입고 성명을 바꾸거나 토굴에 숨어서 종적을 감춘지 반년이 지났다. 포청에서 은밀히 염탐하여 지금에야 제천 땅에서 붙잡았다. 그의 문서를 수색하던 중 백서를 찾았는데, 장차 북경의 천주당에 전하려고 한 것이었다.

1728		1746		1791		1811		1834		1862
	(가)		(나)		(다)		(라)		(마)	
이인좌의 난		속대전 편찬		신해 박해		홍경래의 난		헌종 즉위		임술 농민 봉기

① (가)　② (나)　③ (다)　④ (라)　⑤ (마)

[출제영역] **황사영 백서 사건**　　　　　정답 ③
[정답 개념정리]

신유박해 후 천주교도 황사영이 박해의 내용을 비단에 적어 중국 베이징에 있는 주교에게 전달하려다 발각되어 순교한 사건이에요. 신유박해에 이어 벌어진 사건이어서 시간순으로 사건을 배열할 때 단골로 출제됩니다. 💡**유황 오리**⭐ *신유박해–황사영 백서 사건*

이인좌의 난은 숙종의 둘째 아들인 2인자 영조 때 일어나죠. 속대전은 경국대전의 속편이고, 영조 때 편찬되죠. 💡**영속속**⭐ *영조, 속대전, 속오례의*

신해박해는 신해통공과 같은 신해년에 일어났으니 정조 때고, 1811년 순조 때 홍경래가 서북민 차별에 반발하여 난을 일으키죠. 💡**홍순경**⭐

철종 때인 1862년 임술 농민 봉기가 발발합니다. 탐관오리 백낙신의 학정에 몰락 양반 유계춘의 주도로 시작된 진주 봉기를 계기로 확산되었죠. 💡**유계춘–1862, 철종**⭐

헌종 때는 조선 최초의 사제인 김대건 신부가 병오박해로 순교한다는 사실 정도만 알아두세요. 신유박해는 순조 즉위 첫해인 1801년에 일어나죠.

따라서 옳은 것은 (다)입니다.

(가) 사건 이후에 일어난 사실로 옳은 것은?
[1점]

> 3년 전 우리나라에서 전시한 어재연 장군의 수자기를 찍은 사진이야. 어재연 장군은 미군이 강화도를 침략한 (가) 당시 광성보에서 항전하였어.

> 맞아. 이 수자기는 그때 빼앗겼다가 많은 노력 끝에 대여 형식으로 들어와 실물을 볼 수 있었지. 안타깝게도 지금은 미국으로 다시 돌아가 언제 돌아올 수 있을지 모른다고 해.

[출제영역] **신미양요**　　　　　정답 ③
[정답 개념정리]

신미양요는 1866년에 일어난 제너럴셔먼호 사건에 대한 배상과 미국과의 통상을 요구하며 로저스 제독이 이끄는 미군 함대가 1871년에 강화도를 침략한 사건이죠. 광성보에서 어재연 장군이 항전했으며, 퇴각하던 미군이 어재연 장군의 수자기를 약탈해 갔지요. 💡**미국 어메리카**⭐ *신미양요, 어재연,* 💡**광어**⭐ *광성보, 어재연*

① 의궤를 비롯한 외규장각 도서가 약탈당하였다.
➡ 의궤 등의 외규장각 도서를 약탈해 간 사건은 1866년 프랑스 함대의 침략인 병인양요죠.
② 홍경래 등이 난을 일으켜 정주성을 점령하였다.
➡ 홍경래의 난은 1811년 순조 때 일어납니다. 💡**홍순경**⭐
③ 종로를 비롯한 전국 각지에 척화비가 건립되었다.
➡ 척화비 건립은 신미양요 이후죠. 💡**유~병제병오신척**⭐ *신유박해(1801)~ → 병인박해(1866) → 제너럴셔먼호 사건 → 병인양요 → 오페르트 도굴 미수 사건(1868) → 신미양요(1871) → 척화비 건립(1871)*
④ 제너럴셔먼호가 대동강 유역에서 통상을 요구하였다.
➡ 제너럴셔먼호 사건이 원인이 되어 5년 후 신미양요가 일어나죠. 💡**유~병제병오신척**⭐
⑤ 황사영이 외국 군대의 출병을 요청하는 백서를 작성하였다.
➡ 황사영 백서 사건은 순조 때 신유박해(1801) 직후에 일어납니다. 💡**유황오리**⭐

(가) 종교에 대한 설명으로 옳은 것은? [1점]

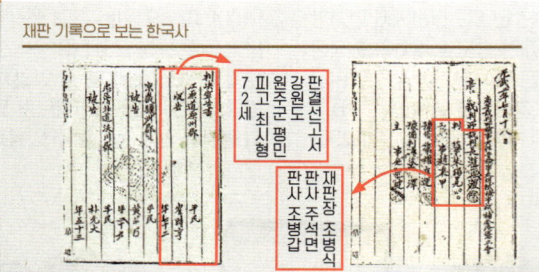

재판 기록으로 보는 한국사

[해설] 자료는 __(가)__ 의 제2대 교주 최시형에 대한 판결 선고서이다. 교조 신원 운동을 주도했던 그는 1894년 전봉준, 김개남 등이 이끈 농민군과 합세한 일로 도망자 신세가 되었고, 결국 1898년 원주에서 체포되어 고등 재판소에서 재판을 받았다. 당시 재판에는 농민 수탈로 고부 봉기를 촉발시켰던 조병갑이 판사로 참여하였고, 법부 대신 조병직이 재판장으로서 최시형에게 사형을 선고하였다.

[출제영역] 동학   정답 ①
[정답 개념정리]

동학은 몰락한 양반 최제우(복술)가 1860년에 유교, 불교, 도교, 민속 신앙을 바탕으로 창시한 민족종교죠. 최제우는 1864년에 혹세무민의 죄명으로 처형당합니다. 그 후 2대 교주 최시형과 이필제가 주도한 이필제의 난(1871) 등을 시작으로 여러 차례 교조신원운동이 전개되고, 1894년에는 동학 농민 운동이 일어나지요.

동학농민운동은 고부 군수 조병갑의 탐학에 반발해 일어난 고부 농민 봉기에서 시작되었고, 이를 수습하기 위해 파견된 안핵사 이용태의 동학교도 탄압을 계기로 동학농민군의 1차 봉기가 본격화됩니다. 2차 봉기는 일본의 경복궁 점령에 분개하여 남접(전봉준)과 북접(손병희)이 논산에서 집결하여 한양으로 향했지만, 공주 우금치 전투에서 패배하면서 막을 내립니다. 💡**삼보고백 토롱전복 논공치기**☆

① 포접제를 활용하여 교세를 확장하였다.
➡ 포접제(교주-포-접)는 동학의 교단조직입니다.
② 배재 학당을 세워 신학문 보급에 앞장섰다.
➡ 배제 학당은 기독교 선교사 아펜젤러가 1885년에 설립한 근대 교육기관이죠.
③ 박중빈을 중심으로 새 생활 운동을 추진하였다.
➡ 박중빈을 중심으로 새 생활 운동과 간척사업을 한 종교는 원불교죠. 💡**새생원**☆ 새 생활운동, 원불교
④ 일제의 통제에 맞서 사찰령 폐지 운동을 벌였다.
➡ 사찰령 폐지 운동은 한용운 등 불교계의 활동입니다.
⑤ 의민단을 조직하여 항일 무장 투쟁을 전개하였다.
➡ 천주교의 의민단은 청산리 전투에서도 활약했어요.

밑줄 그은 '개혁'의 내용으로 옳은 것은? [2점]

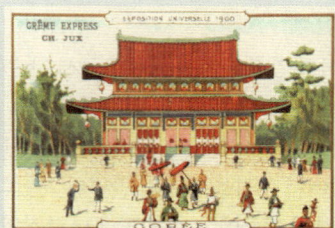

이 자료는 파리 만국 박람회 당시 한국관의 모습을 담은 채색광고 엽서이다. 고종은 황제 즉위 후 구본신참을 내세운 개혁을 추진하면서, 박람회를 서구 문물을 받아들이고 우리나라를 세계에 소개하는 기회로 활용하고자 했다. 이후 1902년 고종은 박람회 관련 업무를 담당할 정부 기관으로 농상공부 산하에 임시 박람회 사무소를 개설하였다.

[출제영역] 광무개혁   정답 ①
[정답 개념정리]

1896년 고종은 러시아 공사관으로 거처를 옮기죠(아관파천). 이후 독립 협회 등 여론의 압박 속에서 1897년 경운궁(덕수궁)으로 다시 돌아온 고종은 황제의 나라 대한 제국 수립을 선포하고, 광무개혁을 단행합니다. 옛 것을 근본으로 새것을 참고하자는 구본신참의 정신으로 실업학교, 상공 학교 등을 설립하고, 양전 사업을 통해 최초의 근대적 토지 소유문서인 지계를 발급하는 등의 여러 가지 개혁을 추진합니다.

① 지계아문을 설치하여 지계를 발급하였다.
➡ 지계아문을 설치하여 지계를 발급한 것은 대표적인 광무개혁의 내용이죠.
② 건양이라는 독자적인 연호를 채택하였다.
➡ 건양이라는 연호를 사용한 것은 을미개혁이죠.
💡**을미의 찐친 양양이는 위생적**☆ 을미개혁은 진위대, 친위대, 태양력, 건양, 단발령, 종두법
③ 박문국을 설치하고 한성순보를 발행하였다.
➡ 박문국을 설치하고 한성순보를 발행한 것은, 1883년이죠.
💡**난(1882)과 변(1884) 사이 빙순동원하라**☆ 1883년 보빙사 파견, 한성순보, 동문학, 원산학사
④ 근대식 무기 제조 공장인 기기창을 설립하였다.
➡ 기기창 설립도 박문국 설립과 같은 1883년이에요. 우정총국(1884)을 제외하고 웬만한 근대기구(기기창, 박문국, 전환국)는 1883년에 설립되죠.
⑤ 개혁의 방향을 제시한 홍범 14조를 반포하였다.
➡ 홍범 14조는 제2차 갑오개혁 때 발표됩니다.
💡**홍이장군**☆ 홍범 14조, 이차 갑오개혁

32

㉠~㉤에 대한 설명으로 옳은 것은? [2점]

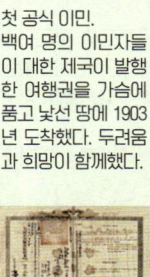

이준 연보

1859년 함경도 북청에서 출생
1895년 법관 양성소 졸업
1898년 ㉠ 독립 협회 가입
1904년 ㉡ 보안회 조직
      일제의 압력으로 황해도 철도(鐵島)로 유배
1905년 ㉢ 헌정 연구회 조직
1906년 ㉣ 대한 자강회 조직
1907년 ㉤ 신민회 가입
      네덜란드 헤이그 만국 평화 회의에 특사로 파견, 사망
1962년 건국훈장 대한민국장 추서

[출제영역] 이준   정답 ②
[정답 개념정리]

이준은 1907년 만국 평화회의가 열리는 네덜란드 헤이그에 이위종, 이상설과 함께 을사늑약의 부당함을 세계에 알리기 위한 고종의 특사로 파견된 인물이죠. 그러나 이준의 활동은 여기에 그치지 않고 계속되기 때문에, 여러 사실을 함께 살펴볼 수 있는 좋은 문제입니다.

① ㉠ – 고종 강제 퇴위 반대 운동을 전개하였다.
➡ 고종의 강제 퇴위 반대 운동은 대한 자강회의 활동이죠. 🔅**강강**🔅 대한 자강회의 고종 강제 퇴위 반대

② ㉡ – 일제의 황무지 개간권 요구를 저지시켰다.
➡ 일제의 황무지 개간권 요구 반대 운동은 보안회입니다. 🔅**황무지엔 보안광**🔅 황무지 개간권 반대 요구–보안회, 농광 회사

③ ㉢ – 일제가 조작한 105인 사건으로 와해되었다.
➡ 105인 사건으로 해산된 단체는 신민회죠. 🔅**신민회(1907~1911), 신간회(1927~1931)**🔅

④ ㉣ – 대성 학교를 설립하여 민족 교육을 실시하였다.
➡ 대성 학교와 오산학교 설립도 신민회의 활동이에요. 🔅**안대 오이**🔅 안창호–대성 학교, 오산학교–이승훈

⑤ ㉤ – 조소앙의 삼균주의를 기초로 건국 강령을 발표하였다.
➡ 조소앙의 삼균주의를 기초로 1941년에 건국 강령을 발표한 것은 대한민국 임시정부입니다. 🔅**대단 17, 건강 41**🔅 대동단결선언–1917년, 건국 강령 발표–1941

33

밑줄 그은 '이곳'에서 있었던 민족 운동으로 옳은 것은? [2점]

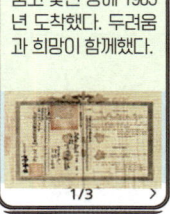

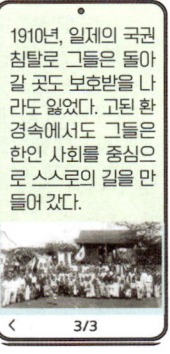

첫 공식 이민. 백여 명의 이민자들이 대한 제국이 발행한 여행권을 가슴에 품고 낯선 땅에 1903년 도착했다. 두려움과 희망이 함께했다. 1/3

그들을 기다린 건 사탕수수 농장의 고된 노동이었다. 열악한 환경에서도 1905년까지 노동 이민으로 약 7,000명이 이곳에 이주해 묵묵히 뿌리를 내렸다. 2/3

1910년, 일제의 국권 침탈로 그들은 돌아갈 곳도 보호받을 나라도 잃었다. 고된 환경속에서도 그들은 한인 사회를 중심으로 스스로의 길을 만들어 갔다. 3/3

[출제영역] 하와이에서의 민족 운동   정답 ⑤
[정답 개념정리]

하와이는 우리 국민의 첫 공식 이민지죠. 사탕수수 농장에서 고된 노동을 견뎌내며 생계를 이어갔고, 사진결혼을 통해 건너온 국내 여성과 가정을 이루기도 했습니다. 일제 강점기에는 힘들게 번 돈을 십시일반 모아 독립운동 자금으로 지원하기도 했죠.

① 한인 자치 기구인 경학사를 설립하였다.
➡ 한인 자치 기구 경학사가 설립된 지역은 서간도죠. 🔅**경부한**🔅 경학사–부민단–한족회

② 권업신문을 발간하여 민족 의식을 고취하였다.
➡ 권업 신문은 연해주의 권업회에서 발행한 신문이죠.

③ 유학생을 중심으로 2·8 독립 선언을 발표하였다.
➡ 유학생 중심으로 2·8 독립 선언이 발표된 지역은 일본 도쿄에요.

④ 신한청년당이 파리·강화 회의에 대표를 파견하였다.
➡ 파리 강화 회의에 김규식을 파견한 신한청년당은 중국 상하이에 있었죠.

⑤ 대조선 국민군단을 결성하고 군사 훈련을 실시하였다.
➡ 박용만이 조직한 군사교육 단체 대조선 국민군단이 하와이에 있었어요.

밑줄 그은 '이 시기'의 의병 활동에 대한 설명으로 옳은 것은? [2점]

이곳 지리산 연곡사에는 의병장 고광순의 순절비가 있습니다. 그는 지리산을 중심으로 장기 항전을 계획하다가 일본군의 토벌 작전으로 순국하였습니다. 고종의 강제 퇴위와 군대의 강제 해산으로 의병 활동이 고조된 <u>이 시기</u>에는 고광순을 비롯하여 각계각층의 사람들이 국권 회복을 위해 활동했습니다.

[출제영역] 정미의병   정답 ①
[정답 개념정리]

1907년 헤이그 특사 파견을 이유로 고종이 강제로 퇴위 되고 한일신협약이 체결됩니다. 차관 정치가 시작되고, 군대가 해산되죠. 이에 해산된 군인들이 의병에 합류하면서 정미의병이 일어났고, 13도 창의군이 결성되어 서울 진공 작전을 추진하죠.

① 13도 창의군을 결성하였다.
➡ 해산된 군인이 합류하여 13도 창의군을 결성한 것은 정미의병의 가장 큰 특징이에요.
② 한중 연합 전선을 형성하였다.
➡ 한중 연합 전선을 형성한 것은 1930년대 만주의 한국 독립군과 조선혁명군이죠.
💡**양조혁은 남쪽의 영흥**✿ 양세봉, 조선혁명군, 남만주, 의용군과 연합, 영릉가/ 흥경성 전투
💡**호~지독한 쌍대사**✿ 호로군과 연합, 지청천, 한국 독립군, 쌍성보/ 대전자령/ 사도하자 전투
③ 최익현이 태인에서 궐기하였다.
➡ 최익현, 신돌석, 민종식은 을사 의병장들입니다.
💡**을사의병은 최신식**✿
④ 고경명 등이 의병장으로 활약하였다.
➡ 고경명, 조헌, 영규 등은 임진왜란 때 의병장들이죠.
⑤ 봉오동 전투에서 일본군을 격퇴하였다.
➡ 1920년대 초 봉오동 전투에서 활약한 대한독립군의 대장은 홍범도 입니다.
💡**봉춘리간대 자참신정신미쓰야이**✿
• 봉춘리간대: 봉오동 전투 → 훈춘사건 → 청산리 대첩 → 간도 참변 → 대한독립군단
• 자참정신미쓰야이: 자유시 참변 → 참의부/정의부/신민부 → 미쓰야 협정 → 이부(국민부, 혁신의회)로 정리

(가) 단체에 대한 설명으로 옳은 것은? [2점]

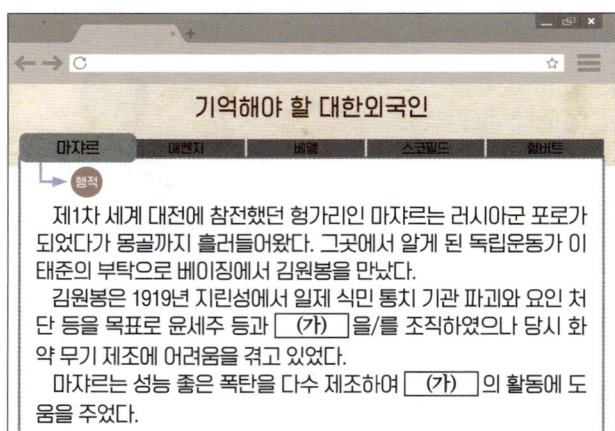

기억해야 할 대한외국인

| 마자르 | 매켄지 | 베델 | 스코필드 | 헐버트 |

▶ 행적

제1차 세계 대전에 참전했던 헝가리인 마쟈르는 러시아군 포로가 되었다가 몽골까지 흘러들어왔다. 그곳에서 알게 된 독립운동가 이태준의 부탁으로 베이징에서 김원봉을 만났다.
김원봉은 1919년 지린성에서 일제 식민 통치 기관 파괴와 요인 처단 등을 목표로 윤세주 등과 (가) 을/를 조직하였으나 당시 화약 무기 제조에 어려움을 겪고 있었다.
마쟈르는 성능 좋은 폭탄을 다수 제조하여 (가) 의 활동에 도움을 주었다.

[출제영역] 의열단   정답 ④
[정답 개념정리]

1919년 만주 지린성에서 김원봉, 윤세주 등에 의해 조직된 의열 단체죠.

① 신흥 강습소를 세워 독립군을 양성하였다.
➡ 신흥강습소를 세워 독립군을 양성한 단체는 신민회죠.
② 구미 위원부를 설치하여 외교 활동을 전개하였다.
➡ 구미 위원부와 파리 위원부를 설치하여 외교 활동을 한 것은 대한민국 임시 정부에요.
③ 단원인 이봉창이 일왕 행렬에 폭탄을 투척하였다.
➡ 이봉창과 윤봉길은 김구가 만든 한인 애국단의 단원이죠. 💡**봉봉 애국단**✿ 이봉창, 윤봉길, 한인 애국단
④ 조선 혁명 선언을 통해 이념과 활동 방침을 밝혔다.
➡ 신채호의 조선혁명선언이 의열단의 행동 지침이 되죠.
⑤ 조선 총독부에 국권 반환 요구서를 제출하고자 하였다.
➡ 조선 총독부에 국권 반환요구서 제출을 시도한 단체는 임병찬의 독립의군부에요.

(가) 부대에 대한 설명으로 옳은 것은? [2점]

남대관, 권수정 등은 전 한족총연합회 간부였던 지청천, 신숙 등과 함께 아성현(阿城縣)에서 한국대독립당을 조직하고 지청천을 총사령, 남대관을 부사령으로 하는 (가) 을/를 편성하였다. … (가) 은/는 딩차오(丁超)의 군으로부터 무기를 지급받고 대원을 모집하여 일본 측 기관의 파괴, 일본 요인의 암살 등을 기도하였다.

[출제영역] 한국 독립군 정답 ③
[정답 개념정리]

1930년대 만주 지역에서 무장 독립 투쟁을 벌인 두 부대를 기억하세요.
한중 연합 전선을 구축했다는 공통점이 있는 한국 독립군과 조선혁명군입니다. 북만주에서 활약한 지청천의 한국 독립군은 중국 호로군과 연합작전을 펼쳤고, 쌍성보, 대전자령, 사도하자 전투 등에서 승리를 거둡니다. 💡호~지독한 쌍대사☆ 호로군, 지청천, 한국 독립군, 쌍성보, 대전자령, 사도하자
양세봉이 이끈 조선혁명군은 남만주에서 활약했고, 중국 의용군과 연합했으며, 영릉가, 흥경성 전투에서 승리합니다. 💡양조혁은 남쪽의 영흥☆ 양세봉, 조선혁명군, 남만주, 의용군, 영릉가, 흥경성

① 청산리에서 일본군을 크게 격파하였다.
➡ 청산리 전투에서 승리한 부대는 김좌진의 북로군정서, 홍범도의 대한독립군 등이죠.
② 미군과 연계하여 국내 진공 작전을 준비하였다.
➡ 미국 OSS와 국내 진공 작전을 준비한 부대는 한국광복군입니다.
③ 대전자령 전투에서 일본군을 상대로 승리를 거두었다.
➡ 대전자령 전투에서 중국군과 연합한 한국 독립군이 승리하죠. 💡호 지독한 쌍대사☆
④ 중국 관내(關內)에서 결성된 최초의 한인 무장 부대였다.
➡ 중국 관내에서 결성된 최초의 한인 무장 부대는 김원봉의 조선의용대죠.
⑤ 대한 국민회군 등과 연합하여 봉오동 전투에서 승리하였다.
➡ 봉오동 전투에서 큰 승리를 거둔 부대는 홍범도의 대한독립군입니다.

(가) 단체에 대한 설명으로 옳은 것은? [2점]

[우리 고장의 독립운동가]
일우(一宇) 김한종(1883~1921)

충청남도 예산군 광시면 출생이다. 1915년 대구에서 박상진 등이 국권 회복을 위해 조직한 (가) 의 충청도 지부장으로, 군자금 모금과 친일 관리 처단을 주도하였다. 이후 일제에 체포되어 총사령 박상진과 함께 사형을 선고받고 대구 형무소에서 생을 마감하였다. 1963년에 건국훈장 독립장이 추서되었다.

[출제영역] 대한광복회 정답 ①
[정답 개념정리]

대한광복회와 독립의군부를 비교해서 기억하세요. 대구에서 박상진 등의 주도로 결성된 대한광복회는 공화정을 지향하며, 친일 부호 처단 및 독립 자금 모금 활동을 했지요. 유생 임병찬이 고종의 밀지를 받아 결성한 독립의군부는 복벽주의를 주창하고, 총독부에 국권 반환요구서를 제출하고자 시도했던 단체입니다.

① 군대식 조직을 갖춘 비밀 결사였다.
➡ 대한광복회는 군대식 조직을 갖춘 비밀 결사로, 무장 독립을 준비하며 군자금을 모으고 친일 부호를 처단하는 활동을 벌였습니다.
② 정우회 선언의 영향으로 결성되었다.
➡ 정우회 선언의 영향으로 결성된 단체는 1927년 신간회입니다.
③ 조선 혁명 선언을 활동 지침으로 삼았다.
➡ 신채호가 작성한 조선혁명선언은 김원봉이 이끄는 의열단의 행동 지침이죠.
④ 중국군과 함께 영릉가 전투에서 큰 전과를 올렸다.
➡ 영릉가 전투에서 승리한 부대는 조선혁명군입니다. 💡양조혁은 남쪽의 영흥☆ 양세봉, 조선혁명군, 남만주, 의용군, 영릉가, 흥경성
⑤ 만민 공동회를 열어 열강의 이권 침탈을 비판하였다.
➡ 만민 공동회와 관민 공동회를 연 단체는 독립협회죠.

38

다음 상황이 나타난 시기를 연표에서 옳게 고른 것은?
[3점]

○ 어제 러시아 공사 파블로프씨가 용천군 용암포 삼림회사의 편의를 위하여 전화와 전선을 추가로 가설할 뜻으로 외부(外部)에 조회하였으니, 외부에서 답 조회하기를 "해당 사안은 결코 인준하기 어려우니 귀 공사도 해당 회사에 훈칙하여 전신주 가설 사항은 절대 마음먹지 못하게 하라" 하였다더라.

\- 황성신문 -

○ 일본, 영국, 미국의 각 공사가 우리 정부에 의주의 개방을 권고하더니, 영국 공사가 다시 조회하기를 "의주는 육지로 연결되어 화물을 운반하기가 매우 어렵고, … 용암포는 크고 작은 선박들이 지장 없이 왕래할 수 있으니 용암포를 개항하라"고 하였고, 일본 공사가 또 조회하기를 "용암포 개항이 합당하니 속히 타결하라" 하였더라.

\- 황성신문 -

	(가)		(나)		(다)		(라)		(마)	
신미양요		갑신정변		청일 전쟁 발발		아관파천		러일 전쟁 발발		국권피탈

① (가) ② (나) ③ (다) ④ (라) ⑤ (마)

[출제영역] 용암포 사건　　　　　정답 ④
[정답 개념정리]

아관파천 이후 러시아의 이권 침탈이 심화되는 가운데, 1903년 러시아가 용암포를 조차하려 하자 일본이 반대하며 충돌한 사건이죠. 이 사건은 1904년 러일 전쟁이 발발하는 중요한 배경 중 하나로 이해하시면 됩니다.

① (가)
➡ 미국의 로저스 함대가 강화도를 침략한 신미양요는 1871년이죠.

② (나)
➡ 급진개화파가 우정총국 개국 축하연을 기회로 정권 장악을 시도한 갑신정변은 1884년이에요.

③ (다)
➡ 동학농민운동을 계기로 조선에 파병한 청과 일본이 충돌하면서 1894년 청일 전쟁이 일어나죠.

④ (라)
➡ 1904년 러일 전쟁이 발발하죠.

⑤ (마)
➡ 1910년 8월 29일에 한일병합조약이 강제로 체결되며 우리의 국권이 피탈됩니다.

39

밑줄 그은 '이 운동'에 대한 설명으로 옳은 것을 〈보기〉에서 고른 것은?
[1점]

이것은 1929년 11월 한일 학생 간의 충돌을 계기로 시작된 이 운동을 기념하는 탑입니다. 당시 민족 차별에 분노한 광주 지역 학생들이 대규모 시위를 전개하였고, 전국의 많은 학교가 동맹 휴학으로 동참하였습니다. 이 기념탑은 학생들의 단결된 의지를 타오르는 횃불로 형상화한 것입니다.

─── 〈보기〉 ───

ㄱ. 조선인 본위의 교육 제도 확립 등을 요구하였다.

ㄴ. 대한매일신보의 후원 속에 전국으로 확산하였다.

ㄷ. 신간회에서 진상 조사단을 파견하여 지원하였다.

ㄹ. 일제가 이른바 문화 통치를 실시하는 배경이 되었다.

① ㄱ, ㄴ　② ㄱ, ㄷ　③ ㄴ, ㄷ　④ ㄴ, ㄹ　⑤ ㄷ, ㄹ

[출제영역] 광주 학생 항일 운동　　　정답 ②
[정답 개념정리]

광주–나주 통학 열차에서 일본 남학생이 조선 여학생을 희롱한 사건이 발단이었죠. 1929년 광주에서 시작되어 독서회 등 비밀 학생 조직의 주도로 식민지 교육 반대와 검거 학생 탈환을 외치며 전국으로 퍼진 항일 학생 운동입니다. 광주 학생 항일 운동과 관련해서 시험에 정말 자주 출제되는 중요한 사실이 있는데요, 1927년에 조직된 신간회가 진상 조사단을 파견했다는 것입니다.

ㄱ. 조선인 본위의 교육 제도 확립 등을 요구하였다.
➡ (○) 식민지 교육에 반대하고 조선인 본위의 교육 제도 확립을 요구했죠.

ㄴ. 대한매일신보의 후원 속에 전국으로 확산하였다.
➡ (×) 대한매일신보의 후원 속에 전국으로 확산한 것은 국채보상운동이죠. 💡한국채대⭐ 국채보상운동, 대구, 대한매일신보

ㄷ. 신간회에서 진상 조사단을 파견하여 지원하였다.
➡ (○) 신간회가 진상 조사단을 파견하며 지원한 것이 광주 학생 항일 운동입니다.

ㄹ. 일제가 이른바 문화 통치를 실시하는 배경이 되었다.
➡ (×) 일제가 문화정치로 전환한 계기는 3·1 운동입니다.

따라서 옳은 것은 ㄱ, ㄷ입니다.

40

교사의 질문에 대한 학생의 답변으로 가장 적절한 것은?
[3점]

이 자료는 전라남도 신안군(당시 무안군)의 한 섬에서 발생한 사건의 결과로, 소작인회 대표와 지주 문재철 사이에 맺어진 화해 조건입니다. 소작인들은 고율의 소작료를 징수하는 지주에게 1년여에 걸쳐 저항하여 소작료를 낮추는 성과를 거두었습니다. 이 사건 이후의 사실에 대해 말해 볼까요?

1. 소작료를 4할로 하고, 1할은 농업 장려금으로 할 것
2. 농업 장려금은 소작인회에서 관리할 것
3. 소작인회에 지주도 참여할 것
4. 미납한 소작료는 3개년을 기한으로 분납할 것
5. 파괴하여 철거한 문태현의 비석을 복구할 것
6. 현재 조사 중인 형사 피고 사건은 양방에서 취하할 것
7. 지주가 소작인회에 기본금 2천 원을 기증할 것

[출제영역] 암태도 소작 쟁의　　　　　정답 ③
[정답 개념정리]

문제 있는 지주 문재철의 횡포에 대항하여 신안의 암태도에서 발생한 소작쟁의이죠. 1923년에 시작되었다는 사실을 알아둬야 합니다. 1920년대 노동, 농민 운동들은 시기순으로 배열하는 문제가 자주 나오기 때문에 자세히 기억해 두어야 해요.
🔆**암태도 소작쟁의(1923~1924) → 조선 노농 총동맹 (1924) → 조선 노동/농민 총동맹(1927) → 원산 총파업 (1929)**

① 양전 사업이 실시되어 지계가 발급되었어요.
➡ 양전 사업이 실시되어 지계를 발급한 것은 고종 황제의 광무개혁 때죠.
② 함경도와 황해도에서 방곡령이 선포되었어요.
➡ 함경도와 황해도에서 방곡령이 선포된 것은 1889년, 1890년의 일이죠. 🔆**방곡령 1889**
③ 전국 단위 조직인 조선 농민 총동맹이 결성되었어요.
➡ 조선 노농 총동맹(1924)이 농민 총동맹과 노동 총동맹으로 분화된 것은 1927년의 일이죠.
④ 일본의 토지 침탈에 맞서 농광 회사가 설립되었어요.
➡ 농광 회사의 설립은 일본의 황무지 개간권 요구가 있었던 1904년이죠. 🔆**황무지엔 보안광** 황무지 개간권 요구 반대–보안회, 농광 회사
⑤ 기한 내에 소유지를 신고하게 하는 토지 조사령을 제정하였어요.
➡ 토지 조사령 제정은 무단 통치기인 1910년대의 사실이죠.

41

다음 일기가 작성된 이후의 사실로 옳은 것은?　　[1점]

○ 7월 13일(화)
경성은 뉴스를 듣기에는 참으로 빠르다. …… 중·일은 전쟁을 하게 되었다. …… 아아, 슬프다. 조선에서도 만약 이러한 때 영웅 한 사람이 있었더라면 회복할 가망이 많은데, 나는 아직 지위가 그렇지 않아 가슴만 태운다. 피만 끓는다. 영웅이여 일어서라 일어서라. 우리 조선은 영원히 죽었는가.

○ 10월 8일(금)
조회할 때 일본인들이 조선인의 심장을 자기들의 심장으로 하려는 일본의 계략에서, 총독 미나미 지로가 소위 황국신민의 서사인지 뭔지를 만들어서 각 학생에게 암송하도록 하였다. 그래서 나도 그것을 읽었다. 그러나 우리 조선 혼은 영원히 변하지 않을 것이다.

[출제영역] 1930년대 후반 전시 동원 체제　　　정답 ④
[정답 개념정리]

1937년 중일 전쟁 발발 이후 일제는 우리 민족을 전쟁에 동원하기 위해 황국 신민 서사 암송/신사 참배/창씨 개명 등 황국 신민화 정책을 강화하고, 지원병/징병/징용/일본군 '위안부'/공출제 등 전시 동원 체제를 강화했어요.

① 미쓰야 협정이 체결되었다.
➡ 미쓰야 협정은 1925년 경무국장 미쓰야와 만주 군벌 장쭤린 사이에 맺은 밀약으로 독립운동가를 체포하면 포상금을 주겠다는 조항이 포함되어 있었죠.
② 치안 유지법이 제정되었다.
➡ 1925년 제정된 치안 유지법은 천황제와 사유재산제를 부정하는 운동을 단속한다는 명분 아래, 사회주의·노동 운동과 독립운동 세력을 탄압하는 데 사용되었어요.
③ 조선사 편수회가 조직되었다.
➡ 조선사 편수회는 1925년 식민 지배를 합리화하려는 목적으로 왜곡된 조선 역사를 편술하기 위해 조직되었어요.
④ 여자 정신 근로령이 공표되었다.
➡ 여자 정신 근로령은 1944년에 공포되어 여성 노동력 동원을 법제화하였어요.
⑤ 동양 척식 주식회사가 설립되었다.
➡ 동양 척식 주식회사는 일제 강점기 이전인 1908년에 설립됩니다.

42

밑줄 그은 '시기'에 시행된 일제의 정책으로 옳은 것은?

[1점]

이것은 어느 공립 보통학교의 졸업식 사진으로, 교원이 제복을 입고 칼을 차고 수업하던 당시 일제의 식민지 정책을 잘 보여주고 있어.

맞아. 헌병이 일반 경찰 업무를 맡아 재판없이 체포 또는 구금하고, 벌금을 물리거나 태형에 처하기도 했던 <u>시기</u>였지.

[출제영역] 1910년대 일제의 식민 통치　　정답 ③
[정답 개념정리]

> 제복을 입고 칼을 찬 교원, 헌병 경찰제, 즉결 처분권 (범죄즉결례), 조선 태형령 등은 1910년대 무단 통치기의 키워드입니다.

① 국가총동원법을 공포하였다.
　➡ 국가총동원법의 공포는 민족 말살 통치기인 1938년의 일이죠.
② 산미 증식 계획을 시행하였다.
　➡ 산미 증식 계획은 1920년~1934년까지 시행되었죠.
　💡**땅쌀다**✨
③ 토지 조사 사업을 실시하였다.
　➡ 토지 조사 사업은 1910년대 무단 통치기 때입니다.
　💡**땅쌀다**✨
④ 황국 신민 서사의 암송을 강요하였다.
　➡ 황국 신민 서사 암송은 민족 말살 통치기 때의 일이죠.
⑤ 조선 사상범 예방 구금령을 제정하였다.
　➡ 조선 사상범 보호 관찰령과 예방 구금령은 민족 말살 통치기 때 일입니다.

43

(가) 단체의 활동으로 옳은 것은?

[2점]

【우리 고장의 독립운동가】

조선 총독 암살을 시도했던 청년
유진만
(1912~1966)

세종특별자치시 연서면 출생으로 김구가 일제의 요인 제거 및 주요 기관 파괴를 목적으로 상하이에서 조직한 (가) 의 단원이다. 조선 총독 우가키 가즈시게를 암살하라는 지령을 받고 국내에 잠입하였으나 거사 전 검거되었다. 치안 유지법 등 위반 혐의로 징역 6년의 형을 선고받았다. 1990년 건국훈장 애국장이 추서되었다.

[출제영역] 한인 애국단　　정답 ③
[정답 개념정리]

> 1931년 상하이에서 대한민국 임시정부의 김구가 조직한 독립 운동단체죠. 대표단원으로 이봉창과 윤봉길이 있습니다. 💡**봉봉 애국단**✨ *이봉창, 윤봉길, 한인 애국단*

① 일제가 조작한 105인 사건으로 와해되었다.
　➡ 1911년 105인 사건으로 해체된 단체는 1907년 설립된 비밀 결사 신민회죠.
　💡**신민회(1907~1911), 신간회(1927~1931)**✨
② 파리 강화 회의에 독립 청원서를 제출하였다.
　➡ 파리 강화 회의에 독립 청원서를 제출한 단체는 상하이의 신한청년당이죠.
③ 단원인 윤봉길이 홍커우 공원 의거를 실행하였다.
　➡ 1932년 홍커우 공원 의거를 실행한 윤봉길은 한인 애국단원입니다.
　💡**봉봉 애국단**✨ *이봉창, 윤봉길, 한인 애국단*
④ 신채호가 작성한 조선 혁명 선언을 지침으로 삼았다.
　➡ 신채호의 조선 혁명 선언을 행동 지침으로 삼은 단체는 김원봉 단장의 의열단이죠.
⑤ 군사 훈련을 위해 조선 혁명 간부학교를 설립하였다.
　➡ 1932년 의열단 단장 김원봉은 중국 국민당 장제스의 지원을 받아 독립운동 간부를 양성하기 위해 난징에 조선 혁명 간부학교를 세웁니다.

(가) 사건에 대한 설명으로 가장 적절한 것은? [2점]

(가) 사건에 대한 기록물이 마침내 유네스코 세계 기록 유산으로 등재되었습니다. 이 사건은 당시 남한만의 단독 선거에 반대하는 무장대와 이를 진압하는 토벌대 간의 무력 충돌, 그 뒤 토벌대의 진압 과정에서 수많은 제주도민이 희생된 비극이었습니다. 기록물에는 수형인 명부와 희생자 유족 증언 등이 포함되어 있는데, 이번 등재로 국가 폭력에 맞서 진실을 밝히려는 노력과 함께 화해와 상생, 평화와 인권의 가치가 세계의 기억으로 인정받게 되었습니다.

14,673건의 (가) 기록물, 세계 기록 유산 등재

[출제영역] 제주 4·3 사건 　　　　정답 ⑤
[정답 개념정리]

제주 4·3 사건은 남한 만의 단독 선거에 반대하는 무장대의 봉기와 이에 대한 군·경의 진압 과정에서 무력 충돌이 이어지며 많은 제주도민이 희생된 사건이에요. 최근 그 기록물이 유네스코 세계기록유산으로 등재되었죠.

① 대통령이 하야하는 결과를 이끌어냈다.
　➡ 이승만 대통령의 하야는 4·19 혁명의 결과죠.
　　💡 **경부사하 허삼장사** 경향신문 폐간(1959), 3·15 부정 선거(1960), 4·19 혁명, 이승만 하야(4.26.), 허정(외무부 장관) 과도 정부, 3차 개헌, 장면 내각 출범(1960.8.), 4차 개헌

② 호헌 철폐와 독재 타도 등의 구호를 내세웠다.
　➡ 호헌 철폐, 독재 타도 등의 구호는 1987년 6월 민주항쟁입니다.

③ 통일 주체 국민 회의가 구성되는 배경이 되었다.
　➡ 통일 주체 국민 회의는 1972년 10월 유신 이후 공포된 유신헌법에 따라 설치된 기구죠.

④ 6·3 시위의 전개와 비상계엄이 선포되는 계기가 되었다.
　➡ 6·3 시위와 비상계엄 선포의 계기가 된 것은 한일 협정이죠.

⑤ 진상 규명과 희생자 명예 회복에 관한 특별법이 제정되었다.
　➡ 김대중 정부 때 4·3 사건의 진상 규명과 희생자 명예 회복에 관한 특별법이 제정되죠.

밑줄 그은 '이 전쟁' 중에 있었던 사실로 옳은 것은? [2점]

사진은 이 전쟁 당시 부산의 천막 교실 중 하나입니다. 임시 수도였던 부산에는 서울을 비롯한 각지의 학교가 피란해 와 천막 교실에서 수업이 진행되었습니다. 힘든 생활 중에서도 배움이 멈추지 않았다는 사실을 기억해 주세요.

[출제영역] 6·25 전쟁 　　　　정답 ①
[정답 개념정리]

1950년 6월 25일 북한의 기습 남침으로 시작되어 정전 협정이 체결된 1953년 7월 27일까지 계속된 동족상잔의 비극이죠.
💡 **에취! 낙상중 철퇴 맞아서 발포정 먹고 한방 치료 간다**
주의할 점이 있는데요, 전쟁의 원인에 해당하는 애치슨 선언은 1950년 1월에 발표되었고, 결과에 해당하는 한미 상호 방위 조약은 1953년 10월에 체결되었기 때문에 전쟁 중에 일어난 일이 아님을 꼭 알아두셔야 해요. 따라서 전쟁 도중에 있었던 일들은 다음과 같지요.
💡 **낙동강 방어선 구축 → 인천 상륙 작전 → 중국군 개입 → 흥남 철수 → 1·4 후퇴 → 발췌 개헌 → 반공포로석방 → 정전 협정 체결**

① 발췌 개헌안이 통과되었다.
　➡ 6·25 전쟁 중 임시 수도 부산에서 발췌 개헌안이 통과되었죠. 1차 개헌입니다.

② 삼청교육대가 설치되었다.
　➡ 삼청교육대는 신군부의 국가보위비상대책위원회가 군부대 내에 설치한 기관이죠.

③ 한미 상호 방위 조약이 체결되었다.
　➡ 한미 상호 방위 조약은 6·25 전쟁이 끝난 1953년 10월에 체결되죠.

④ 여수·순천 10·19 사건이 일어났다.
　➡ 여수·순천 10·19 사건은 1948년 10월에 일어나죠.

⑤ 국가 보위 비상 대책 위원회가 구성되었다.
　➡ 국가 보위 비상 대책 위원회는 1980년 5월 신군부가 설치한 기구로, 형식상 자문기구였으나 사실상 통치 기구로 기능하였습니다.

46

(가)에 들어갈 민주화 운동에 대한 설명으로 옳은 것은?

[2점]

이것은 2·28 민주 운동을 기념하는 탑입니다. 이 운동은 이승만 독재 정권이 선거를 앞두고 야당 부통령 후보 연설에 참석하는 것을 막기 위해 일요일 등교 조치를 내리자, 이에 반발한 대구 지역의 고등학생이 시위에 나서며 시작되었습니다. 2·28 민주 운동은 이후 대전의 3·8 민주의거, 마산의 3·15 의거와 함께 　(가)　의 도화선이 되었습니다.

[출제영역] 4·19 혁명　　　　　　　　　　　　정답 ③
[정답 개념정리]

> 1960년 4월, 3·15 부정선거에 항의해 학생과 시민이 중심이 되어 일어난 민주주의 혁명이에요. 2·28 대구 민주 운동, 3·8 대전 민주 의거, 3·15 마산 의거 등이 도화선이 되어 촉발되죠. 마산 의거에 참여했던 마산 상고 김주열 학생의 시신이 마산 앞바다에 떠오른 것이 결정적 계기가 되었고, 결국 이승만 대통령의 하야로 이어진다는 사실을 꼭 기억하세요.

① 시위 도중 대학생 이한열이 희생되었다.
　➡ 이한열 학생의 희생은 1987년 6월 민주항쟁과 관련 있죠.
② 시민군이 조직되어 계엄군에 저항하였다.
　➡ 자발적으로 조직된 시민군이 계엄군에게 저항한 것은, 1980년 5·18 민주화 운동입니다.
③ 허정 과도 정부가 출범하는 계기가 되었다.
　➡ 4·19 혁명으로 이승만 대통령이 하야하고 허정 과도 정부가 출범합니다.
④ 5년 단임의 대통령 직선제 개헌을 이끌어냈다.
　➡ 5년 단임의 대통령 직선제 개헌은 6월 민주 항쟁의 결과죠.
⑤ 야당 총재의 국회의원직 제명으로 촉발되었다.
　➡ 신민당 총재 김영삼의 국회의원직 제명으로 일어난 일은 부마 민주 항쟁이죠.

[47~48] 다음 자료를 읽고 물음에 답하시오.

> (가) 만적 등 6명이 북산에서 나무하다가 공사 노비를 불러 모아 모의하기를, "국가에서 경인년·계사년 이후로 높은 벼슬이 천한 노비에게서 많이 나왔으니, 장수와 재상이 어찌 종자가 있으랴. … 그 주인을 죽이고 노비 문서를 불태워 삼한에서 천인을 없애면 모두 공경 장상이 될 수 있을 것이다."라고 하였다.
>
> (나) 왕 7년, 노비를 안검하여 그 시비를 분별하도록 명하자, 노비로 주인을 배반한 자가 매우 많아지고 윗사람을 능멸하는 풍조가 크게 행해졌다. 사람들이 모두 탄식하고 원망하였다. 대목왕후가 이를 간절히 간언하였으나 왕은 받아들이지 않았다.
>
> (다) 1. 문벌, 양반과 상인들의 등급을 없애고 귀천에 관계없이 인재를 선발하여 등용한다.
> 　1. 과부가 재가하는 것은 귀천을 막론하고 자신의 의사대로 하게 한다.
> 　1. 공노비와 사노비에 관한 법을 일체 혁파하고 사람을 사고파는 일을 금지한다.
>
> (라) "임금이 백성을 대할 때는 귀천이 없고 내외 없이 고루 균등하게 적자(赤字)로 여겨야 하는데, 노(奴)와 비(婢)라고 하여 구분하는 것이 어찌 똑같이 동포로 여기는 뜻이겠는가. 내노비 36,974명과 시노비 29,093명을 모두 양민으로 삼도록 하라. 그리고 승정원으로 하여금 노비 문서를 거두어 돈화문 밖에서 불태우도록 하라."

47

(가)~(라)를 일어난 순서대로 옳게 나열한 것은?　　[3점]

① (가) – (나) – (다) – (라)　　② (가) – (나) – (라) – (다)
③ (나) – (가) – (라) – (다)　　④ (나) – (다) – (가) – (라)
⑤ (다) – (라) – (나) – (가)

[출제영역] 신분제와 사회 구조　　　　　　정답 ③
[정답 개념정리]

> (나) 고려 광종 때 시행된 노비안검법으로, 억울하게 노비가 된 사람들을 조사해 양인으로 풀어준 제도입니다.
>
> (가) 고려 시대 최충헌 집권기의 사노비 만적은 노비들 앞에서 연설을 하죠. 왕후장상이 어찌 그 씨가 있으랴? 주인을 죽이자! 거사 직전 측근의 배신으로 실행하진 못합니다.
>
> (라) 순조 때 공노비 약 6만 6천 명이 해방됩니다.
>
> (다) 문벌, 신분제, 과거제, 과부 재가 금지, 공사 노비법 폐지는 1894년 제1차 갑오개혁이죠.
>
> 고려 초기 광종 → 무신 집권기 → 조선 순조 → 조선 고종 순서이니 (나)–(가)–(라)–(다)입니다.

(가)~(라)를 활용한 탐구 활동으로 적절한 것을 〈보기〉에서 고른 것은? [2점]

─────── 〈보기〉 ───────

ㄱ. (가) – 무신 집권기에 발생한 하층민의 봉기에 대해 알아본다.

ㄴ. (나) – 호족의 경제적 기반을 약화시킨 제도를 살펴본다.

ㄷ. (다) – 균역법이 시행되는 배경을 파악한다.

ㄹ. (라) – 삼정이정청이 설치된 계기를 조사한다.

① ㄱ, ㄴ ② ㄱ, ㄷ ③ ㄴ, ㄷ ④ ㄴ, ㄹ ⑤ ㄷ, ㄹ

[출제영역] 신분제와 사회 구조   정답 ①

ㄱ. (가) – 무신 집권기에 발생한 하층민의 봉기에 대해 알아본다.

➡ (○) (가) 만적의 난은 무신 집권기에 발생한 하층민의 봉기죠.

ㄴ. (나) – 호족의 경제적 기반을 약화시킨 제도를 살펴본다.

➡ (○) (나) 고려 광종 때 노비안검법 시행으로 지배계급인 호족의 경제력과 군사력이 약해지지요.

ㄷ. (다) – 균역법이 시행되는 배경을 파악한다.

➡ (×) (다) 균역법은 조선 후기 영조 때 시행되었죠.

ㄹ. (라) – 삼정이정청이 설치된 계기를 조사한다.

➡ (×) (라) 삼정이정청은 철종 때 일어난 임술 농민 봉기 이후에 설치되죠.

따라서 정답은 ㄱ, ㄴ입니다.

(가) 정부 시기에 있었던 사실로 옳은 것은? [2점]

(가) 정부의 민주화 운동 탄압 사례 중의 하나로 알려진 전국 민주 청년 학생 총연맹 사건의 관련 기록이 세상에 나왔습니다. 국가기록원은 사건이 발생한 지 40여 년 만에 관련 인물 180명의 재판 기록과 수사 기록을 공개했습니다.

"민청학련 사건" 기록물, 세상 밖으로

[출제영역] 박정희 정부   정답 ④
[정답 개념정리]

민청학련 사건은 1974년 박정희 정부가 전국민주청년학생총연맹(민청학련)을 반국가 조직으로 규정하고, 관련 인사들을 체포·구속해 기소한 사건이에요. 1972년부터 시작된 유신체제에 대한 저항을 억압한 대표적인 사건이죠. 현대사에서는 정부별 주요 업적과 사건을 기억해 두어야 합니다.

① 정부에 비판적인 경향신문이 폐간되었다.

➡ 경향신문의 폐간은 이승만 정부 시기인 1959년입니다.

② 국민의 요구에 굴복하여 대통령이 하야하였다.

➡ 4·19 혁명으로 이승만 대통령이 하야하죠.

③ 민주화 시위 도중 대학생 강경대가 희생되었다.

➡ 강경대 학생이 시위 도중 희생된 것은, 노태우 정부 시기인 1991년이에요.

④ 장기 독재에 저항한 3·1 민주 구국 선언이 발표되었다.

➡ 3·1 민주 구국 선언은 1976년 유신 체제하에서 김대중·함석헌 등이 참여해 발표한 대표적인 반유신 선언입니다.

⑤ 기존의 헌법을 유지하는 4·13 호헌 조치가 선언되었다.

➡ 4·13 호헌 조치는 1987년 전두환 정부 때 발표되었고, 이에 6월 민주항쟁이 일어나죠.

(가) 지역에 대한 탐구 활동으로 가장 적절한 것은? [2점]

[출제영역] 제주 지역사   정답 ④
[정답 개념정리]

> 제주 4·3 사건은 1947년 3월 1일부터 1954년 9월 21일까지 제주도에서 발생한 남로당 무장대와 토벌대 간의 무력 충돌과 토벌대의 진압 과정에서 많은 주민들이 희생된 사건이에요. 알뜨르 비행장은 일제 강점기에 제주도 모슬포 인근 지역 주민들에 의해 건설되었고, 1937년 중일 전쟁 후 난징 폭격을 위한 전초기지로 활용되었어요.

① 원종과 애노가 봉기한 곳을 검색한다.

➡ 원종과 애노의 난은 사벌주에서 일어났죠. 사벌주는 현재의 상주에요.

② 외규장각 도서의 약탈 과정을 조사한다.

➡ 외규장각은 강화도에 있지요.

③ 강주룡이 고공 시위를 전개한 장소를 알아본다.

➡ 강주룡의 고공 농성은 평양의 을밀대죠. 1931년.

④ 김만덕이 흉년에 굶주린 백성을 구제한 기록을 살펴본다.

➡ 김만덕은 조선 후기 정조 때 제주의 거상으로 제주에 흉년이 들자 전 재산으로 백성을 구휼했습니다.

⑤ 러시아의 남하를 견제한다는 구실로 영국군이 점령한 지역을 찾아본다.

➡ 러시아 남하를 견제하기 위해 1885년에 영국군이 불법으로 점령한 곳은 거문도입니다.

💡**거문도를 바로 점령**☆ *거문도 사건은 1885년*

01 ———————————————— 72회 01번

(가) 시대의 생활 모습으로 옳은 것은? [1점]

여주 흔암리 선사 유적

유적소개
개관 >
출토유물 >
체험안내 >

■ 대표 유물
사유 재산과 계급이 발생한 [(가)] 시대의 유적인 이 곳에서 발견된 탄화된 쌀이다. 이를 통해 한반도에서 [(가)] 시대에 벼농사가 이루어졌음을 알 수 있다.

■ 함께 출토된 유물
민무늬 토기
반달 돌칼

[출제영역] 청동기 시대　　　　　　　정답 ②
[정답 개념정리]

청동기 시대에는 계급이 출현하고, 지배자는 고인돌에 묻혔으며, 비파형 동검을 사용했고, 벼농사가 시작되었으며, 반달 돌칼로 벼를 베었죠. 💡**청계고비벼반**✨

① 주로 동굴이나 강가의 막집에서 살았다.
➡ 동굴이나 막집에서 생활한 것은 구석기 시대죠.
💡**웰컴구동막개**✨

② 지배층의 무덤으로 고인돌을 축조하였다.
➡ 지배층의 무덤으로 고인돌이 축조된 것이 청동기 시대죠.

③ 농경과 목축을 시작하여 식량을 생산하였다.
➡ 농경과 목축이 시작된 것은 신석기시대입니다.
💡**농삼신라빗**✨

④ 호미, 쇠스랑 등의 철제 농기구를 제작하였다.
➡ 철제 농기구는 철기시대죠.

⑤ 주먹도끼, 찍개 등의 뗀석기를 처음 제작하였다.
➡ 주먹도끼와 찍개 등의 뗀석기 제작은 구석기 시대입니다.
💡**웰컴구동막개**✨

02 ———————————————— 67회 02번

(가)~(라)에 들어갈 내용으로 옳은 것을 〈보기〉에서 고른 것은? [2점]

〈여러 나라의 제천 행사〉

나라	내용
부여	(가)
고구려	(나)
동예	(다)
삼한	(라)

────── 〈보기〉 ──────
ㄱ. (가) - 무천이라는 제천 행사에서 밤낮으로 음주가무를 즐겼다.
ㄴ. (나) - 10월에 지내는 제천 행사는 국중대회로 동맹이라 하였다.
ㄷ. (다) - 영고라는 제천 행사를 열고 죄수를 풀어주기도 하였다.
ㄹ. (라) - 씨뿌리기가 끝난 5월과 농사를 마친 10월에 제사를 지냈다.

① ㄱ, ㄴ　② ㄱ, ㄷ　③ ㄴ, ㄷ　④ ㄴ, ㄹ　⑤ ㄷ, ㄹ

[출제영역] 제천행사　　　　　　　정답 ④
[정답 개념정리]

철기시대 여러 나라의 제천행사는 기본적으로는 추수가 끝난 뒤 10월에 한 번 지낸다고 알아두시고, 부여는 12월에 한 번, 삼한은 마한, 진한, 변한을 비롯해 여러 소국의 연맹체니까 5월과 10월에 두 번 지낸다고 기억하세요.

ㄱ. (가) - 무천이라는 제천행사에서 밤낮으로 음주가무를 즐겼다.
➡ (×) 부여는 영고, 동예가 무천이죠.

ㄴ. (나) - 10월에 지내는 제천행사는 국중대회로 동맹이라 하였다.
➡ (○) 용맹한 고구려는 동맹입니다. 💡**고동맹**✨

ㄷ. (다) - 영고라는 제천행사를 열고 죄수를 풀어주기도 하였다.
➡ (×) 동예는 무천이고, 부여는 영고죠. 💡**부영고**✨
💡**동무랑 책 들고 단과반 간다**✨ 동예는 무천(제천 행사), 책화, 단궁/과하마/반어피(특산물)

ㄹ. (라) - 씨뿌리기가 끝난 5월과 농사를 마친 10월에 제사를 지냈다.
➡ (○) 삼한은 5월과 10월에 계절제를 지냅니다.

따라서 정답은 ㄴ, ㄹ입니다.

03

다음 자료에 해당하는 왕에 대한 설명으로 옳은 것은?

[1점]

백제 제26대 왕 명농, 지혜와 식견이 뛰어나고 결단력이 있었다.
1/3

웅진에서 사비로 도읍을 옮기고 백제의 중흥을 꾀했다.
2/3

구천 (관산성 부근)에서 신라의 복병에게 목숨을 잃었다.
3/3

[출제영역] 백제 성왕   정답 ①

[정답 개념정리]

성왕은 6C에 백제의 부흥을 도모한 왕이죠. 웅진(공주)에서 사비(부여)로 천도하고 💡ㅅㅅ☆ (성왕–사비), 국호를 남부여로 바꿨죠. 진흥왕과 연합하여 한강 유역을 확보했지만, 진흥왕이 한강 하류 지역까지 독차지하려 하자 이를 막기 위해 관산성으로 가던 중, 구천에 매복해 있던 신라 군사에게 목숨을 빼앗겼습니다.

① 국호를 남부여로 개칭하였다.
  ➡ 국호를 남부여로 바꾼 것은 성왕의 대표 업적입니다.

② 금마저에 미륵사를 창건하였다.
  ➡ 금마저(익산)에 미륵사를 창건한 왕은 무왕이죠.
    💡무미☆ 무왕, 미륵사, 💡무익☆ 무왕, 익산

③ 고흥에게 서기를 편찬하게 하였다.
  ➡ 고흥에게 역사책 서기를 편찬하게 한 것은 근초고왕이에요. 💡근고기☆ 근초고왕, 고흥, 서기

④ 윤충을 보내 대야성을 함락하였다.
  ➡ 642년 의자왕은 윤충을 보내 신라의 대야성을 함락시키죠. 당시 대야성 성주는 김춘추의 사위 김품석이었어요.

⑤ 동진에서 온 마라난타를 통해 불교를 수용하였다.
  ➡ 침류왕 때 중국 동진을 거쳐 온 인도 승려 마라난타로부터 불교를 수용했습니다.
    불교수용은 💡고전순 동백마☆ 고구려는 전진의 순도, 백제는 동진의 마라난타

04

(가) 나라에 대한 설명으로 옳은 것은?   [2점]

국가유산청은 (가) 의 중심지였던 경상북도 고령군을 한국의 다섯 번째 고도로 지정하였습니다. 고령에는 궁성지, 지산동 고분군, 방어성인 주산성 등 (가) 의 문화유산들이 보존되어 있어 이와 같이 지정되었습니다.

경북 고령군, 다섯 번째 고도(古都)로 지정

[출제영역] 대가야   정답 ①

[정답 개념정리]

대가야의 시조는 이진아시왕이며, 후기 가야 연맹의 맹주국이었죠. 대표적인 문화유산으로 고령 지산동 고분군이 있죠. 💡고지☆ 고령, 지산동, 💡고대☆ 고령은 대가야 신라 진흥왕이 복속시켰습니다.

① 신라 진흥왕에 의해 복속되었다.
  ➡ 대가야는 진흥왕, 금관가야는 법흥왕에 의해 복속되었어요.
    💡진대 법금☆ 진흥왕–대가야, 법흥왕–금관가야
    💡진흥왕은 순수해서 대화가 안돼☆
    진흥왕, 순수비, 대가야 복속, 화랑도 개편

② 광평성 등의 정치 기구를 마련하였다.
  ➡ 광평성은 후고구려를 건국한 궁예가 만든 정치 기구죠. 궁예를 몰아내고 왕건이 고려를 건국한 시기가 918년인 것도 알아두시면 좋지요.

③ 화백 회의를 통해 국정을 운영하였다.
  ➡ 신라 귀족회의의 이름은 화백 회의죠.
    💡신화☆ 신라, 화백 회의, 💡백정☆ 백제, 정사암회의,
    💡제고☆ 제가회의, 고구려

④ 대가들이 사자, 조의, 선인을 거느렸다.
  ➡ 💡고구려는 정복 국가여서 관리 이름도 거칠다☆
    상가, 고추가, 대로, 패자, 사자, 조의, 선인
    💡고조선은 왕 아래 상, 대부, 장군☆

⑤ 박, 석, 김의 3성이 교대로 왕위를 계승하였다.
  ➡ 3성의 교대 왕위 계승은 신라입니다.

05

다음 상황 이후에 있었던 사실로 옳은 것은? [2점]

> 10월에 백제왕이 병력 3만 명을 거느리고 평양성을 공격해 왔다. 왕이 군대를 출정시켜 백제군을 막다가 날아온 화살에 맞아 이달 23일에 세상을 떠났다.

[출제영역] 백제 근초고왕의 평양성 공격　　　정답 ③
[정답 개념정리]

> 동명왕(주몽)이 건국하며 졸본에 도읍을 정했고, 유리왕이 국내성으로 천도했으며, 태조왕이 옥저를 정복했고, 고국천왕 때 진대법이 실시되었습니다.
> 동천왕 때 위 장수 관구검에 의해 환도성이 함락되었고, 미천왕 때 대방·낙랑을 축출하고 서안평을 점령했으며 고국원왕 때 백제 근초고왕의 침입으로 평양성이 함락되고 고국원왕이 전사했으며, 소수림왕 때 불교 수용, 태학 설립, 율령 반포가 이루어졌죠.
> 지문은 4C 백제 근초고왕의 침입으로 평양성이 함락되고 고구려 고국원왕이 전사한 내용이니 정답은
> 💡**소광장**☆ (소수림, 광개토대왕, 장수왕) 중에 있겠네요^^

① 유리왕이 졸본에서 국내성으로 천도하였다.
　➡ 국내성으로 천도한 유리왕은 2대 왕, 아주 초기죠.
② 미천왕이 낙랑군을 축출하여 영토를 확장하였다.
　➡ 미천왕은 낙랑 축출입니다.
　　💡**미대낙서**☆ 미천왕, 대방/낙랑 축출, 서안평 점령
③ 소수림왕이 불교를 공인하고 율령을 반포하였다.
　➡ 소수림왕은 불교 수용, 태학 설립, 율령 반포입니다.
　　💡**소수림은 불태율**☆ 불교, 태학, 율령
④ 고국천왕이 을파소를 등용하고 진대법을 실시하였다.
　➡ 재상 을파소의 건의로 고국천왕이 진대법을 실시하죠.
　　💡**천대**☆ 고국천왕, 진대법
　　*빈민 구휼제도의 변천: 고구려 고국천왕의 진대법–고려 태조 왕건의 흑창–고려 성종의 의창
⑤ 유주자사 관구검이 이끄는 군대가 환도성을 함락하였다.
　➡ 동천왕 때에 위의 장수 관구검에게 환도성이 함락되죠.
　　💡**천동미원 소광장 양류보**☆ 고국천왕 → 동천왕 → 미천왕 → 고국원왕 → 소수림왕 → 광개토대왕 → 장수왕 → 영양왕 → 영류왕 → 보장왕

06

밑줄 그은 '이 승려'에 대한 설명으로 옳은 것은? [2점]

> ○○에게
> 　나는 지금 영주 부석사에 와 있어. 이곳은 당에 가서 화엄학을 공부한 이 승려가 세운 절이야.
> 선묘각과 부석을 통해 그가 선묘 낭자의 도움을 받아 사찰을 건립했다는 설화를 떠 올릴 수 있었어. 그리고 무량수전 배흘림기둥에 기대어 멀리 풍경을 보니, 너와 함께 다시 와보고 싶다는 생각이 들었어. 그럼 이만 줄일게. 안녕.
> 　　　　　　　　　　　　　　　　△△가
> 　　우표
> 보내는 사람
> 받는 사람

[출제영역] 의상　　　정답 ⑤
[정답 개념정리]

> 신라의 승려 양대 산맥 의상과 원효를 비교해서 알아두어야 합니다. 먼저 의상은 진골 귀족 출신의 당 유학파로서, 일즉다 다즉일의 화엄 사상을 중시했고, 화엄일승법계도를 저술했어요. 현세의 고난에서 구원받고자 하는 관음 신앙을 강조했으며, 부석사와 낙산사 등을 창건했습니다. 상대적으로 신분이 낮았던 원효는 의상과 함께 당 유학길에 올랐다가 모든 것이 마음에 달려 있다는 일체유심조를 깨닫고 돌아와, 일심 사상과 화쟁 사상을 바탕으로 금강삼매경론·대승기신론소·십문화쟁론 등을 저술했습니다. 💡**원효론소**☆ 그는 무애가를 부르며 민중에게 불교를 전하고, 아미타불의 극락정토에 왕생하기를 기원하는 아미타 신앙을 강조하였으며, 공주 요석과의 사이에서 설총을 두고, 스스로 소성 거사라 칭하기도 했습니다.

① 황룡사 구층 목탑의 건립을 건의하였다.
　➡ 황룡사 구층 목탑은 선덕여왕 때 자장의 건의로 건립되었죠. 💡**선덕여왕은 황분첨**☆
② 무애가를 지어 불교 대중화에 노력하였다.
　➡ 원효는 무애가를 부르며 불교 대중화를 위해 노력했어요. 거침없음, 수더분함을 원효와 연결하면 많은 것들이 해결됩니다. 파계승, 무애가(걸림이 없다), 소성 거사, 아들 설총, 화쟁 사상(싸우지 말고 화해하자) 등등
③ 유식의 교의를 담은 해심밀경소를 저술하였다.
　➡ 해심밀경소는 신라 승려 원측이 지었어요.
④ 승려들의 전기를 정리한 해동고승전을 편찬하였다.
　➡ 해동고승전은 고려 무신 집권기에 활동했던 각훈의 저서에요. 💡**각고**☆ 각훈, 해동고승전
⑤ 현세의 고난에서 구제받고자 하는 관음 신앙을 강조하였다.
　➡ 현세에서 구원받고자 하는 관음 신앙은 의상, 내세에 극락정토에서 태어나길 원하는 아미타(정토) 신앙은 원효죠.

07

(가) 왕의 업적으로 옳은 것은? [2점]

대왕암이 내려다 보이는 이곳은 경주 이견대입니다. 선왕을 기리며 감은사를 완공한 ___(가)___ 은/는 이곳에서 용을 만나는 신묘한 일을 겪었고, 이를 통해 검은 옥대와 만파식적의 재료가 된 대나무를 얻었다고 합니다.

[출제영역] 신라 신문왕   정답 ②
[정답 개념정리]

신문왕은 통일 이후 가장 강력한 왕권을 자랑했던 왕으로서 한국사능력검정시험에 정말 자주 출제됩니다. 진골 귀족을 견제하기 위해 관료전을 지급하고 녹읍을 폐지한 것이 정말 중요하죠. 원효의 아들 설총이 신문왕에게 화왕계를 바친 일도 기억해 주세요. 그 외의 일들은 암기 코드로 정리해 두시면 편해요.
  💡 **흠 감만에 신문을 보니 구구국**☆ 김흠돌의 난 진압, 감은사 건립, 만파식적 설화, 신문왕, 구주 오 소경, 구서당 십 정, 국학 설치

① 향가 모음집인 삼대목을 편찬하였다.
  ➡ 신라 말 진성여왕 때 각간 위홍과 승려 대구화상이 향가집 삼대목을 편찬하죠.
② 관료전을 지급하고 녹읍을 폐지하였다.
  ➡ '관료전 지급, 녹읍 폐지'는 진골 귀족에게 수조권만 주고 농민 지배권은 인정하지 않음으로써 왕권을 강화하려는 조치였어요.
③ 인사를 담당하는 위화부를 창설하였다.
  ➡ 인사 담당 관청 위화부는 581년 진평왕 때 창설되어요. 자주 나오는 선지는 아닙니다.
④ 건원이라는 독자적인 연호를 사용하였다.
  ➡ 건원이라는 연호는 법흥왕 때 사용했습니다.
  💡 **법건원**☆ 법흥왕 때 연호, 건원
⑤ 시장을 감독하기 위해 동시전을 설치하였다.
  ➡ 시장 감독 기구 동시전은 지증왕 때 설치되었어요.
  💡 **지동시**☆ 지증왕, 동시전
  💡 **동순이가 왕이지라 우우**☆ 동시전, 순장 폐지, 이사부 등용, 왕 칭호 사용, 지증왕, 신라 국호, 우경 시행, 우산국 복속

08

다음 상황 이후에 전개된 사실로 옳은 것은? [2점]

이찬 김지정이 반역하여 무리를 모아 궁궐을 에워싸고 침범하였다. 여름 4월에 상대등 김양상이 이찬 경신과 함께 군사를 일으켜 김지정 등을 죽였으나, 왕과 왕비는 반란군에게 살해되었다. 양상 등이 왕의 시호를 혜공왕이라 하였다.

- 『삼국사기』-

[출제영역] 신라 말의 혼란   정답 ④
[정답 개념정리]

진골 귀족들의 왕위 쟁탈전이 심화하면서 신라 말은 극도로 혼란해졌죠. 신라 말에 있었던 사건의 순서와 내용은 반드시 기억해 두셔야 해요.
  💡 **헤이 창고가 진상이 되었네, 원적외선 나와서**☆
혜공왕 피살 → 김헌창의 난 → 장보고의 난 → 진성여왕(원종, 애노의 난 → 적고적의 난)
지문의 내용은 신라 말 혼란기의 시작인 8C 후반 혜공왕의 피살입니다.

① 김흠돌이 반란을 도모하였다.
  ➡ 김흠돌의 난은 7C 신문왕 때죠. 김흠돌은 신문왕의 장인입니다. 💡 **흠 감만에 신문을 보니 구구국**☆
② 이사부가 우산국을 복속하였다.
  ➡ 이사부가 우산국을 복속한 것은, 6C 초 지증왕 때죠. 💡 **동순이가 왕이지라 우우**☆
③ 김대성이 불국사 조성을 주도하였다.
  ➡ 김대성의 발원으로 불국사를 조성한 것은 8C 중반 경덕왕 때입니다.
④ 장보고가 왕위 쟁탈전에 가담하였다.
  ➡ 9C 장보고의 난이 혜공왕 피살 이후죠.
⑤ 거칠부가 왕명에 의해 국사를 편찬하였다.
  ➡ 거칠부가 국사를 편찬한 것은 6C 중엽 진흥왕 때입니다. 💡 **진거사**☆ 진흥왕, 거칠부, 국사
  💡 **근고기**☆ 근초고왕, 고흥, 서기

09

(가) 지역에 대한 탐구 활동으로 가장 적절한 것은? [2점]

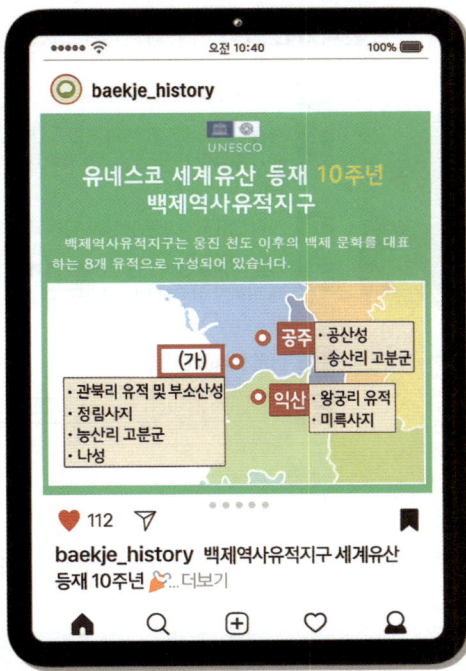

[출제영역] 부여 지역사   정답 ③
[정답 개념정리]

> 백제는 문주왕 때 웅진으로 천도했죠. 공주의 공산성과 송산리 고분군, 무령왕릉을 알아두세요. 성왕 때는 사비로 천도했죠. 부여의 관북리 유적과 부소산성, 능산리 고분군, 정림사지 오층 석탑, 금동대향로 등을 기억해야 합니다. 천도까지 하지는 않았지만, 무왕이 중시했던 익산의 미륵사지 석탑과 왕궁리 유적도 함께 기억해 주세요. 💡 **부능 공송**☆ *부여는 능산리, 공주는 송산리*

① 정약전이 자산어보를 저술한 곳을 알아본다.
  ➡ 정약전은 신유박해(1801) 때 흑산도로 유배를 가서 자산어보를 저술했지요. 정약용은 강진으로 유배 갔고, 이때 수많은 책을 집필하죠. 대표 저서가 1표 2서, 경세유표, 목민심서, 흠흠신서입니다.
② 비담과 염종이 반란을 일으킨 곳을 찾아본다.
  ➡ 비담, 염종의 난은 선덕여왕 말기에 진덕여왕 즉위를 반대하며 경주에서 일어났으나, 김유신 등이 진압했어요.
③ 성왕이 새로운 도읍지로 정한 곳을 검색한다.
  ➡ 성왕은 사비로 천도하고 백제의 중흥을 도모했어요.
  💡 **ㅅㅅ**☆ *성왕, 사비*
④ 윤충이 의자왕의 명을 받아 함락시킨 곳을 확인한다.
  ➡ 642년 백제 의자왕은 윤충을 시켜 신라의 대야성(합천)을 함락했지요.
⑤ 신립이 배수의 진을 치고 왜군과 맞선 곳을 답사한다.
  ➡ 임진왜란 때 신립은 충주 탄금대에서 배수의 진을 치고 항전했죠.

10

다음 상황 이후에 있었던 사실로 옳은 것은? [3점]

> 파진찬 신덕, 영순 등이 신검에게 견훤을 금산사에 유폐하고 사람을 보내 금강을 죽이도록 권하였다. 신검이 대왕을 자칭하고 국내에 대사면령을 내렸다. 교서에서 이르기를, " … 왕위를 어리석은 아이에게 줄 뻔하였다. 다행스러운 것은 상제께서 진정한 마음을 내리시니 군자들이 허물을 고쳤고 맏아들인 나에게 명하여 이 한 나라를 다스리게 하셨다는 점이다. … "라고 하였다.

[출제영역] 후삼국 통일 과정   정답 ④
[정답 개념정리]

> 공산(대구) 전투에서 왕건은 견훤에게 대패하고, 부하 신숭겸의 희생으로 목숨을 부지했죠. 이후 고창(안동) 전투에서는 반대로 왕건이 대승을 거둡니다. 후백제 신검은 왕위 상속 문제로 불만을 품고 아버지 견훤을 금산사에 유폐했고, 금산사를 탈출한 견훤은 왕건에게 투항했습니다. 이어서 신라 마지막 왕인 경순왕 김부도 고려에 항복했고, 왕건은 김부를 최초의 사심관으로 임명했습니다. 왕건은 후백제의 신검과의 일리천 전투를 승리로 이끌며 936년 후삼국을 완전히 통일했습니다.
>
> 💡 **공고횐신일**☆ *공산(대구) 전투 → 고창(안동) 전투 → 견훤 유폐 및 투항 → 신라의 항복 → 일리천 전투*

① 궁예가 광평성을 설치하였다.
  ➡ 궁예가 광평성을 설치한 것은 고려 건국(918) 전이죠.
② 장문휴가 당의 등주를 공격하였다.
  ➡ 장문휴가 당의 등주를 공격한 것은 8C 발해 무왕 때의 일입니다.
③ 신숭겸이 공산 전투에서 전사하였다.
  ➡ 공산 전투는 견훤 유폐 전의 일이죠. 💡 **공고횐신일**☆
④ 왕건이 일리천 전투에서 승리하였다.
  ➡ 왕건의 일리천 전투 승리가 정답이네요. 💡 **공고횐신일**☆
⑤ 김헌창이 웅천주에서 반란을 일으켰다.
  ➡ 웅천주 도독 김헌창의 난은 822년 헌덕왕 때, 신라 말의 혼란기에 일어납니다.
  💡 **헤이 창고가 진상이 됐네, 원적외선 나와서**☆

(가)~(다)에 대한 설명으로 옳은 것은? [3점]

사진으로 보는 신라의 탑

(가)
경주 분황사
모전 석탑

(나)
경주 감은사지
동 삼층 석탑

(다)
화순 쌍봉사
철감선사탑

[출제영역] 신라의 불탑   정답 ⑤
[정답 개념정리]

신라의 불탑은 삼층 석탑이 주류를 이루고 있음을 먼저 알아두세요. 불국사 삼층 석탑, 감은사지 삼층 석탑이 대표적이죠. 선덕여왕 때 만들어진 분황사 모전 석탑은 전탑 양식을 모방한 석탑으로 현존하는 가장 오래된 신라 석탑입니다. 감은사지 동·서 삼층 석탑은 문무왕이 창건을 시작하고 신문왕이 부왕의 유언을 받들어 완성한 감은사에 세워진 탑입니다. 화순 쌍봉사 철감선사탑은 선종이 유행했던 신라 말의 승탑입니다.

① (가) – 내부에서 무구정광대다라니경이 발견되었다.
  ➡ 보수 과정 중에 무구정광대다라니경이 발견된 탑은 불국사 삼층 석탑이죠. 석가탑, 무영탑으로도 불린다는 사실 꼭 알아두셔야 해요.
② (가) – 1층 탑신에 당의 장수 소정방의 명으로 새긴 글이 있다.
  ➡ 1층 탑신에 당의 소정방이 글을 새긴 탑은 백제 부여 정림사지 오층 석탑입니다. 이 사연 때문에 '평제탑'이라고도 불리죠.
③ (나) – 자장의 건의로 건립되었다.
  ➡ 자장의 건의로 선덕여왕 때 건립된 탑은 황룡사 구층 목탑이에요. 💡 **선덕여왕은 황분첨**☆ *황룡사 구층 목탑, 분황사 모전 석탑, 첨성대*
  황룡사는 진흥왕 때 건립되었다는 사실도 알아두시면 금상첨화겠죠. 💡 ㅎㅎ☆ *황룡사, 진흥왕*
④ (나) – 돌을 벽돌 모양으로 다듬어 쌓았다.
  ➡ 돌을 벽돌 모양으로 쌓은 것은 (가) 분황사 모전 석탑이죠. '모전'은 전(벽돌)탑을 모방했다는 뜻이에요.
⑤ (다) – 선종의 영향을 받아 만들어졌다.
  ➡ 선종의 영향으로 만들어진 승탑, 정확합니다.

(가)에 들어갈 내용으로 적절한 것은? [2점]

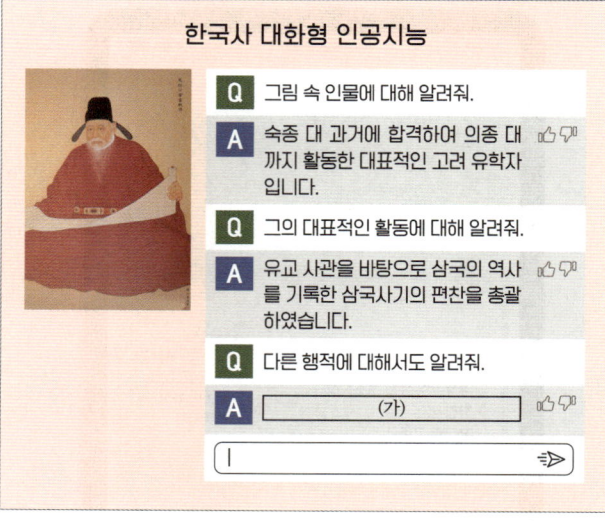

한국사 대화형 인공지능

Q 그림 속 인물에 대해 알려줘.
A 숙종 대 과거에 합격하여 의종 대까지 활동한 대표적인 고려 유학자입니다. 👍👎
Q 그의 대표적인 활동에 대해 알려줘.
A 유교 사관을 바탕으로 삼국의 역사를 기록한 삼국사기의 편찬을 총괄하였습니다. 👍👎
Q 다른 행적에 대해서도 알려줘.
A   (가)   👍👎

[출제영역] 김부식   정답 ②
[정답 개념정리]

고려 인종 때 활약했던 인물인 김부식과 관련해서는 두 가지 다른 느낌의 사실을 정확히 알고 계셔야 해요. 하나는 역사학자로서의 업적인 현존 최고(最古) 역사서 삼국사기를 인종의 명을 받아 편찬했다는 것이죠. 그리고 다른 하나는 개경 세력의 중심 인물로서, 금국 정벌과 서경 천도를 주장하며 묘청 등이 난을 일으키자 관군을 이끌고 진압했다는 것입니다.

① 봉사 10조를 국왕에게 올렸습니다.
  ➡ 봉사 10조는 무신 집권기 최충헌이 왕에게 올린 것이죠. 기축 봉사는 우암 송시열이 효종에게 북벌을 주장하면서 올린 것입니다.
② 관군을 이끌고 묘청의 난을 진압하였습니다.
  ➡ 서경파 묘청을 개경파 김부식이 진압한 사실이 매우 중요해요. 묘청의 난의 실패를 민족주의 역사학자 신채호는 조선사 연구초에서 조선사 일천 년내 제일 대사건이라고 말했지요.
③ 만권당에서 원의 유학자들과 교유하였습니다.
  ➡ 만권당에서 원의 학자들과 교류한 인물은 이제현이죠. 💡 **이제 만원의 역사가 시작된다**☆ *이제현, 만권당, 원과의 교류, 역옹패설, 사략*
④ 불씨잡변을 저술하여 불교를 비판하였습니다.
  ➡ 불씨잡변, 조선경국전, 경제문감은 조선을 설계한 삼봉 정도전의 저서입니다.
⑤ 9재 학당을 설립하여 유학 교육에 힘썼습니다.
  ➡ 9재 학당은 고려 사학의 대가 최충이 설립했지요. 최충과 관련된 키워드인 9재 학당, 문헌공도, 해동공자 등을 꼭 기억하세요.

13

(가)~(다)를 일어난 순서대로 옳게 나열한 것은? [3점]

(가) 왕이 먼저 나라 안의 신하들을 권유하여 개경으로 환도하게 하였다. 여러 신하들이 말하기를 "임금의 명령인데, 감히 따르지 않을 수 있겠는가?"라고 하였으므로, 임유무가 화가 나서 어떻게 해야 할지를 알지 못하였다.

(나) 조위총이 군사를 일으키자, 이의방이 이의민을 정동대장군 지병마사로 임명하였다. 이의민이 군사를 거느리고 전투에 나섰다가 날아오는 화살에 눈을 맞았으나, 철령으로 진군하여 사방에서 북을 치고 고함을 지르면서 급습하여 크게 격파하였다.

(다) 백관이 최우의 집에 나아가 정년도목(政年都目)을 올렸다. 최우가 청사에 앉아 그것을 받았다. 6품 이하는 당하(堂下)에서 두 번 절하고 땅에 엎드려 감히 고개를 들고 보지 못하였다. 이때부터 최우는 정방을 그의 집에 두고 백관의 인사 행정을 처리하였다.

① (가) – (나) – (다)
② (가) – (다) – (나)
③ (나) – (가) – (다)
④ (나) – (다) – (가)
⑤ (다) – (나) – (가)

[출제영역] 고려 무신 집권기 　　　　　정답 ④
[정답 개념정리]

(나) 무신 집권기 초기 조위총의 난입니다.
💡**보조망이 미심적연**☆ 김보당, 조위총의 난(이의방) → 망이·망소이의 난(정중부) → 김사미, 효심의 난(이의민) → 만적의 난(최충헌) → 이연년 형제의 난(최우)

(다) 최우 집권기 정방 설치 내용이죠. 최우 때 설치된
💡**정서삼**☆ 정방, 서방, 삼별초를 기억해야죠.
💡**방정경이최최**☆ 이의방 → 정중부 → 경대승 → 이의민 → 최충헌 → 최우

(가)는 정부가 개경 환도를 결정한 내용이지요. 무신 집권기 말기 상황입니다. 이때부터 원 간섭기가 시작되죠. 따라서 정답은 (나) 조위총의 난–(다) 최우 집권기–(가) 무신 집권기 말기입니다.

14

밑줄 그은 '왕'의 재위 기간에 볼 수 있는 모습으로 가장 적절한 것은? [1점]

이자춘이 쌍성 등지의 천호들을 거느리고 내조하니 <u>왕</u>이 맞이하며 말하기를 "어리석은 민(民)을 보살펴 편안하게 하느라 얼마나 노고가 많았는가?"라고 하였다. 그때 어떤 사람이 '기철이 쌍성의 반민(叛民)들과 몰래 내통하여 한패로 삼아 역모를 도모하려 한다'고 밀고하였다. 왕이 이자춘에게 이르기를, "경은 마땅히 돌아가서 우리 민을 진정시키고, 만일 변란이 일어나면 마땅히 내 명령대로 하라."라고 하였다. … 이자춘이 명령을 듣고 곧 행군하여 유인우와 합세한 후 쌍성총관부를 공격하여 격파하였다.

[출제영역] 고려 공민왕 　　　　　정답 ④
[정답 개념정리]

원 간섭기 말에 반원 자주 정책을 펼친 공민왕의 대표적 업적이죠. 공민왕 대에 일어난 일이 워낙 많아서 암기 코드로 기억하시면 좋아요.
💡**공민왕이 신성한 유엔에서 반기문 총정에게 감동했다**☆ 신진 사대부 등용, 성균관 정비, 반원 자주 정책, 기철(권문세족) 숙청, 정동행성 이문소 폐지, 쌍성총관부 수복, 정방 폐지, 전민변정도감 재설치(신돈), 홍건적 침입 때 복주(안동) 피신

① 초량 왜관에서 교역하는 상인
➡ 초량 왜관은 조선 후기 일본과의 교역 장소죠. 두모포도 후기이고, 제포나 염포가 나오면 전기에요.

② 내의원에서 동의보감을 읽는 의원
➡ 동의보감은 조선 광해군 때 허준이 편찬합니다.
💡**광동제약**☆ 광해군, 대동법, 동의보감

③ 주자감에서 유학을 공부하는 학생
➡ 주자감은 발해의 국립대학이죠.
💡**발주**☆ 발해, 주자감

④ 전민변정도감에 억울함을 호소하는 농민
➡ 승려 신돈을 등용하여 전민변정도감을 재정비한 왕이 공민왕이죠.

⑤ 황룡사 구층 목탑의 건립에 참여하는 장인
➡ 황룡사 구층 목탑은 선덕여왕 때 승려 자장의 건의로 건립되죠. 💡**선덕여왕은 황분첨**☆ 황룡사 구층 목탑, 분황사 모전 석탑, 첨성대

15

밑줄 그은 '시기'의 사실로 옳은 것은? [2점]

이 그림은 공민왕과 그의 왕비인 노국 대장 공주의 초상화야. 고려에는 노국 대장 공주 외에도 제국 대장 공주, 계국 대장 공주 등 원 출신의 왕비들이 여럿 있었어.

맞아. 충렬왕부터 공민왕에 이르는 시기의 왕들은 원의 공주들과 결혼했어.

[출제영역] 원 간섭기   정답 ①

[정답 개념정리]

원 간섭기 관련 키워드는 꼭 알아두세요.
충*왕, 첨의부와 4사, 도평의사사, 쌍성총관부(화주, 철령 이북), 동녕부(서경, 자비령 이북), 탐라총관부(제주) 설치, 다루가치(감찰관), 정동행성(일본 원정 2회 실패)/이문소 설치, 결혼도감(공녀 징발 → 조혼), 응방(매), 친원파 권문세족의 대농장 소유, 기철, 몽골풍(변발, 호복, 족두리, 연지, 소주, 만두) 전래와 고려양(떡, 두루마기) 전파, 김방경(여몽 연합군 고려 장수), 제국 대장 공주(충렬왕), 노국 대장 공주(공민왕)

① 권문세족이 도평의사사를 장악하였다.
➡ 친원파 권문세족이 도평의사사를 장악한 것 정확히 원 간섭기의 내용이죠. 도평의사사는 충렬왕 때 도병마사의 구성과 기능이 확대되면서 개편된 것입니다.

② 왕조 교체를 예언하는 정감록이 유포되었다.
➡ 도참사상이 유행하면서 정감록과 같은 예언서가 유포된 것은 조선 후기죠.

③ 강조가 정변을 일으켜 김치양을 제거하였다.
➡ 강조의 정변으로 목종이 폐위되고 현종이 즉위하자, 거란은 이를 구실로 2차 침입을 감행했죠. 💡**123 성현현 서양강**☆ *거란 1차 성종 서희, 2차 현종 양규, 3차 현종 강감찬*

④ 김보당이 의종 복위를 주장하며 난을 일으켰다.
➡ 김보당의 난은 무신 집권기 초기의 일이죠. 💡**보조망이 미심적연**☆ *김보당, 조위총의 난(이의방) → 망이 망소이의 난(정중부) → 김사미, 효심의 난(이의민) → 만적의 난(최충헌) → 이연년 형제의 난(최우)*

⑤ 국정을 총괄하는 기구로 교정도감이 설치되었다.
➡ 교정도감은 최충헌이 설치한 국정 총괄 기구죠. 최충헌은 스스로 교정도감의 최고 책임자인 교정별감이 되죠.

16

㉠~㉣ 기구에 대한 설명으로 옳은 것을 〈보기〉에서 고른 것은? [2점]

🔍 역사 돋보기

왕실과의 혼인을 통한 이자겸의 출세

음서로 관직에 진출한 이자겸은 1108년 둘째 딸이 예종의 비가 되면서 빠른 속도로 출세하였다.
1109년 ㉠ 추밀원(중추원) 부사, 1111년 ㉡ 어사대의 대부가 된다. 1113년에는 ㉢ 상서성의 좌복야에 임명되었고, 1118년 재신으로서 판이부사를 맡았으며, 1122년 ㉣ 중서문하성 중서령에 오른다.

〈보기〉

ㄱ. ㉠ – 군사 기밀과 왕명 출납을 담당하였다.
ㄴ. ㉡ – 소속 관원이 낭사와 함께 서경권을 행사하였다.
ㄷ. ㉢ – 화폐·곡식의 출납과 회계를 담당하였다.
ㄹ. ㉣ – 원 간섭기에 도평의사사로 개편되었다.

① ㄱ, ㄴ   ② ㄱ, ㄷ   ③ ㄴ, ㄷ   ④ ㄴ, ㄹ   ⑤ ㄷ, ㄹ

[출제영역] 고려의 정치 기구   정답 ①

[정답 개념정리]

고려의 정치 기구는 일단 2성 6부죠. 최고 정치 기구인 중서문하성(정책을 결정하는 재신, 간언을 하는 낭사)과 실무를 담당하는 이, 호, 예, 병, 형, 공 6부를 밑에 둔 상서성이 있죠. 또 군사 기밀(추밀)과 왕명 출납(승선)을 담당하는 중추원, 관리를 감찰하는 어사대, 화폐와 곡식의 출납을 맡은 회계 기구인 삼사가 있답니다.

그런데 조금 복잡한 것이 있죠. 중서문하성의 재신과 중추원의 추밀이 함께하는 '재추 회의'를 기억해야 합니다. 재신과 추밀의 앞 자를 따서 재추 회의이고, 재추 회의는 다시 국방 문제를 회의하는 도병마사(원 간섭기에 도평의사사로 개편)와 관제와 격식을 논의하는 식목도감으로 구성되었어요. 한편, 중서문하성의 낭사와 어사대의 관원은 대간으로, 언론 기능을 담당하는데, 간쟁, 봉박(왕명 거부), 서경(관리 임명과 법령·제도의 제정·개폐에 대한 동의권)의 권한을 가집니다. 조금 복잡해서 반복 학습이 필요한 부분이에요. 따라서 정답은 1번 ㄱ, ㄴ입니다.

17

(가)에 들어갈 내용으로 가장 적절한 것은? [1점]

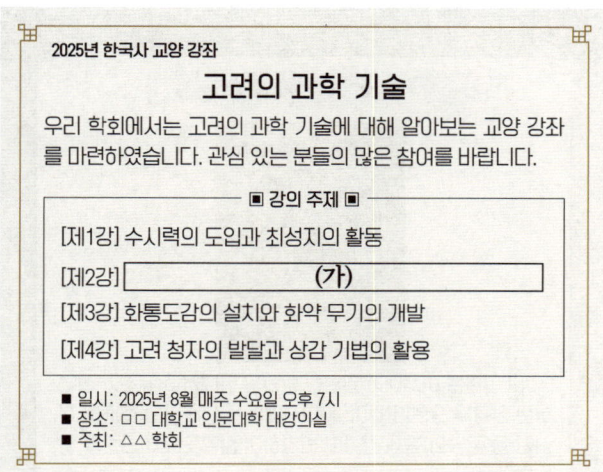

2025년 한국사 교양 강좌

고려의 과학 기술

우리 학회에서는 고려의 과학 기술에 대해 알아보는 교양 강좌를 마련하였습니다. 관심 있는 분들의 많은 참여를 바랍니다.

■ 강의 주제 ■

[제1강] 수시력의 도입과 최성지의 활동

[제2강] **(가)**

[제3강] 화통도감의 설치와 화약 무기의 개발

[제4강] 고려 청자의 발달과 상감 기법의 활용

■ 일시: 2025년 8월 매주 수요일 오후 7시
■ 장소: □□ 대학교 인문대학 대강의실
■ 주최: △△ 학회

[출제영역] 고려의 과학   정답 ④
[정답 개념정리]

> 수시력은 원의 달력으로 고려 시대 원 간섭기에 들어왔고, 고려 말 최무선은 화통도감에서 만든 화포로 진포 대첩 등에서 왜구를 물리쳤죠. 고려청자는 초기 순청자에서 상감 기법이 가미된 상감청자로 점차 발전합니다.

① 의약학의 발전과 향약집성방의 편찬
➡ 향약집성방은 조선 세종 때 편찬된 의약서죠. 고려의 의약서는 향약구급방이에요.
💡ㄱㄱ, ㅈㅅ☆ 고려 향약구급방, 조선 향약집성방

② 100리 척의 사용과 동국지도의 제작
➡ 100리 척을 처음 사용하여 동국지도를 만든 인물은 조선 후기 정상기죠.

③ 기하학적 원리와 경주 석굴암의 조성
➡ 경주 석굴암은 신라 경덕왕 때 김대성의 발원으로 조성되었죠.

④ 금속활자 기술과 직지심체요절의 간행
➡ 직지심체요절은 현존 최고(最古)의 금속 활자본이에요. 고려 시대에 청주 흥덕사에서 만들어졌죠. 현재는 프랑스 국립도서관에 보관되어 있습니다.

⑤ 농업 기술의 발달과 임원경제지의 저술
➡ 임원경제지를 저술한 서유구는 조선 후기의 학자입니다.

18

밑줄 그은 '인물'에 대한 설명으로 옳은 것은? [2점]

[출제영역] 정도전   정답 ④
[정답 개념정리]

> 삼봉 정도전은 태조 이성계를 도와 조선을 설계한 인물이죠. 경복궁의 이름 및 주요 건물들을 명명했지요. 조선경국전, 경제문감, 불씨잡변 등을 저술했고, 재상 중심의 정치를 꿈꾸었지만, 제1차 왕자의 난 때 이방원 세력에 의해 살해되었죠.

① 최초의 서원인 백운동 서원을 건립하였다.
➡ 백운동 서원은 성리학을 들여온 고려의 학자 안향을 기리기 위해 중종 때 풍기 군수 주세붕의 건의로 세워졌죠. 그 후 명종 때 풍기 군수였던 이황의 건의로 사액을 받아 최초의 사액 서원인 소수서원이 된다는 사실도 함께 기억해 주세요.

② 일본에 다녀와서 해동제국기를 편찬하였다.
➡ 해동제국기는 성종 때 신숙주가 쓴 책이죠.
💡성종은 국악 4동☆ 국조오례의, 악학궤범, 동문선, 동국통감, 동국여지승람, 해동제국기

③ 성학십도를 지어 군주의 도를 도식으로 설명하였다.
➡ 성학십도는 퇴계 이황의 저서죠.
💡황도, 이집요☆ 이황— 성학십도, 이이—성학집요

④ 조선경국전을 저술하여 통치 제도 정비에 기여하였다.
➡ 조선경국전은 정도전이 만든 사찬 법전이죠. 그 외에도 경제문감, 불씨잡변 등의 저서가 있지요.

⑤ 경세유표를 집필하여 국가 제도의 개혁 방향을 제시하였다.
➡ 경세유표의 저자는 다산 정약용이에요.
💡정약용은 1표 2서☆ 경세유표, 목민심서, 흠흠신서

19

(가) 국가의 탑으로 옳은 것은? [1점]

이 탑은 원래 개성에 있었는데 지금은 국립 중앙 박물관에 옮겨져 새로운 영상 기법으로 전시되고 있습니다. (가) 시대에 만들어진 이 탑은 이후 원각사지 십층 석탑에 영향을 주기도 하였습니다.

[출제영역] 개성 경천사지 십층 석탑   정답 ③
[정답 개념정리]

고려 시대 원의 영향을 받은 탑으로 조선 세조 때 만들어진 원각사지 십층 석탑에 영향을 줬지요. 고려 시대 탑의 특징은 다각 다층이라는 것이죠. 그 대표가 월정사 팔각 구층 석탑입니다.

①  ➡ 신라의 불국사 삼층 석탑(석가탑, 무영탑)이죠.

②  ➡ 부여 정림사지 오층 석탑이죠. 1층 탑신에 백제를 멸망시킨 당 장수 소정방의 글이 새겨져 있어 '평제탑'이라고도 불리는 백제의 문화유산입니다.

③  ➡ 월정사 팔각 구층 석탑, 고려를 대표하는 다각 다층 탑이죠.

④  ➡ 신라의 화엄사 사사자 삼층 석탑이죠.

⑤  ➡ 백제 무왕 때 건립한 익산 미륵사지 석탑이에요.
☀ **무익**☆ 무왕, 익산, ☀**무미**☆ 무왕, 미륵사

20

(가) 왕에 대한 설명으로 옳은 것은? [3점]

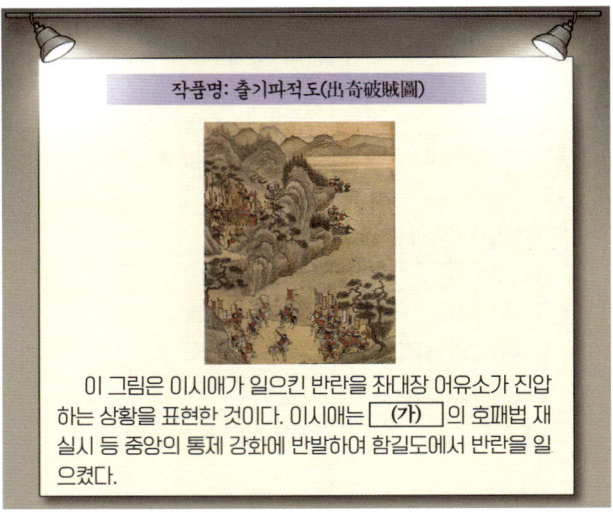

작품명: 출기파적도(出奇破賊圖)

이 그림은 이시애가 일으킨 반란을 좌대장 어유소가 진압하는 상황을 표현한 것이다. 이시애는 (가) 의 호패법 재실시 등 중앙의 통제 강화에 반발하여 함길도에서 반란을 일으켰다.

[출제영역] 조선 세조   정답 ②
[정답 개념정리]

조선 세조 때 호패법을 다시 실시하고, 서울에서 지방관을 파견한 것에 불만을 품고 함길도 길주의 세력가인 이시애가 일으킨 반란이에요. 이시애의 난이 세조 때 일어났다는 사실을 꼭 알아두세요. ☀ **시애 → 세조**☆

① 주자소를 설치하여 계미자를 주조하였다.
➡ 주자소를 설치하여 계미자를 만든 것은 태종이죠.
☀ **호사 계왕자 혼신육사**☆
호패법, 사병 혁파, 계미자, 왕자의 난, 혼일강리역대국도지도, 신문고, 육조직계제, 사간원 독립
갑인자는 세종 때 만들어진 활자입니다. 태종보다는 세종이 갑이죠^^

② 현직 관리를 대상으로 직전법을 실시하였다.
➡ 현직 관리에게만 수조권을 주는 직전법을 실시하고, 수신전, 휼양전도 폐지한 왕이 세조죠.

③ 조선의 기본 법전인 경국대전을 완성하였다.
➡ 경국대전 편찬의 시작은 세조, 완성은 성종 때입니다. 그 후 경국대전의 변화 과정도 꼭 알아두셔야 합니다.
☀ **경국대전(세조~성종) → 속대전(영조) → 대전통편(정조) → 대전회통(흥선대원군)**☆

④ 기유약조를 체결하여 일본과의 무역을 재개하였다.
➡ 기유약조로 일본과의 무역을 재개한 것은, 광해군 때죠.
☀ **세계, 광기**☆ 세종—계해약조, 광해군—기유약조

⑤ 폐비 윤씨 사사 사건을 빌미로 갑자사화를 일으켰다.
➡ 연산군이 생모 폐비 윤씨 사사 사건과 관련된 신하들을 대거 숙청한 사건이 갑자사화죠.
☀ **엄마 원수를 갑자**☆ 연산군의 갑자사화

(가) 기구에 대한 설명으로 옳은 것은? [2점]

> 이 그림은 (가) 의 감찰인 김종한 등 23인의 계회를 기념하여 그린 이십삼상대회도입니다. '상대'는 백관에 대한 규찰과 탄핵 등을 관장하던 (가) 의 별칭입니다. 이 계회도의 하단에는 감찰 23인의 품계와 성명, 그리고 그 부친의 관직과 성명 등이 기재되어 있어 조선 초기 계회도를 이해하는 데 큰 도움이 됩니다.

[출제영역] 사헌부 　　　　　　　　　　　　　정답 ⑤
[정답 개념정리]

> 사헌부는 조선시대 감찰 기관이며 사간원과 함께 양사 혹은 대간, 홍문관과 함께 삼사로 불리는 중요한 기구죠. 다른 시대의 감찰 기관도 비교해서 알아두어야 합니다. 고려 시대에는 어사대, 신라 태종 무열왕 때에는 사정부, 문무왕 때에는 지방 감찰관 외사정, 발해에는 중정대가 감찰 기관으로 설치됩니다.

① 수도의 행정과 치안을 담당하였다.
➡ 수도 행정과 치안은 한성부가 담당했죠. 최고 관리는 판윤이죠.

② 을묘왜변을 계기로 상설 기구화되었다.
➡ 비변사는 중종 때 삼포왜란이 일어나 임시기구로 설치되고, 명종 때 을묘왜변으로 상설 기구화되죠. 가장 시험에 많이 출제되는 포인트는 흥선대원군 때 혁파된다는 것입니다.

③ 서얼 출신 학자들이 검서관에 등용되었다.
➡ 정조 때 서얼 출신 학자들을 규장각의 검서관으로 등용하죠. 💡제공덕수💡 박제가, 유득공, 이덕무, 서이수

④ 역사서를 편찬하고 사고에 보관하는 일을 맡았다.
➡ 역사서 편찬과 보관은 춘추관에서 했죠.
💡춘(봄)추(가을)가 반복되면 역사💡

⑤ 대사헌을 수장으로 집의, 장령 등의 관직을 두었다.
➡ 사헌부의 수장은 대사헌, 사간원의 수장은 대사간이에요. 홍문관은 대제학이죠.

밑줄 그은 '왕'의 재위 기간에 있었던 사실로 옳은 것은? [2점]

[역사 다큐멘터리 기획안]

조선, 전국적인 규모의 여론 조사를 실시하다!

■ 기획의도
여론 조사를 통해 정책을 추진하려는 왕의 모습에서 '민본'의 의미를 생각해본다.

■ 장면별 주요 내용
#1. 왕은 관리와 백성을 대상으로 공법 시행에 대한 전국적인 찬반 조사를 명하다.
#2. 호조에서 찬성 98,657명, 반대 74,149명이라는 결과를 보고하다.
#3. 여러 차례 보완을 거쳐 토지의 비옥도와 풍흉에 따라 조세를 차등 징수하는 내용의 공법을 확정하다.

[출제영역] 조선 세종 　　　　　　　　　　정답 ②
[정답 개념정리]

> 공법은 조선 세종 때 실시한 전세제도죠. 조선 초에는 고려 말의 과전법 체제를 바탕으로 1/10의 세율을 원칙적으로 적용해서 백성들의 부담이 컸지요. 이를 합리적으로 시정하기 위해 세종은 공법을 시행했어요. 토지 비옥도에 따라 차등 부과하는 전분 6등법, 풍흉에 따라 차이를 두는 연분 9등법이 공법의 구체적인 내용이죠.

① 세계지도인 혼일강리역대국도지도가 제작되었다.
➡ 태종 때 혼일강리역대국도지도가 만들어지죠.
💡호사 계왕자 혼신육사💡

② 각지의 농법을 작물별로 정리한 농사직설이 간행되었다.
➡ 농사직설은 세종 때 전국의 농업 장인들의 농법을 집대성해서 만든 책이죠. 💡ㅈㅅ💡 조선, 농사직설

③ 유능한 인재를 양성하기 위해 초계문신제가 시행되었다.
➡ 초계문신제는 정조 때 시행되죠. 💡정조는 규수 탁초장 휘3통💡 규장각, 수원화성, 탁지지, 초계문신제, 장용영, 동문휘고, 대전통편, 신해통공, 무예도보통지

④ 우리나라와 중국의 의서를 망라한 동의보감이 완성되었다.
➡ 허준의 동의보감이 완성된 것은, 광해군 때입니다.
💡광동제약💡 광해군, 대동법, 동의보감
인조 때 편찬된 허임의 침술서 침구경험방도 함께 알아두세요.

⑤ 전국의 지리, 풍속 등이 수록된 동국여지승람이 편찬되었다.
➡ 동국여지승람은 성종 때 편찬되었죠.
💡성종은 국악 4동💡 국조오례의, 악학궤범, 동문선, 동국통감, 동국여지승람, 해동제국기

(가) 왕이 추진한 정책으로 옳은 것은? [1점]

[해설] 이것은 장용영 내영에서 수원외사 번암 채제공에게 보낸 전령(傳令)입니다. 새롭게 마련된 장용영 절목의 문제점을 중앙에 아뢰어 고치도록 권한 내용을 담고 있습니다. 장용영은 ___(가)___ 이/가 조직한 친위 부대로 서울에 내영, 수원 화성에 외영을 두어 규장각과 함께 왕권 강화를 목적으로 운영되었습니다.

[출제영역] 조선 정조　　　　　　　　　　정답 ③
[정답 개념정리]

> 장용영은 정조의 국왕 친위 부대죠. 한양에 내영, 수원화성에 외영이 설치되었어요. 정조의 정치적 동반자 채제공의 이름도 기억해 두세요.

① 나선 정벌에 조총 부대를 파견하였다.
→ 나선 정벌에 조총 부대를 파견한 것은, 효종 때죠.
　💡변신☆ 1차 변급, 2차 신류
　병자호란 이후 청에 볼모로 끌려갔다가 귀국한 효종은 청에 대한 적개심으로 북벌을 추진했지만 실행에 옮기지 못했고, 오히려 청의 요청으로 나선 정벌에 지원부대를 파견한 것이에요.

② 호포제를 시행하여 양반에게도 군포를 징수하였다.
→ 호포제는 흥선대원군 때 실시되죠. 신분과 관계없이 호(집)별로 군포를 징수한 제도죠. 양반의 반발이 거셌겠죠.

③ 문신을 재교육하기 위한 초계문신제를 실시하였다.
→ 초계문신제가 정조 때 시행되죠.
　💡정조는 규수 탁초장 휘3통☆

④ 삼정의 문란을 시정하고자 삼정이정청을 설치하였다.
→ 삼정이정청은 임술 농민 봉기 때 안핵사로 파견된 박규수가 철종에게 건의하여 설치되죠. 박규수는 4년 후인 1866년에는 평안 감사가 되어 있었죠. 제너럴셔먼호 사건 때 평양 관민들과 함께 미국의 무장상선을 불태워 격침시켰죠. 그로부터 5년 후, 로저스 제독이 이끄는 미군 함대가 강화도를 침략한 사건이 바로 신미양요입니다. 임술 농민 봉기부터 신미양요까지 사건이 물 흐르듯 이어지지요.

⑤ 각 궁방과 중앙 관서의 공노비 6만여 명을 해방하였다.
→ 공노비 6만 6천여 명의 해방은 순조 때 이루어집니다. 공사 노비법이 모두 혁파된 것은, 제1차 갑오개혁이죠.
　💡공순☆ 공노비 해방, 순조

다음 자료를 활용한 탐구 활동으로 가장 적절한 것은? [2점]

> 처음에 공신 배극렴·조준·정도전이 세자를 세울 것을 청하면서, 나이와 공로를 고려하여 정하기를 청하였다. 임금이 강씨를 중히여겨 이방번에게 뜻이 있었으나, 공신들은 방번이 적합하지 않다고 생각하여 사적으로 서로 이야기하기를, "만일 강씨 소생이어야 한다면 막내가 조금 낫겠다."라고 하였다. 이후 임금이 "누가 세자가 될 만한가?"라고 물으니, 맏아들 혹은 공로가 있는 사람을 세워야만 된다고 간절히 말하는 사람이 없었다. 이에 극렴이 말하기를, "막내 아들이 좋습니다."라고 하니, 임금이 마침내 뜻을 결정하여 어린 이방석을 왕세자로 삼았다.

[출제영역] 제1차 왕자의 난　　　　　　정답 ①
[정답 개념정리]

> 조선 태조 이성계 때 세자 책봉 문제로 왕자들끼리 충돌한 사건이죠. 태조의 다섯 번째 아들 방원은 이복동생 방석이 세자로 책봉되자 난을 일으켜 방석을 제거하지요. 1차 왕자의 난으로 정도전도 제거되죠. 하지만 방원은 바로 왕위에 오르지 않고 형인 방과(정종)가 즉위합니다.
> 정종 재위 시기에 또 한 번 형제간의 갈등이 폭발하죠. 신하 박포의 종용으로 태조의 네 번째 아들 방간이 방원을 제거하려 했지만, 오히려 방원에게 무릎을 꿇게 되죠. 2차 왕자의 난입니다. 조선 3대 왕 태종이 즉위하지요.

① 제1차 왕자의 난이 일어난 이유를 찾아본다.
→ 지문을 통해 1차 왕자의 난의 원인을 알 수 있어요.

② 수양대군이 정권을 장악하는 과정을 조사한다.
→ 수양대군이 정권을 장악한 계기가 된 사건은 계유정난이죠.

③ 사림이 동인과 서인으로 나뉘게 된 계기를 파악한다.
→ 사림이 동인과 서인으로 분열된 것은 이조 전랑 임명과 척신 정치의 청산을 둘러싼 갈등 때문이었어요.

④ 폐모살제 등을 구실로 반정을 일으킨 세력을 검색한다.
→ 광해군은 폐모살제, 중립 외교 등의 이유로 서인이 주도한 인조반정으로 폐위됩니다.

⑤ 허적과 윤휴 등 남인이 대거 축출되는 사건을 알아본다.
→ 허적, 윤휴 등의 남인이 대거 축출되는 사건은 숙종 때 경신환국이죠. 💡경거망동한 신하☆ 경신환국

다음 자료에 등장하는 왕에 대한 설명으로 옳은 것은?

[2점]

○ 개천이 점점 막혀 …… 장마 때마다 범람할까 근심하게 되었다. 왕이 이르기를 …… 이에 준천사(濬川司)를 설치하여 병조판서와 한성부 판윤, 삼군문의 대장으로 하여금 준천 당상을 겸하도록 하고 도청, 낭청 각 1인을 두었다. 매년 개천 바닥을 파서 물이 넘치지 않도록 하였다.

○ 국초에 신문고를 설치하여 억울함을 지닌 백성들로 하여금 북을 쳐서 알리도록 하였는데, 그 법이 폐해진 지 이미 오래되었다. 왕이 …… 마침내 복구하도록 명하였다. 북을 울리는 자가 있으면 …… 해당 관청에서 아뢰도록 하였다.

[출제영역] 조선 영조 　　　　　　　정답 ②
[정답 개념정리]

> 청계천 준설과 신문고 부활은 영조의 업적이에요. 준천사를 설치하고 개천의 바닥을 파서 청계천의 범람을 예방했지요. ☀영계천☀ (영조, 청계천 범람 예방) 신문고는 태종 때 처음 설치되었지만, 중간에 폐지와 재설치를 반복하죠. 세조와 명종 때 폐지되었고, 재설치는 성종과 영조 때입니다.

① 나선 정벌에 조총 부대를 파견하였다.
  ➡ 나선 정벌에 조총 부대를 파견한 것은 효종 때죠.
    ☀변신☀ 1차 변급, 2차 신류
② 통치 규범을 재정비한 속대전을 편찬하였다.
  ➡ 속대전이 영조 때 편찬되죠.
    ☀영조는 속편 전문, 영속속☀ 영조, 속대전, 속오례의
③ 청과 국경을 정한 백두산정계비를 건립하였다.
  ➡ 백두산정계비는 숙종 때 건립되어요.
    ☀백숙☀ 백두산정계비, 숙종
④ 문신을 재교육하기 위한 초계문신제를 시행하였다.
  ➡ 초계문신제는 정조 때 시행되죠. ☀정조는 규수 탁초장 휘3통☀ 규장각, 수원화성, 탁지지, 초계문신제, 장용영, 동문휘고, 대전통편, 신해통공, 무예도보통지
⑤ 한성 방어를 위하여 총융청과 수어청을 창설하였다.
  ➡ 어영청, 총융청, 수어청은 인조 때 설치되죠.
    ☀훈-어/총/수-금☀ 훈련도감(선조), 어영청/총융청/수어청(인조), 금위영(숙종)

다음 기사에 보도된 전투 이후의 사실로 옳은 것은? [2점]

역사 신문

제△△호　　　　　　　　　　　　　○○○○년 ○○월 ○○일

조·명 연합군, 평양성 탈환

평안도 도체찰사 류성룡, 도원수 김명원이 이끄는 관군이 명 제독 이여송 부대에 합세하여 평양성을 되찾았다. 이번 전투에서 아군의 불랑기포를 비롯한 화포가 위력을 발휘하여 일본군은 크게 패하고 남쪽으로 내려갔다. 이 전투의 승리는 향후 전쟁의 판도를 바꿀 것으로 기대된다.

[출제영역] 임진왜란 　　　　　　　정답 ②
[정답 개념정리]

> 임진왜란 문제가 어렵게 나올 때는 사건의 순서를 물어요. 그것에 대비하려면 1~6의 숫자로 주요 사건의 순서와 내용을 암기하시면 좋아요.
> ☀1단은 정송신선, 2순신, 3시민, 4조명, 5권율, 6재란☀
> • 1단: 정발(부산진), 송상현(동래성), 신립(충주 탄금대, 배수의 진), 선조(의주 피란)
> • 2순신: 옥사당한(옥포해전 → 사천해전 → 당포해전 → 한산도 대첩)
> • 3시민: 김시민 장군의 진주 대첩
> • 4조명: 조명 연합군의 평양성 탈환
> • 5권율: 권율의 행주 대첩
> • 6재란: 정유재란(칠천량해전-원균, 명량 해전-13척으로 130척 격파, 노량해전-이순신 전사)
>
> 지문은 조명연합군의 평양성 탈환을 설명하고 있죠. 네 번째이네요. 그렇다면 '5권율'이나 '6재란' 중에 답이 있겠군요.

① 송상현이 동래성에서 항전하였다.
  ➡ 송상현의 동래성 전투는 ☀1단은 정송신선☀이니까 임진왜란 초기죠.
② 권율이 행주산성에서 적군을 격퇴하였다.
  ➡ 권율의 행주 대첩이 ☀5권율☀이니까 정답이네요.
③ 이순신이 한산도 앞바다에서 대승을 거두었다.
  ➡ 이순신의 한산도 대첩은 ☀2순신의 옥사당한☀이니까 그 전이죠.
④ 신립이 탄금대 앞에서 배수의 진을 치고 싸웠다.
  ➡ 배수의 진을 치고 싸운 신립의 충주 탄금대 전투는 ☀1단은 정송신선☀이니까 임진왜란 초기죠.
⑤ 최윤덕이 올라산성에서 이만주 부대를 정벌하였다.
  ➡ 최윤덕은 세종 때 4군 6진 중 4군을 개척한 인물이니 조선 초기죠.

(가), (나) 인물에 대한 설명으로 옳은 것은? [2점]

[출제영역] 조선 후기 실학자　　　　　　　　정답 ④
[정답 개념정리]

> (가) 박제가는 중상학파 실학자로 북학의를 저술했고, 수레와 선박의 중요성을 강조했으며, 재물을 우물에 비유해서 소비를 강조했지요.
> 💡**제가 살게요**✨ 박제가는 소비 강조
> (나) 정약용은 중농학파 실학자로 여전론과 정전론을 주장했고, 1표 2서 (경세유표, 목민심서, 흠흠신서)의 저자죠.
> 💡**여유당 정약용**✨ 여전론, 정전론

① (가) – 100리 척을 사용하여 동국지도를 제작하였다.
　➡ 100리 척을 사용하여 동국지도를 만든 인물은 정상기죠.
② (가) – 곽우록에서 토지 매매를 제한하는 한전론을 제시하였다.
　➡ 곽우록에서 '영업전'은 매매하지 않는다는 한전론을 제시한 인물은 성호 이익이죠.
　　💡**이익의 한계**✨ 이익의 한전론, 💡**이익좀 줘**✨ 이익, 6종
③ (나) – 의산문답에서 중국 중심의 세계관을 비판하였다.
　➡ 의산문답에서 중국 중심 세계관을 비판한 사람은 홍대용이죠. 💡**용각산–용의산**✨ 홍대용, 의산문답
④ (나) – 여전론을 통해 마을 단위의 공동 경작을 주장하였다.
　➡ 여전론과 정전론이 정약용의 주장이죠.
　　💡**여유당 정약용**✨ 여전론, 정전론
⑤ (가), (나) – 양명학을 연구하여 강화학파를 형성하였다.
　➡ 양명학을 연구하여 강화학파를 형성한 인물은 정제두입니다.

(가)~(다)를 일어난 순서대로 옳게 나열한 것은? [2점]

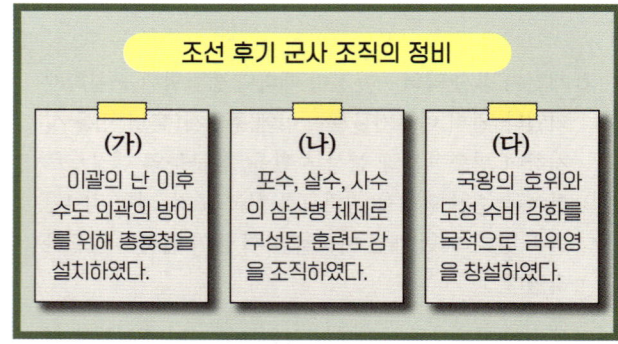

① (가)–(나)–(다)　　　② (가)–(다)–(나)
③ (나)–(가)–(다)　　　④ (나)–(다)–(가)
⑤ (다)–(나)–(가)

[출제영역] 5군영　　　　　　　　　　　정답 ③
[정답 개념정리]

> 조선의 군사제도는 전기에 중앙 5위, 지방 영진군 체제에서 후기 중앙 5군영과 지방 속오군 체제로 변화했어요. 5군영은 임진왜란 때 유성룡의 건의로 조직된 훈련도감, 인조 때 만들어진 어영청, 총융청, 수어청, 숙종 때 창설된 금위영으로 구성되었죠.
> 💡훈(선조) → 어총수(인조) → 금(숙종)✨
> 따라서 정답은 (나) 훈련도감 → (가) 총융청 → (다) 금위영입니다.

29

(가) 궁궐에 대한 설명으로 옳은 것은? [3점]

(가) 복원 기공식 대통령 연설문

임진왜란 때 **(가)** 은/는 불길 속에 휩싸여 흥선대원군이 그 당시의 국력을 기울여 중건할 때까지 270년의 오랜 세월 동안 폐허로 남아 있었습니다. 일제는 1910년 우리나라를 병탄한 뒤 우리 역사의 맥을 끊기 위해 350여 채에 이르던 전각 대부분을 헐어내고 옮겼습니다. 국권의 상징이던 근정전을 가로막아 총독부 건물을 세웠습니다. 이제 우리가 궁을 복원하려는 것은 남에 의해 훼손된 민족사에 대한 긍지를 회복하기 위한 것입니다.

[출제영역] 경복궁   정답 ④
[정답 개념정리]

경복궁은 태조 이성계가 새 나라를 건국하고 지은 조선의 정궁이죠. 임진왜란 때 불탔고 흥선대원군 때 중건되었지요. 창덕궁은 유네스코 세계유산으로 등재되었지만, 경복궁은 그렇지 않다는 것에 주의하세요.

① 일제에 의해 동물원 등이 설치되었다.
➡ 일제에 의해 동물원이 설치되었던 궁은 창경궁이죠.

② 제1차 미소 공동 위원회가 개최되었다.
➡ 제1차 미소 공동 위원회가 개최된 곳은 덕수궁 석조전이에요.

③ 도성 내 서쪽에 있어 서궐이라고 불렸다.
➡ 서궐로 불리는 궁은 경희궁이죠.

④ 조선 물산 공진회 개최 장소로 이용되었다.
➡ 조선 물산 공진회는 1915년 일제 강점기에 경복궁에서 개최된 일종의 박람회죠. 한일 강제 병합의 정당성을 합리화하기 위한 전시회였죠.

⑤ 태종이 도읍을 한양으로 다시 옮기며 건립하였다.
➡ 태종이 한양으로 다시 천도하면서 세운 궁은 창덕궁이죠.

30

다음 자료에 나타난 시기의 경제 상황으로 옳지 않은 것은? [1점]

비변사의 계사에, "현재 시전의 병폐로 서울과 지방의 백성이 원망하는 바는 오로지 도고(都庫)에 있습니다. 시중 시세를 조종하여 홀로 이익을 취하니 그 폐단은 한이 없습니다. 한성부에서 엄히 금하도록 하되 그 가운데 매우 심하게 폐단을 빚는 3강(한강·용산강·서강)의 시목전(柴木廛)·염해전(鹽醢廛)과 같은 무리는 그 주모자를 색출하여 형조로 송치해서 엄한 형벌로 다스려 후일을 징계하도록 분부하는 것이 어떻겠습니까?" 하니 윤허한다고 답하였다.

[출제영역] 조선 후기 경제   정답 ①
[정답 개념정리]

도고는 조선 후기에 등장한 독점적 도매상 혹은 그런 상행위를 가리키죠. 거대한 자본을 가지고 매점매석해서 가격 상승과 매매 조작을 노렸지요. 도고의 등장은 조선 후기 경제의 중요한 특징 중 하나입니다.

① 금속 화폐인 건원중보가 주조되었다.
➡ 건원중보는 고려 성종 때 만들어진 철전이죠.
💡 건성✨ 건원중보는 고려 성종

② 담배와 면화 등의 상품작물이 재배되었다.
➡ 상품 작물의 재배는 조선 후기죠.

③ 보부상이 장시를 돌아다니며 상업활동을 하였다.
➡ 보부상은 조선 전기에도 있었지만, 전국의 장시를 돌며 활발한 활동을 한 시기는 조선 후기죠.

④ 모내기법의 확대로 벼와 보리의 이모작이 성행하였다.
➡ 이앙법의 발달로 인한 이모작의 성행도 조선 후기죠.

⑤ 설점수세제의 시행으로 민간의 광산 개발이 허용되었다.
➡ 설점수세제는 민간에게 광업을 허용하고 국가는 세금을 걷은 제도로 조선 후기죠.

(가) 사건에 대한 설명으로 옳은 것은? [2점]

> 김옥균 등은 청이 우리 자주권을 침해하는 데 분노하여 일본 공사와 [(가)]을/를 일으켜 '일본당'으로 지목되었다. [(가)]이/가 실패하자 온 나라가 그를 역적이라 하였다. 나는 조정에 몸을 담고 있어 그를 토벌하여 죽여야 한다는 것 외에 다른 목소리를 낼 수 없었다. 그러나 김옥균과 나의 마음은 그 뜻이 다른 데 있는 것이 아니라 나라를 사랑하는 데서 나온 것이었다.
>
> - 『속음청사』 -

[출제영역] 갑신정변　　　　　　　　　　　정답 ⑤
[정답 개념정리]

> 갑신정변은 1884년 우정총국 개국 축하연에서 김옥균 등의 급진개화파 세력이 반대파를 제거하고 근대 국민 국가를 수립하려 했던 사건이죠. 문벌 폐지, 재정의 호조 일원화 등의 개혁 정강을 발표했지만, 청의 진압과 일본의 배신으로 단 3일 만에 막을 내려 삼일천하라고도 불립니다. 정변이 끝난 후에는 조선과 일본 사이에 한성 조약, 청과 일본 사이에 톈진 조약이 체결되지요.

① 개혁 추진 기구로 교정청이 설치되었다.
➡ 교정청은 동학농민군과 전주화약 체결 후 내정 개혁을 위해 정부가 설치한 임시기구죠. 농민군은 자치 기구인 집강소를 설치하여 자체 개혁을 실천했고요.

② 전개 과정에서 홍범 14조가 반포되었다.
➡ 홍범 14조는 제2차 갑오개혁 때 발표됩니다. ☀**홍이 장군**☀ *홍범 14조, 제2차 갑오개혁*

③ 통리기무아문이 신설되는 배경이 되었다.
➡ 통리기무아문은 개화 정책 총괄 기구로 1880년에 설치됩니다.

④ 김기수가 수신사로 파견되는 결과를 가져왔다.
➡ 김기수는 1876년 강화도 조약 체결 후 1차 수신사로 일본에 파견되죠. ☀**김기수신사**☀

⑤ 청일 간에 톈진 조약이 체결되는 계기가 되었다.
➡ 갑신정변 후 한성 조약, 톈진 조약이 체결됩니다. ☀**갑한톈**☀ *갑신정변 – 한성, 톈진 조약*

(가), (나) 조약 사이의 시기에 볼 수 있는 모습으로 가장 적절한 것은? [3점]

> (가) 부산항에서 일본국 인민이 통행할 수 있는 도로 이정(里程)은 부두로부터 기산하여 조선 이법(里法)으로 동서남북 직경 10리로 정한다. 동래부는 이정 밖에 있지만 특별히 왕래할 수 있다. 일본국 인민은 마음대로 통행하며 조선 토산물과 일본국 물품을 사고팔 수 있다.
>
> (나) 통상 지역에서 조선 이법 100리 이내, 혹은 장래 양국 관원이 서로 의논하여 정하는 경계 안에서 영국 인민은 여행증명서 없이 마음대로 돌아다닐 수 있다. 여행증명서를 지닌 영국 인민은 조선 각지를 돌아다니며 통상하거나, 각종 화물을 들여와 팔거나(단, 조선 정부가 불허한 서적·인쇄물 등은 제외), 일체 토산물을 구매할 수 있다.

[출제영역] 조선의 개항과 조약　　　　　정답 ④
[정답 개념정리]

> (가) 최초의 근대적 조약인 강화도 조약의 내용이죠. 이후 일본은 부속 조약 체결을 통해 경제적 침략의 발판을 마련합니다. ☀**강화도 조약 때문에 10엔도 없어 없어없어 (부)원인을 (파)해치자**☀ *1876년 강화도 조약, 한행이정 10리 제한, 개항장에서 일본 화폐 유통, 무관세, 무항세, 무제한 곡물 유출, 부산/원산/인천 개항, 해안 측량권, 치외법권, 자주국*
>
> (나) 조영 수호 통상 조약의 내용입니다. 열강과의 수호 통상 조약은 1882년 조미 수호통상 조약 이후 1883년부터 1886년까지 ☀**영독이러프**☀ 순서로 체결되었죠. 조영 수호 통상 조약은 1883년에 체결되었어요.

① 거문도를 불법으로 점거하는 영국 군인
➡ 영국이 거문도를 불법으로 점령한 거문도 사건은 1885년에 일어났죠. ☀**바로 점령 1885**☀

② 남연군 묘의 도굴을 시도하는 독일 상인
➡ 오페르트 도굴 미수 사건은 1868년이죠.

③ 부산 절영도의 조차를 요구하는 러시아 공사
➡ 러시아의 절영도조차 요구 저지는 1898년입니다.

④ 조청 상민 수륙 무역 장정을 체결하는 청 관리
➡ 조청상민수륙무역장정은 1882년에 체결됩니다. 정확히 (가)와 (나) 사이죠. ☀**이모는 포청천**☀ *임오군란-제물포조약/조청상민수륙무역장정*

⑤ 톈진 조약에 따라 조선에서 철수하는 일본 군인
➡ 톈진 조약은 갑신정변 후 1885년, 청과 일본 사이에 체결됩니다. ☀**갑한톈**☀ *갑신정변 후 한성 조약, 톈진 조약*

(가) 운동에 대한 설명으로 옳은 것은? [1점]

[특별 전시]

(가), 기록으로 되살아나다

부패한 지배층과 외세의 침략에 맞서 새로운 세상을 꿈꾸며 봉기했던 **(가)** 관련 기록물이 세계 기록 유산으로 등재된 것을 기념하여 특별전을 개최합니다. 많은 관람 부탁드립니다.

· 기간: 2025.○○.○○~○○.○○
· 장소: △△ 박물관 특별전시실
· 주요 전시 자료

 ▲전봉준 공초  ▲갑오군정실기  ▲사발통문

[출제영역] 동학 농민 운동   정답 ③
[정답 개념정리]

반봉건, 반외세의 기치로 봉기했던 농민 운동은 1894년 동학 농민 운동이죠. 관련 기록물이 유네스코 세계기록유산으로 등재되었고요, 전봉준, 사발통문 등이 중요한 키워드입니다.

① 일본의 황무지 개간권 요구를 저지하였다.

➡ 일본의 황무지 개간권 요구를 저지한 단체는 보안회이고, 이후 황무지를 우리 손으로 개발하자는 취지에서 농광회사가 설립되었습니다. 💡**황무지엔 보안광**✨ 황무지 개간권 요구 저지-보안회, 농광 회사

② 조선 총독부의 방해와 탄압으로 중단되었다.

➡ 조선 총독부는 1910년에 처음 설치되었으니 시기가 맞지 않죠.

③ 집강소를 중심으로 폐정 개혁안을 실천하였다.

➡ 전주화약 체결 후 개혁추진을 위해 농민들은 집강소를 정부는 교정청을 설치했죠.
💡**삼보고백 토룡전복 논공치기**✨

④ 이른바 남한 대토벌 작전으로 큰 피해를 입었다.

➡ 남한 대토벌 작전은 1909년 일제가 국내 의병 세력을 완전히 진압하기 위해 펼친 군사작전이죠. 이 과정에서 많은 의병이 희생되었고, 일부 의병 세력은 만주와 연해주 등으로 이동하여 독립군 활동을 이어 갔죠.

⑤ 상황 수습을 위해 박규수가 안핵사로 파견되었다.

➡ 박규수가 안핵사로 파견된 것은 1862년 임술 농민 봉기 이후죠.

(가), (나) 사이의 시기에 있었던 사실로 옳은 것은? [2점]

(가) 통문으로 장터에 모이라는 기별이 왔다. 저녁 먹은 후 여러 마을에서 징 소리며 나팔 소리, 고함소리가 천지에 뒤끓더니 수천 명 군중들이 우리 마을 앞길로 몰려와 군수 조병갑을 죽인다며 소요를 일으켰다. 군중이 사방으로 포위하고 몰아갈 때 조병갑은 서울로 도망갔다.

(나) 우두머리는 선화당을 점거하고 다른 동학 도당들은 나누어 사대문을 막으니 성 안의 백성과 아전, 군교 등이 미처 나오지 못하고 화염 속에 빠진 자가 많아 그 수를 알지 못하였습니다. 전주성이 삽시간에 함락된 것은 감영이나 전주부의 관속 무리 중 내응하는 자가 많았기 때문입니다.

[출제영역] 동학 농민 운동   정답 ④
[정답 개념정리]

동학 농민 운동은 내용은 물론 순서까지 알아두어야 합니다. 💡**삼보고백 토룡전복 논공치기**✨

· **삼보고백:** 삼례집회 → 보은집회 → 고부 봉기 → 무장·백산 봉기
· **토룡전복:** 황토현 전투 → 황룡촌 전투 → 전주성 함락 → 전주화약(농민-집강소, 정부-교정청) → 일본의 경복궁 점령
· **논공치기:** 논산 집결(남접+북접) → 공주 우금치 전투 패배 → 전봉준 체포

(가) 고부 군수 조병갑은 고부 봉기의 원인이죠.
(나) 동학농민군이 전주성을 함락한 내용입니다.

암기 코드상의 '고'와 '전'이니까, (가)와 (나) 사이 시기의 일은 '백토룡' 즉, (무장)백산 봉기, 황토현 전투, 황룡촌 전투 중의 하나일 것 같네요^^

① 남접과 북접이 논산에서 연합하였다.

➡ 전봉준의 남접과 손병희의 북접이 논산에서 집결한 것은 동학농민군의 2차 봉기 때의 일이죠. 💡**논공치기**✨

② 최제우가 혹세무민의 죄로 처형되었다.

➡ 교조 최제우의 처형은 1864년, 오래 전이죠.

③ 일본이 군대를 동원하여 경복궁을 점령하였다.

➡ 일본의 경복궁 점령은 전주화약 다음입니다. 💡**토룡전복**✨

④ 농민군이 황룡촌 전투에서 관군에 승리하였다.

➡ 황룡촌 전투는 정확히 그 시기죠.

⑤ 우금치에서 농민군이 관군과 일본군에 맞서 싸웠다.

➡ 우금치 전투의 패배로 동학 농민 운동은 막을 내립니다. 💡**논공치기**✨

(가)~(다)를 작성한 인물에 대해 탐구한 내용으로 가장 적절한 것은? [3점]

(가) 고대 여러 나라들도 역시 각각 사관(史官)을 두어 일을 기록하였습니다. 그러므로 맹자께서 이르시기를, 진(晉)의 승(乘)과 초(楚)의 도올(檮杌)과 노(魯)의 춘추(春秋)는 모두 한가지다.”라고 하셨습니다. 생각건대 우리 해동(海東) 삼국도 역사가 길고 오래되어 마땅히 그 사실이 책으로 기록되어야 하므로 폐하께서 이 늙은 신하에게 명하시어 편집하도록 하셨습니다. … 신의 학술이 이처럼 부족하고 얕으며, 옛말과 지나간 일은 그처럼 아득하고 희미합니다. 그러므로 온 정신과 힘을 다 쏟아 부어 겨우 책을 만들었습니다. 그러나 보잘것 없기에 스스로 부끄러울 따름입니다.

(나) 고려가 끝내 발해사를 편찬하지 않아 토문강 북쪽과 압록강 서쪽이 누구의 땅인지 알 수 없게 되었다. 여진을 책망하려 하여도 할 말이 없고, 거란을 책망하려 하여도 할 말이 없다.
고려가 약한 나라가 된 것은 발해의 땅을 차지하지 못하였기 때문이니, 탄식할 수밖에 없다. … 내가 내규장각 관리로 있으면서 비밀스런 책[密書]을 꽤 많이 읽었으므로 발해에 관한 일을 차례로 편찬하여, 군고(君考)·신고(臣考)·지리고(地理考)·직관고(職官考)·의장고(儀章考)·물산고(物産考)·국어고(國語考)·국서고(國書考)·속국고(屬國考) 등 9편으로 구성된 책을 만들었다.

(다) 역사란 무엇인가? 인류 사회의 아(我)와 비아(非我)의 투쟁이 시간부터 발전하며 공간부터 확대하는 정신적 활동 상태의 기록이니, 세계사라 하면 세계 인류가 그리되어 온 상태의 기록이며, 조선 역사라 하면 조선 민족이 그리되어 온 상태의 기록인 것이다. 무엇을 ‘아’라 하며 무엇을 ‘비아’라 하는가? … 무릇 주체적 위치에 선 자를 ‘아’라 하고, 그 외에는 ‘비아’라 하는데, 이를테면 조선 사람은 조선을 ‘아’라 하고, 영국·미국·프랑스·러시아 등을 ‘비아’라 하지만, 그들은 각기 제 나라를 ‘아’라 하고 조선은 ‘비아’라 하며, … 그러므로 역사는 ‘아’와 ‘비아’의 투쟁의 기록인 것이다.

[출제영역] 역사학자   정답 ⑤
[정답 개념정리]

(가) 삼국의 역사, 폐하께서 명하시어 등으로 보아, 인종의 명으로 삼국사기를 편찬한 고려의 김부식인 것을 알 수 있죠.
(나) 발해의 역사와 문화를 아홉 개의 ‘고’로 엮어 만든 발해고의 저자는 조선 후기 학자 유득공이죠.
(다) 역사를 ‘아’와 ‘비아’의 투쟁의 기록으로 정의한 신채호의 조선상고사의 내용이죠.

① (가) – 만권당에서 원의 학자들과 교유하였으며, 성리학의 보급에 기여하였다.
➡ 만권당에서 원의 학자들과 교류한 인물은 고려의 이제현이죠. 💡 *이제 만원의 역사☆ 이제현, 만권당, 원 학자와 교류, 역옹패설, 사략*

② (가) – 7대실록의 편찬에 참여하였으며, 문헌공도를 만들어 사학을 진흥시켰다.
➡ 문헌공도는 고려 사학의 대가 최충이 설립한 사학으로 ‘9재학당’이라고도 불립니다.

③ (나) – 금석학을 연구하여 북한산비가 진흥왕 순수비임을 고증하였다.
➡ 금석과안록에서 북한산비가 진흥왕 순수비임을 밝힌 학자는 조선 후기 김정희죠.

④ (다) – 한국 통사를 저술하였고, 대한민국 임시 정부의 제2대 대통령을 역임하였다.
➡ 한국 통사, 한국독립운동지혈사를 썼고, 2대 임시정부 대통령을 지낸 인물은 박은식이죠. 💡 *은혼식☆ 1925년 2대 임정 대통령 취임, 혼 강조, 박은식*

⑤ (다) –대한매일신보의 주필로 활동하였으며, 폭력을 통한 민중의 직접 혁명을 주장하였다.
➡ 대한 매일 신보와 권업 신문의 주필을 지냈고, 1923년 의열단의 행동 지침인 조선혁명선언을 발표해서 폭력을 통한 민중의 직접 혁명을 주장한 인물이 신채호입니다. 조선사 연구초에서 묘청의 난을 조선사 일천 년 내 제일 대사건이라 말한 것도 꼭 알아두셔야 해요.

(가) 의병에 대한 설명으로 옳은 것은? [2점]

이달의 독립운동가

최초의 여성 의병 지도자 윤희순(尹熙順)

· 생몰년: 1860~1935
· 생애 및 활동

　경기도 구리 출신으로 명성 황후 시해 사건이 일어나자 '안사람 의병가'를 창작하여 여성의 의병 참여를 독려하는 데 앞장섰다. 고종의 강제 퇴위와 군대 해산에 반발하여 일어난 (가) 당시 30여 명의 여성으로 의병대를 조직하여 최초의 여성 의병장으로 활약하였다.
　일제에 나라를 뺏긴 이후에는 만주로 망명하여 항일 인재 양성과 무장 투쟁을 이어 나갔다. 1990년 건국훈장 애족장이 추서되었다.

[출제영역] 정미의병　　　　　　　　　　　정답 ⑤
[정답 개념정리]

　고종이 강제 퇴위되고 체결한 한일신협약(정미7조약)의 부속 각서에 의해 군대가 해산되고, 해산된 군인이 합류해서 전력이 최강이었던 의병이 정미의병이죠.
　정미의병은 13도 창의군을 결성해서 서울 진공 작전을 시도했지만 성공하진 못합니다.
　💡*전력이~허☆ 전력 최강 정미의병은 이인영, 허위*

① 최익현이 태인에서 궐기하였다.
　➡ 최익현은 을사의병이죠.
　　💡*을사의병은 최신식☆ 최익현, 신돌석, 민종식*
② 고종의 해산 권고 조직에 따라 해산하였다.
　➡ 명성황후 시해와 단발령을 이유로 봉기한 을미의병은 고종의 권고로 해산하죠. 💡*을미의병의 이유는 단발령☆ 을미의병, 이소응, 유인석, 단발령*
③ 민종식이 이끄는 부대가 홍주성을 점령하였다.
　➡ 1906년의 일로, 을사의병 시기에 해당합니다.
　　💡*을사의병은 최신식☆*
④ 일본에 국권 반환요구서를 제출하고자 하였다.
　➡ 일본에 국권 반환요구서 제출을 시도한 단체는 임병찬의 독립의군부입니다.
⑤ 의병 부대가 연합하여 서울 진공 작전을 전개하였다.
　➡ 서울 진공 작전 시도는 정미의병, 국내 진공 작전 준비는 한국광복군이죠.

다음 기사가 보도된 시기에 볼 수 있는 모습으로 가장 적절한 것은? [2점]

제△△호　　　**□□ 신문**　　　○○○○년 ○○월 ○○일

[사설] 대홍수의 재난에서 조선의 형제들을 구하라

▲침수된 용산 일대

　대홍수로 중부 지방에 엄청난 피해가 발생하였다. 7월 18일에는 용산과 뚝섬 일대가 완전 침수되었고 이튿날은 광주군 선리 주민 292명이 물에 빠져 죽었다. 경부선은 10일간 불통이었다. 그럼에도 총독부는 이와 같은 홍수 피해에 무성의하게 대처하고 있다. 재작년 일본에서 관동 대지진이 일어났을 때 조선인들이 박해를 받았음에도 불구하고 우리 조선의 형제들은 능력껏 구제의 손길을 뻗쳤었다. 그러나 지금 조선에서 홍수 피해로 각지에서 재난이 일어나고 있는데도 총독부와 일본인 거류민들은 모른 척하고 있다. 조선인이여! 조선인을 구하라. 재난을 당한 형제와 같이 울며 아프며 살길을 구하라.

[출제영역] 1920년대의 모습　　　　　　　정답 ②
[정답 개념정리]

　관동 대지진(1923)이 재작년에 일어났다 했으니, 1925년의 조선이죠. 관동 대지진 직후 일본 군·경과 우익 세력이 한국인과 일본인 사회주의자 등을 대상으로 자행한 집단 학살 사건을 관동대학살이라고 합니다. 1920년대의 모습을 묻는 문제에요.

① 영선사 일행으로 청에 가는 생도
　➡ 영선사는 1881년에 청에 파견된 사절단을 말하죠.
　　💡*수영보☆ 수신사, 영선사, 보빙사*
② 경성 제국 대학에서 공부하는 학생
　➡ 경성제국대학은 민립대학설립운동을 방해하기 위해 일제가 1924년에 세운 대학이죠.
③ 국채 보상 운동의 모금에 참여하는 상인
　➡ 국채보상운동은 1907년에 대구에서 시작되었죠. 서상돈, 김광제가 주도했고, 대한매일신보가 지원했지요.
　　💡*한국채대☆ 국채보상운동, 대구, 대한매일신보*
④ 육영 공원에서 영어를 가르치는 미국인 교사
　➡ 육영 공원은 최초의 관립교육기관으로 1886년에 설립되죠. 💡*육6☆ 육영 공원, 1886년*
⑤ 전차 개통식에 참여하는 한성 전기 회사 직원
　➡ 전차와 경인선의 개통은 1899년이죠.
　　💡*은하철도 999☆ 전차, 1899년*

38

71회 35번

밑줄 그은 '사업'에 대한 탐구 활동으로 가장 적절한 것은? [2점]

화폐로 보는 한국사

백동화(白銅貨)는 전환국에서 발행한 액면가 2전 5푼의 동전이다. 당시 재정 궁핍으로 본위 화폐인 은화는 거의 주조되지 않았고, 보조 화폐인 백동화가 주로 제조되어 사용되었다. 러일 전쟁 중에 재정 고문으로 임명된 메가타 다네타로의 주도하에 전환국을 폐지하고 백동화와 엽전을 일본 제일은행권으로 교환하는 <u>사업</u>을 추진하면서, 백동화의 발행이 중단되었다.

[출제영역] 화폐 정리 사업   정답 ⑤
[정답 개념정리]

> 1차 한일 협약으로 재정 고문이 된 메가타가 1905년에 화폐 정리 사업을 실시하지요. 우리의 백동화와 상평통보 등 엽전을 일본 제일은행권으로 교환하는 것이었어요. 그런데 교환 방식이 참 기가 막힙니다. 오래되고 상태가 좋지 않은 것은 원래 가치보다 훨씬 낮게 쳐주거나 교환 대상에서 제외한 것이죠. 이 과정에서 많은 한국인 상공업자들이 피해를 입고 몰락했어요.

① 군국기무처의 활동을 조사한다.
➡ 군국기무처는 제1차 갑오개혁 때 설립된 개혁 추진 기구죠.

② 당오전이 발행된 배경을 파악한다.
➡ 당오전은 재정난 타개를 위해 1883년부터 1894년까지 주조, 유통되었던 화폐죠.

③ 삼국 간섭이 발생한 원인을 분석한다.
➡ 삼국 간섭은 청일전쟁에서 승리한 일본이 시모노세키 조약으로 랴오둥 반도를 할양받게 되자 러시아, 프랑스, 독일이 간섭하여 반환하게 한 사건이죠.
   💡 **거친 개의 삼국 간섭** ☆ 러프독

④ 대한광복회가 결성된 목적을 살펴본다.
➡ 대한광복회는 1915년 박상진이 결성한 비밀결사로, 공화정을 지향했으며, 친일 부호들을 처단하여 독립운동 자금을 마련했어요.

⑤ 제1차 한일 협약 체결의 영향을 알아본다.
➡ 제1차 한일 협약의 결과 재정 고문 메가타, 외교 고문 스티븐스가 부임하게 되죠.

39

75회 36번

(가) 운동의 배경으로 가장 적절한 것은?   [1점]

> 파리 강화 회의가 진행되던 프랑스에서는 일제 강점기 최대 규모의 독립운동이었던 (가) 와/과 관련된 내용이 보도된 바 있습니다. 이와 관련하여 "일본 당국이 가혹한 탄압을 하고 있으며 혁명의 희생자 수가 이미 상당하다."라고 보도하며, (가) 에 대해 '혁명'이라는 표현을 사용한 기사가 주목됩니다.

CORÉE

혁명

Intensité du mouvement national!
Shanghai, 13 avril. — Le mouvement en faveur de l'indépendance coréenne se poursuit avec la même intensité. Les autorités japonaises ont adopté des mesures de répression très sévères, et le nombre des victimes de la révolution est déjà considérable. Les Coréens ont adressé un appel aux Croix-Rouges étrangères pour leur demander de venir à leur secours. — *(Radio.)*

[출제영역] 3·1 운동   정답 ⑤
[정답 개념정리]

> 고종의 인산일을 계기로 일어난 민족 최대의 항일운동이죠. 윌슨의 민족 자결주의에 영향을 받았고, 대한민국 임시정부 수립과 무단 통치에서 문화정치로의 일제의 통치 방식 변화에 영향을 주었죠.

① 간도 참변으로 민간인이 학살되었다.
➡ 간도 참변은 1920년대 간도 지역의 한인들을 일제가 학살한 사건이죠.
   💡 **봉춘리간대 자참정신미쓰야이** ☆
   • **봉춘리간대**: 봉오동 전투 → 훈춘사건 → 청산리 대첩 → 간도 참변 → 대한독립군단
   • **자참정신미쓰야이**: 자유시 참변 → 참의부/정의부/신민부 → 미쓰야 협정 → 이부(국민부, 혁신의회)로 정리

② 민영익을 대표로 한 보빙사가 파견되었다.
➡ 보빙사는 1882년 체결된 조미 수호 통상 조약으로 1883년에 미국 공사가 파견되자 답례로 미국에 파견된 사절단이죠. 💡 **난(1882)과 변(1884)사이(1883) 빙순을 동원하라** ☆ 보빙사, 한성순보, 동문학, 원산학사

③ 대한 제국의 마지막 황제 순종이 서거하였다.
➡ 순종의 인산일을 계기로 1926년에 6·10 만세운동이 일어나죠. 💡 **고3 6순** ☆ 고종 3·1 운동, 6·10 만세운동 순종

④ 언론사의 주도로 브나로드 운동이 전개되었다.
➡ 동아일보의 주도로 1931년 브나로드(민중속으로) 운동이 일어나죠.

⑤ 미국 대통령 윌슨이 민족 자결주의를 제창하였다.
➡ 모든 민족이 스스로 정치적 운명을 결정할 권리가 있다는 것이 윌슨의 민족 자결주의입니다.

40

밑줄 그은 '법령'이 시행된 시기 일제의 정책으로 옳은 것은? [1점]

□□ 신문

제△△호   ○○○○년 ○○월 ○○일

어려움에 빠진 한인 회사

회사를 설립할 때 조선 총독의 허가를 받도록 하는 법령이 제정되었다. 이후 한인의 회사는 큰 영향을 받아 손해가 적지 않기에 실업계의 원성이 자자하다. 전국에 있는 회사를 헤아려보니 한국에 본점을 두고 설립한 회사가 171개인데 자본 총액이 5,021만여 원이요, 외국에 본점을 두고 지점을 한국에 설립한 회사가 52개인데 자본 총액이 1억 1,230만여 원이다. 그중에 일본인의 회사가 3분의 2 이상이고, 몇 개 되지 않는 한인의 회사는 상업 경쟁에 밀리고 회사 세납에 몰려 도무지 유지하기가 어렵다고 한다.

[출제영역] 1910년대 일제의 식민 통치   정답 ③
[정답 개념정리]

토지 조사 사업으로 대표되는 1910년대 무단 통치기에 한가지 또 중요한 내용이 있으니 바로 회사령입니다. 회사를 설립할 때 반드시 총독의 허가를 받아야 하는 법령인데요, 이 법 때문에 우리의 민족 회사는 거의 설립될 수 없었지요. 회사령 외에도 산림령, 어업령, 광업령 등을 통해 우리의 산업을 짓밟았던 시기입니다.

① 신문지법을 제정하였다.
➡ 신문지법은 반일 감정 통제를 위해 1907년에 제정되었어요. 일제 강점기 시작 전입니다. 1918년 무단 통치기에 제정된 법령인 서당 규칙과 비교해서 알아두셔야 해요.

② 미쓰야 협정을 체결하였다.
➡ 미쓰야 협정은 1925년에 경무국장 미쓰야와 만주 군벌 장쭤린 사이에 맺은 밀약이죠.
💡 **봉춘리간대 자참정신미쓰야이** ☆

③ 토지 조사 사업을 실시하였다.
➡ 토지 조사 사업이 무단 통치기를 대표하는 일제의 경제적 수탈이죠.

④ 경성 제국 대학을 설립하였다.
➡ 경성 제국 대학은 민립 대학 설립 운동을 막기 위해 1924년에 설립되었죠.

⑤ 조선 사상범 예방 구금령을 시행하였다.
➡ 조선 사상범 예방 구금령은 1930년대 이후 민족 말살 통치기에 생긴 법령입니다.

41

(가), (나)가 공포된 시기의 사이에 있었던 사실로 옳은 것은? [2점]

(가) 회사령 폐지에 관한 건
     회사령은 폐지한다.
     - 부칙
     1. 이 영은 공포일로부터 시행한다.
     2. 구령에 의하여 설립한 회사로 이 영 시행 당시 존재하는 것은 조선 민사령에 의하여 설립한 것으로 본다.

(나) 조선 총독부 농촌 진흥 위원회 규정
     제1조 조선의 농산어촌 진흥에 관한 방침, 시설 및 통제에 관한 중요 사항을 심의하기 위하여 조선 총독부에 조선 총독부 농촌 진흥 위원회를 둔다.
     제3조 위원장은 조선 총독부 정무총감으로 한다.

[출제영역] 일제 강점기   정답 ②
[정답 개념정리]

(가) 1920년 회사령 폐지에 관한 내용입니다. 총독의 허가를 받아야 회사를 설립할 수 있었던 회사령이 폐지되면서 일본 기업들이 대거 조선에 진출했고, 값싼 일본 제품 때문에 우리의 산업이 위기에 몰리자, 평양에서 조만식 등이 주도한 물산장려운동이 일어나게 되죠.

(나) 1930년대 조선총독부가 추진한 농촌진흥운동은 소작쟁의 등 농민운동을 억제하며 농촌을 통제하기 위해 실시되었어요.

① 함경도에서 방곡령이 선포되었다.
➡ 함경도에서 방곡령이 선포된 것은, 1889년의 일이죠.
💡 **방구** ☆ 방곡령, 1889년

② 조선 물산 장려회가 평양에서 창립되었다.
➡ 물산 장려 운동이 일어난 이유가 바로 회사령 폐지죠. 정확히 (가), (나) 사이 시기입니다.

③ 황국 중앙 총상회의 상권 수호 운동이 전개되었다.
➡ 황국 중앙 총상회는 1898년 서울 시전 상인들이 조직한 단체입니다.

④ 유상 매수, 유상 분배를 규정한 농지개혁법이 제정되었다.
➡ 농지개혁법은 이승만 정부 때 제정되죠.
💡 **반농귀류** ☆ 반민족행위처벌법 → 농지개혁법 → 귀속재산처리법 → 6·25 전쟁

⑤ 국가총동원법을 제정하여 인력과 물자를 강제 동원하였다.
➡ 국가총동원법은 중일 전쟁 이후 1938년에 제정됩니다.

(가) 사건 이후에 전개된 사실로 옳은 것은? [3점]

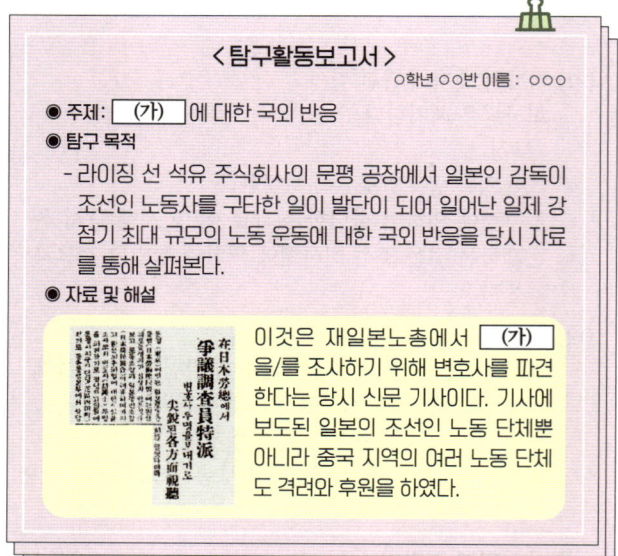

<탐구활동보고서>
○학년 ○○반 이름 : ○○○

● 주제: (가) 에 대한 국외 반응
● 탐구 목적
  - 라이징 선 석유 주식회사의 문평 공장에서 일본인 감독이 조선인 노동자를 구타한 일이 발단이 되어 일어난 일제 강점기 최대 규모의 노동 운동에 대한 국외 반응을 당시 자료를 통해 살펴본다.
● 자료 및 해설

이것은 재일본노총에서 (가) 을/를 조사하기 위해 변호사를 파견한다는 당시 신문 기사이다. 기사에 보도된 일본의 조선인 노동 단체뿐 아니라 중국 지역의 여러 노동 단체도 격려와 후원을 하였다.

[출제영역] 원산 총파업 정답 ②
[정답 개념정리]

원산 총파업은 1929년에 일어난 일제 강점기 최대의 노동 운동이에요. 함경남도 문평의 라이징 선 석유회사에서 일본인 관리자가 조선인 노동자를 구타한 일이 계기가 되었고, 파업이 확대되면서 일본·프랑스 등 해외 노동 단체들로부터 격려 전문을 받을 정도로 국제적 지지를 받았어요. ☀원구단☀ 원산 총파업, 1929년

① 동양 척식 주식회사가 설립되었다.
  ➡ 동양 척식 주식회사는 1908년에 설립되었어요.
② 강주룡이 을밀대 지붕에서 고공 농성을 벌였다.
  ➡ 강주룡의 을밀대 고공 농성은 1931년이죠.
③ 황실의 지원을 받아 대한 천일 은행이 창립되었다.
  ➡ 민족 은행인 대한 천일 은행은 대한 제국 시기인 1899년에 창립되죠. 그 외에도 조선은행(1896), 한성은행(1897) 등의 민족계 은행이 있습니다.
④ 전국 단위의 조직인 조선 노농 총동맹이 조직되었다.
  ➡ 조선 노농 총동맹은 1924년 서울에서 결성되었고, 1927년 조선 노동 총동맹과 조선 농민 총동맹으로 분리되었습니다.
⑤ 고율의 소작료에 반발하여 암태도 소작 쟁의가 발생하였다.
  ➡ 문제 많은 지주 문재철에게 대항한 암태도 소작 쟁의는 1923년에 일어났어요.

(가)~(마)에 들어갈 내용으로 적절하지 않은 것은? [2점]

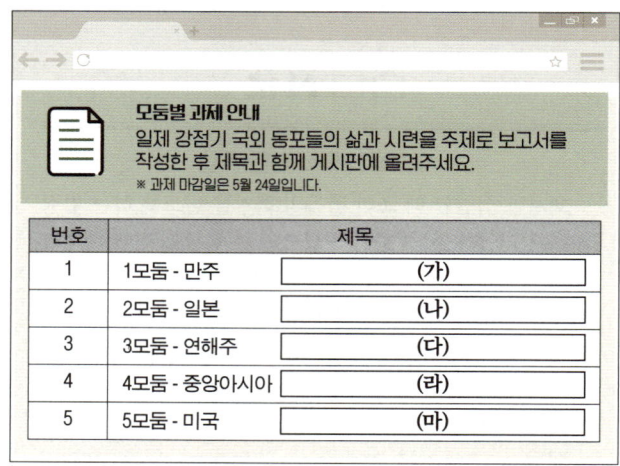

모둠별 과제 안내
일제 강점기 국외 동포들의 삶과 시련을 주제로 보고서를 작성한 후 제목과 함께 게시판에 올려주세요.
※ 과제 마감일은 5월 24일입니다.

번호	제목	
1	1모둠 - 만주	(가)
2	2모둠 - 일본	(나)
3	3모둠 - 연해주	(다)
4	4모둠 - 중앙아시아	(라)
5	5모둠 - 미국	(마)

[출제영역] 일제 강점기 해외 독립운동 정답 ③
[정답 개념정리]

일제의 통치 방식이 시기별로 무단 통치, 문화정치, 민족 말살 통치로 변화하듯이, 해외 독립운동도 시기별로 큰 특징이 있습니다. 먼저 1910년대에는 해외 독립운동 기지 건설에 최선을 다한 시기입니다. 어느 지역에, 어떤 기구나 부대가 있었는지를 구분해서 알아두어야 하죠. 이런 준비를 거쳐 1920년대에는 만주 지역에서 본격적인 무장 투쟁이 시작되고, 일제의 탄압 또한 거세지죠. 1930년대 이후 일제가 만주사변·중일전쟁·태평양 전쟁으로 전쟁을 확대하자, 중국 항일 세력과의 연대와 협력이 강화되는 특징이 나타나죠.

① (가) – 일본군의 보복으로 간도 참변이 일어나다
  ➡ 1920년 만주 지역에서는 봉오동, 청산리 전투 패배에 대한 일제의 보복으로 간도 참변이 일어납니다. ☀봉춘리간대 자참신정신미쓰야이☀
② (나) – 관동 대지진 당시 자경단에게 학살당하다
  ➡ 1923년 일본에서 일어난 관동 대지진으로 많은 조선인이 집단학살을 당했습니다.
③ (다) – 에네켄 농장에서 고된 노동에 시달리다
  ➡ 에네켄 농장에서의 노동, 이근영의 숭무 학교는 멕시코에서 전개된 한인들의 독립운동과 관련된 내용이죠. ☀밍숭멕숭☀ 멕시코, 숭무학교
④ (라) – 소련 당국에 의해 강제로 이주되어 오다
  ➡ 연해주에 있던 한인들이 1937년 스탈린에 의해 중앙아시아로 강제 추방되죠.
⑤ (마) – 교민들을 중심으로 흥사단이 창립되다
  ➡ 미국 샌프란시스코에서 안창호가 흥사단을 창립하죠. ☀ㅎㅎ☀ 안창호, 흥사단

다음 자료에 나타난 민족 운동에 대한 설명으로 옳은 것은? [2점]

> **2천만 피압박 민중 제군이여!**
>
> 우리 2천만 생령(生靈)을 사랑하고 조국을 사랑하는 광주 학생 남녀 수십 명이 빈사(瀕死)의 중상을 입었다. 고뇌하는 청년 학생 2백 명이 불법으로 철창 속에 갇혀 있다. 그들은 정의를 위하여 거리로 나가 시위를 했다. 그러나 지배 계급의 미친개의 이빨에 물리고 말았다. 우리들은 광주 학생의 석방을 요구하는 동시에 참을 수 없는 피눈물로 시위 대열에 나가는 것이다.
>
> - 감금된 학생을 탈환하자
> - 총독 폭압 정치 절대 반대
> - 교육에 경찰 간섭 반대
> - 치안 유지법을 철폐하라

[출제영역] 광주 학생 항일 운동 정답 ④

[정답 개념정리]

> 1929년에 일어난 광주 학생 항일 운동은 3·1 운동 이후 최대 규모의 항일운동으로서, 운동이 본격화된 11월 3일은 현재 학생독립운동기념일로 지정되어 있어요. 통학 열차에서 일본 학생이 조선 여학생을 희롱한 사건에서 시작된 이 운동은 일제의 민족 차별과 편파적 대응에 반발해 시위가 확대되었어요. 이에 신간회가 진상 조사단을 파견하였고, 성진회와 각 학교의 독서회를 통해 전국으로 확산했어요.

① 순종의 장례일을 맞아 가두시위를 벌였다.
➡ 순종의 인산일에 일어난 운동은 6·10 만세 운동이죠.
💡 **고3 6순**✨ 고종 3·1, 6·10 순종

② 대한민국 임시 정부 수립에 영향을 주었다.
➡ 대한민국 임시 정부 수립에 영향을 준 것은 3·1 운동입니다.

③ 조선 사람 조선 것이라는 구호를 내세웠다.
➡ 조선 사람 조선 것은 1920년대 평양에서부터 시작된 물산 장려 운동의 구호죠. 조만식 선생의 주도로 출발하여 전국으로 확산되었지만, 자본가의 이익만을 위한 운동이라는 사회주의 세력의 비판도 있었습니다.

④ 신간회의 지원을 받으며 전국적으로 확산되었다.
➡ 광주 학생 항일 운동은 신간회의 지원과 성진회와 각 학교 독서회를 통해 확산합니다.

⑤ 일본, 프랑스 등의 노동 단체로부터 격려 전문을 받았다.
➡ 일본, 프랑스 노동자로부터 격려 전문을 받은 것은 1929년 원산 총파업이죠. 💡 **원구단**✨ 원산 총파업, 1929년

(가)~(다) 학생이 발표한 내용을 일어난 순서대로 옳게 나열한 것은? [2점]

주제 : 우리나라 헌법 개정의 역사

(가) 대통령과 부통령의 임기는 4년으로 하며, 1회로 규정한 중임 횟수를 개헌 당시 대통령에게만 적용하지 않는다는 부칙을 달았어요.

(나) 대통령이 통일 주체 국민 회의의 의장이 되고, 국회의원 정수의 3분의 1을 추천하도록 개정된 헌법이 만들어졌어요.

(다) 대통령은 국민의 보통·평등·직접·비밀 선거에 의하여 선출하고 대통령의 임기는 5년으로 하며, 중임할 수 없도록 했어요.

① (가) – (나) – (다)
② (가) – (다) – (나)
③ (나) – (가) – (다)
④ (나) – (다) – (가)
⑤ (다) – (가) – (나)

[출제영역] 개헌사 정답 ①

[정답 개념정리]

> (가) 개헌 당시 대통령만 중임 제한을 철폐하는 내용은 1954년 사사오입 개헌, 2차 개헌이죠.
>
> (나) 대통령이 통일 주체 국민회의 의장이 되고, 국회의원 1/3을 추천할 수 있도록 한 것은 유신 헌법, 1972년 7차 개헌입니다.
>
> (다) 5년 단임의 대통령 직선제 개헌은 1987년 9차 개헌이죠.
>
> 따라서 정답은 (가)–(나)–(다)이에요.

다음 뉴스가 보도된 정부 시기의 경제 상황으로 옳은 것은? [2점]

서울-부산 간 고속도로 준공식이 대구에서 열렸습니다. 대전-대구 구간을 마지막으로 경부 고속 도로가 완공되면서 서울에서 부산까지의 이동 시간이 4시간 30분 정도로 줄어들게 되었습니다. 하지만 2년 5개월여의 단기간에 고속도로를 완공하면서 다수의 사상자가 발생하는 등 안타까운 일도 있었습니다.

[출제영역] 박정희 정부　　　　　　　　　　　정답 ①

[정답 개념정리]

　박정희 정부 때 있었던 일 중 가장 많이 시험에 출제되는 것 중에 하나에요. 공교롭게도 박정희 정부 시기의 딱 중간인 1970년에 중요한 일들이 많이 있었는데요, 경부고속국도 개통, 포항 제철소 착공, 새마을 운동 시작, 전태일 분신 등이 그것입니다. 꼭 알아두셔야 해요.

① 제2차 경제 개발 5개년 계획이 추진되었다.
　➡ 1차부터 4차까지의 경제 개발 5개년 계획이 모두 박정희 정부 때 실시되었죠.

② 미국의 경제 원조로 삼백산업이 발달하였다.
　➡ 밀가루, 설탕, 면직물 세 가지 흰 재료의 삼백산업이 발달했던 시기는 이승만 정부죠.

③ 귀속 재산 처리를 위해 신한 공사가 설립되었다.
　➡ 신한 공사는 정부 수립 전 미 군정기에 귀속 재산 처리를 담당하기 위해 설치한 기구죠.

④ 대통령 긴급 명령으로 금융실명제가 실시되었다.
　➡ 금융실명제는 김영삼 정부 때 처음으로 실시되죠.
　　💡ㄱㅇㅅ✰ 금융실, 김영삼

⑤ 최저 임금 결정을 위한 최저 임금 위원회가 설치되었다.
　➡ 최저 임금제는 전두환 정부 때 처음으로 실시됩니다.
　　💡최전임금제✰

교사의 질문에 대한 학생의 답변으로 가장 적절한 것은? [3점]

　이 자료는 종교계와 재야 인사들이 명동 성당에서 독재 정권을 비판하며 발표한 3·1 민주 구국 선언의 일부입니다. 이 선언이 발표된 이후에 있었던 사실에 대해 말해 볼까요?

민주 구국 선언

1. 이 나라는 민주주의 기반 위에 서야 한다.

　첫째로 우리는 국민의 자유를 억압하는 긴급 조치를 곧 철폐하고 민주주의를 요구하다가 투옥된 민주 인사들과 학생들을 석방하라고 요구한다. 국민의 의사가 자유로이 표명될 수 있도록 언론, 집회, 출판의 자유를 국민에게 돌리라고 요구한다.

　둘째로 우리는 유신 헌법으로 허울만 남은 의회 정치가 회복되어야 한다고 주장한다. 자유로이 표현되는 민의를 국회는 입법에 반영해야 하고 정부는 이를 행정에 반영시켜야 한다. 이것을 꺼리고 막는 정권은 국민을 위한다면서 실은 국민을 위하려는 뜻이 없는 정권이다. ...

[출제영역] 3·1 민주 구국 선언　　　　　정답 ③

[정답 개념정리]

　유신체제에 반대하는 종교계와 재야의 인사들이 1976년 3월 1일에 민주 구국 선언을 발표하죠. 박정희 정부 때 일어난 일 중 숫자가 들어가는 두 사건을 구분해서 알아두세요. 6·3 시위는 한일 국교 정상화 추진에 반대한 1964년의 시위이고, 3·1 민주 구국 선언은 유신체제에 반대해 민주화를 요구한 선언입니다.

① 국회 별관에서 3선 개헌안이 통과되었습니다.
　➡ 3선 개헌은 박정희 정부, 1969년의 일이죠.
　　💡369✰ 3선 개헌, 6차 개헌, 1969년

② 정부에 비판적인 경향신문이 폐간되었습니다.
　➡ 경향신문의 폐간은 이승만 정부 1959년의 일이에요.
　　💡반농귀류 발사보조 경부사하 허삼장사✰

③ YH 무역 노동자들이 야당 당사에서 농성하였습니다.
　➡ 1979년 YH 무역 사건으로 부마 민주 항쟁이 일어나고, 10·26 사태로 박정희 대통령이 사망하죠.

④ 최고 통치 기구인 국가 재건 최고 회의가 구성되었습니다.
　➡ 국가재건최고회의는 5·16 군사 정변 이후 설치된 군사 혁명위원회를 개편해 만든 통치 기구로, 1961년 박정희 군부 세력의 최고 의결 기관 역할을 한 기구입니다.
　　💡앞으로 해도 뒤로 해도 똑같은 61.5.16✰

⑤ 평화 통일론을 주장한 진보당의 조봉암이 처형되었습니다.
　➡ 조봉암의 처형은 1959년 이승만 정부 시기에 일어난 일이죠.

[48~49] 다음을 읽고 물음에 답하시오.

(가) ①왕은 5월에 교서를 내려 문무 관료들에게 토지를 차등 있게 주었다. … 봄 정월에 중앙과 지방 관리들의 녹읍을 폐지하고 해마다 조를 차등 있게 주고 이를 일정한 법으로 삼았다.

(나) 처음으로 직관(職官)·산관(散官)의 각 품의 전시과를 제정하였는데, 관품의 높고 낮은 것은 논하지 않고 다만 인품만 가지고 전시과의 등급을 결정하였다.

(다) 도평의사사에서 글을 올려 과전을 지급하는 법을 정할 것을 청하니, 그 의견을 따랐다. 경기는 사방의 근본이므로 마땅히 과전을 설치하여 사대부를 우대하여야 한다. 무릇 수도에 거주하며 왕실을 지키는 자는 현직, 산직(散職)을 불문하고 각각 과(科)에 따라 받게 한다.

(라) 만약 그 자신이 죽고 그 아내에게 미치게 되면 수신전이라 일컬었고, 부부가 다 죽고 그 아들에게 전해지면 휼양전이라 일컬었으며, 만약 그 아들이 관직에 제수되더라도 그대로 그 전지를 주고는 과전이라 일컬었는데, … ②왕께서 이를 없애고, 현직 관리에게 주어 직전(職田)이라 하였던 것입니다.

48 ─────────────── 72회 48번

(가)~(라)를 일어난 순서대로 옳게 나열한 것은?　　[3점]

① (가) – (나) – (다) – (라)　　② (가) – (나) – (라) – (다)
③ (나) – (가) – (라) – (다)　　④ (나) – (다) – (가) – (라)
⑤ (다) – (라) – (나) – (가)

[출제영역] 토지제도의 역사　　　　　　　정답 ①
[정답 개념정리]

> (가) 신라 신문왕 때 녹읍을 폐지하고 관료전을 지급했죠.
> (나) 시정전시과는 경종이죠. 💡성시경 개목걸이 문경새재☆ 시정 경종, 개정 목종, 경정 문종
> (다) 고려 말 공양왕 때 신진 사대부의 경제적 기반을 마련하기 위해 과전법을 실시하죠. 전, 현직 관리에게 경기도 토지에 한하여 수조권을 지급합니다.
> (라) 조선 세조 때 현직 관리에게만 수조권을 지급하는 직전법이 실시되고, 수신전, 휼양전도 폐지됩니다.
>
> 따라서 정답은 (가) 통일 신라–(나) 고려 초기–(다) 고려 말–(라) 조선 초입니다.

49 ─────────────── 72회 49번

①, ② 왕에 대한 설명으로 옳은 것을 〈보기〉에서 고른 것은?　　　　　　　　　　　　　　　[2점]

───────── 〈보기〉 ─────────
ㄱ. ① – 병부를 처음으로 설치하였다.
ㄴ. ① – 전국에 9주 5소경을 설치하였다.
ㄷ. ② – 6조 직계제를 시행하였다.
ㄹ. ② – 초계문신제를 실시하였다.

① ㄱ, ㄴ　② ㄱ, ㄷ　③ ㄴ, ㄷ　④ ㄴ, ㄹ　⑤ ㄷ, ㄹ

[출제영역] 신라 신문왕과 조선 세조　　　정답 ③
[정답 개념정리]

> 지배 세력을 견제하고 왕권을 강화하기 위해 노력한 신라의 신문왕과 조선의 세조에 관한 문제죠. 노비안검법을 실시한 고려 광종, 사병을 혁파한 조선의 태종 역시 비슷한 맥락으로 알아두셔야 합니다.

ㄱ. ① – 병부를 처음으로 설치하였다.
➡ (×) 병부를 처음 설치한 왕은 신라 법흥왕이죠.
💡ㅂㅂ☆ 법흥왕, 병부, 불교 공인

ㄴ. ① – 전국에 9주 5소경을 설치하였다.
➡ (○) 9주 5소경을 설치한 왕은 신문왕이 맞죠.
💡흠 갑만에 신문을 보니 구구국☆ 김흠돌의 난 진압, 감은사 건립, 만파식적 설화, 신문왕, 구주 오 소경, 구서당 십 정, 국학 설치

ㄷ. ② – 6조 직계제를 시행하였다.
➡ (○) 6조 직계제를 실시한 왕은 태종과 세조입니다.

ㄹ. ② – 초계문신제를 실시하였다.
➡ (×) 초계문신제는 정조가 실시하죠. 따라서 정답은 ㄴ, ㄷ이에요.

50

다음 연설이 있었던 정부의 통일 노력으로 옳은 것은?

[2점]

> 진작부터 꼭 한 번 와 보고 싶었습니다. 참여 정부 와서 첫 삽을 떴기 때문에 지금 개성 공단이 매출액의 증가 속도, 그리고 근로자의 증가 속도 같은 것이 눈부시지요. … 경제적으로 공단이 성공하고, 그것이 남북관계에서 평화에 대한 믿음을 우리가 가질 수 있게 만드는 것이거든요. 또 함께 번영해 갈 수 있는 가능성에 대해서 우리가 믿음을 갖게 되는 것이기 때문에, 이것이 선순환 되면 앞으로 정말 좋은 결과가 있을 것입니다.

환 개성 공단 방문 영

[출제영역] 노무현 정부   정답 ⑤

[정답 개념정리]

> 노무현 정부는 참여 정부라는 별칭이 있죠. 개성 공단 조성에 합의한 것은 김대중 정부이고, 착공 및 완성은 노무현 정부인 것을 구분해서 알아두셔야 해요. 금강산 해로 관광은 김대중 정부, 육로 관광은 노무현 정부인 것도 기억하세요.

① 남북한이 국제 연합(UN)에 동시 가입하였다.

➡ 남북한 유엔 동시 가입은 노태우 정부죠. 기본 합의서, 비핵화선언 역시 노태우 정부입니다.

  💡**우기** 노태우, 기본 합의서, 비핵화선언

② 민족자존과 통일 번영을 위한 7·7 선언을 발표하였다.

➡ 노태우 정부의 북방 외교는 반드시 기억해야 할 핵심 내용입니다. 7·7 선언 이후 헝가리, 소련, 중국과 수교했지요. 88 올림픽 개최 또한 노태우 정부 때의 사실이죠. 💡**땡은 노태우 정부** 77, 88

③ 남북 이산가족 고향방문단의 교환 방문을 최초로 성사시켰다.

➡ 남북 이산가족 고향방문단의 최초 교환 방문은 전두환 정부죠. 💡**바로 만나** 1985
3저 호황, 최저 임금제 역시 전두환 정부와 관련해서 꼭 알아두어야 할 키워드입니다.

  💡**3저 호황, 최저 임금제, 전두환 정부**

④ 7·4 남북 공동 성명 실천을 위해 남북 조절 위원회를 구성하였다.

➡ 박정희 정부는 1차 남북 적십자 회담(1971)에 이어 자주/평화/민족적 대단결의 7·4 남북 공동성명을 발표하고 남북 조절위원회를 구성했죠. 평화 통일 외교 정책에 관한 6·23 특별 성명 발표(1973)까지 알아두시면

금상첨화예요. 💡**조박집** 남북조절위원회는 박정희 정부

⑤ 남북 관계 발전과 평화 번영을 위한 10·4 남북 정상 선언을 발표하였다.

➡ 노무현 정부의 주요 키워드를 기억하세요. 호주제 폐지, 노인 장기 요양 보호법, 진실 화해를 위한 과거사 정리 위원회, 친일 반민족 행위 진상 규명 위원회, 그리고 10·4 남북 정상 선언도 노무현 정부죠.

  💡**김대류일오, 노무십사** 김대중 정부–6·15 공동 선언, 노무현 정부–10·4 남북 정상 선언

01

[출제영역] 청동기 시대   정답 ③
[정답 개념정리]

> 💡**청계고비벼반**💡 청동기 시대는 계급 출현, 고인돌, 비파형 동검, 벼농사 시작, 반달돌칼

① 철기 시대
② 우경의 초기 실시는 신라 지증왕, 일반화는 고려시대
③ 고인돌 축조는 청동기 시대 💡**청계고비벼반**💡
④ 뗀석기, 주먹도끼와 찍개는 구석기 시대
    💡**웰컴구동막개**💡 구석기 시대, 동굴/이동 생활, 막집 거주, '개'자로 끝나는 도구
⑤ 💡**농삼신라빗**💡 농경/목축 시작, 삼/사가 들어가는 유적지, 신석기 시대, 신앙생활, 가락바퀴와 뼈바늘, 빗살무늬 토기

02

[출제영역] 고조선   정답 ⑤
[정답 개념정리]

> 고조선은 한 무제에 의해 멸망, 마지막 왕은 우거왕, 수도는 왕검성

① 민며느리제 – 옥저 💡**며느리는 옥을 저아해**💡
② 삼국의 귀족회의
    💡**백정**💡 백제–정사암 회의, 💡**신화**💡 신라–화백 회의, 💡**재고**💡 제가회의–고구려
③ 💡**부사**💡 부여–사출도
④ 고구려의 거친 관리 이름: 상가, 고추가, 대로, 패자, 사자, 조의, 선인, 욕살, 처려근지
⑤ 💡**사고팔고**💡 8조법(범금 8조)–고조선의 법규

03

[출제영역] 동예   정답 ②
[정답 개념정리]

> 💡**동무랑 책 들고 단과반 간다**💡 동예는 무천, 책화, 단궁, 과하마, 반어피

① 💡**천대**💡 고구려 고국천왕의 진대법
② 동예의 책화: 부족 간의 경계를 침범하면 노예, 말, 소로 배상하는 제도
③ 💡**ㅅㅅㅅ**💡 삼한의 신성 구역 소도
④ 💡**신화**💡 신라의 귀족회의는 화백 회의
⑤ 포상 8국 전쟁: 남해안 일대 8개의 소국이 가야를 침범하여 일어난 사건

04

[출제영역] 천마총, 천마도   정답 ④
[정답 개념정리]

> 천마총, 천마도: 신라의 문화유산

① 백제 금동대향로
② 백제의 칠지도
③ 농경문 청동기
④ 천마총 금제 장식
⑤ 고구려 연가 7년명 금동 여래 입상

05

[출제영역] 백제 무령왕   정답 ③
[정답 개념정리]

> 무령왕릉: 삼국시대 왕의 무덤 중 피장자(왕/왕비)와 축조 연대를 알 수 있는 유일한 것

① 💡**무미건조, 백해무익**💡 백제 무왕이 익산에 미륵사 창건
② 💡**근고기**💡 백제 근초고왕이 고흥을 시켜 역사서 서기를 편찬
③ 💡**ㄹㄹ**💡 무령왕릉–22담로에 왕족 파견
④ 불교 수용: 💡**고전순 동백마**💡 고구려(소수림왕)/전진/순도, 동진/백제(침류왕)/마라난타
⑤ 백제 성왕: 550년 장군 달기를 보내 고구려 도살성 점령

06

[출제영역] 신라의 삼국 통일 과정   정답 ②
[정답 개념정리]

> (가) 왕: 태종 무열왕,
>   태자 김법민: 훗날 문무왕,
>   소정방: 나당연합군 당나라 장수,
>   의자: 백제 마지막 왕 → 백제 멸망(660) 직전 상황
> (나) 삼국 통일의 완성/나당전쟁 마지막 전투:
>   💡**매기 전투**💡 매소성(675), 기벌포(676) 전투

① 살수대첩: ☀️**살수일니?**☀️ 살수대첩은 612년
② 백제 부흥 운동(660년 백제 멸망과 668년 고구려 멸망 사이): ☀️**흑도복풍**☀️ 흑치상지, 도침, 복신, 부여풍
③ 대야성 함락: ※김춘추의 사위가 죽은 사건: 642년
④ 연개소문의 정변: 642년, 대야성 함락과 같은 해
⑤ 나당동맹 체결: 국내에서 동맹 안 되니 외국과 해~이판 사판 ☀️**육사판**☀️ 648년

07

[출제영역] 발해   정답 ②
[정답 개념정리]

> 발해의 행정 구역 체계: 5경 15부 62주

① ☀️**부영고**☀️ 부여의 제천 행사-영고(12월)
② ☀️**발주하다**☀️ 발해의 국립대학-주자감
③ 9서당 10정-통일신라 군사 체제
  ☀️**흠 감만에 관록 있는 신문을 보니 구구국**☀️ 김흠돌의 난, 감은사 건립, 만파식적 설화, 관료전 지급/녹읍 폐지, 신문왕, 구주 오소경, 구서당 십정, 국학
④ 기인 제도-고려 지방 호족 견제를 위해 그의 아들을 인질로 삼아 수도에 있게 한 제도
  ※상수리 제도: 신라의 인질 제도
  ☀️**ㄱㄱ, ㅅㅅ**☀️ 기인-고려, 상수리-신라
⑤ 왕족 부여씨, 8성 귀족-백제

08

[출제영역] 고구려   정답 ③
[정답 개념정리]

> 국내성: 고구려 2대 유리왕 때의 도읍,
> 영락: 광개토대왕 때 고구려의 연호

① 지증왕 때 동시에 이어 통일 후 서시, 남시 설치-신라
② 활구(은병): 고려의 고액 화폐
  ☀️**고려 숙종은 활해삼을 좋아하셨어**☀️ 숙종, 활구, 해동통보, 삼한통보 발행
③ 고구려의 창고-부경, 국립교육기관-태학, 지방 학교-경당
④ 관료전 지급/녹읍 폐지: 신라 신문왕
  ☀️**흠 감만에 관록 있는 신문을 보니 구구국!**☀️
⑤ 조선 세종의 공법: 전분6등법(토지 비옥도), 연분9등법(풍흉)

09

[출제영역] 궁예   정답 ②
[정답 개념정리]

> 송악에서 궁예가 후고구려 건국(901) → 왕건의 나주 공격(903~) → 국호 마진(904) → 광평성 설치 → 철원 천도(905) → 국호 태봉(911) → 궁예의 폭정 → 왕건의 고려 건국/송악 재천도(918)

① 고구려 부흥 운동 ☀️**잠연승**☀️ 검모잠, 고연무, 안승(보덕국 왕 임명)
② 광평성: 궁예가 설치한 정치 기구
  ※궁예의 머리는 빛난다: 광평성
③ 강동 6주 확보: 고려 성종 재위 시기 거란 1차 침입 때 서희의 외교 담판 결과
④ 고려 태조 왕건: 사심관 제도, 최초 사심관 → 신라 마지막 왕 김부(경순왕)
⑤ 후백제 견훤: 신라를 공격하여 경애왕을 죽게 하고 경순왕을 올림.

10

[출제영역] 장보고의 청해진   정답 ④
[정답 개념정리]

> 신라 말 장보고가 설치한 청해진: 동아시아 해상 무역의 거점

① 정계와 계백료서: 고려 태조 왕건이 신하들을 훈계하기 위해 저술한 교훈서
  ☀️**태조 왕건의 흑역사는 정북서쪽에만 천 십일 개 있는데 최고는 사기결훈!**☀️ 왕건, 흑창, 역분전, 사심관 제도, 정계와 계백료서, 북진정책, 서경 중시, 만부교 사건, 천수(연호), 십일조(조세정책), 개태사 창건, 사성 정책, 기인 제도, 결혼정책, 훈요십조
② 담배: 조선 후기 상품 작물 재배 활발
③ 조위총의 난: 고려시대 무신 집권기에 일어난 반 무신 난
  *반 무신 난 순서 ☀️**보조망이 미심적연**☀️ 김보당의 난 → 조위총의 난 → 망이/망소이의 난 → 김사미/효심의 난 → 만적의 난 → 이연년 형제의 난
④ 신라 말 사회: 호족의 성장, 불교의 선종과 풍수지리설 유행
⑤ 낙랑으로 덩이쇠 수출: 삼한의 변한, 가야

11

[출제영역] 고려와 거란   정답 ④
[정답 개념정리]

> 거란의 침입 💡 **서양강/성현헌**⭐
> 1차 서희(성종, 강동 6주), 2차 양규(현종, 흥화진 전투), 3차 강감찬(현종, 귀주대첩)

① 별무반: 고려시대 여진 대비 특수군 💡 **별무반숙**⭐ 별무반은 숙종 때 윤관의 건의로 설치
② 화통도감: 고려 말 화포 제조 기구, 최무선, 진포 대첩
③ 진관 체제: 조선 시대 지역 단위 군사 방어 체제, 세조 때 첫 실시
④ 초조대장경: 거란 침입을 불심으로 막고자 조판
  ※재조대장경(팔만대장경): 몽골 침입 대비
⑤ 쌍성총관부, 동녕부, 탐라총관부: 원 간섭기에 원이 고려에 설치한 통치 기구

12

[출제영역] 고려 원 간섭기   정답 ①
[정답 개념정리]

> 혜공왕 피살: 신라 하대 혼란기의 시작,
> 승정원일기: 조선의 역사 기록,
> 해수 구제 사업: 일제 강점기,
> 따라서 2부는 고려시대

① 응방: 고려시대 원 간섭기
② 시화호 조성: 현대
③ 수의 침략: 삼국시대 고구려
④ 독도 강치의 멸종: 일제 강점기~1970년대
⑤ 을축년 대홍수: 1925년

13

[출제영역] 고려의 문화유산   정답 ④
[정답 개념정리]

> 다인철소: 고려시대 특수 행정 구역,
> 나전칠기: 고려 문화유산,
> 송나라 사신 서긍: 고려에 한 달간 머물다 돌아감.

① 월정사 8각 9층 석탑(고려, 다각 다층)
② 청자 상감 모란문 표주박 모양 주전자(고려)
③ 수월관음도(고려 불화)
④ 호우명 그릇(삼국시대, 광개토대왕 이름 새겨짐, 고구려와 신라 관계 증명)
⑤ 관촉사 석조 미륵보살 입상(고려, 은진 미륵)

14

[출제영역] 고려의 황제국 표방   정답 ⑤
[정답 개념정리]

> 고려 태조 왕건: 동상의 통천관(황제의 관), 독자적 연호(천수) 사용
> 고려 광종: 독자적 연호(광덕, 준풍) 사용
> 💡 **고려 광종은 광풍검을 가진 귀공제였다**⭐ 광덕/준풍(연호), 노비안검법 실시, 귀법사 창건, 공복 제정, 제위보 설치

① 신해통공: 조선 정조
② 명·청 교체기: 조선
③ 골품제: 신라의 폐쇄적 신분제
④ 울산항: 신라의 국제 무역항
⑤ 고려의 외왕내제: 밖으로는 왕, 안으로는 황제

15

[출제영역] 안향   정답 ①
[정답 개념정리]

> 안향: 고려시대 원 간섭기에 성리학을 들여온 학자
> 백운동 서원: 안향을 기리기 위해 조선 중종 때 주세붕 건의로 세워진 최초 서원 → 명종 때 이황의 건의로 사액 받아 소수 서원이 됨

① 제왕운기: 고려 원 간섭기 이승휴의 역사서, 단군신화 포함
② 만동묘(명나라 신종/만력제를 위한 사당) 건립(숙종), 폐지(흥선대원군)
③ 동몽선습: 조선 전기 아동 학습서
④ 독서삼품과: 신라 하대 원성왕
⑤ 주자소 계미자: 조선 태종

16

[출제영역] 고려 무신 집권기   정답 ④
[정답 개념정리]

> 최충헌: 최씨 무신 정권의 출발, 교정도감 설치하고 교정별감이 됨. 왕에게 봉사 10조 올림.
> 💡 **방정경이최최**⭐ 이의방 → 정중부 → 경대승 → 이의민 → 최충헌 → 최우

① 비담, 염종의 난 진압: 김유신
② 만권당에서 원 학자들과 교류: 이제현
  💡 **이제 만원의 역사**⭐ 이제현, 만권당, 원 학자와 교류, 역옹패설, 사략

③ 정방 설치(최우), 폐지(공민왕)
④ 봉사 10조: 최충헌 ※기축봉사: 조선 송시열
⑤ 오월과 후당에 사신 파견: 후백제 견훤
  💡 **오후엔 완전 흰해** ☆ 오월, 후당, 완산주(전주) 도읍, 견훤의 후백제

17

[출제영역] 삼국사기와 삼국유사　　　　　정답 ①
[정답 개념정리]

> 김부식: 현존 최고 역사서 삼국사기(기전체) 저술, 묘청/정지상의 난 진압
> 일연: 승려, 삼국유사(단군신화 수록) 저술

① 김부식(개경파): 묘청(서경파)의 난 진압
② 시무 28조: 고려 성종 때 최승로
　　※시무 10여조: 신라 진성여왕 때 최치원
③ 법화 신앙, 백련 결사: 요세 💡**화요** ☆ 법화 신앙은 요세
④ 주전도감 설치 건의: 의천–숙종의 동생
⑤ 유불 일치설: 혜심

18

[출제영역] 위화도 회군　　　　　정답 ⑤
[정답 개념정리]

> 명의 철령위 설치 통보 → 우왕의 요동 정벌 명령 → 이성계의 4불가론 → 위화도 회군 → 우왕/최영 제거 → 과전법 실시 → 조선 건국(1392), 한양 천도
> 고려 말기 왕 순서 💡**공우창양** ☆ 공민왕 → 우왕 → 창왕 → 공양왕

19

[출제영역] 사간원　　　　　정답 ①
[정답 개념정리]

> 조선 태종: 문하부 낭사를 사간원으로 독립
> 사간원의 수장은 대사간, 사헌부는 대사헌, 홍문관은 대제학

① 조선의 삼사: 사간원, 사헌부, 홍문관
　　※고려의 삼사: 화폐와 곡식의 출납 담당
② 의금부: 국왕 직속 사법 기구, 반역죄/강상죄
③ 춘추관: 역사서 편찬
④ 승정원: 왕명 출납 기구, 별칭–은대
　　💡**승은이 망극하옵니다~** ☆ 승정원은 은대
⑤ 승문원: 사대교린 문서 관장

20

[출제영역] 세조　　　　　정답 ⑤
[정답 개념정리]

> 세조: 유교 국가인 조선에서 불교 진흥 정책을 적극 추진한 왕, 간경도감 설치, 석보상절(수양대군 시절), 원각사지 10층 석탑

① 무오사화: 연산군, 김종직의 조의제문을 사초로 쓴 김일손
② 혼일강리역대국도지도: 태종, 현존 동양 최고 세계 지도, 중화사상
　　💡**태종은 호사 계왕자 혼신육사** ☆ 호패법 시작, 사병 혁파, 계미자, 1, 2차 왕자의 난, 혼일강리역대국도지도, 신문고 설치, 육조직계제, 사간원 독립
③ 악학궤범: 성종 때 성현
　　💡**성종 때 편찬된 책은 국악 동동동동** ☆ 국조오례의, 악학궤범, 동문선, 동국통감, 동국여지승람, 해동제국기(신숙주)
④ 동국문헌비고: 영조, 백과사전
⑤ 직전법 시행, 수신전/휼양전 폐지, 집현전 폐지, 유향소 폐지, 육조직계제: 세조

21

[출제영역] 류성룡　　　　　정답 ④
[정답 개념정리]

> 서애 류성룡: 임진왜란 때 훈련도감 설치 건의, 징비록 저술

① 기대승과 사단칠정 논쟁: 퇴계 이황
② 소학 보급, 현량과 실시 주장: 정암 조광조
③ 기축 봉사: 효종 때 송시열, 북벌 주장
　　※봉사 10조: 고려 무신 집권기의 최충헌
④ 징비록: 류성룡
⑤ 정상기의 동국지도: 최초로 100리 척 사용

22

[출제영역] 병자호란　　　　　정답 ⑤
[정답 개념정리]

> 병자호란(인조) 당시 주전파(김상헌)와 주화파(최명길)의 의견 대립
> 광. 인. 효. 현. 숙. 경. 영.

① 강홍립의 사르후 전투, 후금 투항: 광해군의 중립 외교
② 최윤덕, 김종서의 여진 정벌 후 4군 6진 개척: 세종
③ 김시민의 진주성 싸움: 임진왜란(선조)
④ 이종무의 쓰시마 정벌: 세종

💡위창수✨ 박위가 고려 창왕 때 수(쓰)시마 정벌
⑤ 효종 때 송시열, 이완: 북벌 주장 *북벌은 송시열, 이완

23

[출제영역] 조선 후기 경제, 사회　　　　　정답 ①
[정답 개념정리]

> 초량 왜관, 두모포 왜관: 조선 후기
> 부산포, 제포, 염포: 조선 전기

① 계해약조: 세종, 조선 전기
　💡세계 광기✨ 세종 때 계해약조, 광해군 때 기유약조
② 민화: 조선 후기
③ 세책가(책 대여점), 춘향전(한글 소설): 조선 후기
④ 중인의 시사 활동: 조선 후기
⑤ 산대놀이: 조선 후기

24

[출제영역] 숙종　　　　　정답 ③
[정답 개념정리]

> 경신환국, 기사환국, 갑술환국: 숙종
> 💡숙환✨ 숙종은 환국

① 초계문신제: 정조 💡정조는 규수 탁초장 휘통통통✨ 규장
각, 수원화성, 탁지지, 초계문신제, 장용영, 동문휘고, 대
전통편, 무예도보통지, 신해통공
② 공노비 6만여 명 해방: 순조
　※공사 노비법 혁파: 1차 갑오개혁(1894)
③ 금위영 창설: 숙종 💡숙금✨ 숙종 때 금위영
　*5군영 순서는 💡훈/어총수/금✨ 훈련도감(선조)/어영청,
총융청, 수어청(인조)/금위영(숙종)
④ 농사직설: 세종
⑤ 탕평비: 영조 💡영평비✨ 영조 때 탕평비

25

[출제영역] 조선 후기 사회, 경제　　　　　정답 ③
[정답 개념정리]

> 도고: 조선 후기에 등장한 독점적 도매상인, 매점매석

① 전시과: 고려시대
② 솔빈부의 말: 발해 특산물 💡발솔말✨ 발해, 솔빈부, 말
③ 공인: 조선 후기 대동법 시행으로 등장한 관허 상인
④ 당항성, 영암, 울산항: 신라의 국제 무역항
⑤ 💡고려 숙종은 활해삼을 좋아하셨어✨ 활구(은병), 해동통
보, 삼한통보

26

[출제영역] 박제가　　　　　정답 ④
[정답 개념정리]

> 중상주의 실학자 박제가: 북학의, 소비 강조, 재물을
> 우물에 비유
> 💡제가 살게요~✨ 박제가는 소비 강조

① 정제두: 양명학, 강화학파
② 정약용: 거중기, 배다리, 경세유표, 목민심서, 흠흠신서
③ 추사 김정희: 북한산비가 진흥왕 순수비임을 밝힘, 금석
과안록, 세한도
④ 정조 때 서얼 출신 규장각 검서관 등용
　💡제공덕수✨ 박제가, 유득공, 이덕무, 서이수
⑤ 최익현: 지부복궐척화의소, 왜양일체론, 강화도조약
(1876) 반대

27

[출제영역] 충주　　　　　정답 ⑤
[정답 개념정리]

> 충주(중원) 고구려비, 충주 탄금대(신립, 임진왜란)

① 이괄: 인조반정 이후 평안 부원수로 임명됨에 불만을 품
고 난을 일으킴.
② 김정희 유배지: 제주
③ 정약전의 자산어보: 흑산도
④ 강주룡의 을밀대 고공 농성: 평양, 1931년
⑤ 몽골 침입 때 김윤후 장군: 2차 처인성(승장, 살리타 사
살), 5차 충주성(with 노비)

28

[출제영역] 박규수　　　　　정답 ③
[정답 개념정리]

> 1862년 임술 농민 봉기(철종) 때 안핵사 박규수 파견

① 홍경래, 우군칙의 난: 1811년, 평안 지역 차별 반대 봉기,
순조
② 전민변정 사업: 고려 공민왕
③ 안핵사 박규수의 삼정이정청 설치 건의
④ 제위보 설치: 고려 광종
⑤ 황사영 백서 사건: 신유박해(1801) 직후
　💡유황오리✨ 신유박해 → 황사영 백서 사건

29

[출제영역] 병인양요   정답 ④
[정답 개념정리]

> 병인양요(프랑스 함대의 침략) 당시 우리의 저항: 양헌수(정족산성), 한성근(문수산성)
> *흥선대원군 집권기 사건 순서 💡**유~병제병 오신 척**⭐
> 신유박해(1801년, 순조)~~병인박해 → 제너럴셔먼호 사건 → 병인양요(1866) → 오페르트 도굴(1868) → 신미양요 → 척화비 건립(1871)

① 💡**요강**⭐ 운요호 사건 → 강화도조약
② 오페르트 도굴 사건(1868): 흥선대원군 부친 남연군 묘
③ 보은 집회(1893): 동학교도들의 교조 신원 운동
④ 병인박해 → 병인양요 *제너럴셔먼호 사건 → 신미양요 (미국 함대의 침략)
⑤ 2차 수신사 김홍집(1880)의 조선책략 → 영남만인소 → 조미 수호 통상조약

30

[출제영역] 을미개혁(1895)   정답 ③
[정답 개념정리]

> 💡**을미의 찐친 양양이는 위생적이야~**⭐ 을미개혁, 진위대/친위대, 태양력 사용, 건양(연호), 단발령, 종두법

① 한성순보 발행: 1883년
② 기기창 설립: 1883년
③ 친위대, 진위대로 군제 개편: 을미개혁
④ 공사 노비법 혁파, 과부 재가 허용, 조혼 금지: 제1차 갑오개혁(1894)
⑤ 비변사 혁파: 흥선대원군

31

[출제영역] 임오군란   정답 ②
[정답 개념정리]

> 임오군란 이후 청의 내정 간섭: 묄렌도르프(외교), 마건상(내정), 위안스카이(군사)
> 💡**이모는 포청천**⭐ 임오군란-제물포 조약(조일), 조청 상민수륙무역장정(조청)

① 갑신정변(1884): 급진 개화파(김옥균 등)의 정변, 삼일천하
② 제물포 조약: 배상금 지불, 일본 공사관에 경비병 주둔
③ 💡**홍2장군**⭐ 홍범 14조는 2차 갑오개혁
④ 통리기무아문(1880): 본격 개화 정책 총괄 기구
⑤ 외규장각 도서의 약탈 by 병인양요 당시 퇴각하던 프랑스 군대

32

[출제영역] 1910년대 국외 독립운동   정답 ③
[정답 개념정리]

> 하와이: 사탕수수 농장 노동자들이 십시일반 독립 자금 마련

① 서간도 지역 한인 자치 기구 💡**경부한**⭐ 경학사 → 부민단 → 한족회
② 중국 상하이 한인 교육 기관: 박달 학원
③ 대조선 국민 군단: 박용만, 하와이의 무장 독립 투쟁 부대
④ 2.8 독립 선언서: 일본 도쿄 유학생
⑤ 대한 광복군 정부: 연해주

33

[출제영역] 을사늑약(제2차 한일협약, 1905년)   정답 ②
[정답 개념정리]

> 을사늑약: 덕수궁 중명전에서 강제로 체결, 민영환의 자결, 나철/오기호의 자신회, 오적암살단

① 청의 알선으로 체결: 조미수호통상조약(1882), 최초로 서양과 맺은 조약
② 을사늑약: 외교권 박탈, 통감 정치 시작, 초대 통감 이토 히로부미
③ 천주교 포교 허용의 근거: 조불수호통상조약(1886)
④ 제1차 한일협약(1904) 이후 고문 정치 시작(외교-스티븐스, 재정-메가타)
⑤ 한일 신협약(정미7조약, 1907): 부속 각서의 내용-군대 해산

34

[출제영역] 신민회(1907)   정답 ②
[정답 개념정리]

> 비밀결사 신민회: 태극 서관/자기 회사 설립, 국외 독립 운동기지 추진, 공화정 주장, 105인 사건으로 해체

① 💡**천개만신어**⭐ 천도교, 개벽, 만세보, 신여성, 어린이
② 신민회: 학교 설립
   💡**안대 오이**⭐ 대성 학교(안창호), 오산학교(이승훈)
③ 만(관)민 공동회: 독립협회(1896~1898)
④ 부민관 폭파 의거(1945): 조문기, 유만수, 강윤국
⑤ 💡**황무지엔 보안광**⭐ 일제의 황무지 개간권 요구 저지-보안회(1904), 농광 회사

35

[출제영역] 육영공원 　　　　　　　　　　　　 정답 ⑤
[정답 개념정리]

> 최초 근대식 관립 학교, 교사-헐버트(사민필지), 길모어, 벙커

① 🔆**고려 예종은 7현 보청**✨ 예종의 관학 진흥책-관학 7재, 양현고, 보문각, 청연각
② 원산학사(1883): 최초 근대식 사립학교, 덕원(원산) 관민 주도
③ 제2차 갑오개혁: 교육입국 조서 발표 → 한성 사범학교 설립
④ 대성전(제사), 명륜당(교육): 성균관, 향교
⑤ 육영공원(1886): 좌원(젊은 현직 관리), 우원(고위 관리 자제)

36

[출제영역] 의열단(1919) 　　　　　　　　　　 정답 ④
[정답 개념정리]

> 의열단: 단장 김원봉, 단원 나석주 🔆**석식**✨ 나석주-동양척식주식회사와 조선식산은행에 투탄

① 고종 강제 퇴위 반대: 대한 자강회
② 총독부에 국권 반환 요구서 제출 시도: 독립 의군부(임병찬, 복벽주의)
③ 독립 공채 발행: 대한민국 임시정부
④ 의열단의 활동 지침: 신채호의 조선 혁명 선언
⑤ 신규식: 대동단결선언(1917), 신한청년당(1918)

37

[출제영역] 일제 강점기 　　　　　　　　　　　 정답 ①
[정답 개념정리]

> 1910년대 무단 통치기: 토지 조사 사업, 헌병경찰제, 범죄즉결례, 조선태형령, 회사령, 어업령/광업령/산림령

① 조선태형령, 헌병경찰제: 무단 통치기
② 원수부: 대한 제국 황제 직속 군 통수 기관(1899)
③ 애국반: 조선인 감시/통제 조직, 1930년대 이후 민족 말살 통치기
④ 경인선 개통(1899) *경부선(1905), 경의선(1906)
⑤ 🔆**아라리육**✨ 나운규의 아리랑 단성사 상영(1926)

38

[출제영역] 신간회(1927) 　　　　　　　　　　 정답 ⑤
[정답 개념정리]

> 6.10 만세 운동(1926) → 민족유일당 운동 → 신간회 결성(1927) → 1931년 해소

① 🔆**천개만신어**✨ 천도교, 개벽, 만세보, 신여성, 어린이
② 중추원 개편을 통한 의회 설립 추진: 독립협회
③ 한인 국방 경위대: 재미한족연합위원회, 1942년 로스앤젤레스
④ 🔆**고3 육순**✨ 고종 인산일 → 3.1운동, 순종 인산일 → 6.10 만세 운동
⑤ 광주 학생 항일 운동(1929): 신간회의 진상 조사단 파견

39

[출제영역] 일제 강점기 　　　　　　　　　　　 정답 ⑤
[정답 개념정리]

> 1930년대 이후 민족 말살 통치기: 대공황(1929)/만주 사변(1931) 이후, 전시 물자 자급을 위한 남면북양 정책

① 민립 대학 설립 운동: 1920년대 문화 정치기 *일제의 방해, 경성제대 설립(1924)
② 메가타의 화폐 정리 사업(1905)
③ 신한 공사(1945~1948): 미 군정기 귀속 재산 관리 회사
④ 회사령: 1910년대 무단 통치기
⑤ 농촌 진흥 운동: 1930년대 이후 민족 말살 통치기

40

[출제영역] 일제 강점기 우리 노래 　　　　　　 정답 ②
[정답 개념정리]

> 황성옛터(1932), 타향살이(1936년, 만주 동포), 목포의 눈물(1935), 윤심덕(일제 강점기 여성 성악가, 1926년 사망)

① 김민기, 아침 이슬: 1970년대 박정희 정부
② 사의 찬미: 윤심덕 작사, 번안곡
③ 현인, 굳세어라 금순아: 1953년, 6.25 전쟁의 아픔
④ 그룹 코리아나, 손에 손잡고: 1988년 올림픽 공식 주제가
⑤ 이해연, 단장의 미아리 고개: 1956년, 전쟁과 분단의 아픔

41

[출제영역] 조선혁명군 정답 ①
[정답 개념정리]

> 💡 **양조혁은 남쪽의 영흥이다** ⭐ 양세봉, 조선혁명군, 남만주, 의용군과 연합, 영릉가/흥경성 전투

① 조선혁명군: 흥경성 전투
② 자유시 참변: 1920년대 국외 독립 투쟁 중 사건
> 💡 **봉춘리간대~자 참정신없쓰야이~** ⭐ 봉오동 전투 → 훈춘 사건 → 청산리 대첩 → 간도참변 → 대한독립군단 → 자유시 참변 → 참의부/정의부/신민부(삼부 결성) → 미쓰야 협정 → 이부 통합(국민부/혁신의회)
③ 남한 대토벌 작전: 1909년, 일제가 벌인 의병 초토화 작전
④ 대일 선전 포고, 인도/미얀마 전선 파견, 국내 진공 작전 준비(with OSS): 한국광복군
⑤ 조국 광복회: 김일성이 조직한 반일 단체

42

[출제영역] 조소앙 정답 ⑤
[정답 개념정리]

> 💡 **대단17 건강41** ⭐ 대동단결선언(1917, 상하이), 건국 강령 발표(1941, 충칭, 삼균주의)

① 💡 ㅎㅎ ⭐ 안창호의 흥사단
② 이토 히로부미 사살: 안중근(1909)
③ 한국독립운동지혈사, 한국 통사: 박은식
④ 한국 독립군: 지청천
> 💡 **호~지독한 쌍대사** ⭐ 호로군과 연합, 지청천, 한국 독립군, 쌍성보/대전자령/사도하자 전투
⑤ 민족 혁명당(1935): 김원봉 + (조소앙/지청천)
  *조선민족전선연맹(1937): 김원봉 – (조소앙/지청천)

43

[출제영역] 일제 강점기 사회, 문화 정답 ②
[정답 개념정리]

> 어린이날(1922), 노동절 행사(1923), 과학 데이(1930년대)

① 제헌절: 1948년 7월 17일
② 가갸날: 1926년, 조선어연구회
③ 향토 예비군 창설: 1968년
④ 은사의 날(1963) → 스승의 날(1964)
⑤ 이산가족의 날 제정: 2023년
> 💡 **이산가족 바로 만나** ⭐ 이산가족 최초 고향 방문은 1985년

44

[출제영역] 일제 강점기 정답 ④
[정답 개념정리]

> 1930년대 이후 민족 말살 통치기: 국가 총동원법(1938)

① 💡 **원구단** ⭐ 원산 총파업은 1929년
② 국채 보상 운동: 1907년
③ 원각사에서 연극 은세계 공연: 1908년
④ 황국 신민 서사 암송, 국민학교령: 민족 말살 통치기
⑤ 형평 운동: 1920년대 💡 **백진주** ⭐ 백정 차별 반대, 진주

45

[출제영역] 농지 개혁 정답 ①
[정답 개념정리]

> 토지 소유권을 경작자에게 이양 → 농업경영의 합리화와 농촌 민주화 촉진

① 이승만 정부의 농지개혁법: 유상 매수 유상분배, 토지 소유 상한(3정보)
② 광주 대단지 사건: 1971년
③ 개발 제한 구역 설정: 1971년
④ 산미 증식 계획: 1920년대 문화 정치기
⑤ 지계아문의 지계 발급: 대한 제국의 광무개혁(1898~), 최초의 근대적 토지 소유권 증명서

46

[출제영역] 몽양 여운형 정답 ①
[정답 개념정리]

> 광복~정부 수립 과정 💡 **건모1만 합2해 총읍소총? 삼협총! 제정순이야~** ⭐ 건.준.위.(1945) → 모스크바 3국 외상 회의 → 1차 미소 공동위원회 → 이승만의 정읍 발언 → 좌우 합작 운동(여운형/김규식) → 2차 미소 공동위원회 → UN 총회 → 김구의 3천만 동포에게 읍고함 → UN 소총회 → 제주 4.3 사건 → 남북 협상 → 5.10 총선거 → 제헌 → 정부 수립(1948) → 여수, 순천 10.19 사건

① 조선 건국 동맹(1944년, 여운형) → 조선 건국 준비 위원회(1945년, 여운형/안재홍)
② 임시정부 초대 국무총리: 이동휘
③ 이승만의 정읍 발언(1946)
④ 헤이그 특사(1907): 이준, 이위종, 이상설
⑤ 독사신론: 신채호

47

[출제영역] 박정희 정부   정답 ②
[정답 개념정리]

> 수출 100억 달러 달성(1977)

① 최저 임금제: 전두환 정부
② 포항 제철소 착공, 경부고속국도 개통, 새마을 운동: 박정희 정부
③ 전국 민주 노동조합 총연맹 창립: 김영삼 정부
④ 한칠레 FTA 체결: 김대중 정부 *한미 FTA 체결: 노무현 정부
⑤ OECD 가입: 김영삼 정부

48

[출제영역] YH 무역 사건   정답 ②
[정답 개념정리]

> YH 무역 사건(1979.8) → 김영삼 총재 국회의원 제명 → 부마 민주 항쟁 → 10.26 사태

① 애치슨 선언(1950.1)
② 부마 민주 항쟁(1979.10)
③ 2차 개헌(사사오입 개헌, 1954년)
④ 반민특위 해체(1949)
⑤ 💡*3간내양*★ *3차 개헌, 간선제, 내각책임제, 양원제 → 장면 내각 출범(1960.8)*

49

[출제영역] 전두환 정부   정답 ②
[정답 개념정리]

> 전두환 정부의 언론 통제, 보도 지침

① 노태우 정부의 북방 외교: 헝·소·중과 수교
② 박종철 고문 치사 사건(1987.1): 전두환 정부
③ 진보당 사건(1958), 조봉암 처형(1959): 이승만 정부
④ 💡*ㄱㅇㅅ*★ 금융 실명제–김영삼 정부
⑤ 서울 지하철 1호선 개통(1974): 박정희 정부

50

[출제영역] 천도   정답 ③
[정답 개념정리]

> 고구려: 졸본 → 국내성(유리왕) → 평양성(장수왕)
> 백제: 한성 → 웅진/공주(문주왕) → 사비/부여(성왕)
> 💡*백제는 한공부*★
> 고려시대 몽골 침입 때 최우의 강화 천도,
> 조선을 건국한 태조 이성계 한양으로 천도(1394)

① 💡*미대낙서*★ 미천왕, 대방/낙랑 축출, 서안평 공격
② 💡*동소지 동맹*★ 동성왕(백제)과 소지 마립간(신라)의 결혼 동맹
③ 백제 성왕: 사비 천도(💡*ㅅㅅ*★), 국호 남부여, 관산성 전투 전사
④ 쌍성총관부 탈환: 공민왕 💡*공민왕이 신성한 UN에서 반기문총정에게 갑동했다*★ 공민왕, 신진사대부 등용, 성균관 정비, 반원 자주, 기철(권문세족) 숙청, 정동행성의 이문소 폐지, 쌍성총관부 탈환, 정방 폐지, 전민변정도감 재설치, 복주(안동) 피신
⑤ 경국대전(세조~성종) 💡*경국대전 완성종*★ 경국대전 완성은 성종

사진 출처

제1회

최충 문헌공도	위키백과
송광사 보조 국사비	국가유산청 국가유산포털
야연사준도	위키피디아
계회도	위키백과
옥산서원	국가유산청 국가유산포털
도산서원도	국가유산청 국가유산포털
비석탁본	국립중앙박물관
수선총도	국가유산청 국가유산포털
배설 만사집	국가유산청 국가유산포털

제2회

암사동 유적	국가유산청 국가유산포털
불국사 삼층 석탑(석가탑)	국가유산청 국가유산포털
정림사지 오층 석탑	국가유산청 국가유산포털
분황사 모전 석탑	국가유산청 국가유산포털
미륵사지 석탑	국가유산청 국가유산포털
대낭혜화상탑비	국가유산청 국가유산포털
혜음원지	국가유산청 국가유산포털
청자 상감 모란무늬 항아리	국가유산청 국가유산포털
관촉사 석조미륵보살(은진미륵)	국가유산청 국가유산포털
나전칠기	국립중앙박물관
수월관음도	국립중앙박물관
경천사지 십층 석탑	국립중앙박물관
파적도(야묘도추)	간송미술관
고려사절요	국가유산청 국가유산포털
임진왜란 전과보고서	한국학중앙연구원
제천 배론성지 전경	국가유산청 국가유산포털
화성능행도	국립중앙박물관
철종어진	국가유산청 국가유산포털
척화비(구미)	국가유산청 국가유산포털

제3회

금관총금관	국가유산청 국가유산포털
금동대향로	국립중앙박물관
금동 연가7연명 여래 입상	위키백과
가야 철갑옷	국가유산청 국가유산포털
발해 석등	국가유산청 국가유산포털
천마도	국가유산청 국가유산포털
포석정지	국가유산청 국가유산포털
초조대장경	국가유산청 국가유산포털
진도 용장성유적	국가문화유산포털
미륵사지 석탑	국가유산청 국가유산포털
불국사 삼층 석탑(석가탑)	국가유산청 국가유산포털
경천사지 십층 석탑	국립중앙박물관
분황사 모전 석탑	국가유산청 국가유산포털
종묘	국가문화유산포털
경복궁 향원정	국가문화유산포털
덕수궁 정관헌	국가유산청 국가유산포털
창덕궁 주합루	국가유산청 국가유산포털

환구단 황궁우	국가유산청 국가유산포털
무관 오자치 영정	국가유산청 국가유산포털
장양공정토시전부호도	국가유산청 국가유산포털
매화초옥도	국립중앙박물관
월하정인	위키백과
송석원시사야연도	국가유산청 국가유산포털
고사관수도	국립중앙박물관
금강전도	위키백과
강화산성	국가유산청 국가유산포털
북한산성	국가유산청 국가유산포털
서울 한양도성	국가유산청 국가유산포털
남한산성	국가유산청 국가유산포털
수원화성	국가유산청 국가유산포털
김정희 한글 편지	국립중앙박물관
옥호정도	국립중앙박물관
덕수궁 정관헌	국가유산청 국가유산포털
강릉 경포대	국가유산청 국가유산포털

제4회

주먹도끼	국립중앙박물관
빗살무늬토기	국립중앙박물관
비파형동검	국립중앙박물관
갈돌과 갈판	국립중앙박물관
호우명 그릇	국립중앙박물관
무령왕릉 석수	국가유산청 국가유산포털
칠지도	국립중앙박물관
금동 연가7연명 여래 입상	국가유산청 국가유산포털
기마인물형 토기	국립중앙박물관
감은사지 동 삼층 석탑	국가유산청 국가유산포털
철조비로자나불좌상	국가유산청 국가유산포털
청자 상감 운학문 매병	국가유산청 국가유산포털
청자 투각 칠보문 뚜껑 향로	국립중앙박물관
청동 은입사 포류수금문 정병	국가유산청 국가유산포털
나전 국화넝쿨무늬 합	국립중앙박물관
월정사 팔각 구층 석탑	국가유산청 국가유산포털
직지심체요절	국가유산청 국가유산포털
청주 흥덕사 전경	국가문화유산포털
연잉군, 영조 어진	국가유산청 국가유산포털
도성도	국가유산청 국가유산포털
박제가 초상	위키백과
헌종가례진하도	국가유산청 국가유산포털

제5회

탄화된 벼	국립중앙박물관
민무늬 토기	국립중앙박물관
반달돌칼	국립중앙박물관
부여 부소산성	국가문화유산포털
삼국사기	국립중앙박물관
경북 고령군 야산	국가유산청 국가유산포털
경주 이견대	국가유산청 국가유산포털

분황사 모전석탑	국가유산청 국가유산포털
감은사지 동 삼층 석탑	국가유산청 국가유산포털
쌍봉사 철감 선사탑	국가유산청 국가유산포털
김부식 영정	한국학 중앙연구원
공민왕 노국대장공주 초상	국립고궁박물관
경천사지 십층 석탑	국립중앙박물관
불국사 삼층 석탑(석가탑)	국가유산청 국가유산포털
부여 정림사지 오층 석탑	국가유산청 국가유산포털
월정사 팔각 구층 석탑	국가유산청 국가유산포털
화엄사 사사자 삼층 석탑	국가유산청 국가유산포털
익산 미륵사지 석탑	국가유산청 국가유산포털
출기파적도	위키백과
이십삼상대회도	국가유산청 국가유산포털
전령	수원특례시청
전봉준 공초	한국학중앙연구원
갑오군정실기	국립고궁박물관
사발통문	국가유산청 국가유산포털

제77회 기출문제

천마총 천마그림 말다래	국가유산포털
현화사비	국립중앙박물관
다인철소 솥단지	중원문화재연구원
나전 국화 넝쿨무늬 합	국립중앙박물관
안동 병산서원	국가문화유산포털
초량왜관도	국립중앙박물관
이십공신회맹축	국가유산청
포와유람기	한국학중앙연구원
사민필지	국립중앙박물관

MEMO

11일에 완성하는
서경석의 다이어트 한국사능력검정시험

심화(1·2·3급)

"저자 직강 무료 동영상 강의로 이론 완벽 이해하기"

[교재구입]

다락원